Cooking Sections

LAS OLAS PERDIDAS

WAVES LOST AT SEA

Prólogo

Bárbara Rodríguez Muñoz

En 2003, en el mar Cantábrico, frente a la costa vasca, la ola de Mundaka desapareció de la noche a la mañana. El dragado llevado a cabo para mejorar el acceso a un astillero río arriba destruyó el banco de arena que la sostenía. Cuando la ola desapareció, con ella colapsó también la economía local basada en el surf. Hoy cuenta con nuevas protecciones legales que la reconocen como «patrimonio natural y cultural», lo que ha permitido que la ola reviva en parte gracias a la sedimentación natural; sin embargo, la vida marina y la geografía costera siguen siendo vulnerables. Mundaka no es una pérdida aislada: Ala Moana en Hawái, Rabo de Peixe en Azores y El Marsa en el Sáhara Occidental, entre muchas otras, fueron olas que sustentaron importantes ecologías y comunidades humanas y más-que-humanas, y que han desaparecido a causa del dragado, la extracción de arena, la expansión portuaria y la construcción costera.

Como muestra el trabajo de Cooking Sections, estas alteraciones del paisaje natural no se limitan a un ecosistema local, sino que son sucesos enredados en cadenas de conexión que nos unen al mundo que nos rodea, desde la flora intestinal hasta las corrientes oceánicas. Como fantasmas que nos acechan, las olas desaparecidas representan una transición insoportable: de una geografía de la abundancia a otra del agotamiento; metáfora de la pérdida de diversidad de entidades, organismos y culturas, dentro y fuera de nuestros propios cuerpos porosos; algunos de los cuales sabemos que estamos alterando y otros permanecen aún desconocidos. En palabras de los artistas, «la pérdida de una ola no es solo la pérdida de una rompiente; es la pérdida de un paisaje ecológico y de una historia cultural».

Desde que Daniel Fernández Pascual y Alon Schwabe comenzaron a colaborar en 2013 bajo el nombre de *Cooking Sections*, han generado proyectos artísticos de larga duración y específicos para cada lugar que plantean la pregunta de cómo vivir y cómo comer frente al cambio climático. A menudo, estos proyectos han implicado un compromiso sostenido con ecologías costeras. Desde 2017, su centro de investigación en las islas escocesas de Skye y Raasay, CLIMAVORE Station, ha trabajado con profesores, chefs, pescadores, biólogos marinos, asociaciones comunitarias y concejales locales para desarrollar menús y economías desvinculados de las granjas comerciales de salmón que proliferan en sus aguas. *Salmon: A Red Herring*, una instalación que surgió a partir de su trabajo en Skye, supuso a Cooking Sections la nominación al prestigioso premio Turner en 2021, tras su primera presentación en la Tate Britain en 2020.

Para Prospect.5, la Bienal de Nueva Orleans de 2021, Cooking Sections desarrolló una serie de *performances* para «leer» las conchas de las ostras de las aguas de Luisiana, como si fueran anillos de un árbol o las palmas de nuestras manos. A partir de entrevistas con abridores de ostras, ambientalistas, pescadores y grupos de residentes, estas «lecturas» narraban tormentas, sequías, contaminación del agua y otros motivos de estrés ambiental, situando a los bivalvos tanto como testigos como visionarios, capaces de anticipar nuestro futuro compartido.

En 2024, Daniel y Alon impartieron una serie de talleres organizados por la Fundación Botín, que tuvieron lugar en el valle del Nansa –una zona cántabra donde la Fundación desarrolla un programa dinámico de protección del patrimonio natural y cultural– y en la costa de Santander. Bajo el título «Abecedarios de la mar» y junto a un grupo de biólogos, geólogos, artistas y agricultores locales e internacionales, leyeron las huellas y señales del extractivismo en tierra, mar y cielo como palimpsestos, cicatrices y ausencias. Fue en ese taller donde conocieron al grupo GeoOcean de la Universidad de Cantabria, un equipo de ingenieros

comprometidos y apasionados surfistas que analizan el comportamiento de las olas, el cambio climático y las variaciones del nivel del mar. Estudian la desaparición global de olas como si fueran viajeros en el tiempo: retrocediendo para entender los acontecimientos que alteraron el lecho marino y la costa, y modelando el futuro para predecir qué más podría desaparecer. De ese encuentro surgió la idea de un homenaje a las olas perdidas.

Para «Las olas perdidas», su primera exposición en España, Cooking Sections ha creado un monumento efímero a entidades naturales, actualizando el concepto tradicional, antropocéntrico, de monumento físico. En estrecha colaboración con Cooking Sections y a partir de la información recopilada por GeoOcean, el compositor Duval Timothy ha traducido las historias, ritmos y patrones de once olas desaparecidas en once evocadoras composiciones musicales. Estas, a su vez, son traducidas en movimiento por intérpretes que activan continuamente una coreografía desarrollada por los artistas en el espacio expositivo. La amplia y generosa segunda planta del Centro Botín —situada geográficamente entre la bahía de Santander y el mar Cantábrico— se convierte en un homenaje conmovedor a esas olas perdidas, donde los visitantes pueden ver, escuchar y sentir cómo se movieron y cómo desaparecieron, al tiempo que reflexionan sobre lo que todavía puede protegerse.

Este libro polifónico, coeditado por la Fundación Botín y Spector Books, es un componente integral de la exposición. Nuestra esperanza es que también resuene más allá de la institución artística, para servir como herramienta que nos ayude a repensar la ecología, los sistemas alimentarios y el cambio climático desde una perspectiva metabólica: es decir, una comprensión de la Tierra como una cadena de reacciones químicas enredadas que implica y conecta a cada organismo y entorno. Organizado en torno a seis ensayos: de la arquitecta Nerea Calvillo, la historiadora del arte y especialista en humanidades ambientales Sria Chatterjee, la teórica y docente en arte y ecología Ros Gray, la antropóloga y ecoactivista Yayo Herrero, el arquitecto y comisario Theodossis Issaias y la jurista Mari Margil, directora ejecutiva del Center for Democratic and Environmental Rights, el volumen incluye además una serie de imágenes acompañadas de textos de los artistas, junto con vistas de la instalación en el Centro Botín. Al reflexionar sobre la práctica polifacética de Cooking Sections durante los últimos doce años, el libro destaca su trabajo con y dentro de instituciones culturales para reimaginar estos espacios como lugares donde ensayar y vislumbrar futuros de mayor abundancia.

Queremos expresar nuestro más sincero agradecimiento a todos los autores por sus reveladores textos, a la editora Amy Sherlock por sostener el ritmo y la coherencia de la publicación, al traductor Daniel Lacasta Fitzsimmons por su manera de acercarse a cada texto y a Anne König y Malin Gewinner de Spector Books por la sensibilidad y originalidad con que han abordado el diseño del libro y su exquisita producción. Nuestro especial agradecimiento al Departamento GeoOcean de la Universidad de Cantabria (Fernando Javier Méndez Incera, Jared Ortiz-Angulo Cantos, Gabriel Bellido Prieto, Laura Cagigal Gil) por compartir de manera tan generosa su investigación y por su asesoramiento, que han hecho posible este proyecto. Nuestro más sincero y profundo agradecimiento a todas las intérpretes que dieron vida a las olas con sus movimientos durante los cinco meses de la exposición: Maider G. Etxegibel, Rebeca García Celdrán, Lucía López Madrazo, Léa Misseri, Laura Ramirez Ashbaugh, Julia Zac y Zhenxiang Zhao; a Duval Timothy por sus conmovedoras composiciones de olas, y a Max Cooper-Clark, Sofía Yáñez Perteagudo y Rosa Whiteley del estudio de Cooking Sections por su visión y trabajo a lo largo de la realización del libro y de la exposición. Finalmente, nuestro agradecimiento más profundo a Daniel y Alon por hacer de esta colaboración con todo el equipo un proceso tan interesante y enriquecedor, y por su inquebrantable compromiso con nuestro planeta compartido.

Bárbara Rodríguez Muñoz
Directora de exposiciones y de la colección, Centro Botín

Foreword

Bárbara Rodríguez Muñoz

In 2003, in the Cantabrian Sea just off the Basque coast, the Mundaka wave vanished overnight. Dredging to improve access to a shipyard upriver destroyed the sandbar that sustained the wave. When the wave disappeared, the local surf-based economy collapsed along with it. New legal protections recognising Mundaka as 'natural and cultural heritage' now protect the wave, which has been somewhat revived by natural sedimentation; however, marine life and coastal geography remain vulnerable. Mundaka is not an isolated loss: Ala Moana in Hawai'i, Rabo de Peixe in Azores, and El Marsa in Western Sahara, among many others, are waves that sustained important human and more-than-human ecologies and communities, and they have vanished due to dredging, sand mining, port expansion, and coastal construction.

As the work of Cooking Sections shows us, these alterations to the natural landscape are not confined to a local ecosystem, but events entangled in connective chains that link us all to the world around us, from gut flora to ocean currents. Haunting us like ghosts, the vanished waves, stand for an unbearable transition from a geography of abundance to one of depletion: a metaphor for the loss of diversity of all entities, organisms, and cultures, inside and outside of our own porous bodies; some of which we know we are altering, and others as of yet unknown. In the words of the artists, 'the loss of a wave is not just the loss of a break; it is the loss of an ecological landscape and cultural history'.

Since Daniel Fernández Pascual & Alon Schwabe started collaborating in 2013 under the name Cooking Sections, they have generated long-term, site-specific artistic projects that question how to live and eat in the face of climate change. These have often involved a sustained engagement with coastal ecologies. Since 2017, their research centre in the northwest Scottish islands of Skye and Raasay, CLIMAVORE Station, has worked with teachers, chefs, fisherfolk, marine biologists, community trusts, and local councillors to develop menus and economies divested from the commercial salmon farms that proliferate in the islands' waters. *Salmon: A Red Herring*, an installation that grew from their work in Skye, earned Cooking Sections a nomination for the prestigious Turner Prize in 2021 after it was first exhibited at Tate Britain in 2020.

For PROSPECT.5, the 2021 New Orleans Biennale, Cooking Sections developed a series of performances to 'read' the shells of oysters from the Louisiana waters like tree rings or the palms of our hands. Drawing on interviews with oyster shuckers, environmentalists, fisherfolk, and resident groups, these readings recounted storms, droughts, water pollution, and other environmental stresses, positioning the bivalves both as witnesses and seers, able to foretell our common future.

In 2024, Daniel and Alon led a series of workshops organised by Fundación Botín that took place in the Nansa valley—a Cantabrian area where the foundation is developing a dynamic programme to protect natural and cultural heritage—and the coast of Santander. Under the name, *Reading Ocean Imprints* and alongside a group of local and international biologists, geologists, artists, and farmers, they read the signs and signals of extractivism on land, sea, and sky as palimpsests, scars, and absences. It was during this workshop that they met GeoOcean at the University of Cantabria, a team of committed engineers and avid surfers who analyse wave behaviour, climate change, and sea level variations. They are studying the global disappearance of waves like time travellers: going back in time to understand the events that altered the seabed and the coastline, and modelling the future to predict what else may vanish. It was through this encounter that the idea for a tribute to lost

waves emerged. For *Waves Lost at Sea,* their first exhibition in Spain, Cooking Sections have created an ephemeral monument to natural entities, updating the traditional human-centric concept of a physical monument. Working closely with Cooking Sections and using information gathered by GeoOcean, the composer Duval Timothy has translated the stories, rhythms, and patterns of eleven lost waves into eleven evocative musical compositions. These are, in turn, translated into movement by performers as they continuously activate a choreography developed by the artists within the gallery space. The open and expansive second floor at the Centro Botín—which geographically sits between the Bay of Santander and the Cantabrian Sea—becomes a haunting tribute to these lost waves, where visitors can see, hear, and feel how the waves moved and how they vanished, while reflecting on what can still be protected.

This polyphonic book, co-published by Fundación Botín and Spector Books, is an integral component of the exhibition. Our hope is that it also resonates beyond the art institution to be used as a tool for rethinking ecology, food systems, and climate change from a metabolic perspective—that is, an understanding of the Earth as one entangled chain of chemical reactions that implicates and connects every organism and environment. Structured around six newly commissioned essays by architect Nerea Calvillo, art historian and environmental humanities scholar Sria Chatterjee, art and ecology theorist and researcher Ros Gray, anthropologist and eco-activist Yayo Herrero, architect and curator Theodossis Issaias, and legal expert Mari Margil, Executive Director of the Center for Democratic and Environmental Rights, it contains a series of images with texts by the artists, alongside installation views at Centro Botín. Reflecting on Cooking Sections' multifaceted practice over the last twelve years, the book draws out their work with and within cultural institutions to reimagine these as spaces to envision and rehearse more abundant futures.

We would like to express our sincere thanks to all the authors for their enlightening texts, to the editor, Amy Sherlock, for sustaining the rhythm and coherence of the publication, to the translator Daniel Lacasta Fitzsimmons for his sensitive approach to each text, and to Anne König and Malin Gewinner from Spector Books for the care and originality with which they have approached the design of the book and its exquisite production. Special thanks to the GeoOcean Department at the University of Cantabria (Fernando Javier Méndez Incera, Jared Ortiz-Angulo Cantos, Gabriel Bellido Prieto, Laura Cagigal Gil) for generously sharing their research and advice that has made this project possible. Heartfelt thanks to all the performers who brought the waves to life through their movements over the five months of the exhibition: Maider G. Etxegibel, Rebeca García Celdrán, Lucía López Madrazo, Léa Misseri, Laura Ramirez Ashbaugh, Julia Zac, Zhenxiang Zhao; to Duval Timothy for his affecting wave compositions, and to Max Cooper-Clark, Sofía Yáñez Perteagudo, and Rosa Whiteley from Cooking Sections' studio for their insight and work throughout the making of the book and the exhibition. Finally, our deepest gratitude to Daniel & Alon for making this collaboration with the whole team such an interesting and rewarding process, and for their uncompromising commitment to our shared planet.

Bárbara Rodríguez Muñoz
Director of Exhibitions and the Collection, Centro Botín

Leyendo huellas de la mar

Cooking Sections

Con una concha en la mano, podía leer la costa. Tras años trabajando como ostricultor en Port Sulphur, Luisiana, Terry Shelley era capaz de percibir cambios en el agua al recorrer con los dedos los bordes afilados del arrecife: capas de calcio engrosadas como anillos de árbol que narran la subsidencia del terreno causada por la extracción de combustibles fósiles, la desviación de aguas dulces, el retroceso de las costas y la acidificación de los mares.[1] Las yemas de los dedos quizá no sean más precisas que la interpretación de las palmas de la mano de una vidente, y sin embargo había algo de adivinatorio en la manera en que interpretaba las conchas: vislumbrando, en y entre las líneas, las texturas y los colores de las ostras, historias del pasado que hablan de un futuro común.[2]

To read, en inglés antiguo y protogermánico (*rǣdan*), significaba aconsejar, recomendar. Guiar la interpretación. En castellano, *leer* (del latín *legere*) significa reunir, cosechar sentido. Es también la raíz de *ley*. Leer como acto legal es una forma de gobierno y de traducción, de volver legible lo que nos rodea, como el ostricultor que interpreta las políticas fluviales y los mares cambiantes en su concesión bajo las aguas de la desembocadura del Misisipi, a las afueras de Bulbancha (Nueva Orleans), cuyo nombre en el idioma choctaw significa «el lugar de muchas lenguas».

Leer es captar las fuerzas legislativas y de planificación que han construido, controlado y organizado el espacio. Los poderes estatales

1 Gracias a Hannah Eisler Burnett por mostrarnos estas costas que retroceden.

2 Para más información sobre «Oyster Readings», véase: Cooking Sections, «CLIMAVORE: Divesting from Fish Farms towards the Tidal Commons», *Journal Agricultural & Environmental Ethics* 37, 6 (2024).

Reading Ocean Imprints

Cooking Sections

By holding a shell, he could read the coast. After years working as an oysterman in Port Sulphur, Louisiana, Terry Shelley could feel changes in the water by running his fingers along the sharp edges of the reef: layers of calcium thickened like tree rings telling of subsidence from fossil fuel extraction, freshwater diversion, receding shores, acidifying seas.[1] Fingertips may not be more accurate than a fortune teller's palm reading, yet there was something divinatory in how he read shells: glimpsing in and in-between the oysters' lines, textures, and colours, past stories that tell of a common future.[2]

To read, in Old English and Proto Germanic (*rǣdan*), meant to counsel, advise. To guide interpretation. In Spanish, *leer* (from Latin *legere*) means to gather, harvest meaning. It is also the root of *ley*, law. Reading as a legal act is a form of governance and translation, of making legible, like the oysterman, interpreting river policies and changing seas in his submerged concession at the mouth of the Mississippi, outside Bulbancha (New Orleans), whose Choctaw name means 'the place of many tongues'.

1 Thank you Hannah Eisler Burnett for showing us these receding shores.

2 For more insights on *Oyster Readings*, see: Cooking Sections, 'CLIMAVORE: Divesting from Fish Farms towards the Tidal Commons', *Journal Agricultural & Environmental Ethics* 37, 6 (2024).

3 Christina Sharpe, *In the Wake: On Blackness and Being* (Duke University Press, Durham NC, 2016): p. 21.

4 Laleh Khalili, 'Oceans of Finance and Commodification', *Comparative Studies of South Asia, Africa and the Middle East* 42 (1) (2022): pp. 135–139.

5 Jason C. Sharman, 'Offshore and the New International Political Economy', *Review of International Political Economy* 17 (2010): pp. 1–19.

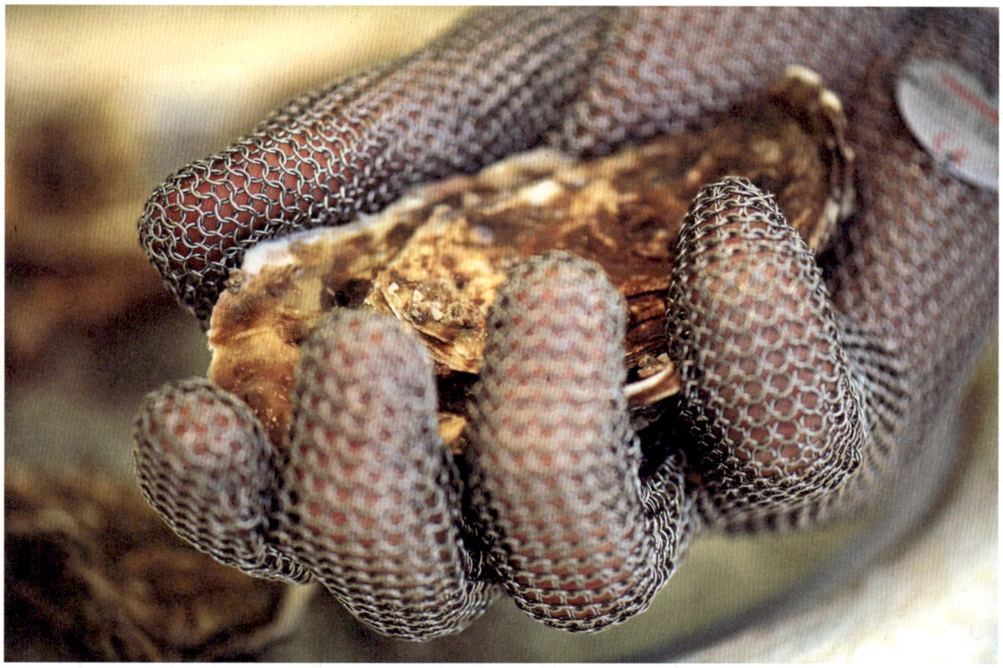

Las ostras han habitado las aguas de Luisiana durante milenios, filtrando mareas y registrando historias costeras en sus conchas estratificadas. Como los anillos de los árboles, cada estría registra cambios ecológicos: desviaciones del cauce, derrames de petróleo, dragados, la acidificación de los mares. Sentado en una mesa hecha de conchas de ostras desechadas, el público escucha mientras se leen las aguas y sus ostras. Susurran sobre futuros inciertos. Como quiromantes leyendo palmas, las conchas revelan costas que, aun marcadas por la extracción, resisten el hundimiento del terreno.
«Oyster Readings». Cooking Sections, 2021. Prospect.5, Nueva Orleans; 2022, Real Jardín Botánico de Edimburgo.

Oysters have inhabited Louisiana's waters for millennia, filtering tides and recording coastal histories in their layered shells. Like tree rings, each ridge registers ecological change—river diversions, oil spills, dredging, acidifying seas. Seated at a table made from discarded oyster shells, audiences listened as their oysters and their waters were read. They whisper uncertain futures. Like fortune tellers reading palms, the shells reveal shores scarred by extraction, yet resisting subsidence.
Oyster Readings. Cooking Sections, 2021. Prospect.5, New Orleans; 2022, Royal Botanic Garden Edinburgh.

To read is to grasp the legislative and planning forces that have built, controlled, and organised space. State powers use cartography and metrics to read the ocean as a site of externalities and extraction. From sewage dumping and overfishing to deep-sea mining and border policing, oceans are both over-legislated and illegible. Such readings shaped not only navigation and communication, but also empires, their calculated mapping tools leaving countless imprints behind. Reading the ocean enabled the circulation of global commodities, allowing ships to trade faster, reduce bow wave and stern wake for maximised colonial, military, and financial gain, and yet these forces are legible on the tracks left on the sea's surface.[3] Even waves became commodities, valued for how they could be shaped, dominated, and insured, their force neutralised by the unstoppable speed of transoceanic exchange, from foods from the colonies (in Spanish, *ultramarinos*) to the enslaved humans producing them.[4] Commodifying food and oceanspace relies on metabolic circuits that tie seas to diets, mapped to avoid friction or delay.

Ocean-reading became deliberately obscure with the financialisation of former plantation territories. Offshore economies and Special Economic Zones, emerging in secluded enclaves, became extraterritorial sites simultaneously profit- and loss-making, indebted and debt-free.[5] Despite a planetary abundance of data mapping onshore and offshore territories—geographical, biological, financial—ocean waves keep vanishing. How can they get lost in a space governmental and corporate powers claim to know so well?

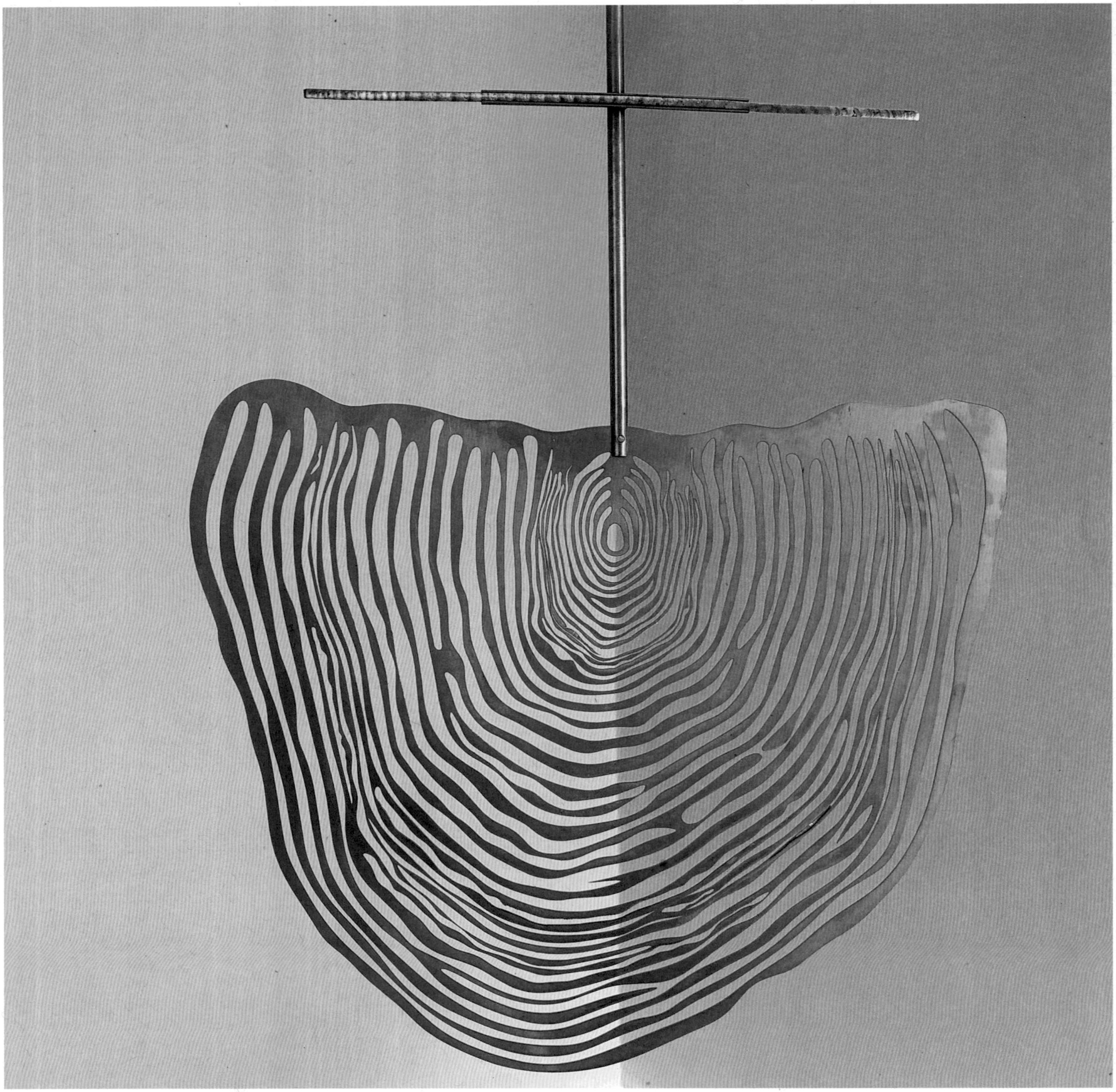

Los bosques de cría de peces (*uotsukirin*) fueron reconocidos por primera vez en el siglo x en Japón, cuando los pescadores observaron que los árboles de montaña sanos significaban pesquerías más saludables aguas abajo. Se restringió la tala en zonas designadas río arriba y, en 1897, los *uotsukirin* se incorporaron a la primera ley forestal de Japón. «Salmon-Breeding Forest» revisita este legado en Escocia, donde los procesos de expropiación (conocidos como *clearances*), tanto en tierra como en el agua, la deforestación y la acuicultura han llevado a las poblaciones de salmón salvaje al borde del colapso. Con el ecólogo Chris Ellis del Real Jardín Botánico de Edimburgo, llevamos a cabo el primer estudio de este tipo en Escocia, tomando muestras de 35 pinos ribereños del parque nacional de los Cairngorms para leer los nutrientes marinos inscritos en sus troncos. El bosque es un archivo de vida piscícola. Los hallazgos revelan un bucle metabólico que vincula los ciclos del salmón con la salud del bosque, transportado tierra adentro por peces migratorios y dispersado por moscardones, aves y mamíferos a lo largo de la cadena de descomposición. Al igual que los anillos de los árboles, las escamas de los salmones también se pueden leer: el espaciado de sus líneas registra la abundancia o carencia de alimento, el aumento de las temperaturas del agua y el tiempo que hayan pasado en el río o en el mar.
«Salmon-Breeding Forest». Cooking Sections, 2022. Instalación en el Real Jardín Botánico de Edimburgo.

Fish-breeding forests (*uotsukirin*) were first recognised in tenth-century Japan, when fishers saw that healthy mountain trees meant healthier fisheries downstream. Logging was restricted in designated upstream areas, and by 1897 *uotsukirin* were written into Japan's first Forest Law. *Salmon-Breeding Forest* revisited this legacy in Scotland, where the Clearances, both above and below water, deforestation, and aquaculture, have driven wild salmon polulations toward collapse. With ecologist Chris Ellis from the Royal Botanic Garden Edinburgh, we sampled 35 riverside pines in the Cairngorms—the first study of its kind in Scotland—to read the marine nutrients inscribed in their trunks. The forest is an archive of fish life. The findings reveal a metabolic loop linking salmon cycles to forest health, carried inland by migratory fish and dispersed through blowflies, birds, and mammals along the decomposition chain. Like tree rings, salmon scales can also be read: the spacing of their lines record an abundance or lack of nourishment, rising water temperatures, and their time spent in the river or at sea.
Salmon-Breeding Forest. Cooking Sections, 2022. Installation at the Royal Botanic Garden Edinburgh.

utilizan la cartografía y las métricas para leer el océano como un lugar de externalidades y extracción. Desde el vertido de aguas residuales y la sobrepesca hasta la minería submarina y la vigilancia de fronteras, los océanos están a la vez sobrelegislados y volviéndose ilegibles. Estas lecturas dieron forma no solo a la navegación y la comunicación, sino también a los imperios, cuyos calculados instrumentos de mapeo dejaron incontables huellas tras de sí. Leer el océano permitió la circulación de mercancías globales, haciendo posible que los barcos comerciaran más rápido, redujeran la ola de proa y la estela de popa para maximizar las ganancias coloniales, militares y financieras, y sin embargo esas fuerzas son legibles en los rastros que quedan en la superficie del mar.[3] Incluso las olas se convirtieron en mercancías, valoradas por cómo podían moldearse, dominarse y asegurarse, su fuerza neutralizada por la imparable velocidad del intercambio transoceánico, desde los alimentos de las colonias (ultramarinos) hasta los seres humanos esclavizados que los producían.[4] Mercantilizar los alimentos y el espacio oceánico depende de circuitos metabólicos que vinculan mares con dietas, cartografiados para evitar retrasos o fricciones.

La lectura del océano se volvió deliberadamente opaca con la financiarización de los antiguos territorios donde se ubicaban las plantaciones. Las economías extraterritoriales y zonas económicas especiales, creadas en enclaves aislados, se convirtieron en lugares simultáneamente generadores de beneficios y pérdidas, endeudados y libres de deuda.[5] A pesar de la abundancia planetaria de datos para cartografiar territorios terrestres y marítimos –geográficos, biológicos, financieros–, las olas siguen desapareciendo. ¿Cómo pueden perderse en un espacio que los poderes gubernamentales y corporativos dicen conocer tan bien?

En 2003, una ola única en Mundaka, en la costa del mar Cantábrico, desapareció casi de la noche a la mañana. El banco de arena que sostenía su famosa rompiente de izquierdas fue dragado, interrumpiendo las economías

3 Christina Sharpe, *In the Wake: On Blackness and Being* (Duke University Press, Durham NC, 2016): p. 21.

4 Laleh Khalili, «Oceans of Finance and Commodification», *Comparative Studies of South Asia, Africa and the Middle East* 42 (1) (2022): pp. 135–139.

5 Jason C. Sharman, «Offshore and the New International Political Economy», *Review of International Political Economy* 17 (2010): pp. 1–19.

In 2003, a unique wave in Mundaka, on the shores of the Cantabrian Sea, disappeared almost overnight. The sandbar sustaining its famous left-hand break was dredged away, disrupting local economies and marine life. Although stricter controls allowed its return years later, its future and consistency remains fragile. Waves are always vanishing, but what does it mean when a specific, expected wave no longer breaks?

The exhibition *Waves Lost at Sea* expands ways of reading disturbances in the built environment by tracing the disappearance of waves across continents: sand mining, landfilling, port expansion, and so-called development reshaping shorelines and scarring seabed ecologies.[6] To read wave disappearance is also to trace global food dependencies: dredging to allow ship access for the transportation of imported groceries, refrigerated meats, exotic fruits, cheaply hand-peeled shrimp, and trawled fish. To read them is to understand the world's reliance on ocean infrastructure.

Waves carry names, although how they are named is never neutral. Naming inscribes ownership and overwrites relations. Though sometimes renamed through colonial 'discovery', waves carry genealogies, memories, and resistance. Names imposed by settlers, developers, or surfers did not silence San, Kanaka Maoli, Māori and other ancestral place-worlds. Amid countless technologies that legislate, segregate, enclose, and extract, the ocean is still read through counter-legibility: daily practices by fishers, surfers, oyster harvesters, residents, activists, citizen scientists, and school groups monitoring their shores. These less formal readings trace causes of loss, rendering them visible. Waves are still there, yet extractivism has obscured the capacity to read them. They forecast how far away the land is, how deep underwater gorges are, how strong the wind will blow, how fierce the storm will be, where fish and fishers will meet. People once listened to what seas (*la mar*, feminine in Spanish) had to say. Like the growth bands and discoloration in shells or the stress marks in salmon scales, these are counter-legible material records for attuned humans: indications of coastal inhabitation, waste, migration, and resistance in the Anthropocene.[7]

6 Kamau Brathwaite's concept of *tidalectics*, referring to the cyclical motion of water, moving backward and forward, challenges the linearity and fixity of Western thought that separate nature from culture and instead maroon more nuanced perspectives. See Kamau Brathwaite, *ConVERSations with Nathaniel Mackey* (We Press, Rhinebeck NY, 1999).

7 Susan Schuppli, *Material Witness: Media, Forensics, Evidence* (MIT Press, Cambridge MA, 2020): Introduction.

locales y la vida marina. Aunque controles más estrictos permitieron su regreso años después, su futuro y su constancia siguen siendo frágiles. Las olas siempre desaparecen, pero ¿qué significa cuando una ola específica, esperada, deja de romper?

La exposición «Las olas perdidas» amplía las formas de leer las perturbaciones en el entorno construido al seguir el rastro de la desaparición de olas a través de continentes: la extracción de arena, los rellenos, la expansión portuaria y el llamado desarrollo remodelan las costas y dejan cicatrices en las ecologías del lecho marino.[6] Leer la desaparición de las olas es también rastrear las dependencias alimentarias globales: dragados para permitir el acceso de buques que transportan ultramarinos, carnes refrigeradas, frutas exóticas, gambas peladas a mano a bajo coste y las capturas de la pesca de arrastre. Leerlas es comprender la dependencia mundial de la infraestructura oceánica.

Las olas llevan nombres, aunque el modo de nombrarlas nunca es neutral. Nombrar inscribe propiedad y borra relaciones. Aunque a veces fueron renombradas mediante «descubrimientos» coloniales, las olas portan genealogías, memorias y resistencias. Los nombres impuestos por colonos, promotores o surfistas no silenciaron los mundo-lugares ancestrales de los san, kanaka maoli, maoríes y otros pueblos. Entre incontables tecnologías que legislan, segregan, encierran y extraen, el océano sigue leyéndose a través de contralegibilidades: prácticas cotidianas de pescadores, surfistas, recolectores de ostras, residentes, activistas, científicos, ciudadanos y grupos escolares que monitorean sus costas. Estas lecturas menos formales rastrean causas de pérdida y las vuelven visibles. Las olas siguen ahí, pero el extractivismo ha oscurecido la capacidad de leerlas. Prevén lo lejos que está la tierra, qué profundidad tienen los cañones submarinos, qué fuerza tendrá el viento, lo feroz que será la tormenta, dónde se encontrarán los peces con los pescadores. Hubo un tiempo en que la gente escuchaba lo que tenían que decir los mares, o la mar, en femenino. Como las bandas de crecimiento y las decoloraciones en las conchas o las marcas de estrés en

6 El concepto de *tidalectics* de Kamau Brathwaite, que remite al movimiento cíclico del agua —hacia atrás y hacia adelante—, cuestiona la linealidad y la fijeza del pensamiento occidental que separa naturaleza y cultura mientras deja de lado perspectivas más matizadas. Véase Kamau Brathwaite, *ConVERSations with Nathaniel Mackey* (We Press, Rhinebeck NY, 1999).

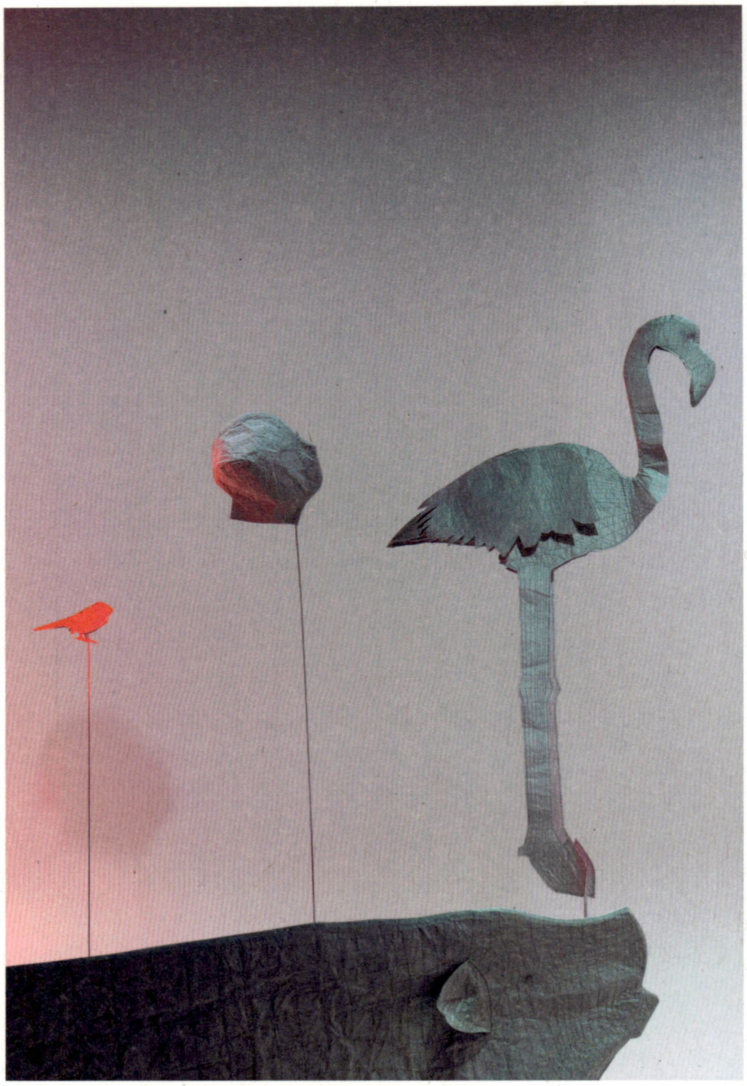

En nuestro primer intercambio con los residentes preocupados por el impacto ambiental de las piscifactorías de salmón en Skye, Escocia, oímos hablar de un gorrión que se había vuelto color salmón. El ave se había alimentado de pellets extraviados de una piscifactoría cercana, teñidos con astaxantina sintética, la cual se utiliza para dar a la carne del salmón el tono que esperan los consumidores. Este encuentro fugaz reveló la violencia metabólica de la acuicultura, donde el color se transforma, de una expresión de integridad genética en una sumisión al gusto del mercado. Los cuerpos animales ya no metabolizan el color; el color los metaboliza a ellos. El gorrión rosa se convirtió en un testigo accidental de la fuga química, una bandera roja emplumada.
«Salmon: A Red Herring». Trilogía «When [Salmon Salmon [Salmon]]», parte I. Cooking Sections, 2020. Tate Britain, Londres.

In our first exchange with residents concerned with the environmental impact of salmon farms in Skye, Scotland, we heard of a sparrow that had turned salmon-pink. The bird had fed on stray pellets from a nearby fish farm, dyed with synthetic astaxanthin, used to tint salmon flesh the tone of consumer expectations. This fleeting encounter revealed the metabolic violence of aquaculture, where colour is transformed from an expression of genetic integrity into a submission to market taste. Animal bodies no longer metabolise colour; colour metabolises them. The pink sparrow became an accidental witness to chemical leakage, a feathered red flag.
Salmon: A Red Herring. When [Salmon Salmon [Salmon]] trilogy, part I. Cooking Sections, 2020. Tate Britain, London.

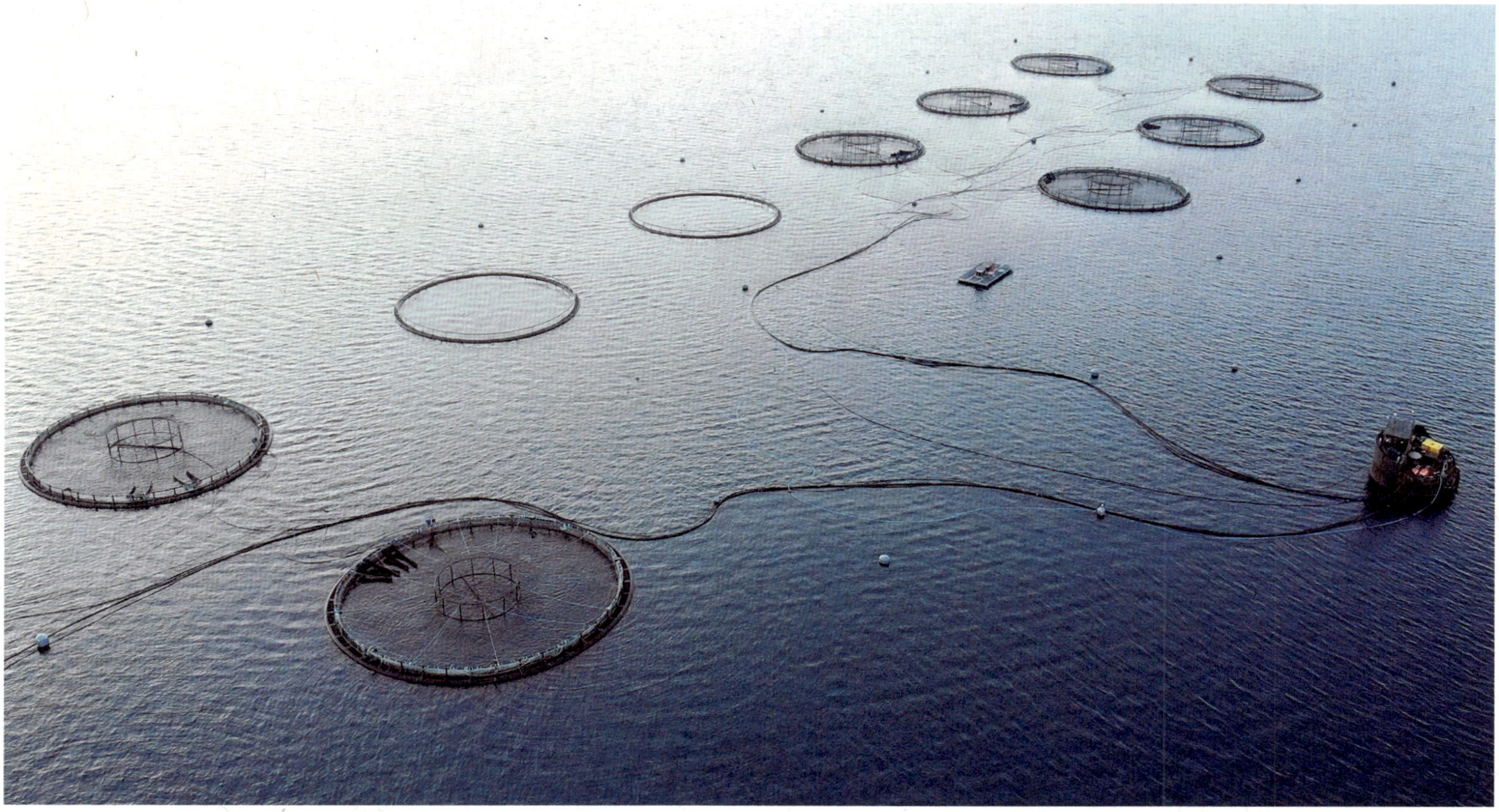

Las piscifactorías de salmón de red abierta parecen inofensivos círculos a la deriva en el mar, pero sus redes cilíndricas están literalmente hechas de agujeros. Estos recintos porosos apenas pueden retener a los cien o doscientos mil peces que nadan en ellos cuando logran escapar del confinamiento. Tampoco pueden contener lo que producen: excrementos, pigmentos, fármacos, parásitos. Todo se filtra a través de la malla de estos cebaderos submarinos, contaminando aguas mucho más allá de las redes mismas. Leer una jaula es trazar estos rastros tóxicos a medida que atan cuerpos dentro y fuera de sus confines.
«CLIMAVORE: On Tidal Zones». Cooking Sections, 2017–en curso. Vista aérea de jaulas de salmón en Skye, Escocia.

Open-net salmon farms appear harmless circles adrift at sea, yet their cylindrical nets are literally made of holes. These porous enclosures can barely retain the one to two hundred thousand fish that swim in each of them when they find their way out of confinement. Neither can they contain what they produce: excrement, pigments, pharmaceuticals, parasites. These all seep through the mesh of these underwater feedlots, contaminating waters far beyond the nets. To read a pen is to trace these toxic trails as they bind bodies inside and outside their confines.
CLIMAVORE: On Tidal Zones. Cooking Sections, 2017–ongoing. Aerial view of salmon pens in Skye, Scotland.

las escamas de los salmones, son registros materiales contralegibles para quienes saben leerlos: indicios de habitación costera, desechos, migración y resistencia en el Antropoceno.[7]

Los espacios intermareales operan entre tierra y no-tierra, sobre y bajo el agua, donde durante mucho tiempo la gente vivió con la flexibilidad de las mareas. Como escribe Epeli Hau'ofa, océanos como el Pacífico nunca fueron una división entre lo terrestre y lo marítimo, sino un vasto espacio interconectado, un mar de relación, no de separación.[8] Las olas no son objetos fijos, sino transferencias inestables de energía. Viajan como marejadas, vectores desde las cabeceras de los ríos hasta los brazos y las desembocaduras, desde la superficie hasta los fondos oceánicos, de manera abrupta o irreversible.[9] Incluso cuando se cree que han desaparecido, su energía persiste. En lugar de *romper*, las olas *acarician* la orilla, una y otra vez, en una celebración de espuma blanca. Al acercarse a la costa, sienten el fondo, se frenan, se empinan y se curvan. Las olas hablan su propio lenguaje y requieren un conocimiento íntimo. Incluso el silencio habla a gritos.

Saber cuándo y si las olas se pierden implica leer capas de huellas oceánicas, escanear horizontes mientras se sienten en la piel, descifrar lo que aún no ha sido escrito. Los surfistas no montan todas las olas. Esperan, leen y deciden cuándo entrar, navegando el espacio en cuatro dimensiones, con la pérdida de gravedad y el riesgo de ser tragados por el mar. Sin embargo, los surfistas modernos no inventaron el arte de cabalgar olas. Se nutrieron de prácticas indígenas milenarias. Aunque se han movilizado para defender las costas, el turismo de surf también ha alimentado la mistificación y la gentrificación. En muchos lugares, esto interseca con las luchas por los derechos sobre la tierra, donde el desarrollo especulativo desplaza a las comunidades costeras, que se encuentran en el dilema entre conservar la biodiversidad y acoger infraestructuras.

7 Susan Schuppli, *Material Witness: Media, Forensics, Evidence* (MIT Press, Cambridge MA, 2020): Introducción.

8 Epeli Hau'ofa, «Our Sea of Islands», *The Contemporary Pacific* 6, 1 (1994): pp. 148–161.

9 Stefan Helmreich, *A Book of Waves* (Duke University Press, Durham NC, 2023): Introducción.

Intertidal spaces operate between land and non-land, above and underwater, where people long lived with the flexibility of the tides. As Epeli Hau'ofa writes, oceans like the Pacific were never a divide between onshore and offshore but a vast interconnected space, a sea of relation, not separation.[8] Waves are not fixed objects, but unstable transfers of energy. They travel as swells, vectors from headwaters to river arms and mouths, from the surface to ocean beds, abrupt or irreversible.[9] Even when thought to have disappeared, their energy persists. Rather than *breaking*, waves *caress* the shore, over and over, in a celebration of white foam. Nearing land, they feel the bottom, slow, steepen, and curl. Waves speak their own language and require intim ate knowledge. Even silence speaks volumes.

To know when and whether waves are lost means reading layers of ocean imprints, scanning horizons while feeling them in the skin, decoding what has not yet been written. Surfers do not ride all waves. They wait, read, and decide when to enter, navigating space in four dimensions, with gravity loss and the risk of being swallowed by the sea. Yet modern surfers did not invent riding waves. They drew on millennia of Indigenous practices. While they mobilised to defend coasts, surf tourism has also fuelled mystification and gentrification. In many places this intersects with land rights struggles, where speculative developments displace coastal communities, torn between conserving biodiversity and welcoming infrastructure.

8 Epeli Hau'ofa, 'Our Sea of Islands', *The Contemporary Pacific* 6, 1 (1994): pp. 148–161.

9 Stefan Helmreich, *A Book of Waves* (Duke University Press, Durham NC, 2023): Introduction.

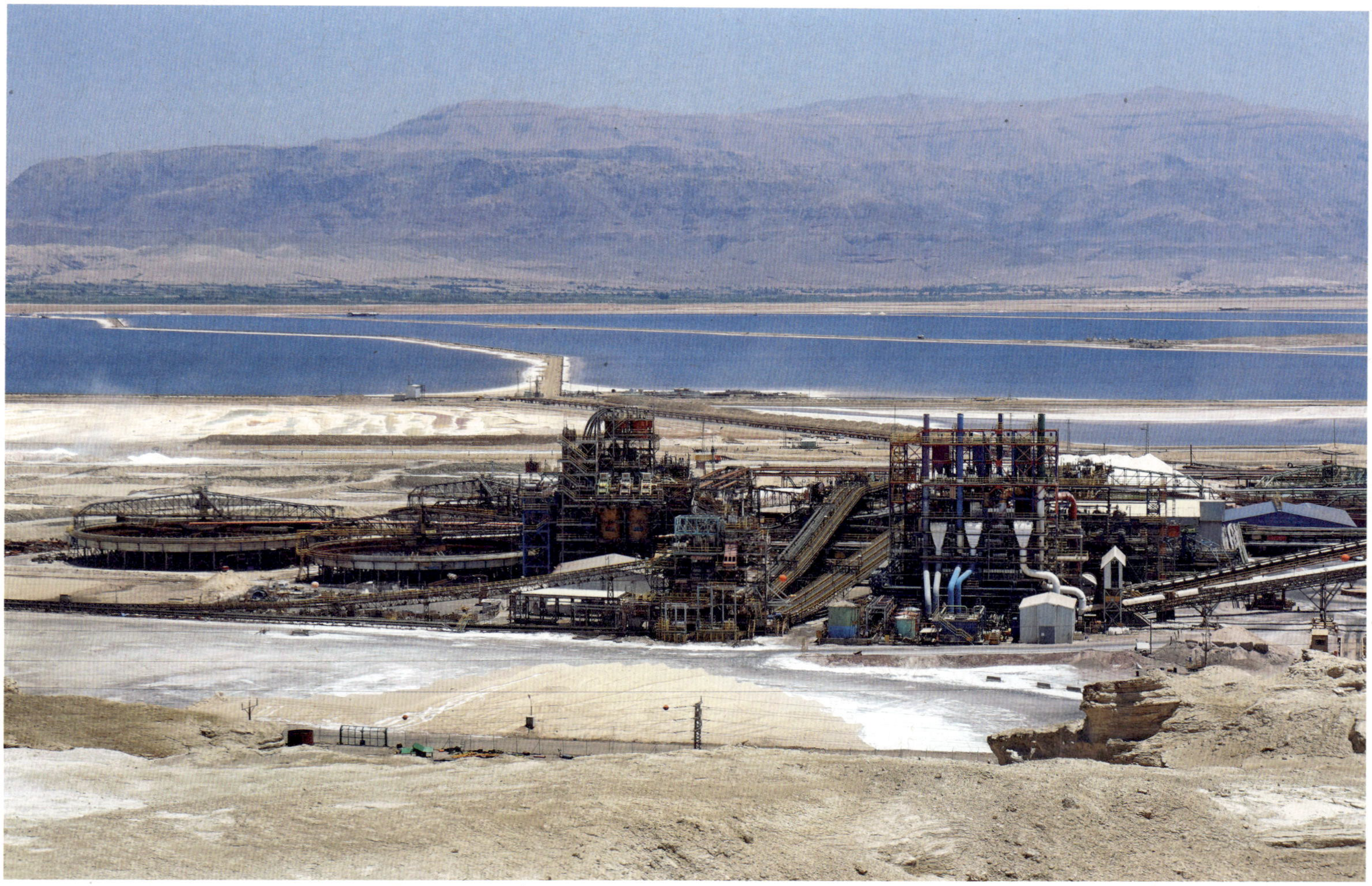

Desde principios de la década de 2000, miles de sumideros se han abierto a lo largo del mar Muerto, algunos de hasta dos kilómetros de ancho y veinticinco metros de profundidad. A medida que los niveles de agua descienden más de un metro cada año, la escorrentía del desierto disuelve los depósitos subterráneos de sal, socavando el suelo. Cada agujero revela enredos transnacionales: presas hidroeléctricas, la ocupación y apropiación de aguas subterráneas palestinas y la extracción de potasa por parte de empresas israelíes y jordanas. Veinticinco mesas mapearon estas zonas de riesgo a través de ingredientes alternativos a las dependencias agroquímicas, vinculando la desaparición del mar Muerto con geografías extractivas, como la mina de Bou Craa cerca de El Marsa, que siguen alimentando la demanda global de fertilizantes.
«Under the Sea There Is a Hole». Cooking Sections, 2015. Sumideros y costas en retroceso a lo largo del mar Muerto.

Since the early 2000s, thousands of sinkholes have opened along the Dead Sea, some stretching two-kilometres wide and twenty-five-metres deep. As water levels fall by more than a metre each year, desert runoff dissolves underground salt deposits, hollowing the ground beneath. Each hole reveals transnational entanglements: hydropower dams, occupation and appropriation of Palestinian groundwater, and potash mining by Israeli and Jordanian companies. Twenty-five tables mapped these risk zones through alternative ingredients to agrochemical dependencies, linking the Dead Sea's disappearance to extractive geographies, like the Bou Craa mine near El Marsa, which continue to feed the global demand for fertiliser.
Under the Sea There Is a Hole. Cooking Sections, 2015. Sinkholes and receding shorelines along the Dead Sea.

Las olas se lloran mediante protestas, demandas judiciales, historias orales y descoloridos carteles de playa, lo que hace que la lucha por las olas sea inseparable de la lucha por la tierra y los medios de vida. Desde Mundaka hasta el puerto fosfatero de El Marsa (Sáhara Occidental) y los balnearios de la era del apartheid en Cape St Francis (Sudáfrica), las olas desaparecen bajo presiones industriales y políticas. En Perú, Azores, Aotearoa, Baja California o Hawái, los espigones y las inversiones desplazan comunidades y borran hábitats más-que-humanos. En nombre del progreso, estos procesos violentos quedan registrados en la altura de las olas, el retroceso de las costas, los flujos del PIB y las zonas prohibidas de baño.

«Las olas perdidas» traza una geografía de pérdida a través de la desaparición de once olas. En colaboración con científicos de GeoOcean, de la Universidad de Cantabria —expertos en rastrear tormentas—, estas olas se leyeron como fantasmas del pasado y del futuro, a partir de datos oceánicos y registros de archivo que permitieron estimar su trayectoria, velocidad, forma y altura. La lista de olas no es exhaustiva. Muchas otras siguen amenazadas.

En la composición musical de Duval Timothy creada para la instalación, las olas se traducen en ritmo y resonancia, un tributo sonoro tanto al duelo ecológico como a la alegría de saltar entre la espuma. Disonantes y melódicos acordes de piano reverberan por la sala de exposiciones del Centro Botín. Los visitantes se sumergen en una coreografía móvil de personas y formas ondulantes, nombradas en honor a las olas desaparecidas, mientras miran hacia la bahía de Santander, que a su vez requiere dragado continuo. Los gestos viajan: una ola se arrastra por el suelo, acaricia el techo, silba por el aire, toma posesión del espacio. Cuerpos, diminutos frente a la escala de las olas, acompañan el efecto de retroceso de la marejada.

«Las olas perdidas» lidia con la imposibilidad de contener una ola en forma. Cada ola transporta las geografías que atraviesa. Al encontrarse con las orillas, la espuma distribuye nutrientes y oxígeno, atrayendo criaturas —cangrejos topo, aves marinas, almejas, estrellas de mar— para cabalgar olas

Waves are mourned through protests, lawsuits, oral histories, and fading beach signs, making the struggle over waves inseparable from the struggle over land and livelihood. From Mundaka to the phosphate port of El Marsa (Western Sahara) and apartheid-era beach towns in Cape St Francis (South Africa), waves vanish under industrial and political pressures. In Peru, Azores, Aotearoa, Baja California, or Hawai'i, breakwaters and investments displace communities and erase more-than-human habitats. In the name of progress, these violent processes are logged in wave height, shoreline retreat, GDP flows, and no-go swim zones.

Waves Lost at Sea traces a geography of loss through the disappearance of eleven waves. In collaboration with scientists from GeoOcean, University of Cantabria—experts at tracing storms—these waves were read like past and future ghosts, drawing from oceanic data and archival records to render their estimated path, speed, shape, height. The list of waves is not comprehensive. Many others are still under threat.

In Duval Timothy's musical composition for the installation, the waves are translated into rhythm and resonance, a sonic tribute to both ecological grief and the joy of leaping through foam. Dissonant and melodic piano chords reverberate through the exhibition gallery at Centro Botín. Visitors are immersed in a mobile choreography of people and undulating forms, named after the vanished waves, while looking out toward the Bay of Santander, itself requiring continuous dredging. Gestures travel: a wave flaps along the floor, strokes the ceiling, hisses through the air, takes hold of the space. Bodies, miniature against the scale of the waves, accompany the recoil effect of the swell.

Waves Lost at Sea struggles with the impossibility of holding a wave in form. Every wave carries the geographies it passes through. As waves meet seashores, foam distributes nutrients and oxygen, attracting creatures—mole crabs, shorebirds, surf clams, sea stars—to ride waves or devour one another. These 'surf ecologies' (which long predate the water sport) make species thrive in the turbulent four-dimensional space where waves touch sand. When waves vanish, so do these food webs and nursery zones.

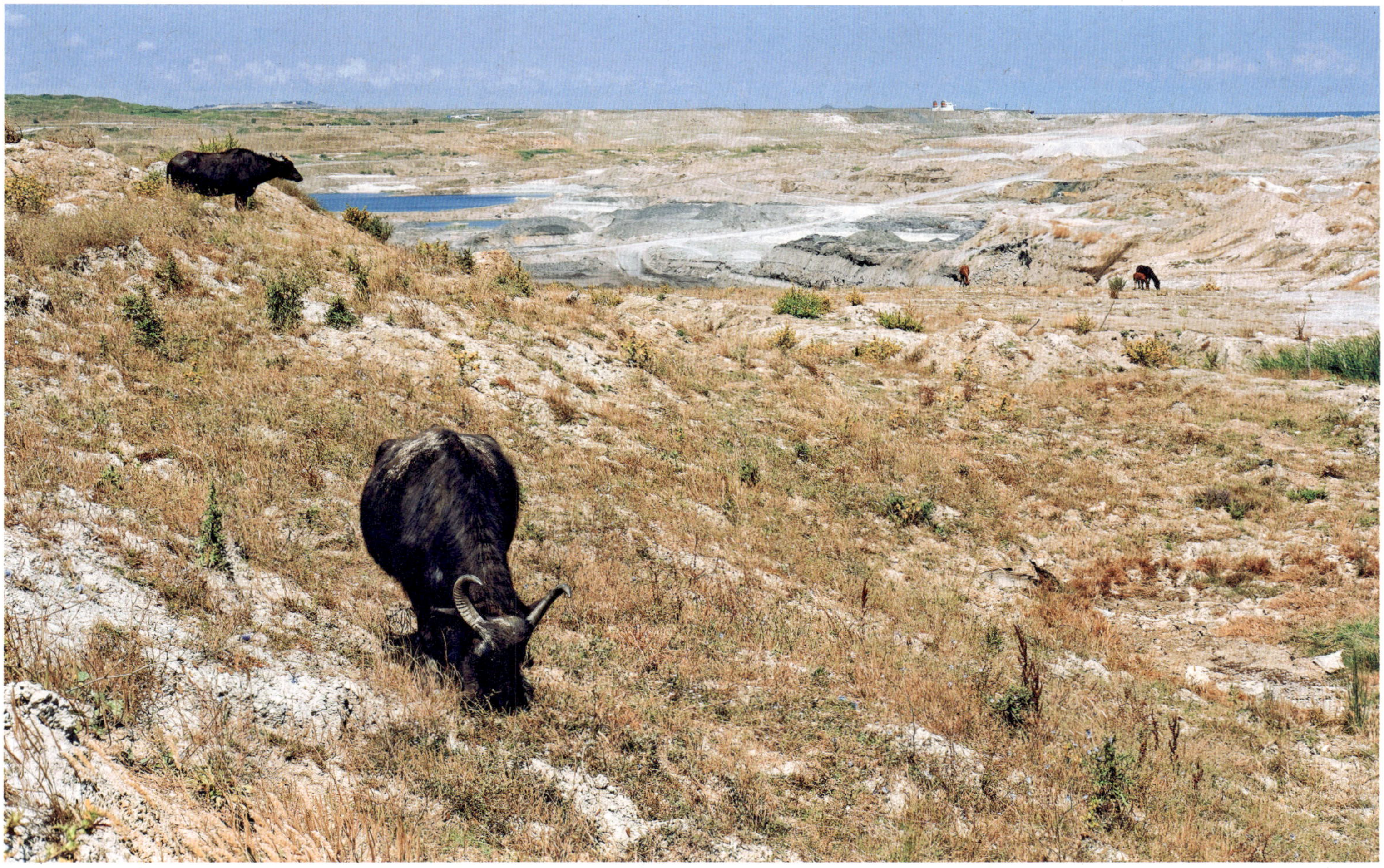

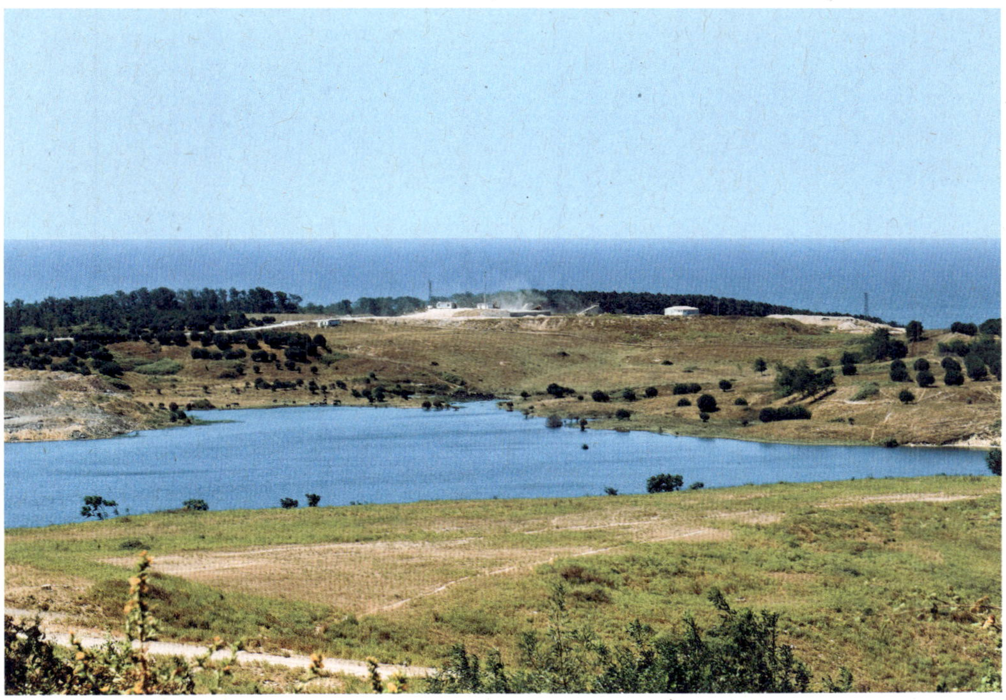

En las charcas de la periferia norte de Estambul se pueden leer las huellas del abandono y el deterioro. Estos estanques marcan el relleno de humedales posindustriales, donde el agua de lluvia se ha acumulado en las cicatrices de las minas de carbón, turba y arena. A pesar de las recientes amenazas de urbanización, estas pozas inundadas siguen siendo hogar de pastores desplazados y búfalos de agua, incluso cuando los pastizales comunes se reclasifican como áreas urbanas o zonas de construcción. Cientos de charcas forman un terreno estratificado, donde los búfalos aún se revuelcan y los pastores continúan su pastoreo ancestral. Modelados por las huellas de sus pezuñas, estos suelos perturbados se han convertido en prósperos paisajes metabólicos que producen leche para yogur y platos tradicionales turcos, incluso mientras son cercados y sistemáticamente borrados.
Búfalos disfrutando de las charcas en los humedales posindustriales de Estambul en «Wallowland». Cooking Sections, 2022–en curso. Parte de «Water Buffalo Commons», CLIMAVORE × Jameel at RCA.

In the wallows of Istanbul's northern periphery, one can read the traces of abandonment and decay. These ponds mark the infill of post-industrial wetlands, where rainwater has collected in the scars of coal, peat, and sand mining. Despite recent threats of urbanisation, these flooded pits remain home to displaced herders and water buffalo, even as common pastures are reclassified as urban areas or construction zones. Hundreds of wallows form a layered terrain, where buffalo still wallow and herders continue their ancestral grazing. Shaped by hoofprints, these disturbed grounds have become thriving metabolic landscapes that yield milk for yogurt and traditional Turkish desserts, even as they are enclosed and systematically erased.
Buffalo enjoy the wallows of Istanbul's post-industrial wetlands in *Wallowland*. Cooking Sections, 2022–ongoing. Part of *Water Buffalo Commons*, CLIMAVORE × Jameel at RCA.

o devorarse entre sí. Estas «ecologías del oleaje» consiguen hacer prosperar a las especies en ese espacio turbulento y cuatridimensional donde las olas tocan la arena. Cuando las olas desaparecen, también lo hacen estas tramas alimentarias y zonas de cría.

Los esfuerzos de base luchan por mantener libre el movimiento de las marejadas. Desde hace ya tiempo, las comunidades indígenas se han movilizado para proteger rompientes como bienes comunes culturales. Los marcos jurídicos impulsados por la ciudadanía también han avanzado en la ley, desde los Espacios Costeros Marinos de Pueblos Originarios en Chile hasta las rompientes protegidas de Aotearoa y la Ley de Rompientes de Perú. El municipio brasileño de Linhares concedió hace no mucho personalidad jurídica a las olas en la desembocadura del río Doce. En España, los movimientos cívicos han retrasado la desaparición de olas como Rodiles (Asturias) y Foz (Lugo). En Cantabria, la Surf & Nature Alliance ha propuesto el «Manifiesto de las olas» y la primera zona de rompientes de Europa como monumento natural.[10]

Las seis contribuciones de este libro amplían las formas de leer las huellas oceánicas y proponen herramientas para enfrentarse a los legados del extractivismo, a través del testimonio y la imaginación de inscripciones y desapariciones. Las autoras y autores, cuyo trabajo ha influido y desafiado el nuestro, se sitúan en distintas geografías y disciplinas conectadas a vidas compartidas, incluyendo ecofeminismo, práctica espacial, teoría legal, movimientos sociales y enredos queer. Ofrecen maneras distintas de leer la pérdida, reivindicar derechos y reconfigurar intimidades con el agua, o con su ausencia.

Escribiendo desde Cantabria, Yayo Herrero nos invita a leer las olas no solo como fenómenos oceánicos, sino como fuerzas terrestres: olas de rabia, de amor y de resistencia que emergen de suelos heridos y memorias arraigadas tanto en el interior como en la costa. Conecta la desaparición de rompientes con tsunamis de cemento y extracción, sosteniendo que cada ola desaparecida resuena demandando reparación, propagándose en acción ciudadana.

10 Incluye siete olas: San Vicente de la Barquera, los Locos, Liencres, la Vaca Gigante, Ribamontán al Mar, el Brusco y la Fortaleza.

Grassroots efforts fight to keep swells moving freely. Indigenous communities have long mobilised to protect surf breaks as cultural commons. Citizen-led frameworks have also advanced law, from Chile's *Espacios Costeros Marinos de Pueblos Originarios* to Aotearoa's protected breaks and Peru's *Ley de Rompientes*. Brazil's municipality of Linhares recently granted legal personhood to waves at the mouth of the Doce River. In Spain, civic movements have delayed the disappearance of waves like Rodiles (Asturias) and Foz (Lugo). In Cantabria, the Surf & Nature Alliance has proposed the Wave Manifesto and Europe's first break zone as a natural monument.[10]

The six contributions in this book expand on how to read ocean imprints, and advance tools to contend with the legacies of extractivism, by witnessing and imagining inscription and disappearance. The authors, whose work has influenced and challenged our own, are situated across geographies and disciplines connected to shared lives, including ecofeminism, spatial practice, legal theory, social movements, and queer entanglements. They offer distinct ways of reading loss, asserting rights, and reshaping intimacies with water, or the lack thereof.

Writing from Cantabria, Yayo Herrero invites us to read waves not only as oceanic phenomena, but as terrestrial forces—waves of rage, love, and resistance rising from wounded soils and memories rooted both inland and offshore. She connects surf break disappearance to tsunamis of concrete and extraction, arguing that every vanished wave echoes calls for reparation, rippling into civic action.

10 It includes seven waves: San Vicente de la Barquera, Los Locos, Liencres, La Vaca Gigante, Ribamontán al Mar, El Brusco, and La Fortaleza.

Ros Gray, educadora y teórica del arte y la ecología, explora cómo las prácticas de comer, mapear y cuidar entre especies generan alternativas metabólicas a la extracción. Su ensayo reflexiona sobre el resurgimiento ecológico, preguntándose qué significa ser un cuerpo planetario y cómo alimentarse en consecuencia, en medio de las ruinas de la modernidad neocolonial. Olas y cuerpos forman parte de metabolismos planetarios, legibles a través de escalas microbianas, oceánicas y materiales.

Theodossis Issaias navega por nuestros enredos de intimidad, rareza y amor compartido a través del beso y las intrincadas relaciones de nuestros cuerpos, desde los ríos de Pittsburgh hasta los lodazales balcánicos. Su ensayo recorre un camino húmedo y errante que rastrea lo que significa leer y construir espacio en común, desde el pellet hasta el planeta. Uno no puede besarse a sí mismo, de modo que besar se convierte en una manera de devorarse mutuamente, de nadar a favor y en contra de la corriente, de compartir el aliento. Aparte de cabalgar una ola, quizá sea esta la experiencia más cercana que podamos tener a volar. Una *petite morte*.

Mari Margil, cofundadora del Center for Democratic and Environmental Rights (Centro para los derechos democráticos y ambientales), traza el cambio desde la concepción legal de las ecologías como propiedad hasta su reconocimiento como sujetos con derechos. Inspirándose en tradiciones indígenas y en la acción legal comunitaria, muestra nuevos paradigmas para defender los ecosistemas en los tribunales. Esto reorienta la relación humana con las ecologías: de la dominación al parentesco, del permiso a la obligación, situando la esfera cultural como un espacio desde el cual construir ficciones legales en el presente.

Nerea Calvillo se centra en la imposibilidad de la contención –química, infraestructural, afectiva. Al leer el espacio como una ecología queer de fugas, las olas dejan de ser superficies delimitadas para volverse bordes volátiles donde deseos, toxinas, fronteras e infraestructuras se fracturan y difuminan, negándose al control. Leer lamiendo se convierte en un modo de percibir la violencia extractiva y desafiar la ficción de entornos sellados. Los humanos existimos porque chorreamos.

Ros Gray, an educator and art and ecology theorist, explores how practices of eating, mapping, and multispecies care generate metabolic alternatives to extraction. Her essay reflects on ecological resurgence, asking what it means to be a planetary body, and how to eat accordingly, amid the ruins of neocolonial modernity. Waves and bodies are part of planetary metabolisms, legible across microbial, oceanic, and material scales.

Theodossis Issaias navigates our entanglements of intimacy, queerness, and shared love through kissing and the intricacies of our bodies, from Pittsburgh's rivers to Balkan wallows. His essay journeys through a wet and wandering path that traces what it means to read and build space together, from the pellet to the planet. One cannot kiss oneself, so kissing becomes a way of devouring one another, of swimming with and against the current, sharing breath. Aside from riding a wave, this is perhaps the closest we can come to flying. A *petite morte*.

Mari Margil, co-founder of the Center for Democratic and Environmental Rights, traces the shift from legal understandings of ecologies as property to being rights-bearing subjects. Drawing from Indigenous traditions and community legal action, she shows new paradigms to defend ecosystems in court. This reorients human relationship with ecologies from domination to kinship, from permission to obligation, positioning the cultural sphere as a site to construct legal fictions in the present.

Nerea Calvillo turns to the impossibility of containment—chemical, infrastructural, affective. Reading space as a queer ecology of leakages, waves are not bound surfaces, but volatile edges where desires, toxins, borders, and infrastructures rupture and blur, refusing control. Reading by licking becomes a way to sense extractive violence and defy the fiction of sealed environments. Humans exist because we leak.

Sria Chatterjee reflexiona sobre cómo hacer visibles los indicadores vivos de los metabolismos extractivos. Para ella, leer es el primer paso hacia la reparación, ya sea ecológica, emocional, social, política o todo a la vez. A partir de su estudio sobre las luchas campesinas y las dependencias impuestas en India, rastrea las cadenas metabólicas que vinculan los cuerpos con la tierra y cómo la historia se consume en lo que se escapa en el agua y la piel.

En conjunto, estos textos proponen un continuo entre el alimento, la toxicidad y el sexo: formas de interpenetrabilidad en las que las entrañas se vuelven pellejos y los fluidos se intercambian constantemente, de manera intencional o no. Entre estos métodos inesperados de lectura, creamos conexiones a través de imágenes y referencias visuales. Al hacerlo, el libro invita a múltiples modos de lectura: de forma cronológica, saltando entre pies de foto redactados como microensayos, o incluso en sentido inverso.

Esta publicación y la exposición homónima reúnen formas de leer espacios en transformación a través de protagonistas no humanos y compañeras y compañeros de viaje de los que hemos aprendido escuchando. Aun cuando no resulten del todo legibles, ofrecen herramientas para leer la perturbación, la contaminación y la pérdida. Una concha endurecida por la polución. Un salmón de un rojo desconcertante. Una búfala invadida en su lodazal. Un cerdo volviéndose transhumano. Un gorrión tornándose rosa. Estas son huellas que dejan las presiones políticas, nuevas capas geológicas, cicatrices del mercado y cascadas metabólicas. Como nos ha enseñado Hannah Landecker, leer huellas como estas revela cómo los alimentos globalizados consumen y metabolizan a los humanos.[11] Nos instan a repensar las estéticas posindustriales y la manera de mirar las cosas.

Leer es aprender de agregados estratificados —conchas, olas, escamas e historias. Cómo actuamos a partir de estas lecturas, de manera individual y colectiva, también genera huellas y efectos ondulantes, a veces crecientes, a veces menguantes, todavía empujando y moviéndose contra la marea.

11 Estamos profundamente agradecidos por los años de conversación e intercambio con Hannah, que han cambiado literalmente nuestra forma de ver el mundo. Para leer sus reflexiones, véase Hannah Landecker, «A Metabolic History of Manufacturing Waste: Food Commodities and their Outsides», *Food, Culture & Society* 22(5) (2019): pp. 530–547.

Sria Chatterjee reflects on making visible the living indicators of extractive metabolisms. For her, reading is the first step towards repair, be it ecological, emotional, social, political, or all at once. Drawing on her study of farmer struggles and imposed dependencies in India, she tracks the metabolic chains linking bodies to land, and how history is consumed through what escapes in water and flesh.

Together, these texts propose a continuum across nourishment, toxicity, and sex: forms of interpenetrability where insides become outsides and fluids are constantly exchanged, intentionally or unintentionally. Between these unexpected methods of reading, we create connections through images and visual references. In doing so, the book invites multiple reading approaches: chronologically, by jumping across annotated captions as micro-essays, or in reverse.

This publication and its namesake exhibition bring together ways of reading spaces in transformation through nonhuman protagonists and fellow travellers we have listened and learnt from. Sometimes not yet fully legible, they nonetheless offer tools to read disturbance, contamination, and loss. A shell hardened by pollution. A confusingly red salmon. An encroached buffalo in a wallow. A pig becoming transhuman. A sparrow turning pink. These are imprints left by political pressures, new geological layers, market scars, and metabolic cascades. As Hannah Landecker has taught us, reading such imprints reveals how globalised foods consume and metabolise humans.[11] They urge us to rethink post-industrial aesthetics and how to look at things.

To read is to learn from layered aggregates—shells, waves, scales, and histories. How we act on these readings, individually and collectively, also creates imprints and ripple effects, sometimes swelling, sometimes receding, continuing to press and move against the tide.

11 We are eternally grateful for years of conversation and exchange with Hannah, which have literally changed the way we see the world. If you want to read her thoughts, see Hannah Landecker, 'A Metabolic History of Manufacturing Waste: Food Commodities and their Outsides', *Food, Culture & Society* 22(5) (2019): pp. 530–547.

Once olas perdidas

Eleven Waves Lost at Sea

Cooking Sections

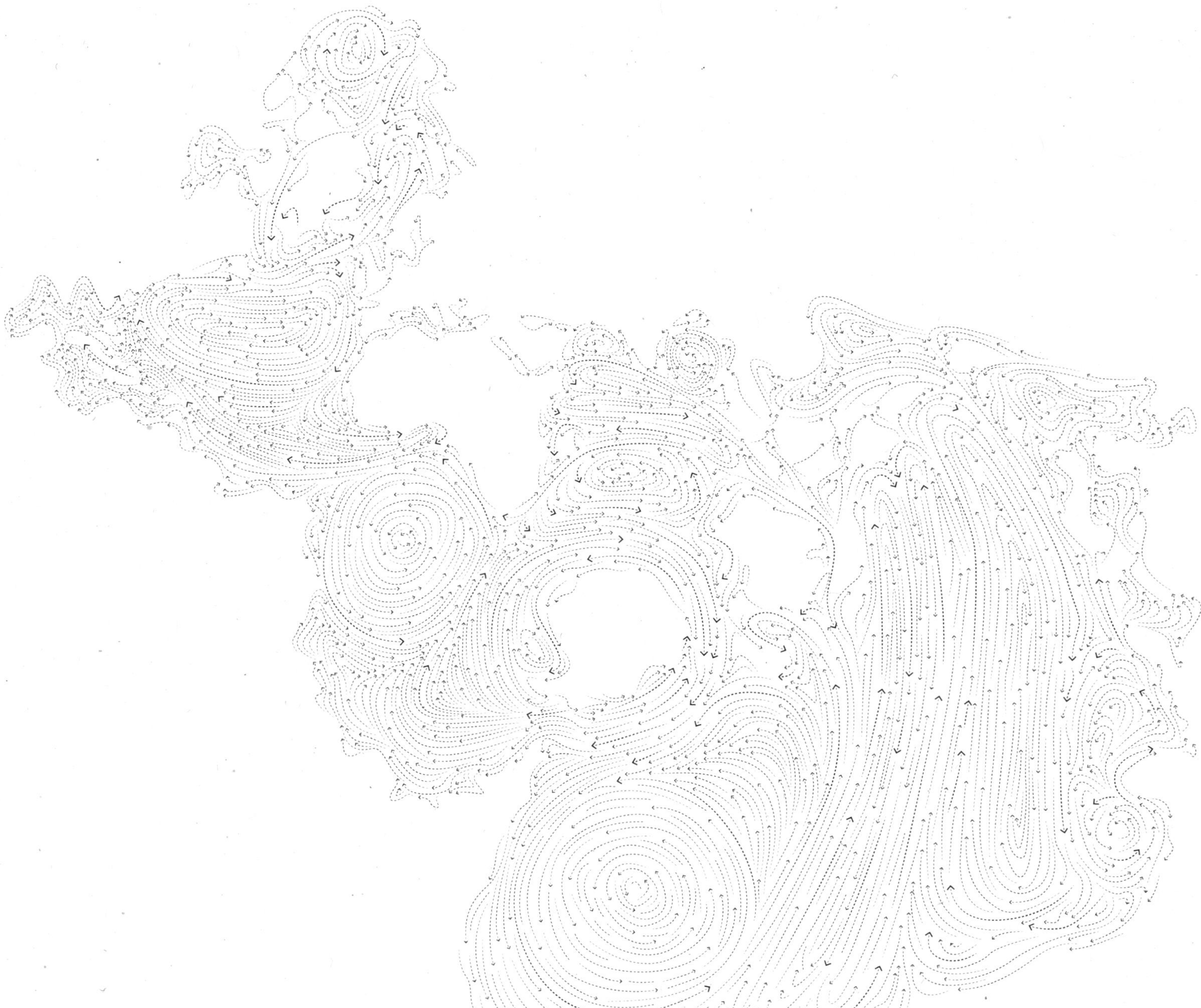

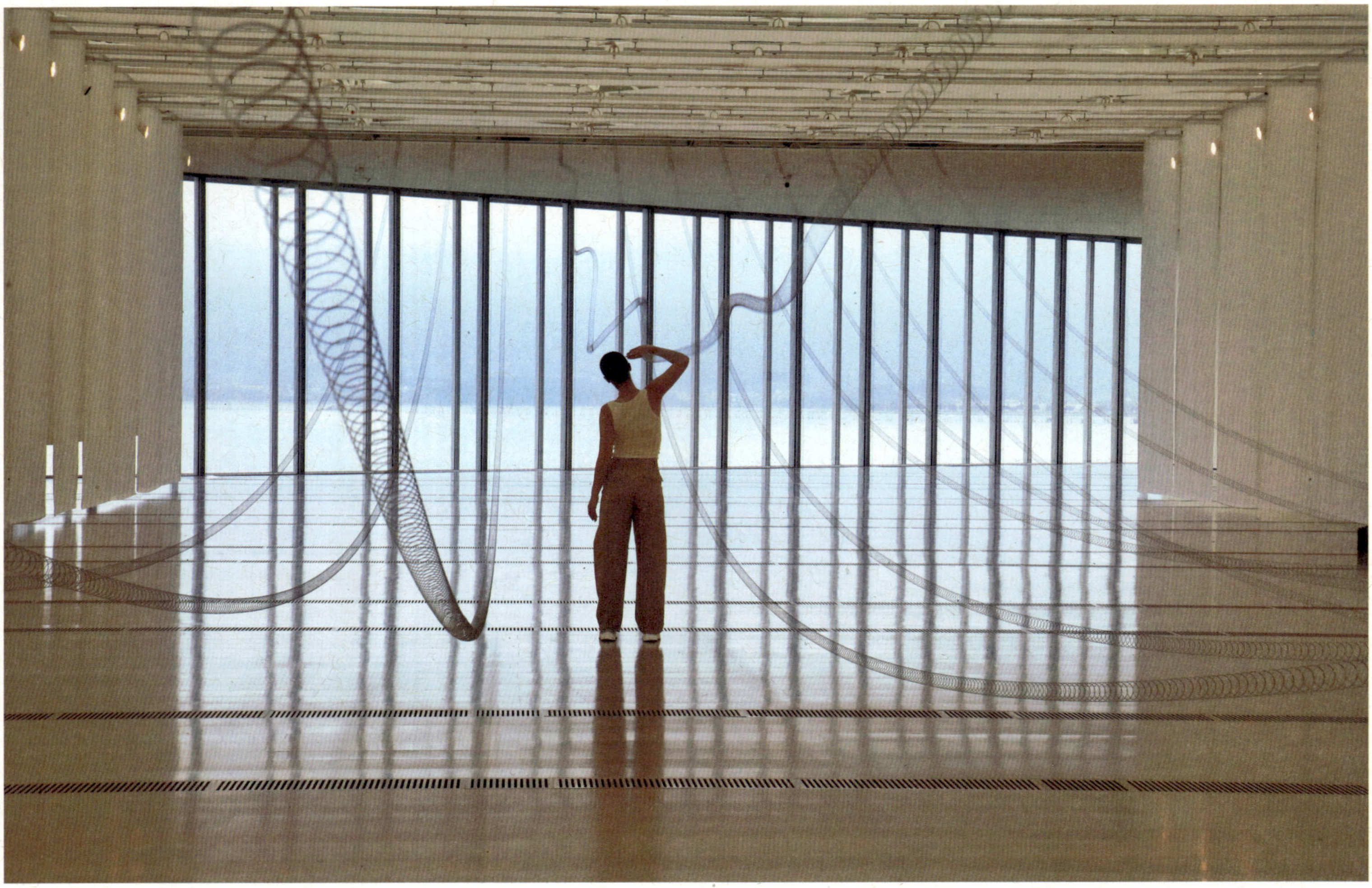

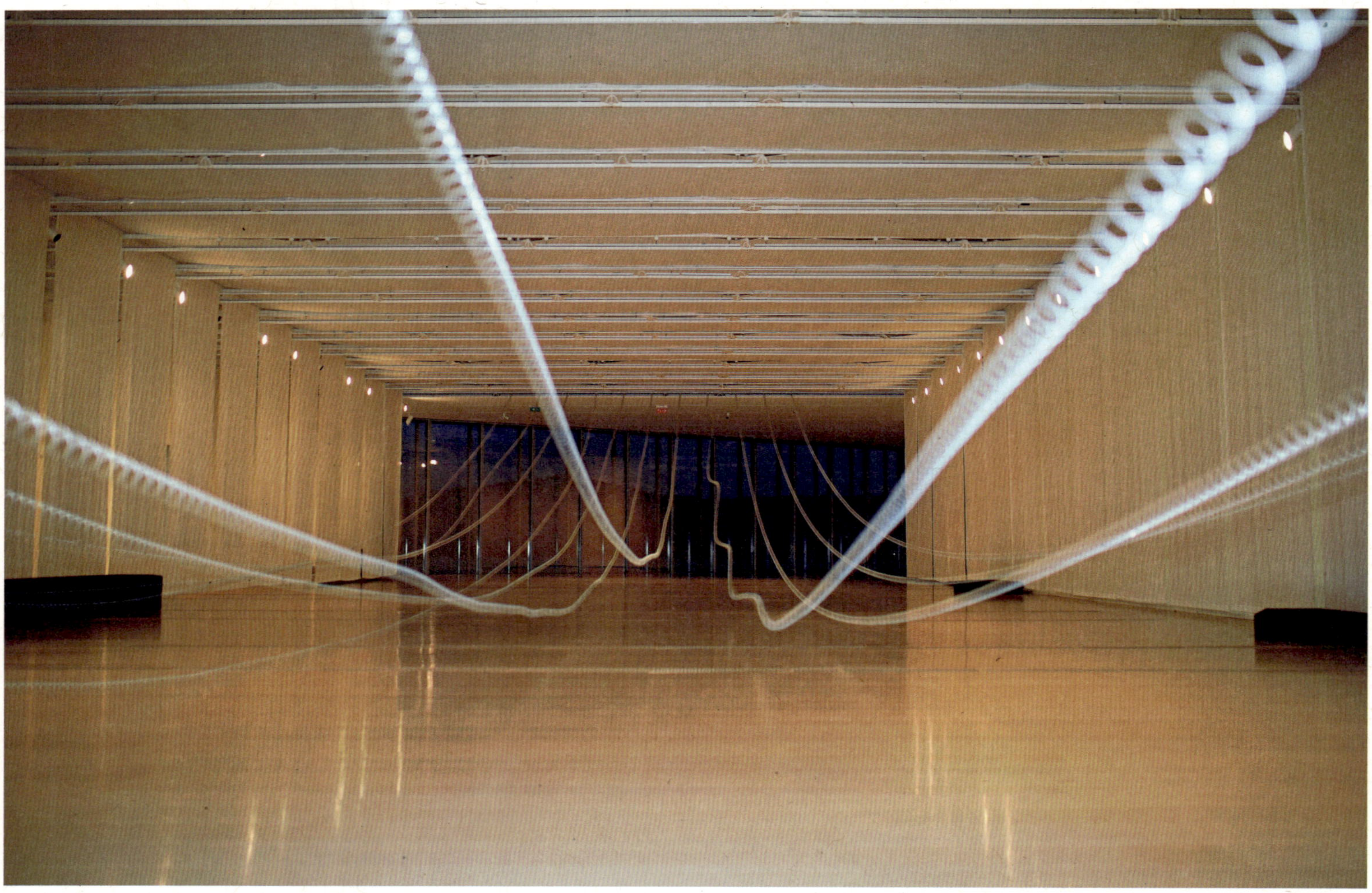

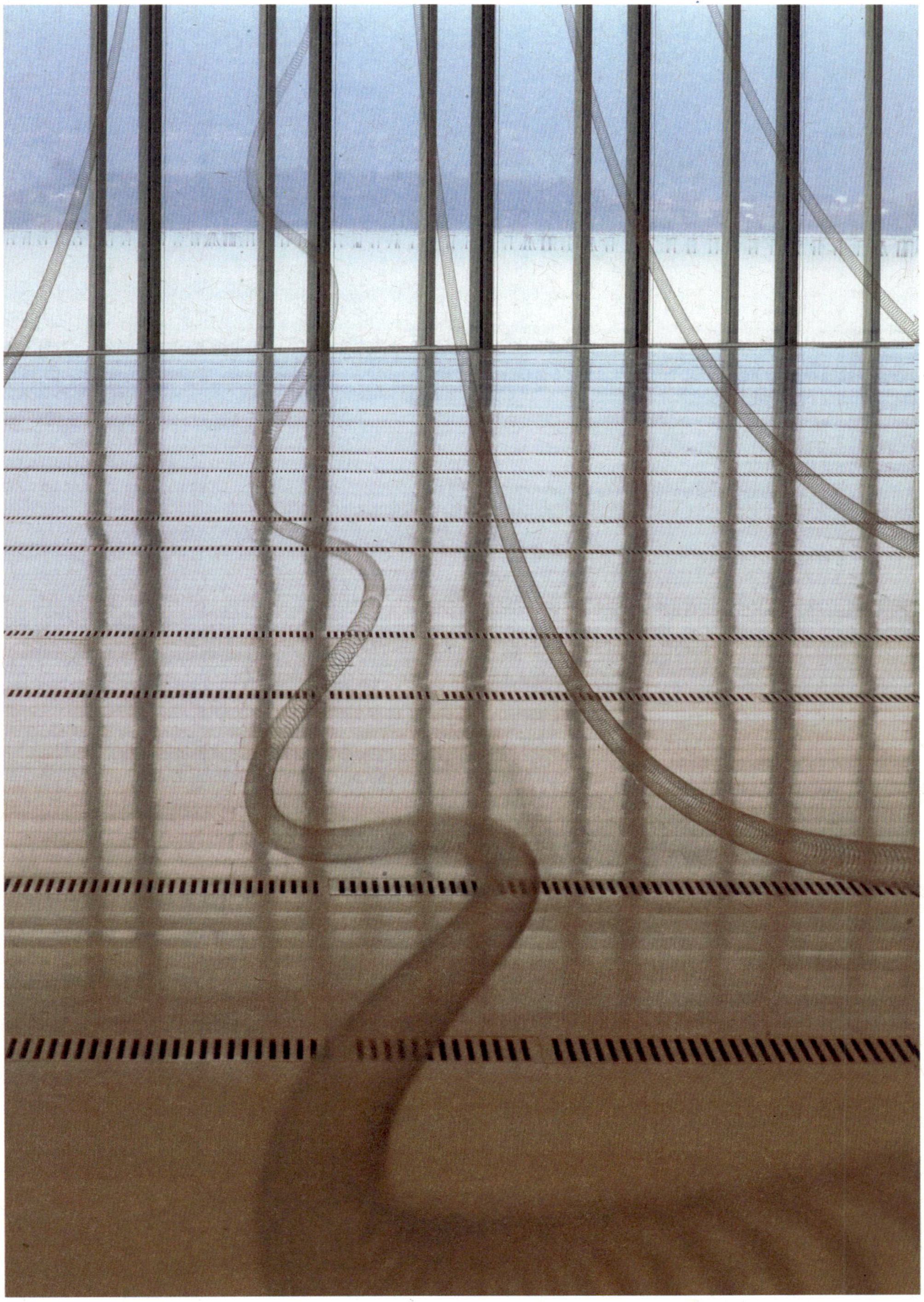

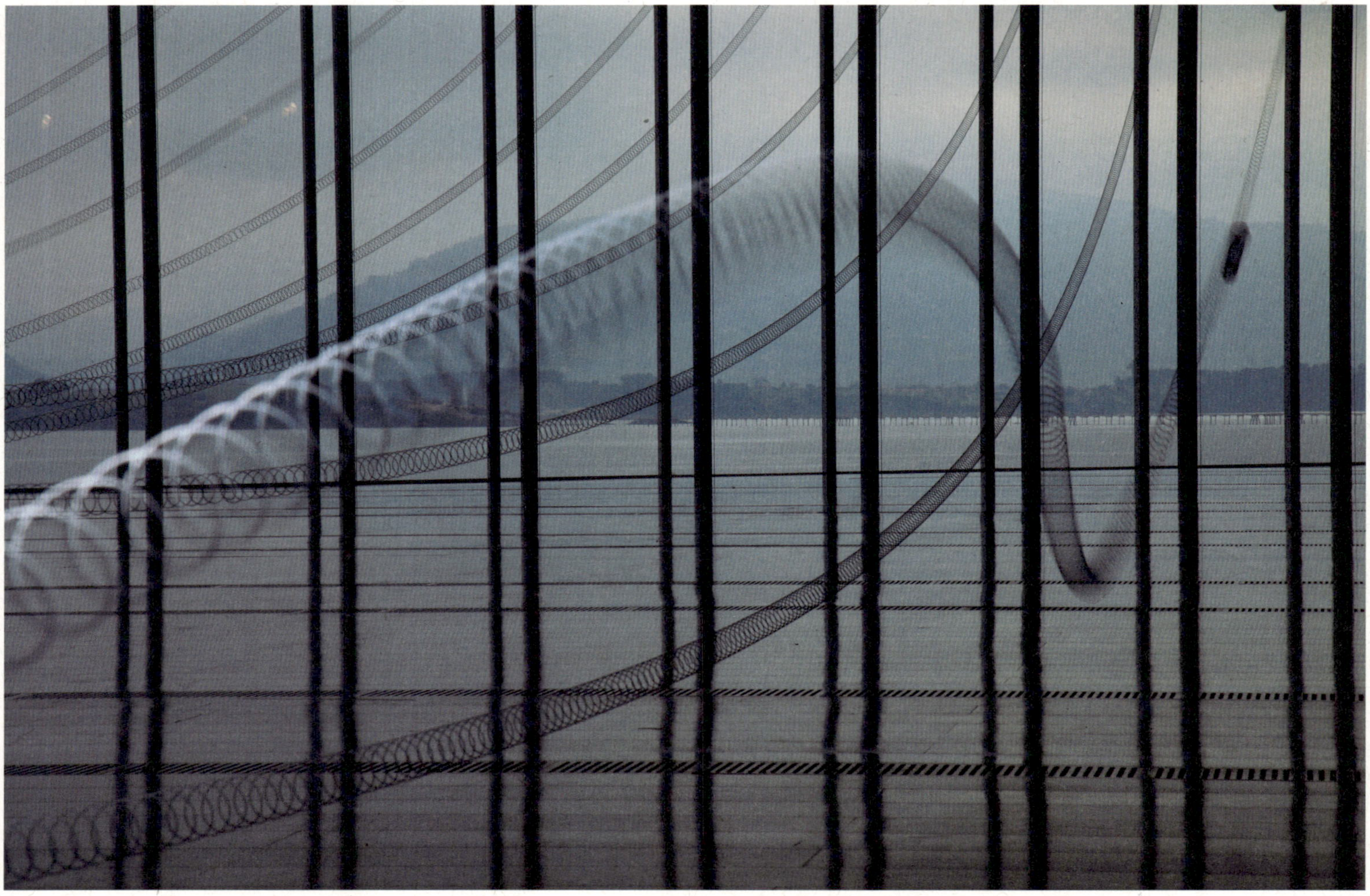

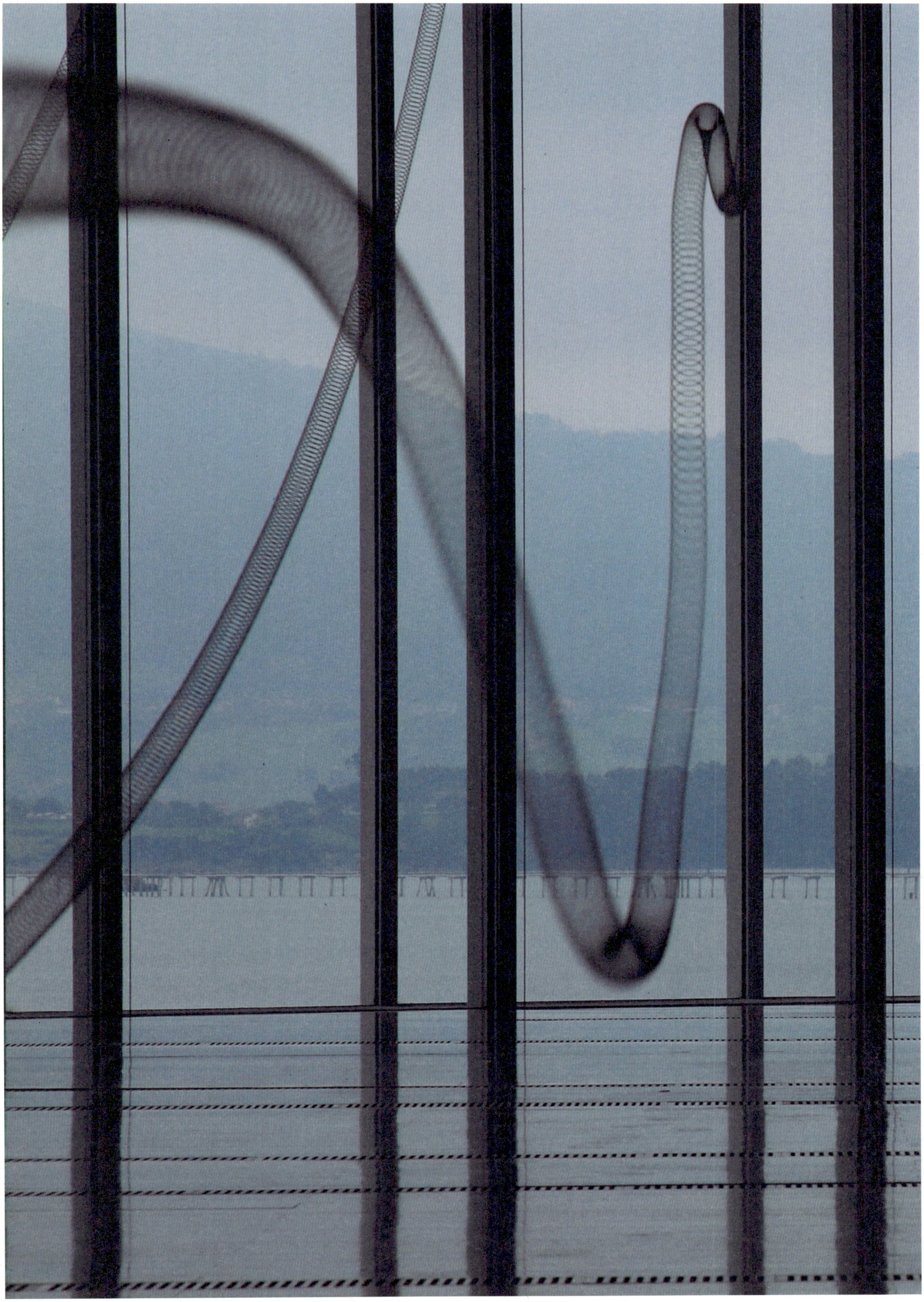

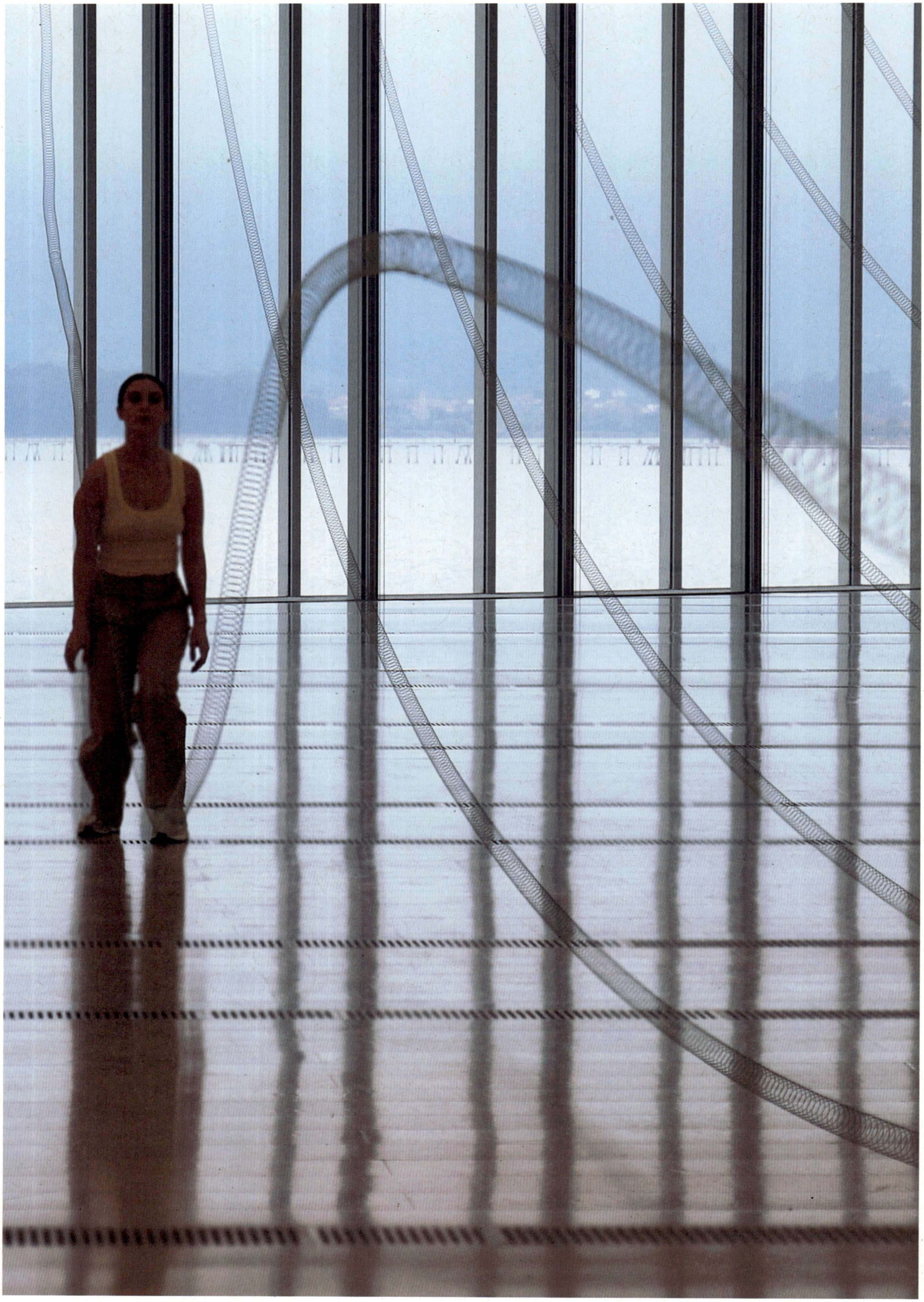

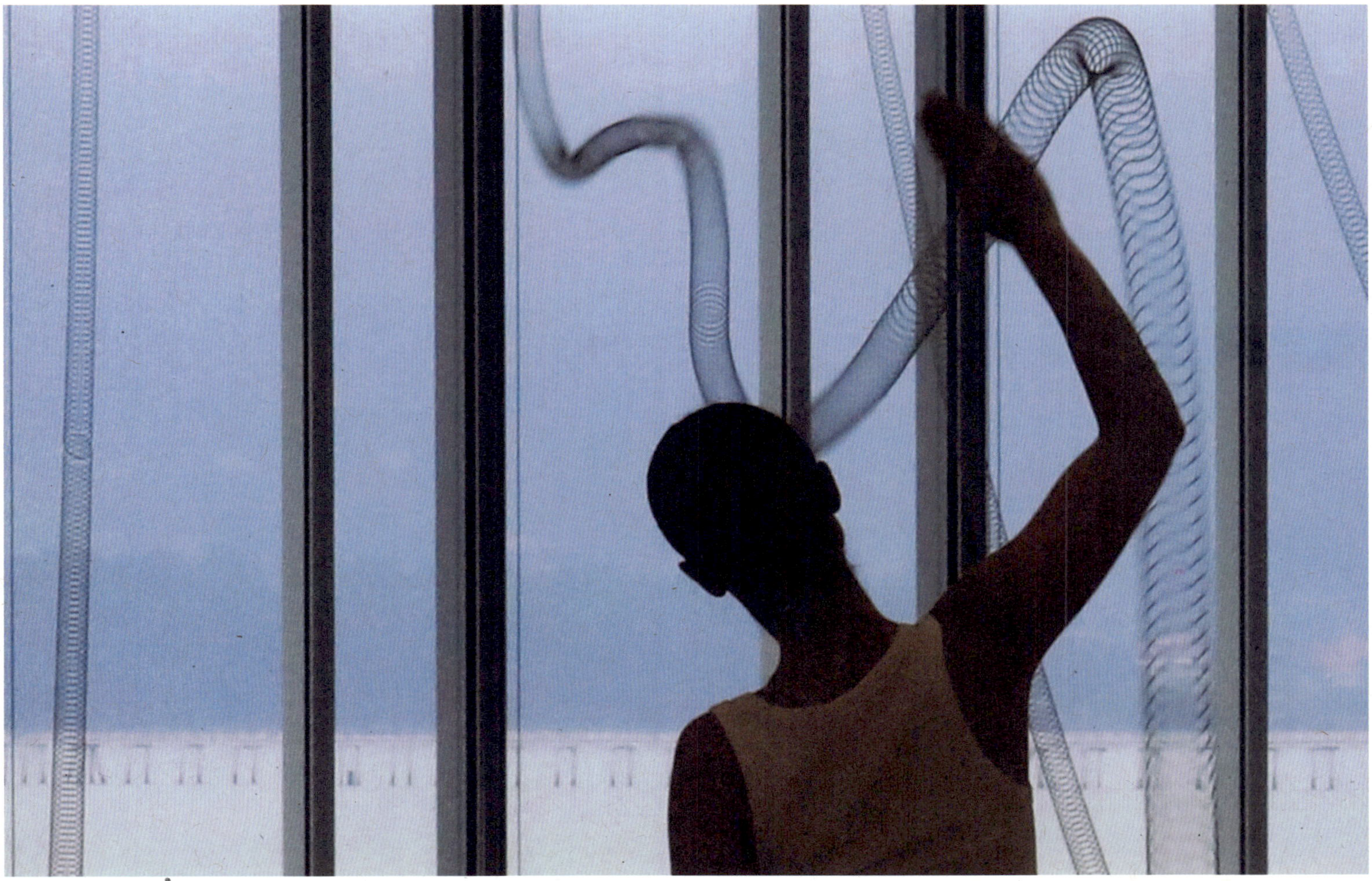

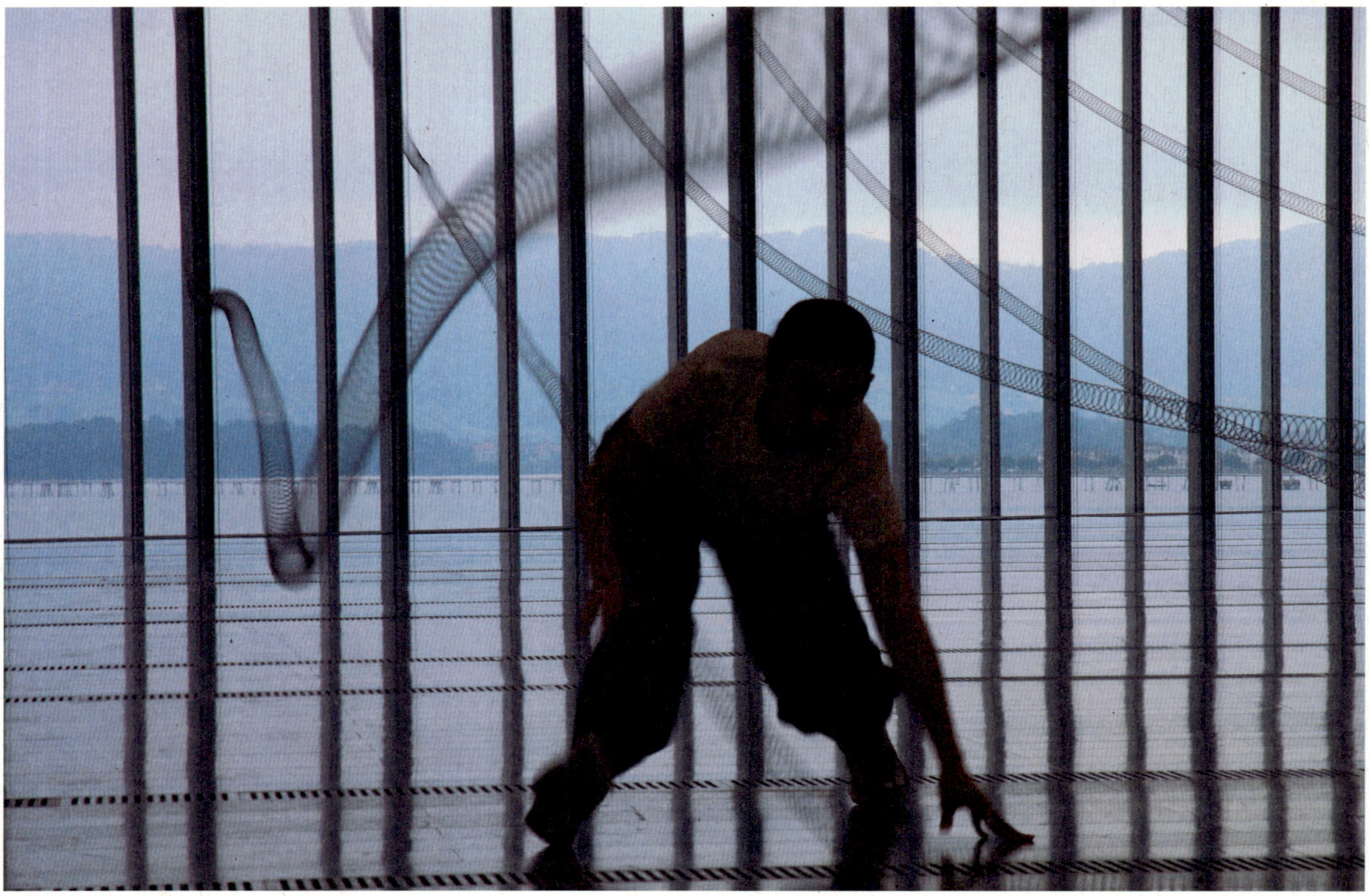

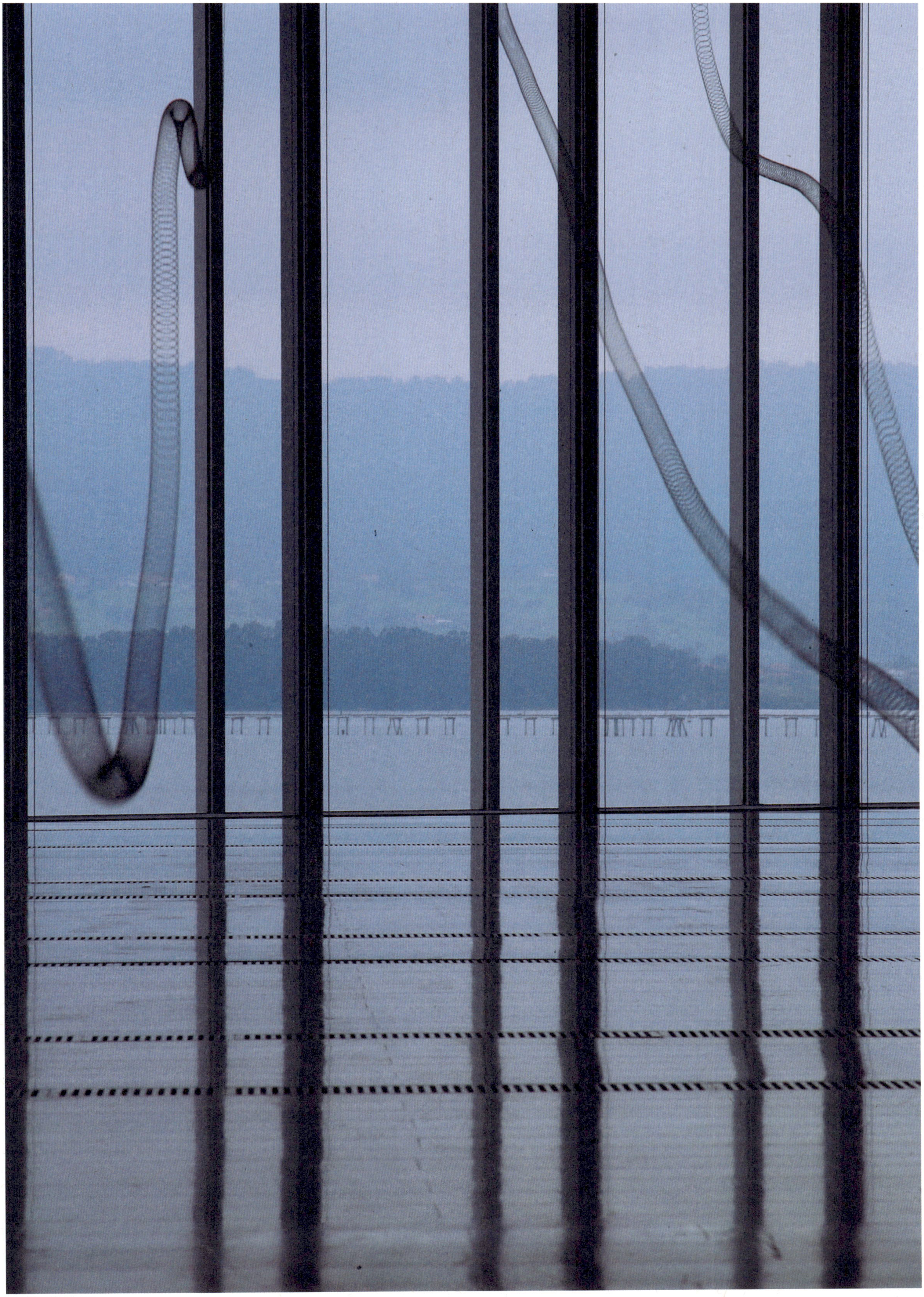

Cabo Blanco

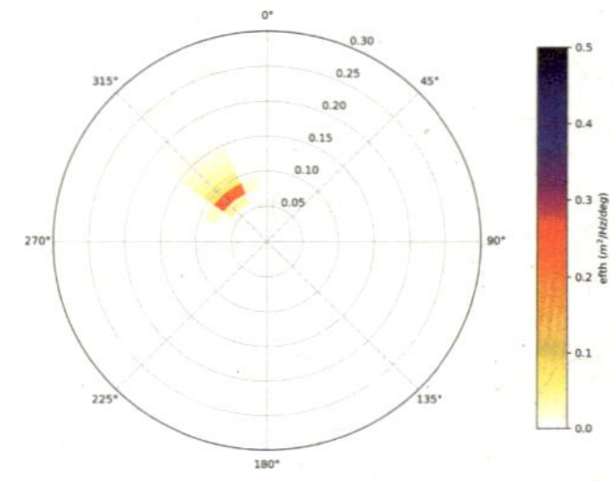

En la región de Piura, al norte de Perú, Cabo Blanco fue en otro tiempo una ola rápida, hueca, de izquierdas, que se formaba sobre un arrecife poco profundo, impulsada por la fría corriente de Humboldt. Estas aguas ricas en nutrientes sostuvieron durante siglos a los mochica y chimú, que cabalgaban las olas para pescar y jugar en sus *tūp* (caballitos de totora), embarcaciones de caña que aparecen representadas en cerámicas de hace más de cinco mil años.

En 1992, un nuevo muelle atravesó el arrecife, pese a las advertencias locales. Azotado por tormentas, en 2008 se declararon de manera oficial «daños estructurales» en el muelle. Entre 2013 y 2018, plataformas petroleras interrumpieron aún más la energía del oleaje, lo que provocó protestas de los pescadores y residentes, entre los continuados y frecuentes informes de derrames. El dragado, el arrastre de fondo para el camarón y la extracción de la anchoveta para piensos animales siguieron hiriendo el lecho marino, desestabilizando las ecologías de las olas.

La desaparición de la ola de Cabo Blanco, junto con otras protestas y movilizaciones cívicas, contribuyó a catalizar un movimiento nacional que llevó a la aprobación de la Ley de Rompientes en Perú, promulgada en 2000 y reglamentada en 2013: la primera ley en el mundo en otorgarles protección legal.

In northern Peru's Piura region, Cabo Blanco was once a fast, hollow, left-hand wave that formed over a shallow reef, powered by the cold Humboldt Current. These nutrient-rich waters long sustained the Moche and Chimú, who rode waves for fishing and play in their *tūp* (reed boats) —vessels that can be found depicted on ceramics over 5000 years old.

In 1992, a new pier crossed the reef, ignoring local warnings. Battered by storms, it was officially declared 'structurally damaged' by 2008. Between 2013 and 2018, offshore oil platforms further disrupted swell energy, prompting protests from fishers and residents amid reports of frequent spills. Dredging, bottom trawling for shrimp, and anchoveta decimation for animal feed further scarred the seabed, destabilising wave ecologies.

Cabo Blanco's wave disappearance, along with other protests and civic mobilisations, helped catalyse a national movement that led to Peru's *Ley de Rompientes*, passed in 2000 and regulated in 2013—the world's first law to grant legal protection to surf breaks.

Time Period / Periodo	(s)	11.94
Amplitude / Amplitud	(m)	1.78
Wavelength / Longitud de onda	(m)	222.55
Frequency / Frecuencia	(Hz)	0.08
Angular Frequency / Frecuencia angular	(rad/s)	0.53
Wave Velocity / Velocidad de la onda	(m/s)	9.32

Cabo Blanco. Parámetros de la ola el 01/02/1973: reconstrucción de la superficie libre del mar y espectro direccional de energía del oleaje. Fuente: GeoOcean / Universidad de Cantabria.

Cabo Blanco. Wave parameters on 01/02/1973: reconstruction of the sea surface elevation, and wave directional energy spectrum. Source: GeoOcean / University of Cantabria.

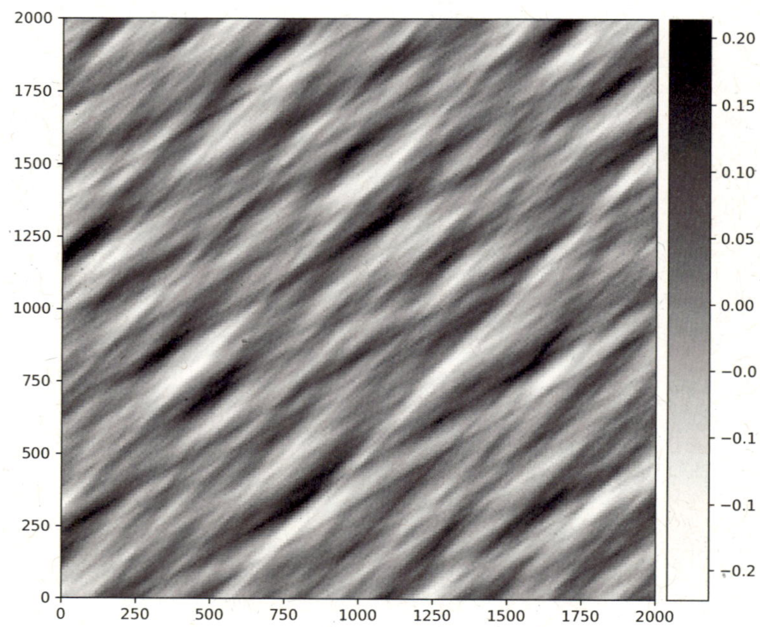

Jardim do Mar

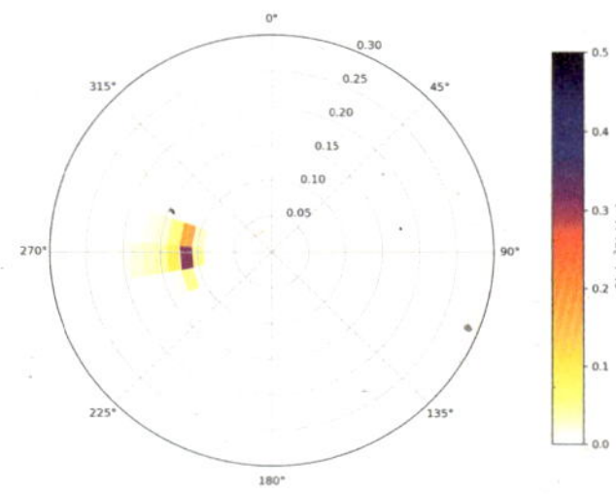

Madeira cuenta historias de islas encantadas que aparecen y desaparecen en el océano, evocando los bancos de arena cambiantes que sus olas moldean. En la costa sur, Jardim do Mar (jardín del mar) albergó en su día una de las grandes rompientes más importantes del Atlántico.

Entre 2003 y 2005, se construyeron un malecón de dos kilómetros y una carretera costera, parte del *Plano Rodoviário Regional* (Plan Regional de Carreteras), con el fin de mejorar el acceso terrestre y proteger el pueblo situado en el acantilado de los desprendimientos. Financiado con subvenciones para la movilidad costera de la Unión Europea, el proyecto enterró también más de diez metros de costa natural, alterando los sedimentos y el oleaje. La ola se volvió más errática y las condiciones para entrar al agua, más peligrosas.

Muchos vecinos recibieron la nueva carretera con los brazos abiertos, pero los ecologistas advirtieron que destruiría una ecología de olas única. La desaparición de la ola de Jardim do Mar hizo que se priorizara el acceso terrestre sobre el patrimonio marino, contribuyendo al declive del turismo del surf y a un daño ecológico irreversible. La polémica ayudó a impulsar la fundación de Save The Waves Coalition, hoy defensora global de la protección de los ecosistemas de olas.

Madeiran lore tells of enchanted islands that appear and disappear in the ocean, echoing the shifting sandbars shaped by its waves. On the south coast, Jardim do Mar (sea garden) once hosted one of the Atlantic's big-wave breaks.

Between 2003 and 2005, a two-kilometre seawall and coastal road, part of Madeira's *Plano Rodoviário Regional* (Regional Roadway Plan), were built to improve land access and protect the cliffside village from landslides. Funded by EU subsidies for coastal mobility, the project also buried over ten metres of natural shoreline, disrupting sediment and swell. The wave became more erratic and conditions for entering the water grew more hazardous.

Many residents welcomed the new road, but environmentalists warned it would destroy a unique wave ecology. The disappearance of the Jardim do Mar wave prioritised land access over marine heritage, contributing to the decline of surf tourism and irreversible ecological damage. The controversy helped catalyse the founding of Save The Waves Coalition, now a global advocate for protecting wave ecosystems.

Jardim do Mar. Parámetros de la ola el 09/04/1979: reconstrucción de la superficie libre del mar y espectro direccional de energía del oleaje. Fuente: GeoOcean / Universidad de Cantabria.

Jardim do Mar. Wave parameters on 09/04/1979: reconstruction of the sea surface elevation, and wave directional energy spectrum. Source: GeoOcean / University of Cantabria.

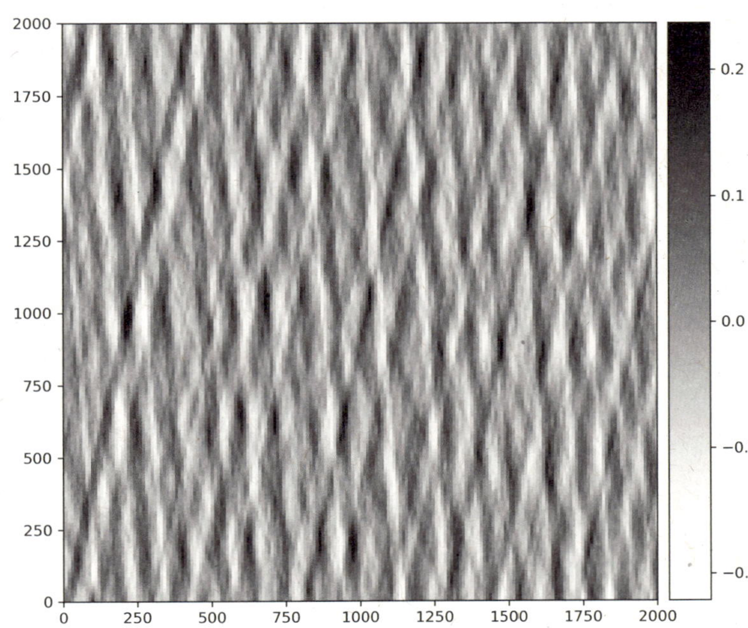

Time Period / Periodo	(s)	8.42
Amplitude / Amplitud	(m)	2.04
Wavelength / Longitud de onda	(m)	110.69
Frequency / Frecuencia	(Hz)	0.12
Angular Frequency / Frecuencia angular	(rad/s)	0.75
Wave Velocity / Velocidad de la onda	(m/s)	6.57

El Marsa

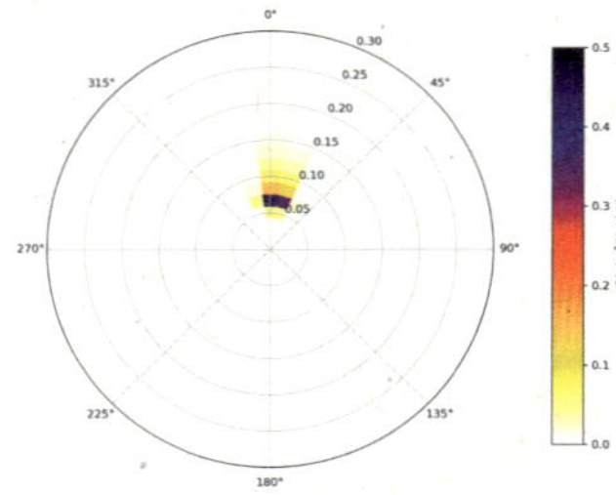

A lo largo de la costa del Sáhara Occidental, una potente ola de derechas fue borrada por las infraestructuras portuarias construidas al servicio de las ambiciones coloniales españolas. A comienzos de la década de 1970, bajo el régimen de Franco, El Marsa se convirtió en el extremo final de la cinta transportadora más larga del mundo: un sistema de cien kilómetros que aún traslada fosfato desde la mina interior de Bou Craa hasta el Atlántico. Hoy operado por la empresa estatal marroquí OCP SA, alimenta al agronegocio global desde unas reservas que concentran alrededor del setenta por ciento del fosfato conocido en el planeta, dejando al margen al pueblo saharaui, que continúa resistiéndose a este comercio.

En 2002, los Asesores Jurídicos de la ONU afirmaron que explotar los recursos del Sáhara Occidental sin el consentimiento del pueblo saharaui constituye una violación del derecho internacional. Desde entonces, varios países han interrumpido sus importaciones, pero el fosfato sigue fluyendo y la ola no ha regresado. Espigones, dragados y el polvo de fosfato en suspensión han alterado asimismo el lecho marino, afectando a lanzones, pólipos de coral y otras formas de vida marina únicas.

Along the coast of Western Sahara, a powerful right-hand wave was erased by port infrastructure built to serve Spanish colonial ambitions. In the early 1970s, under Franco's regime, El Marsa became the endpoint of the world's longest conveyor belt—a 100-kilometre system that still transports phosphate from the inland Bou Craa mine to the Atlantic. Now operated by Morocco's state-owned OCP SA, it feeds global agribusiness from reserves holding around 70% of the world's known phosphate, bypassing the Sahrawi people who continue to resist the trade.

In 2002, the UN Legal Counsel affirmed that exploiting Western Sahara's resources without the consent of the Sahrawi people violates international law. Several countries have since halted imports, yet the phosphate flows on and the wave has not returned. Jetties, dredging, and airborne phosphate dust have also altered the seabed, affecting sand eels, coral polyps, and other unique marine life.

Time Period / Periodo	(s)	13.77
Amplitude / Amplitud	(m)	2.38
Wavelength / Longitud de onda	(m)	296.04
Frequency / Frecuencia	(Hz)	0.07
Angular Frequency / Frecuencia angular	(rad/s)	0.46
Wave Velocity / Velocidad de la onda	(m/s)	10.75

El Marsa. Parámetros de la ola el 12/11/1950: reconstrucción de la superficie libre del mar y espectro direccional de energía del oleaje. Fuente: GeoOcean / Universidad de Cantabria.

El Marsa. Wave parameters on 12/11/1950: reconstruction of the sea surface elevation, and wave directional energy spectrum. Source: GeoOcean / University of Cantabria.

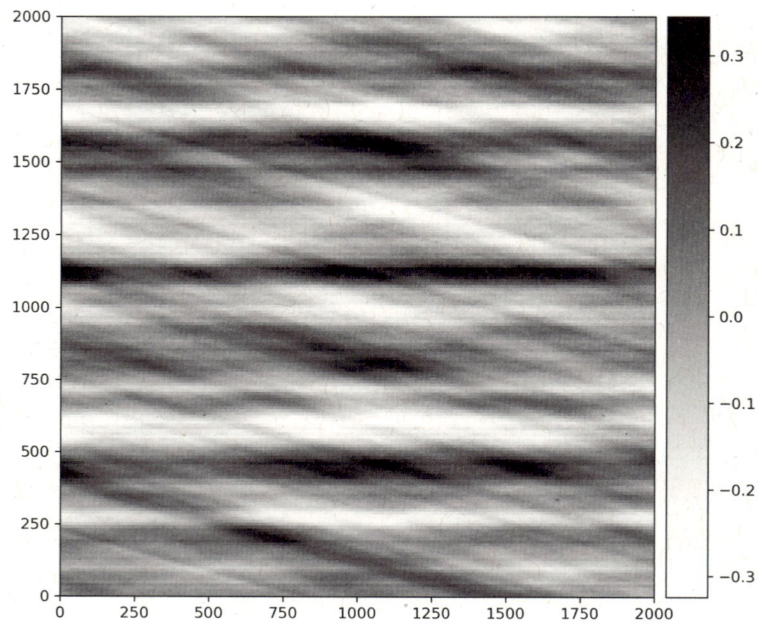

La Barre

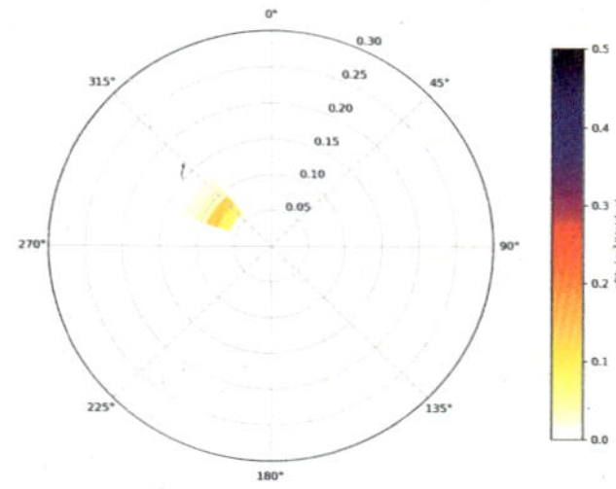

En 1966, en la costa vasca francesa, se construyó en Anglet un dique para fijar la desembocadura del río Adour, donde antes desovaban eperlano y lenguado en sus aguas salobres. Los sedimentos que depositaba el río habían estado obstruyendo las rutas de navegación, lo que llevó a la intervención para facilitar el acceso de barcos al puerto de Bayona. En el proceso, algunos de los característicos bancos de arena que se formaban a lo largo de la costa se vieron acentuados por el dique, acumulando aún más arena y refractando el oleaje en una ola rápida y hueca que empezó a atraer a surfistas en masa. Pero lo que dio forma a la ola también la hizo vulnerable.

Siguieron más intervenciones: rompeolas, espigones y proyectos de gestión de arenas, en un intento de controlar el problema crónico de colmatación. Estas medidas alteraron los flujos sedimentarios y, con el tiempo, la ola se desvaneció. Con ella se erosionaron los viveros del estuario y de la costa cercana, diezmando las ecologías que habían sostenido uno de los primeros destinos del surf en Francia.

Hoy la ola solo rompe durante algún que otro temporal fuerte. Mientras tanto, el puerto sigue colmatándose de arena.

In 1966 on the French Basque coast, engineers built a dike at Anglet to fix the position of the mouth of the Adour River, where surf smelt and flatfish once spawned in the brackish water. Sediment deposited by the river clogged navigation routes, prompting intervention to ease ship access to Bayonne's harbour. In the process, some characteristic sandbars that formed along the shore were accentuated by the dike, causing more sand to accumulate and refracting swell into a fast, hollow wave that began drawing surfers *en masse*. But what had given the wave shape also made it vulnerable. Additional breakwaters, jetties, and sand management projects followed in an effort to control chronic silting.

Further interventions disrupted sediment flows, and over time the wave collapsed. Estuary and nearshore nurseries eroded with it, decimating the ecologies that had sustained one of France's earliest surf destinations.

Today, the wave only breaks during rare strong swells. Meanwhile, the port keeps silting up.

Time Period / Periodo	(s)	13.30
Amplitude / Amplitud	(m)	1.76
Wavelength / Longitud de onda	(m)	276.37
Frequency / Frecuencia	(Hz)	0.08
Angular Frequency / Frecuencia angular	(rad/s)	0.47
Wave Velocity / Velocidad de la onda	(m/s)	10.39

La Barre. Parámetros de la ola el 22/10/2002: reconstrucción de la superficie libre del mar y espectro direccional de energía del oleaje. Fuente: GeoOcean / Universidad de Cantabria.

La Barre. Wave parameters on 22/10/2002: reconstruction of the sea surface elevation, and wave directional energy spectrum. Source: GeoOcean / University of Cantabria.

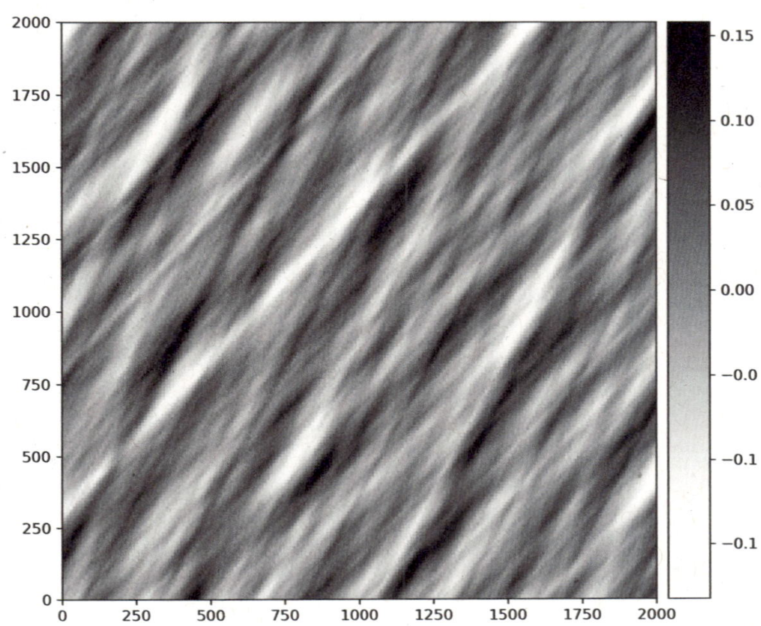

Agadir

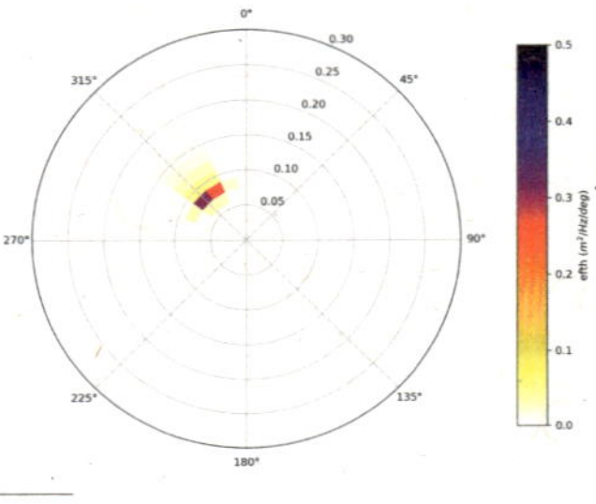

En la desembocadura del río Sous, una cuenca aluvial antaño alimentada por los sedimentos de las montañas del Alto Atlas marroquí, la ciudad de Agadir sufrió una transformación radical tras un terremoto de magnitud 5,7 en 1960. La reconstrucción modernista de la ciudad, dirigida por Jean-François Zevaco, Elie Azagury y otros arquitectos, imaginó una *tabula rasa* para un modelo de centro turístico con edificios encalados. Se retiraron dunas submarinas, lo que causó creciente inestabilidad en unas olas que antes eran constantes.

En 1988, un puerto de aguas profundas bloqueó el flujo de sedimentos hacia el sur y provocó que la arena se acumulara al norte, acelerando el retroceso de la línea costera. Las dunas del litoral fueron niveladas, lo que privó a las playas de la arena necesaria para su regeneración. Diferentes comunidades amazigh como los ida oufella y otros grupos de habla tachelhit vieron borrados sus vínculos costeros y hoy afrontan un creciente desplazamiento.

La arena extraída en Marruecos sigue alimentando infraestructuras costeras y playas artificiales en España y otras zonas colindantes, agravando la erosión y la pérdida de olas más allá de las fronteras de la región.

At the mouth of the Sous River—an alluvial basin once fed by sediment from Morocco's High Atlas mountains—the city of Agadir was radically transformed after a 5.7-magnitude earthquake in 1960. The Modernist reconstruction of the city led by Jean-François Zevaco, Elie Azagury, and other architects imagined a *tabula rasa* for a whitewashed model resort. Submarine dunes were removed, making formerly consistent waves increasingly unstable.

In 1988, a deep-water port blocked sediment flowing south, causing sand to pile up to the north, accelerating shoreline retreat. Beachfront dunes were flattened, starving beaches of replenishing sand. Amazigh communities like the Ida Oufella and other Tachelhit-speaking groups saw their coastal ties erased and now face growing displacement.

Morocco's mined sand continues to feed coastal infrastructure and artificial beaches in Spain and beyond, deepening erosion and wave loss across borders in the region.

Agadir. Parámetros de la ola el 30/11/1999: reconstrucción de la superficie libre del mar y espectro direccional de energía del oleaje. Fuente: GeoOcean / Universidad de Cantabria.

Agadir. Wave parameters on 30/11/1999: reconstruction of the sea surface elevation, and wave directional energy spectrum. Source: GeoOcean / University of Cantabria.

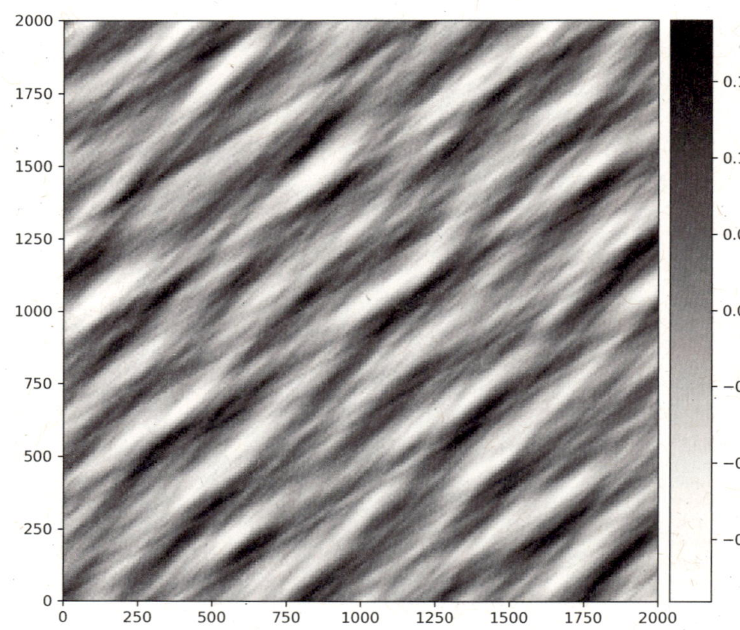

Time Period / Periodo	(s)	11.94
Amplitude / Amplitud	(m)	1.78
Wavelength / Longitud de onda	(m)	222.55
Frequency / Frecuencia	(Hz)	0.08
Angular Frequency / Frecuencia angular	(rad/s)	0.53
Wave Velocity / Velocidad de la onda	(m/s)	9.32

Cape St Francis

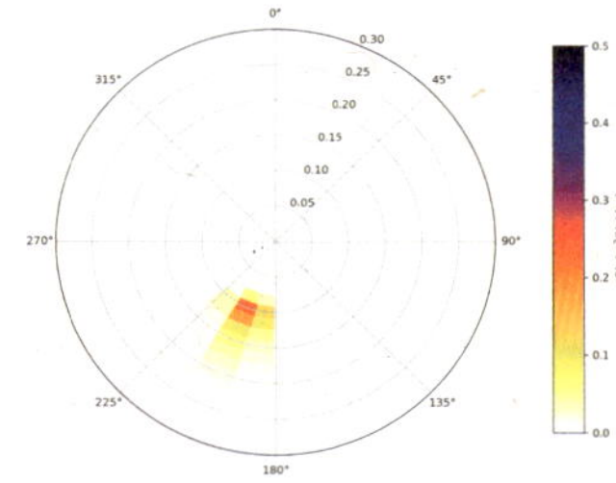

Durante el apartheid, la Ley de Agrupación por Áreas de Sudáfrica (1950) garantizó que el desarrollo costero sirviera los intereses de los residentes blancos, desplazando a comunidades negras y otras no blancas, al tiempo que borraba las huellas de la presencia de los khoe-san, incluidos sus concheros y trampas de pesca ancestrales. En la zona de Kouga, que abarca el tramo bautizado como Cape St Francis por los colonizadores portugueses y las localidades cercanas, la expansión colonial comenzó en 1956 con la estabilización de dunas. Se intensificó en 1968 con el dragado de canales para la primera marina de recreo del país. Para proteger las propiedades de lujo, se desvió el río Sand, lo que provocó sedimentación en el delta del río Kromme y el corte del flujo de arena.

Dos olas muy reconocidas fueron destruidas de manera gradual, una desaparición similar al borrado de épocas precoloniales. En las décadas de 1980 y 1990, un nuevo puerto para la industria del *chokka* (calamar), dependiente de lechos de desove poco profundos, sepultó otra ola mientras la continua urbanización costera aceleraba la erosión. Pese a la oposición y a esporádicos intentos de restauración de las dunas, la ola no ha regresado.

En 2012, el consejo Gamtkwa Khoisan se unió a pescadores y ecologistas para formar la Alianza Thyspunt, oponiéndose a una mayor destrucción ante los planes de construir una controvertida central nuclear en las cercanías.

Time Period / Periodo	(s)	9.50
Amplitude / Amplitud	(m)	2.34
Wavelength / Longitud de onda	(m)	140.91
Frequency / Frecuencia	(Hz)	0.11
Angular Frequency / Frecuencia angular	(rad/s)	0.66
Wave Velocity / Velocidad de la onda	(m/s)	7.42

During apartheid, South Africa's Group Areas Act (1950) ensured coastal development served white residents, displacing Black and other non-white communities, while erasing traces of Khoe and San presence, including ancestral shell middens and fish traps. In the Kouga area, encompassing the stretch named Cape St Francis by Portuguese colonisers and the nearby towns, settler expansion began in 1956 with dune stabilisation. It escalated in 1968 with the dredging of canals for the country's first marina. To protect luxury properties, the Sand River was diverted, silting the Kromme River delta and cutting off sand flows.

Two celebrated surf breaks were gradually destroyed; their disappearance tied to similar precolonial erasure. In the 1980s and '90s, a new harbour for the *chokka* (squid) industry, reliant on shallow spawning beds, buried another wave while further urbanisation accelerated erosion. Despite opposition and sporadic dune restoration, the wave has not returned.

In 2012, the Gamtkwa Khoisan Council joined fishers and environmentalists to form the Thyspunt Alliance, opposing further destruction amid plans for a contested nuclear power station nearby.

Cape St Francis. Parámetros de la ola el 25/03/1979: reconstrucción de la superficie libre del mar y espectro direccional de energía del oleaje. Fuente: GeoOcean / Universidad de Cantabria.

Cape St Francis. Wave parameters on 25/03/1979: reconstruction of the sea surface elevation, and wave directional energy spectrum. Source: GeoOcean / University of Cantabria.

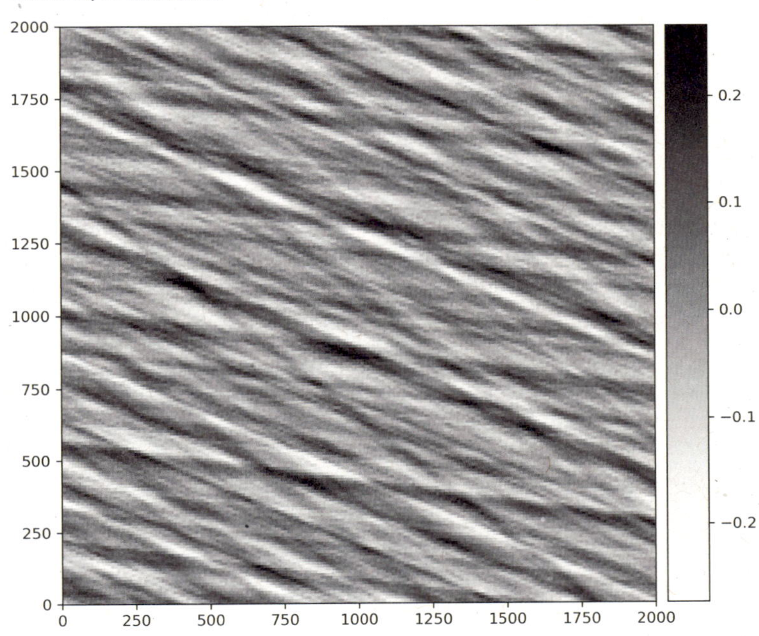

Ala Moana

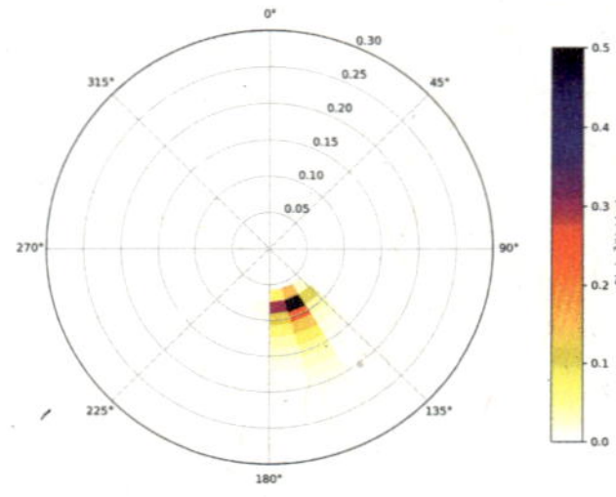

A lo largo de la costa sur de O‘ahu, Ala Moana fue en otro tiempo una red de humedales y estanques de peces entretejidos en las cosmologías kānaka maoli. A lo largo del siglo XX, las operaciones de dragado y relleno impulsadas por colonos supusieron una transformación radical de la línea costera. A comienzos de 1900 se creó Moana Beach con arena importada. Una aportación importante provino de sedimentos dragados en Pearl Harbor, depositados para ganar terreno y ampliar el distrito de Ala Moana. Poco después surgió, mar adentro, la rompiente conocida como Garbage Hole, llamada así por los desechos que se acumulaban en su rizo. En 1964, la ola desapareció bajo Magic Island, una península artificial construida sobre el arrecife para extender el distrito turístico de Honolulu.

El *he‘e nalu* (surf) en Hawái ha ofrecido durante siglos un marco de refugio cultural y resistencia frente a la conquista colonial. Desde la década de 1960, colectivos liderados por kānaka maoli como Save Our Surf, Hui O He‘e Nalu y Nā Kia‘i O Wai Hā se han movilizado contra la usurpación de tierras, la mercantilización de las olas y los proyectos de desarrollo costero, como el reciente Honokea Surf Village, frenado en 2024 por el Tribunal Ambiental de O‘ahu.

Along O‘ahu's south shore, Ala Moana was once a network of wetlands and fishponds woven into kānaka maoli cosmologies. Over the twentieth century, settler-led dredging and infill operations reshaped the coastline. In the early 1900s, Moana Beach was created with imported sand. A significant addition came from sediment dredged from Pearl Harbor, deposited to reclaim land and build out the Ala Moana district. Not long after, the reef break known as Garbage Hole emerged offshore, named for the debris in its curl. In 1964, the wave disappeared beneath Magic Island, an artificial peninsula built atop a reef to extend Honolulu's resort district.

He‘e nalu (surfing) in Hawai‘i has long offered cultural refuge and resistance to colonial conquest. Since the 1960s, kānaka maoli-led groups such as Save Our Surf, Hui O He‘e Nalu, and Nā Kia‘i O Wai Hā have mobilised against land grabs, wave commodification, and beach developments like the recent Honokea Surf Village, stopped by the O‘ahu Environmental Court in 2024.

Time Period / Periodo	(s)	12.00
Amplitude / Amplitud	(m)	2.90
Wavelength / Longitud de onda	(m)	224.83
Frequency / Frecuencia	(Hz)	0.08
Angular Frequency / Frecuencia angular	(rad/s)	0.52
Wave Velocity / Velocidad de la onda	(m/s)	9.37

Ala Moana. Parámetros de la ola el 06/03/1958: reconstrucción de la superficie libre del mar y espectro direccional de energía del oleaje. Fuente: GeoOcean / Universidad de Cantabria.

Ala Moana. Wave parameters on 06/03/1958: reconstruction of the sea surface elevation, and wave directional energy spectrum. Source: GeoOcean / University of Cantabria.

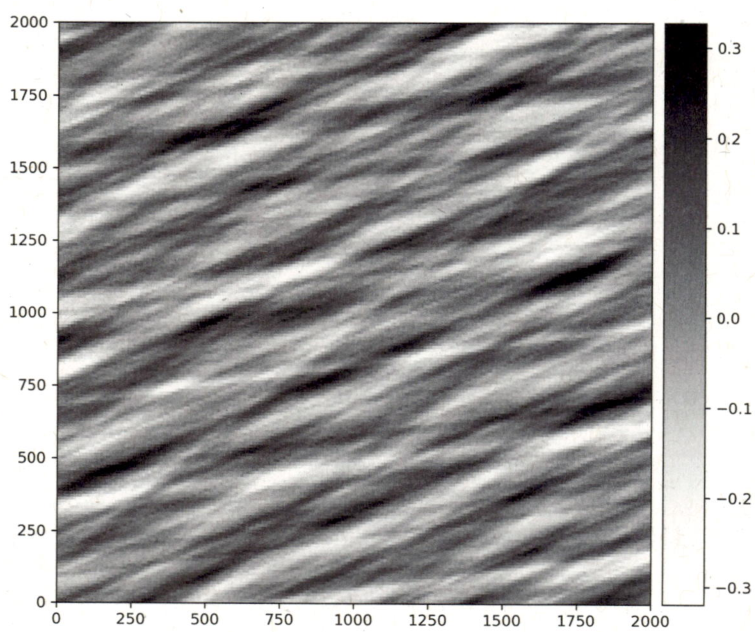

Rabo de Peixe

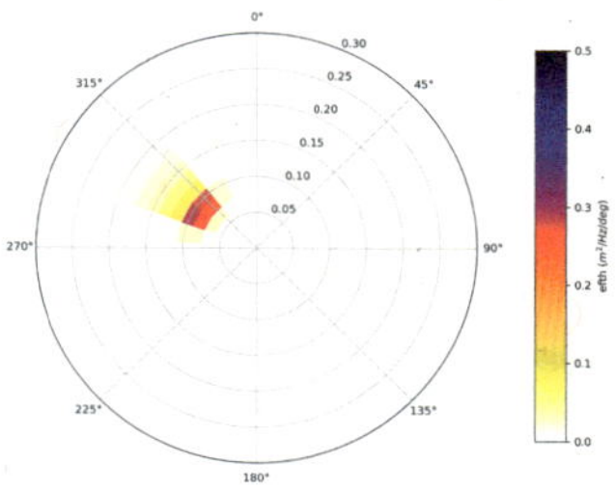

En la costa norte de São Miguel, Rabo de Peixe (cola de pez) fue en su día una ola invernal de renombre, moldeada por el lecho volcánico marino y las corrientes del Atlántico norte y de las Azores.

En 1998, antes de las elecciones locales y bajo presión para gastar el dinero de subvenciones de la Unión Europea, se construyó un nuevo muelle con la intención de ampliar la industria pesquera artesanal de la isla. A pesar de las advertencias sobre la alteración de sedimentos, se construyó el rompeolas. Se edificó en dirección contraria a la del oleaje entrante y colapsó tres veces durante su construcción, pero acabó borrando el pico de la ola. También empeoró la refracción de las olas en toda la bahía. En 2015 se añadió un dique para frenar la erosión del acantilado, sumergiendo la última sección de Rabo de Peixe.

Aunque se presentó como una modernización económica, el puerto no atrajo a los barcos de arrastre industriales, disuadidos por los duros mares invernales. Algunos pescadores recurrieron al turismo, pero muchos siguen enfrentándose a restricciones para acceder a la nueva industria debido a la precariedad económica. La pérdida de la ola desató la resistencia a desarrollos similares en la zona, y las tensiones subyacentes entre la conservación y los medios de vida disponibles para los locales siguen sin resolverse.

On the north coast of São Miguel, Rabo de Peixe (fish tail) was once a renowned winter wave, shaped by a volcanic seabed and the North Atlantic and Azores currents.

In 1998, ahead of local elections and under pressure to spend EU subsidies, a new pier was built with the intention of upscaling the island's artisanal fishing industry. Despite warnings about sediment disruption, the breakwater was built. Erected against the direction of incoming swell, it collapsed three times during construction, but ultimately erased the wave's peak. It also worsened wave refraction across the bay. In 2015, a seawall was added to curb cliff erosion, submerging Rabo de Peixe's last section.

Though framed as an economic upgrade, the harbour did not attract industrial trawlers, which were deterred by rough winter seas. Some fishers turned to tourism, but many still face restricted access to the new industry due to economic precarity. The wave's loss sparked resistance to similar developments nearby, and deeper frictions between conservation and livelihoods remain unresolved.

Time Period / Periodo	(s)	10.88
Amplitude / Amplitud	(m)	2.79
Wavelength / Longitud de onda	(m)	184.82
Frequency / Frecuencia	(Hz)	0.09
Angular Frequency / Frecuencia angular	(rad/s)	0.58
Wave Velocity / Velocidad de la onda	(m/s)	8.49

Rabo de Peixe. Parámetros de la ola el 29/03/1999: reconstrucción de la superficie libre del mar y espectro direccional de energía del oleaje. Fuente: GeoOcean / Universidad de Cantabria.

Rabo de Peixe. Wave parameters on 29/03/1999: reconstruction of the sea surface elevation, and wave directional energy spectrum. Source: GeoOcean / University of Cantabria.

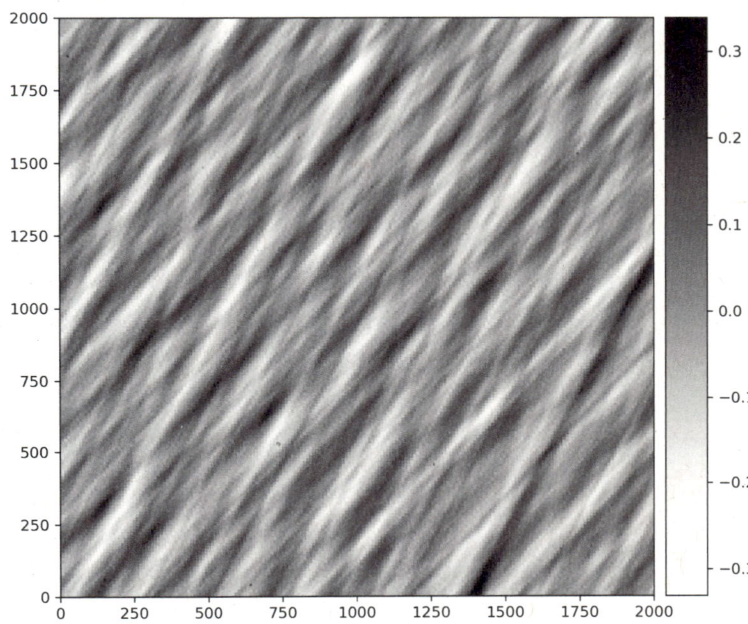

Kirra

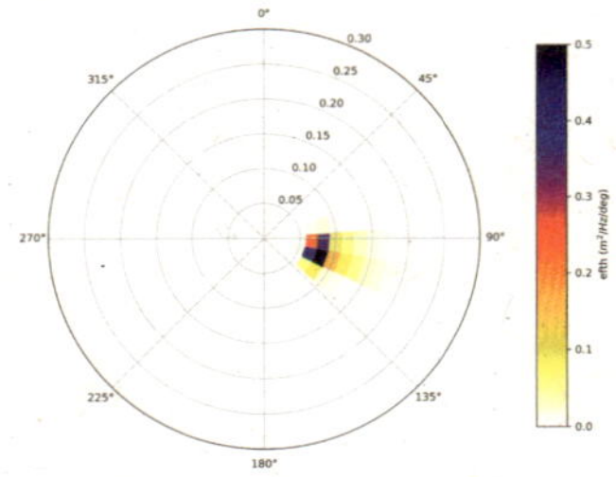

En Kirra, a lo largo de las costas de Kurrungul —territorio no cedido de los kombumerri y otros grupos de lengua yugambeh— solía formarse una ola tubular a derecha de doscientos metros.

Desde la década de 1960, la ingeniería costera, el dragado y la desviación de arenas en lo que hoy se promociona como la Costa Dorada australiana han erosionado tanto las ecologías de las olas como la jurisdicción indígena. El proyecto de trasvase de arena en la boca del río Tweed, en funcionamiento desde 2001, bombea arena desde Nueva Gales del Sur hacia la Costa Dorada para reponer las playas turísticas. En el proceso, y de manera no intencionada, se creó la megaola llamada Superbank, que sepultó la rompiente original de Kirra, ya muy reducida por las intervenciones previas en la infraestructura costera.

Las comunidades aborígenes siguen reivindicando su autoridad cultural mediante reclamaciones de tierras ancestrales que buscan un mayor control sobre el uso de las tierras tradicionales (como la demanda Danggan Balun Native Title de 2017 o el recurso de 2022 en The Spit) y se oponen a marcos patrimoniales que ignoran su custodia ancestral. En condiciones ciclónicas excepcionales, Kirra resurge como un destello fugaz.

A 200-metre-long barrelling right-hander once formed at Kirra, along the shores of Kurrungul, the unceded Country of the Kombumerri and other Yugambeh language groups.

Since the 1960s, coastal engineering, dredging, and sand diversion along what is now branded Australia's Gold Coast have eroded both wave ecologies and Indigenous jurisdiction. The Tweed River Entrance Sand Bypassing Project, functional since 2001, pumps sand north from New South Wales to the Gold Coast to replenish tourist beaches. In the process, it unintentionally created the 'Superbank' mega-wave and buried Kirra's original break, already much reduced due to earlier changes in coastal infrastructure.

Aboriginal communities continue to assert cultural authority through native title claims seeking greater control over the use of traditional land (the 2017 Danggan Balun Native Title claim and 2022 land challenge at The Spit) and opposition to heritage frameworks that disregard their custodianship. Under rare cyclone conditions, Kirra flickers back into being.

Kirra. Parámetros de la ola el 10/06/1958: reconstrucción de la superficie libre del mar y espectro direccional de energía del oleaje. Fuente: GeoOcean / Universidad de Cantabria.

Kirra. Wave parameters on 10/06/1958: reconstruction of the sea surface elevation, and wave directional energy spectrum. Source: GeoOcean / University of Cantabria.

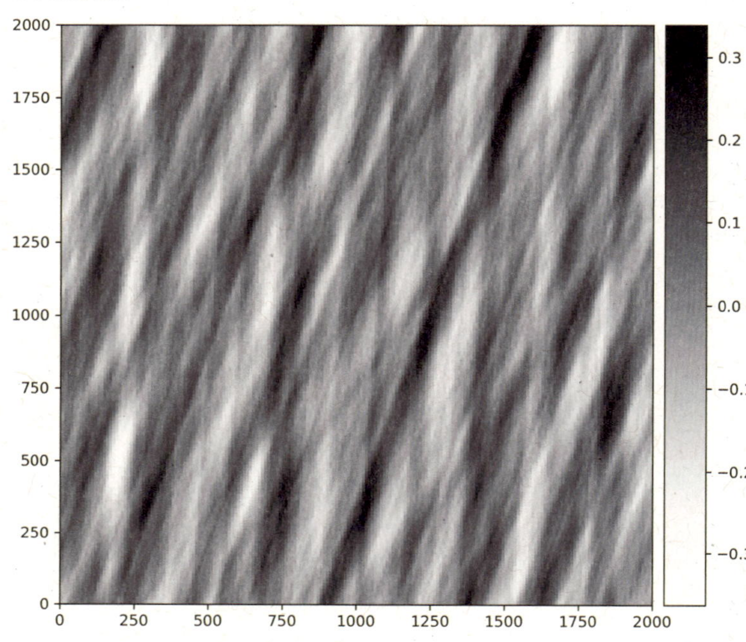

Time Period / Periodo	(s)	13.30
Amplitude / Amplitud	(m)	3.50
Wavelength / Longitud de onda	(m)	276.18
Frequency / Frecuencia	(Hz)	0.08
Angular Frequency / Frecuencia angular	(rad/s)	0.47
Wave Velocity / Velocidad de la onda	(m/s)	10.38

Petacalco

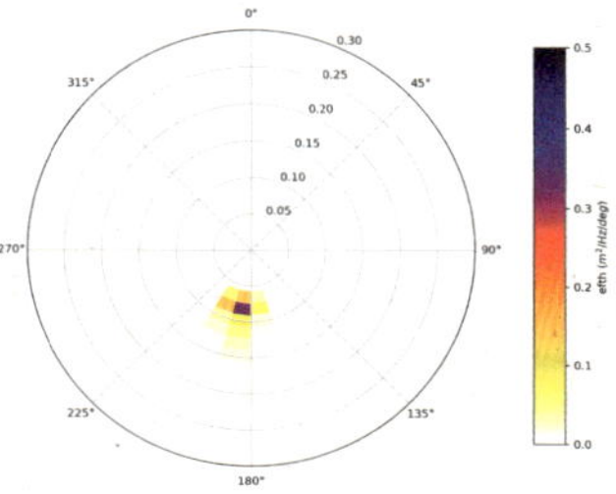

Famosa por sus profundos tubos, la ola de Petacalco rompía antaño en las costas ancestrales de los mixtecos, nahuas, purépechas y tlapanecos, en la actual frontera entre Guerrero y Michoacán.

La ola fue transformada por décadas de expansión industrial. En los años setenta, la construcción de la acería de Lázaro Cárdenas, una de las mayores de América Latina, remodeló el delta del río Atoyac (Balsas), hasta entonces rebosante de tilapias, róbalos y camarones de río. Los canales y espigones construidos para facilitar la navegación alteraron los flujos de sedimentos que durante siglos habían sostenido la rompiente. Más al interior, la presa hidroeléctrica más grande de México privó a la costa de nueva arena, desmantelando los bancos que daban forma a la ola.

Declarada zona de sacrificio ambiental, la región sufre hoy una grave contaminación vinculada a la cercana planta siderúrgica de ArcelorMittal. En junio de 2023, el alcalde de Petacalco se unió a los vecinos en una protesta, denunciando las emisiones tóxicas, el aumento de enfermedades y el colapso de la pesca local. Aunque la ola vuelve de forma fugaz durante marejadas excepcionales, su regreso es impredecible.

Known for its deep barrels, the Petacalco wave once broke on the ancestral shores of the Mixtec, Nahua, Purépecha, and Tlapanec along today's Guerrero-Michoacán border.

The wave was transformed by decades of industrial expansion. In the 1970s, the construction of the Lázaro Cárdenas steel mill, one of Latin America's largest, reshaped the Atoyac (Balsas) River delta, once thriving with tilapia, snook, and river shrimp. Channels and jetties built to enable shipping disrupted the sediment flows that had long sustained the wave. Further upstream, Mexico's largest hydroelectric dam starved the coastline of new sand, dismantling the sandbars that created the break.

Declared an environmental sacrifice zone, the region now suffers from severe contamination linked to the nearby ArcelorMittal steel plant. In June 2023, the mayor of Petacalco joined residents in a protest, denouncing toxic emissions, rising disease, and collapsing fisheries. While rare swells still bring the wave flickering back, its return is unpredictable.

Time Period / Periodo	(s)	13.00
Amplitude / Amplitud	(m)	2.20
Wavelength / Longitud de onda	(m)	263.86
Frequency / Frecuencia	(Hz)	0.08
Angular Frequency / Frecuencia angular	(rad/s)	0.48
Wave Velocity / Velocidad de la onda	(m/s)	10.15

Petacalco. Parámetros de la ola el 24/06/1973: reconstrucción de la superficie libre del mar y espectro direccional de energía del oleaje. Fuente: GeoOcean / Universidad de Cantabria.

Petacalco. Wave parameters on 24/06/1973: reconstruction of the sea surface elevation, and wave directional energy spectrum. Source: GeoOcean / University of Cantabria.

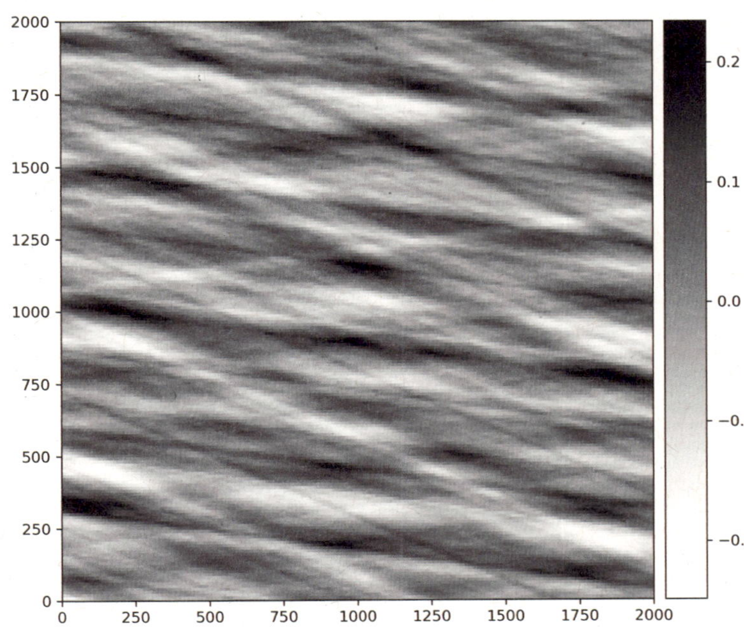

Mundaka

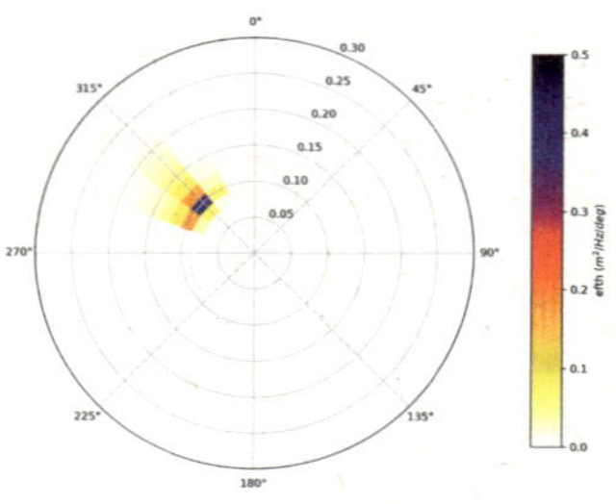

En la mitología vasca, Mari, la diosa del clima de la que se dice que habita las cuevas de Anboto, ofrece protección contra tormentas y mares embravecidos.

En 2003, en las costas de esta región montañosa de Euskadi, la ola izquierda de Mundaka desapareció después de que se dragaran 230 000 metros cúbicos de arena del río Oka para mejorar el acceso de barcazas al astillero de Murueta. Esta intervención interrumpió los flujos de sedimentos que alimentaban el banco submarino que generaba la ola. La competición de surf de Mundaka, conocida a nivel mundial, fue trasladada a otra localización en 2004 y cancelada en 2005, lo que devastó el turismo local. Algunos interpretaron la desaparición de la ola como una señal de la retirada de Mari, y su silencio un reproche al robo de arena. Aunque la sedimentación natural ha devuelto la ola, sigue siendo frágil, vulnerable a los cambios de arena, las tormentas y la intervención humana. La acción pública frente a nuevas amenazas de dragado llevó a establecer protecciones legales, haciendo de Mundaka la primera ola en Europa reconocida como «patrimonio natural y cultural» por un gobierno nacional.

In Basque mythology, Mari—the weather-shaping goddess said to inhabit the caves of Anboto—offers protection from storms and rough seas.

In 2003, on the shores of this mountainous region in Euskadi, the left-hand wave at Mundaka vanished after 230 000 cubic metres of sand were dredged from the Oka River to improve barge access to the Murueta shipyard. This intervention disrupted the sediment flows that sustain the offshore sandbar that creates the wave. Mundaka's world-famous surf competition was relocated in 2004 and cancelled in 2005, devastating local tourism. Some interpreted the wave's disappearance as a sign of Mari's withdrawal, her silence a rebuke to sand theft. While natural sedimentation has revived the wave, it remains fragile, vulnerable to shifting sands, storms, and human intervention. Public action in response to further dredging threats led to new legal protections, making Mundaka the first wave in Europe to be recognised as 'natural and cultural heritage' by a national government.

Mundaka. Parámetros de la ola el 22/10/2002: reconstrucción de la superficie libre del mar y espectro direccional de energía del oleaje. Fuente: GeoOcean / Universidad de Cantabria.

Mundaka. Wave parameters on 22/10/2002: reconstruction of the sea surface elevation, and wave directional energy spectrum. Source: GeoOcean / University of Cantabria.

Time Period / Periodo	(s)	9.69
Amplitude / Amplitud	(m)	2.36
Wavelength / Longitud de onda	(m)	146.57
Frequency / Frecuencia	(Hz)	0.10
Angular Frequency / Frecuencia angular	(rad/s)	0.65
Wave Velocity / Velocidad de la onda	(m/s)	7.56

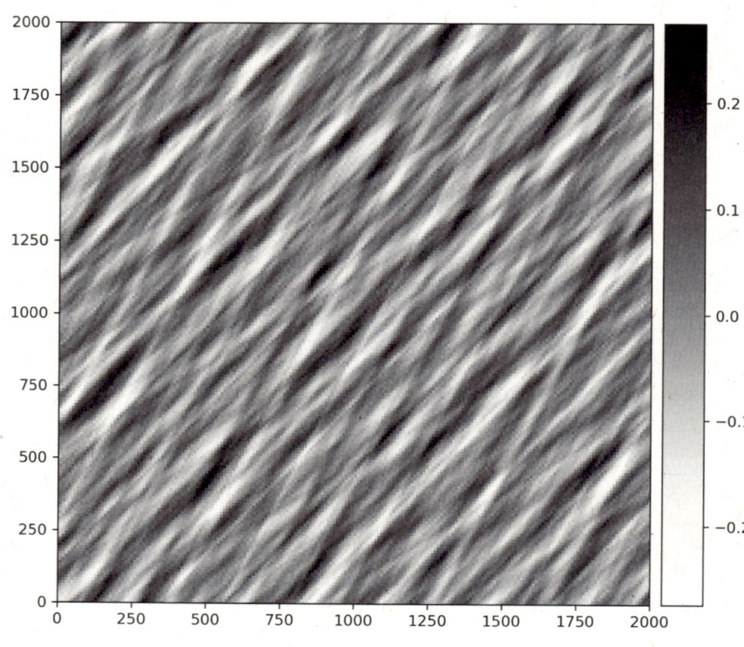

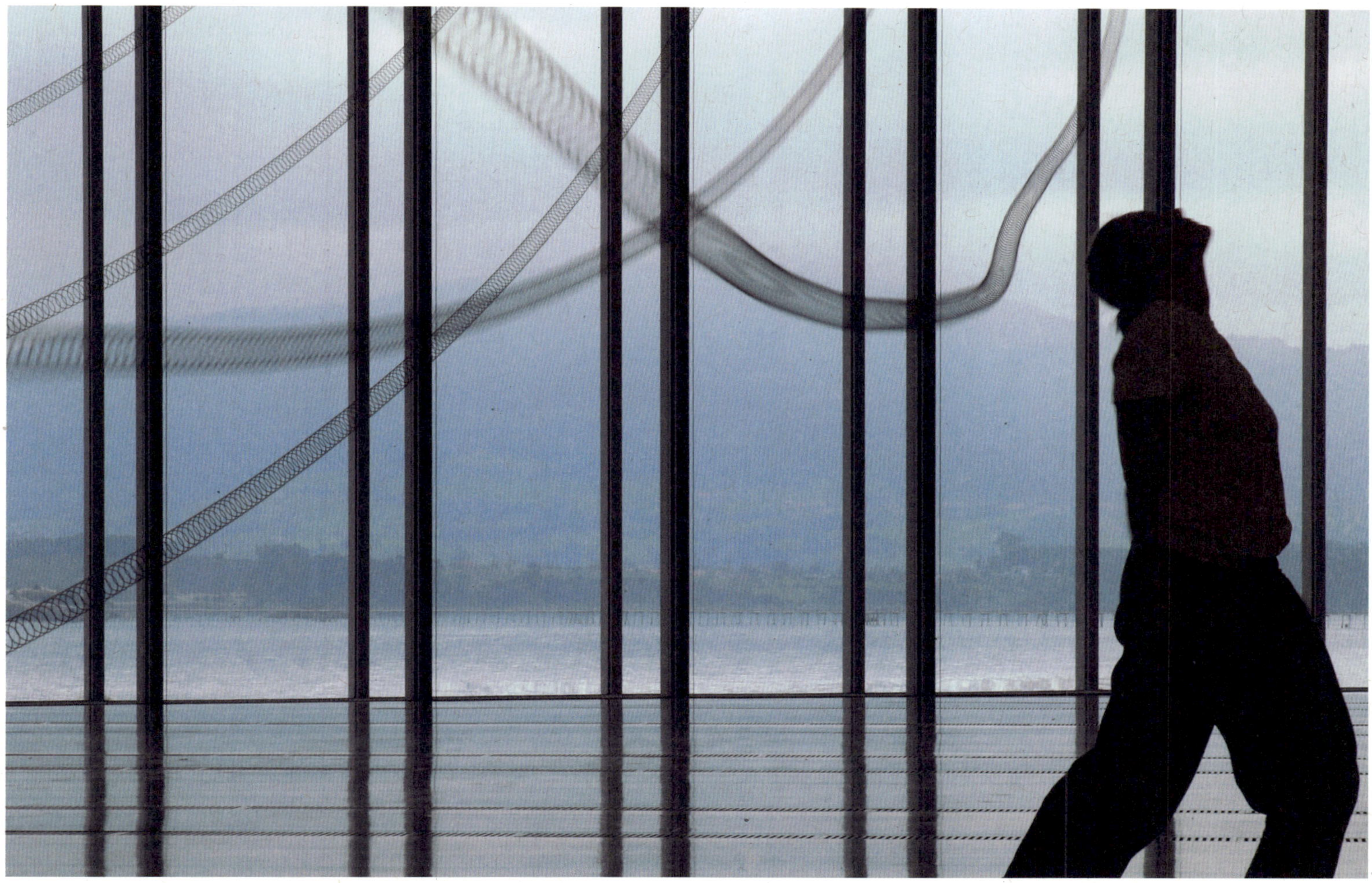

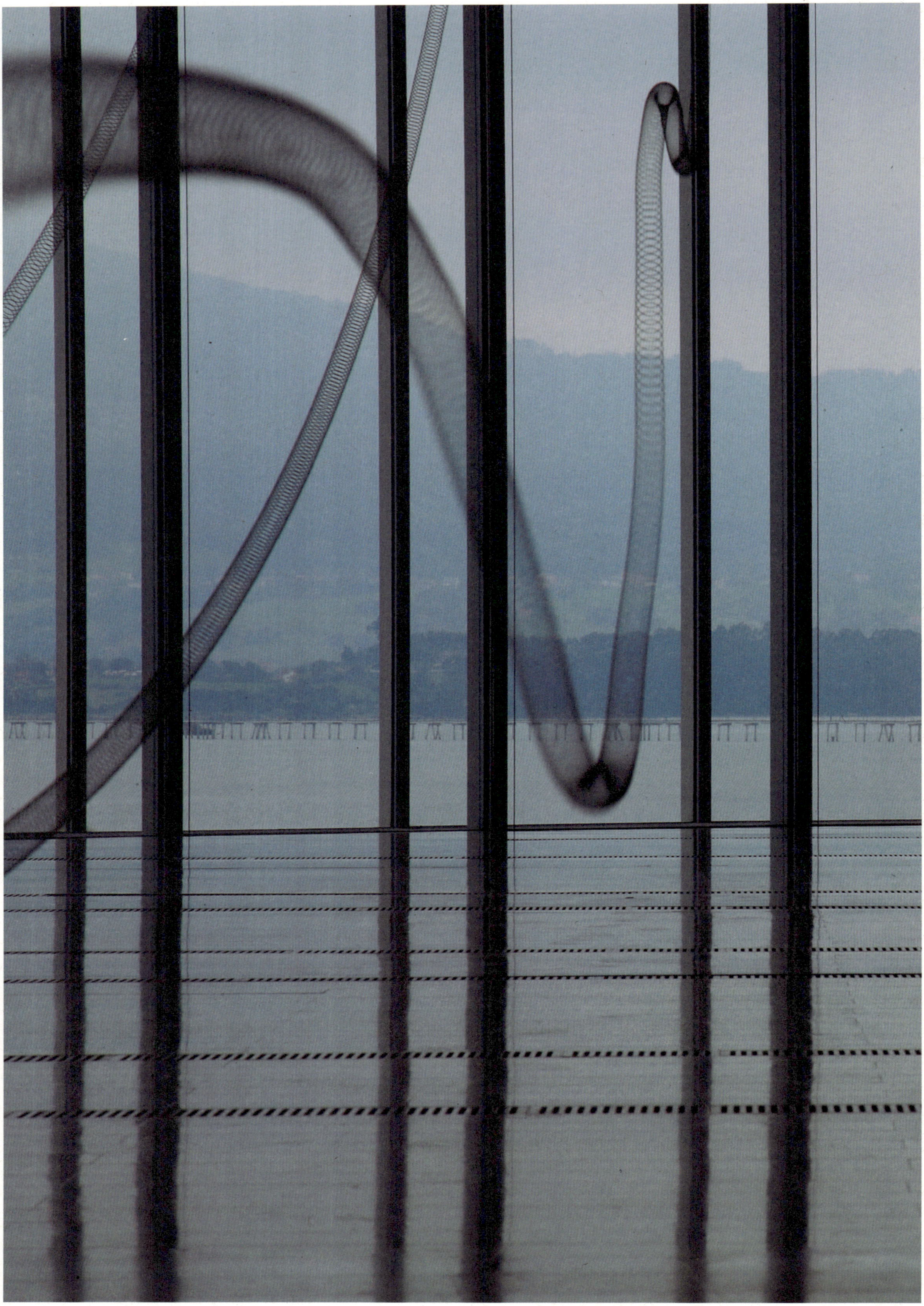

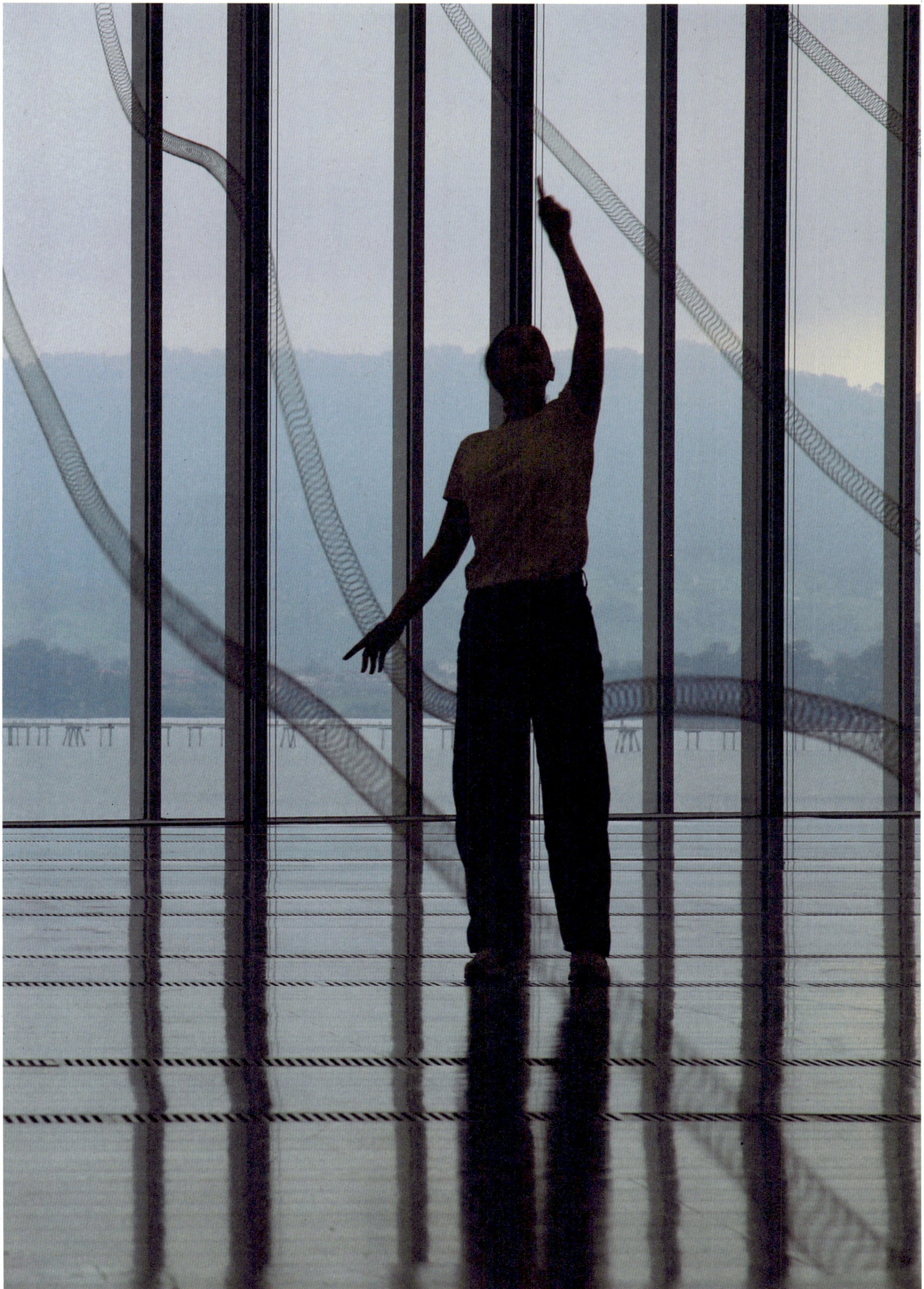

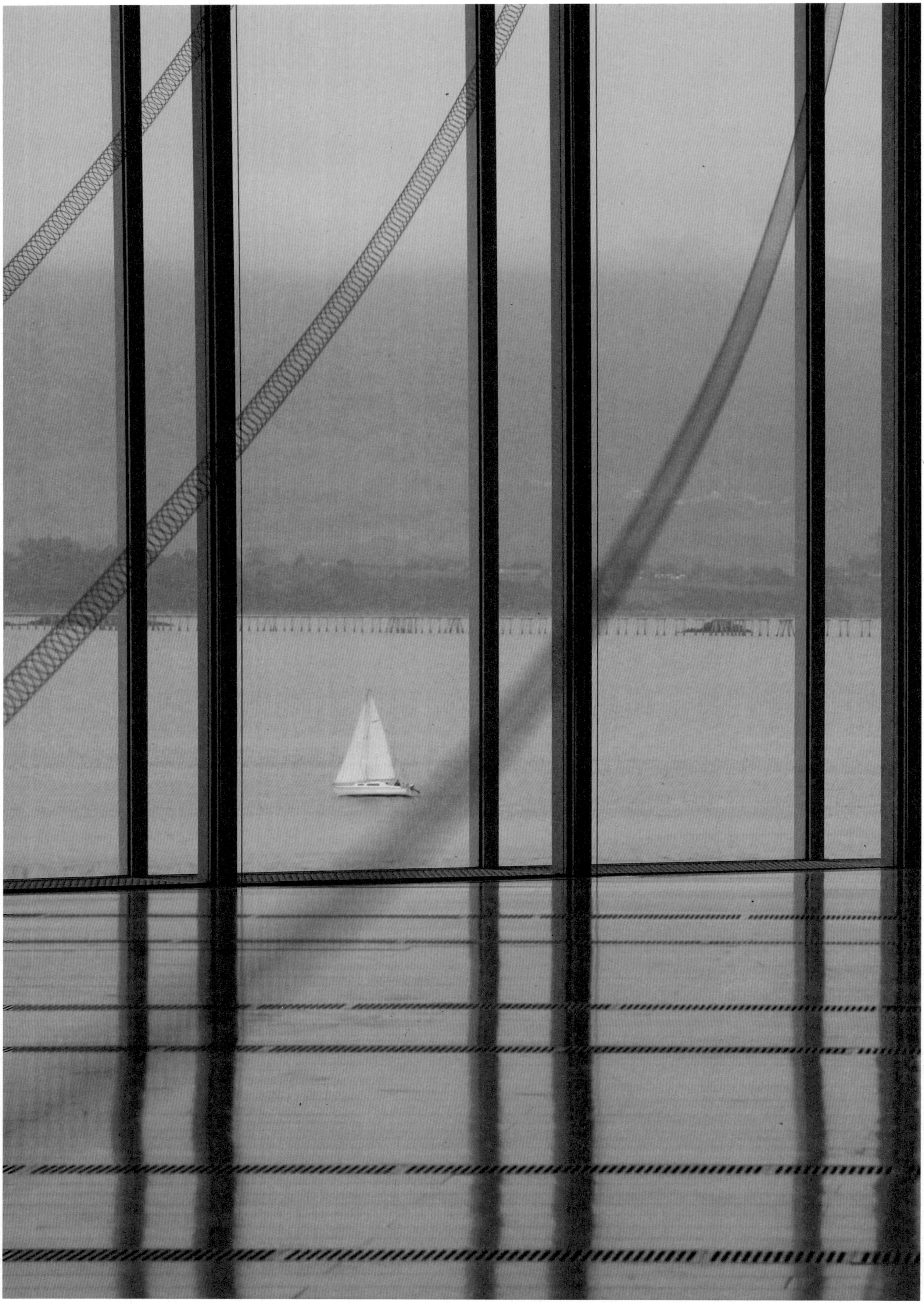

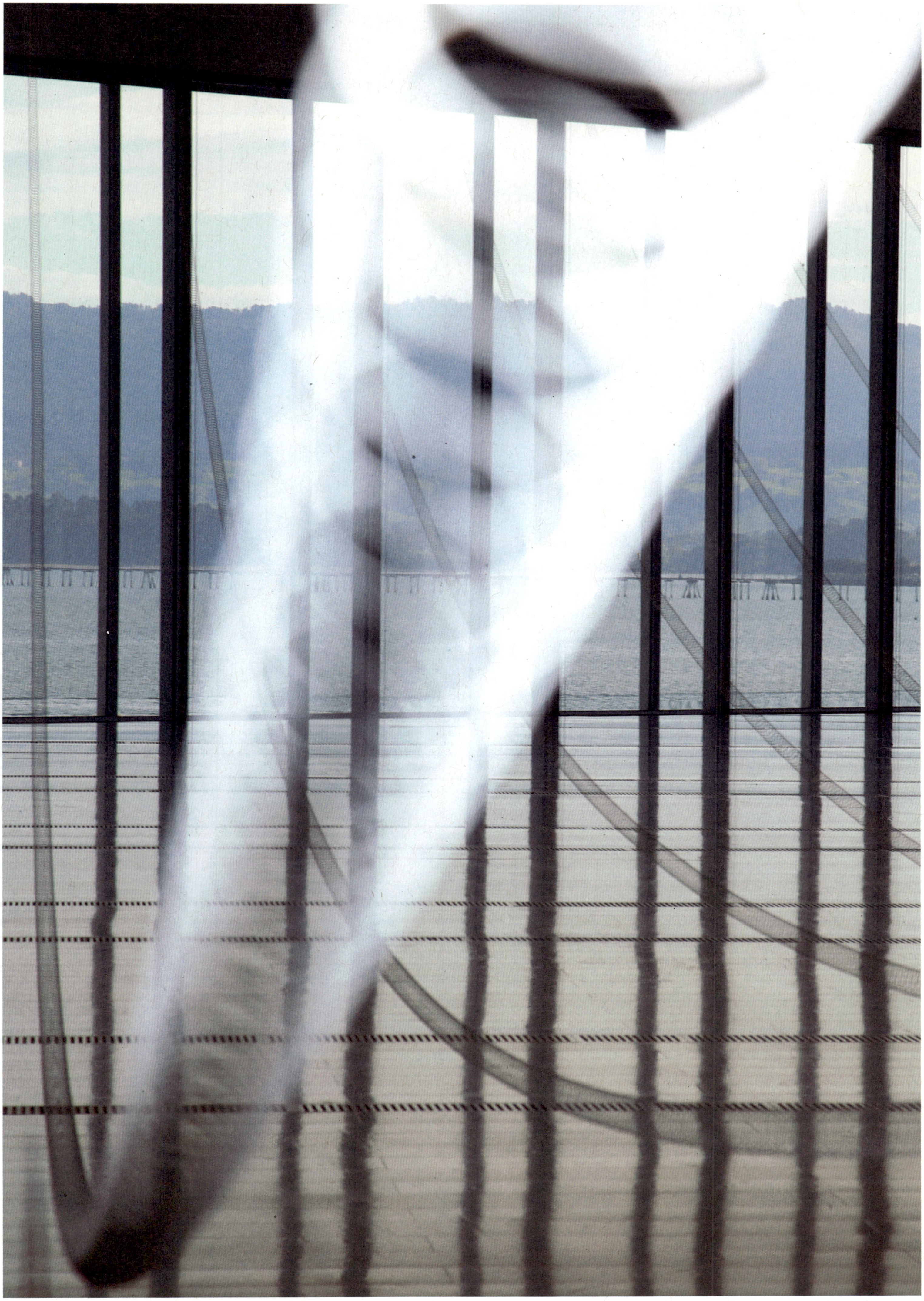

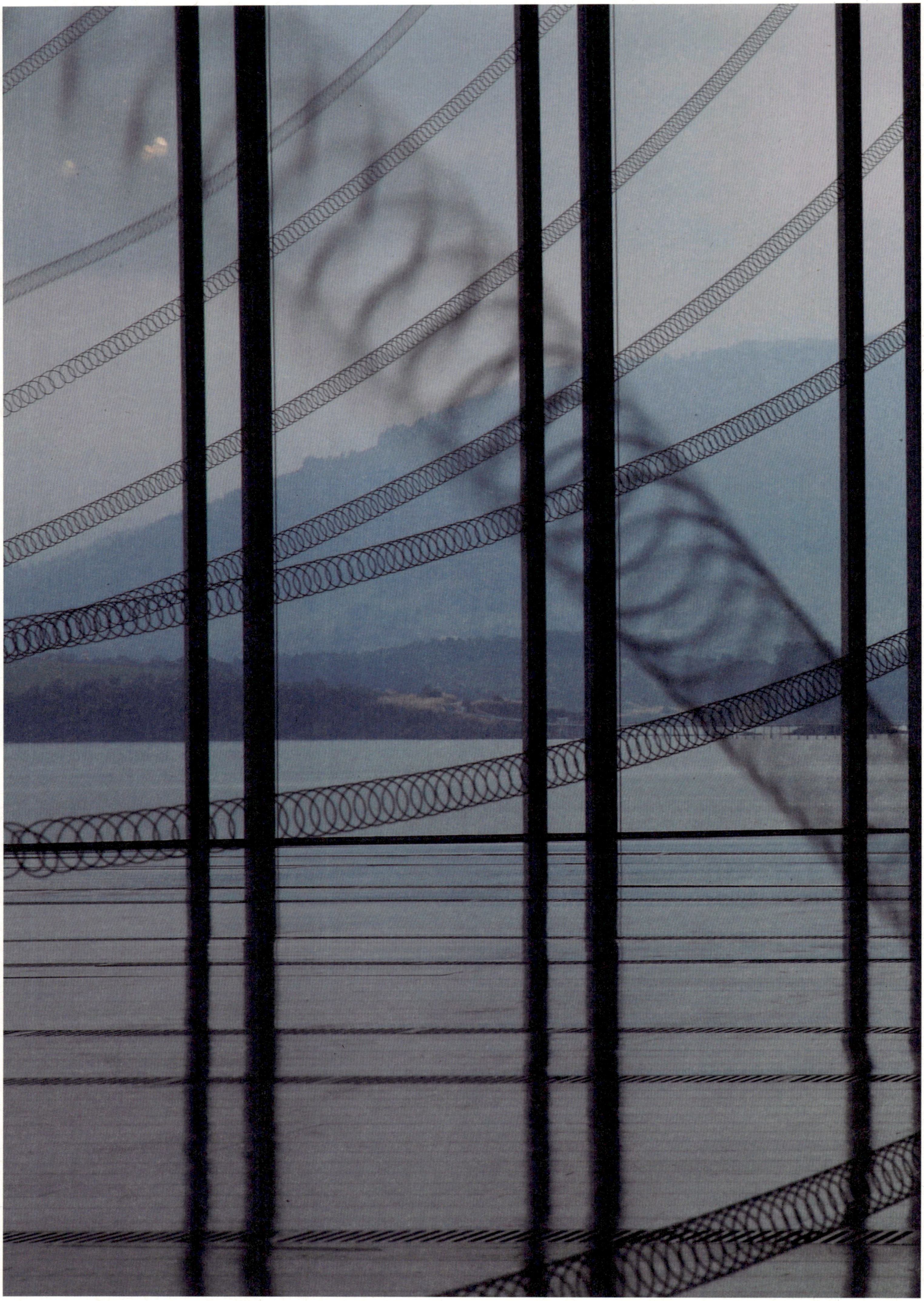

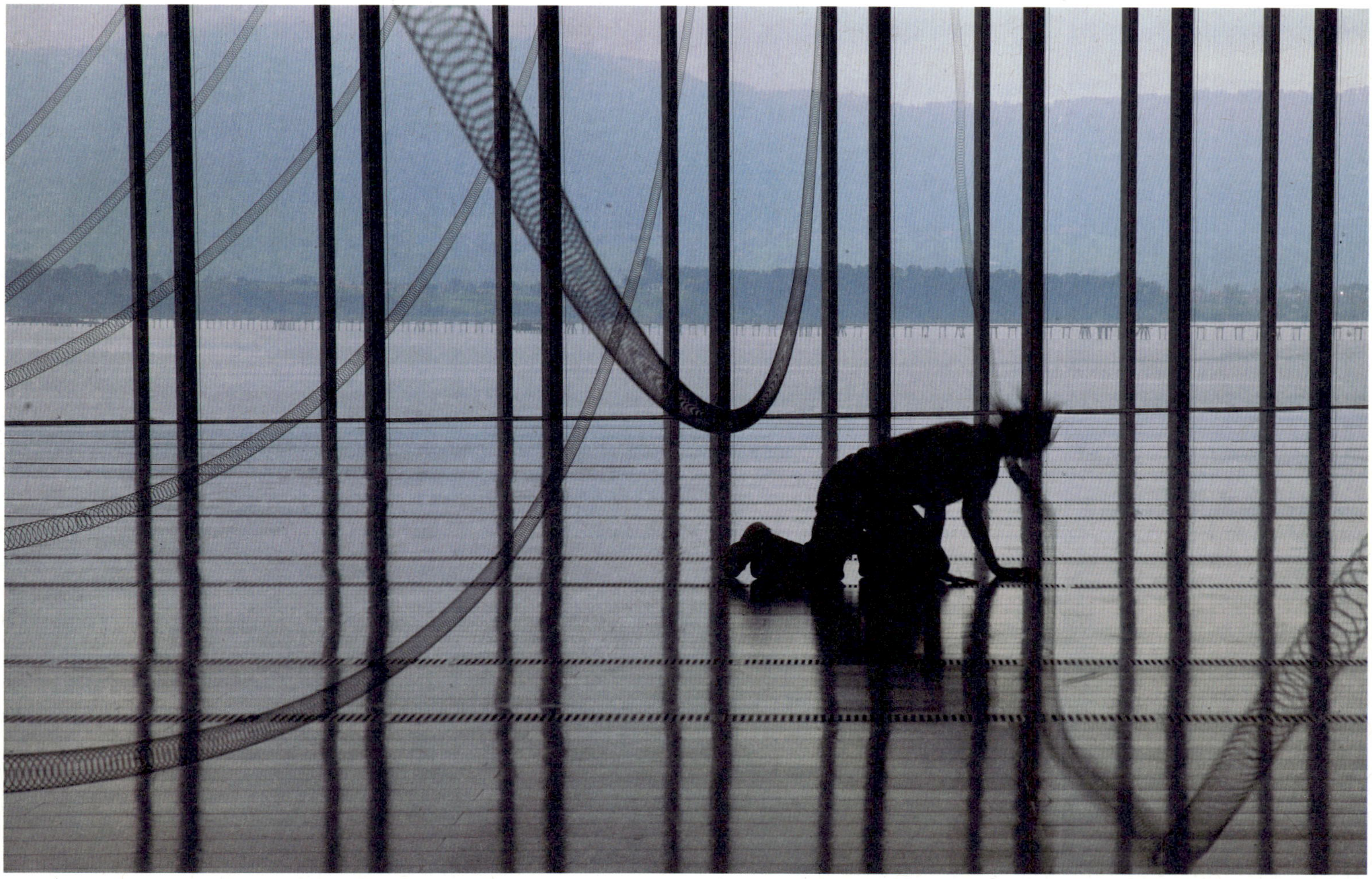

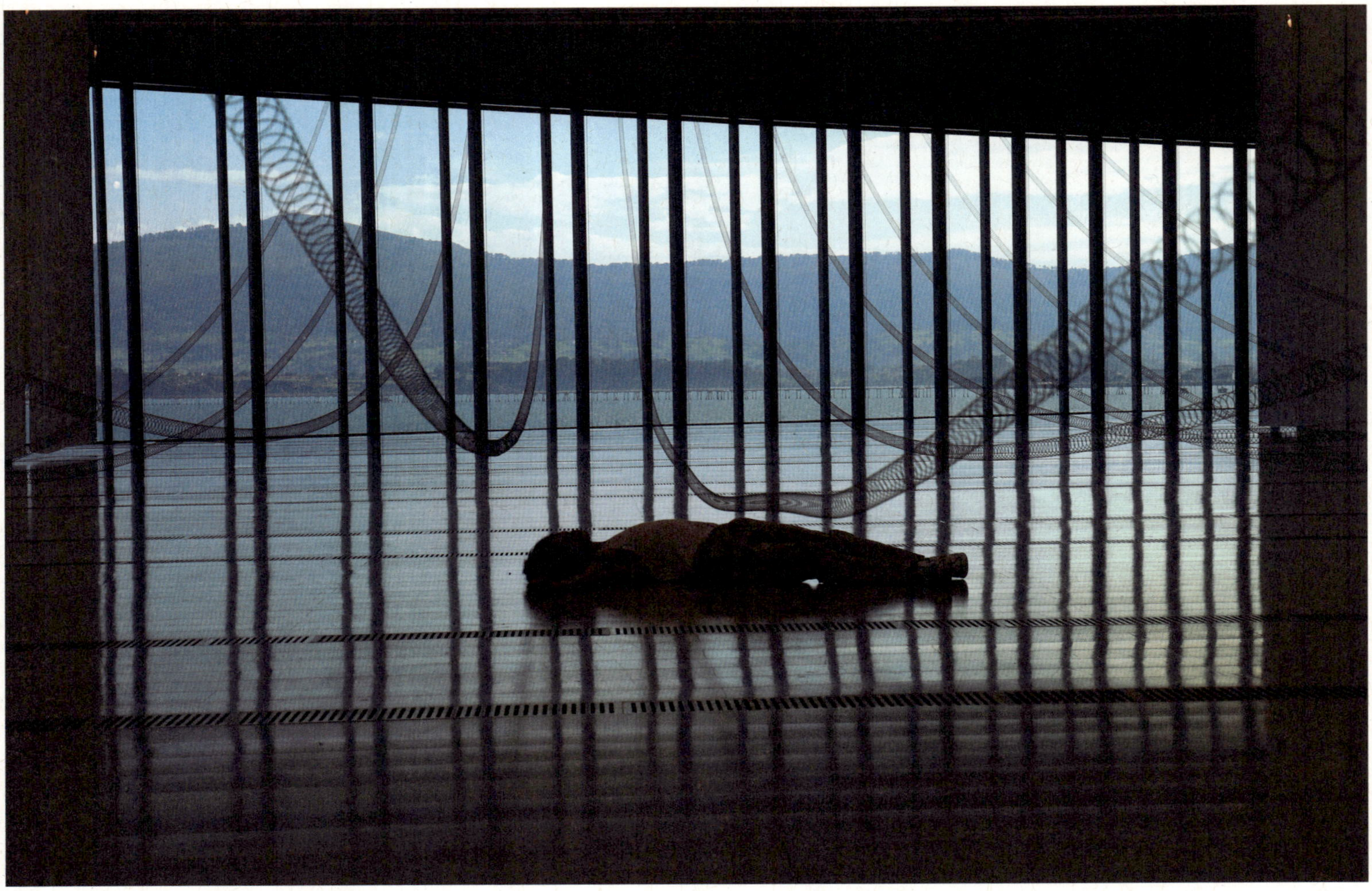

Olas en tierra

Yayo Herrero

Meses de espera y aún no llega. El ojo experto escudriña las marejadas tratando de averiguar cuándo habrá que dar aviso a quienes esperan poder cabalgar esa Vaca Gigante que se eleva y rompe contra los acantilados.

Están pendientes de la llegada. Saben que otras olas, incluso más grandes, un día, simplemente desaparecieron. Otean con anhelo mar adentro, esperando esa irrupción espumosa que tranquiliza, que es señal de cierto orden.

Una ola gigante es un holobionte, una entidad viva formada por la asociación de diferentes sujetos, también vivos, que dan lugar a seres colosales. Nace del encuentro entre el viento, el agua y el suelo.

Muchas olas pequeñas avanzan hacia la costa y, según se rozan con los fondos marinos, a la vez que los modelan, se dejan esculpir por ellos. Son un reflejo líquido de suelos de pura roca escarpada e hiriente, de las elevaciones rocosas submarinas que paradójicamente llaman bajos, de los conos de arena que denominan cabezos. Las olas avanzan cuesta arriba, se apelotonan y, a veces, suman sus energías hasta convertirse en un cuerpo de agua particular y único.

Lo invisible, de repente, emerge, sin que nadie que no tenga el ojo entrenado para mirar lo profundo entienda de dónde sale tanta fuerza, tanta rabia, tanta belleza. Una ola empujada por muchas ondas, por rocas, por arena, por cañones profundos, por algas, por peces y por viento. Todos se unen y se hacen presentes en un instante preciso. Una aparición que se reproduce periódicamente, cada vez que se dan las condiciones precisas. Agua, aire, tierra, vida y energía convergen y se convierten en un poder que moldea e inunda y recuerda a

Waves on Land

Yayo Herrero

Months of waiting, and still it is nowhere to be seen. Trained eyes scan the swells, trying to gauge when it will be time to alert those waiting for the chance to ride that Vaca Gigante that rises and breaks against the cliffs.

Alert and waiting for its arrival. They know that other waves—sometimes even bigger ones—one day simply vanished. They peer longingly out to sea, waiting for that foamy surge that reassures, that signals a certain order.

A giant wave is a holobiont, a living entity made up of the association of different beings—also living—that together form colossal creatures. It is born from the encounter between wind, water, and earth.

Many small waves travel toward the shore and, as they brush against the seabed—while shaping it—they also let themselves be sculpted by it. They are liquid reflections of sharp, jagged rocky bottoms, of the underwater ridges paradoxically called 'shallows', of the sand cones like underwater hills. The waves climb up the slopes, bunch together, and sometimes combine energies to form a specific and unique body of water.

The invisible suddenly emerges, and unless one has an eye for the depths, it is impossible to understand from where emerges such force, such rage, such beauty. A wave propelled by many ripples, by rocks, by sand, by deep canyons, by algae, by fish, and by wind. They all converge and manifest at a precise moment.
An apparition that recurs periodically, each time the exact conditions are met. Water, air, earth, life, and energy come together and become a power that shapes, floods, and reminds those on land how small each solitary life is.

quienes están en tierra la pequeñez de cada vida solitaria.

Dicen que la ola que surfeó la brasileña Maya Gabeira en Nazaré, batiendo un récord mundial, nació del soplido de una tormenta entre Groenlandia y Terranova.[1] Nadie sabe de dónde salió el aliento tormentoso que gestó la Vaca Gigante. Solo saben dónde se la espera. En la costa norte de Santander, entre la playa de El Bocal y los acantilados de las canteras de Cueto. Rompe allí porque allí frente a ellos vive una cordillera subacuática. Cabezos, bajos y bálamos ocultos a la mirada humana, acaso intuidos desde antiguo por la sabiduría de los pescadores.

El fondo marino sobre el que rompe la Vaca Gigante está formado por calcarenitas y calizas arenosas del Cretácico Superior. Tiene más de sesenta millones de años. Un fondo fragmentado y rocoso, que llega hasta las canteras subiendo una pendiente del 65% que amplifica la concentración de la energía de las olas y que reproduce en ellas su forma irregular y encrespada.

Cabezo de la Vaca, bajo de la Lengüeta, cabezo de Tierra, los bajos del Bálamo. Son los nombres del paisaje oculto habitado por túnidos, lubinas, chicharros, sardinas, gorgonias blancas, congrios, centollos, algas, langostas y bogavantes, laminarias, cefalópodos... Toda una pléyade de vida animal, vegetal y mineral que sabe de las olas y vive entre ellas.

El viento que impulsa el agua y la geomorfología de la zona fuerzan a las corrientes de agua a cambiar sus direcciones en un baile loco. En los días que van de fuerte marejada a mar gruesa, el mar se eleva y rompe con fuerza en olas irrepetibles.

Dice Julia Uceda:

> *Será primero una ola niña*
> *sobre la ciega playa. Luego*
> *una delgada espuma persistente,*
> *más tarde*
> *un redoblar de todo el horizonte*
> *que avanza, que se empuja*
> *para tomar contacto con la orilla.*[2]

1 Sally Warner, «What makes the world's biggest surfable waves?», *The Conversation*, 3 de diciembre de 2020.

2 Julia Uceda Valiente, *Eterno oleaje* (Sociedad de Cultura Valle-Inclán, Ferrol, 1991).

They say the wave that Brazilian Maya Gabeira surfed in Nazaré, setting a world record, was born from the gust of a storm between Greenland and Newfoundland.[1] No one knows where the stormy breath that gave birth to the Giant Cow came from. They only know where it is expected: on the northern coast of Santander, between the beach of El Bocal and the cliffs of the Cueto quarries. It breaks there because there is an underwater mountain range just offshore—elevations, shallows, and fishing banks hidden from the human eye, perhaps long intuited by the ancient wisdom of fishers.

The seabed where the Giant Cow breaks is made up of sandy limestones and calcarenites from the Late Cretaceous. It is more than sixty million years old. A fragmented, rocky floor that stretches up to the quarries along a 65% incline, concentrating the energy of the waves and imprinting upon them its jagged, frenzied form.

Cabezo de la Vaca, Bajo de la Lengüeta, Cabezo de Tierra, Bajos del Bálamo—these are the names of the hidden landscapes inhabited by tuna, sea bass, horse mackerel, sardines, white gorgonians, conger eels, spider crabs, seaweeds, lobsters, kelps, cephalopods... An entire constellation of animal, plant, and mineral life that knows the waves and lives among them.

The wind that drives the water and the geomorphology of the area force the currents to change direction in a chaotic dance. On days when heavy swells turn into rough seas, the ocean rises and breaks with the force of unrepeatable waves.

As Julia Uceda writes:

> *It will start as a small wave*
> *on the blind beach. Then*
> *a thin and persistent strip of foam,*
> *later*
> *the rolling of the entire horizon*
> *advancing, pushing forward*
> *to make contact with the shore.*[2]

1 Sally Warner, «What makes the world's biggest surfable waves?», *The Conversation*, 3 December 2020.

2 Julia Uceda Valiente, *Eterno oleaje* (Sociedad de Cultura Valle-Inclán, Ferrol, 1991). Poem translated into English for this publication.

Esperan inquietos la llegada de la ola. Llegará, seguro. ¿Qué podría frenar el poder de todo un horizonte que redobla, que avanza, que se empuja?

La amenaza llega desde tierra. Tsunamis de cemento que sumergen el territorio y al solidificar toman la forma de infraestructuras, canales, puertos o miles de viviendas habitadas solo unos pocos meses al año. Tsunamis de turismo masivo estabulado en playas, montes y pueblos que se convierten en mina y vertedero. Tsunamis de venenos que cambian las relaciones que entretejen todo lo vivo. Tsunamis de progreso que dragan y arrancan trozos de suelo, de rocas y sedimento para diseñar a la medida la profundidad justa que ha de tener un cuerpo de agua para ser funcional. Tsunamis térmicos que desorganizan las complejas y dinámicas normalidades que hacen posible la vida de humanos y no humanos.

Detrás del tsunami de la muerte llega el despojo, la expulsión, el abandono, la precariedad, la explotación y la escasez inducida. Se esconden bajo oleadas de odios deliberada y meticulosamente construidos, de chivos expiatorios.

Una civilización que actúa como si los territorios fuesen solo almacenes y basureros a disposición de quien puede comprar lo que desea, como si las vacas fuesen máquinas que convierten la hierba en carne; los ríos, tuberías de agua; los mares, autopistas; y la gente, mano de obra o residuo. Una civilización que mira la trama de la vida desde arriba y desde fuera, como si fuese un mecano inerte y previsible que podamos manejar y reparar a nuestro antojo.

El saber que nació en Europa se autoproclamó como universal y el sujeto patriarcal, el que se considera emancipado de toda obligación hacia otros o hacia lo vivo, se convirtió en el protagonista de la economía y la política. La economía en Occidente evolucionó divorciándose de la Tierra, soñando con un planeta inagotable. Prometió la independencia de cualquier responsabilidad a cambio de rendir pleitesía al dinero.

En ausencia de límites físicos, las matemáticas de la economía se extravían. Obnubiladas en la contabilidad del dinero y despegadas del

They wait anxiously for the wave to arrive. It will come, surely. What could stop the power of an entire horizon rolling, advancing, pushing forward?

The threat comes from land. Tsunamis of cement submerge the territory and once solidified, take the shape of infrastructure, canals, ports, or thousands of homes inhabited for just a few months a year. Tsunamis of mass tourism penned into beaches, mountains, and villages, which become mines and landfills. Tsunamis of poisons that alter the relationships that interweave all living things. Tsunamis of progress that dredge and tear away pieces of earth, rock, and sediment to custom-design the exact depth that a body of water must have to be 'functional'. Thermal tsunamis that disrupt the complex and dynamic equilibriums that make life possible for humans and non-humans alike.

Behind the tsunami of death come dispossession, displacement, abandonment, precarity, exploitation, and manufactured scarcity. They hide beneath waves of hatred, deliberately and meticulously constructed, behind scapegoats.

A civilization that acts as if territories were merely warehouses and dumpsites for whoever can afford to buy what they want; as if cows were machines that turn grass into meat; rivers, just water pipes; seas, highways; and people, either labour or waste. A civilization that sees the web of life from above and from the outside, as if it were an inert and predictable model we can manipulate and fix at will.

The knowledge that originated in Europe proclaimed itself universal, and the patriarchal subject—who considers himself freed from any obligation to others or to living things—became the main character of the economy and politics. In the West, the economy evolved by divorcing itself from the Earth, dreaming of an inexhaustible planet. It promised freedom from all responsibility in exchange for allegiance to money.

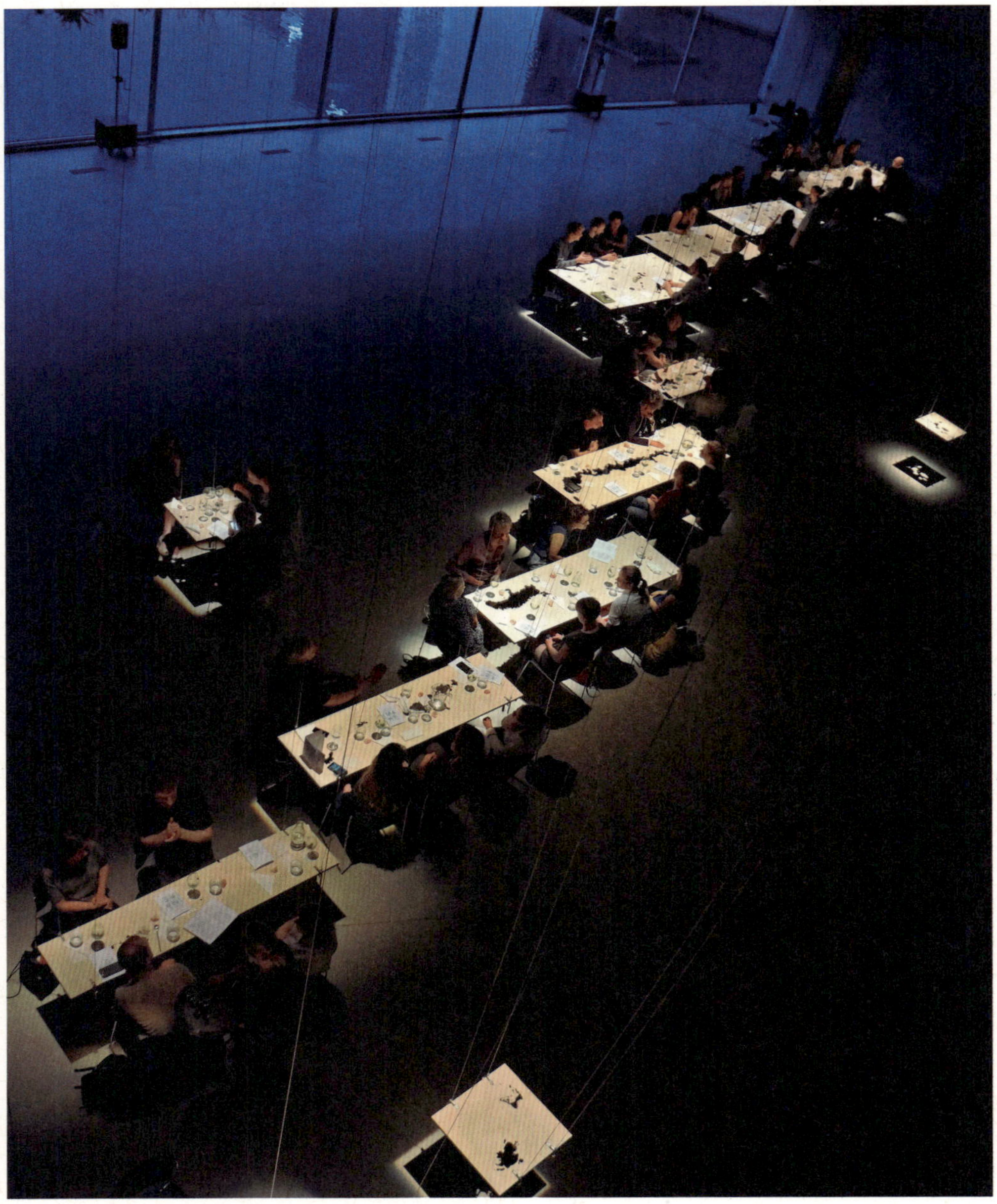

«Under the Sea There Is a Hole». Cooking Sections, 2015. Vista de la instalación en Het Nieuwe Instituut, Róterdam.

Under the Sea There Is a Hole. Cooking Sections, 2015. Installation view at Het Nieuwe Instituut, Rotterdam.

In the absence of physical limits, economic mathematics lose their way. Obsessed with monetary accounting and detached from the ground and bodies, they count only the profits of production and destruction. There, the value of bread and the value of weapons are indistinguishable—because both destruction and wealth are measured the same way: in capital. Anything is worth sacrificing if it means economic growth.

Western culture severed the umbilical cord that connected it to land and bodies. It has become disconnected from limits and fancies itself weightless. It no longer touches the bottom. It dreams of tourist resorts, of gated housing estates where life neither weighs, costs, or hurts. It even promises artificial waves. Autonomous, metallic bubbles of synthetic life in which energy flows, material cycles, waste, and needs do not exist. It dreams of fleeing to other planets once Earth is used up. It is a flight, as Umberto Eco says, into a world of absolute forgery.[3]

A narcissistic culture, drunk on technology, armed to the teeth, and radically delusional, produces fires and ruins—and makes even the waves disappear. It shakes off responsibility for unthinkable shipwrecks. It promises authoritarian order. Or green futures. Or technological salvation. Or punishment for imagined culprits. Or all of the above.

suelo y los cuerpos, solo suman los beneficios de la producción y la destrucción. Confunde en ellos el valor del pan y el de las armas, porque la destrucción y la riqueza se valoran de la misma forma. En dinero. Todo merece ser sacrificado si la contrapartida es que la economía crezca.

La cultura en Occidente rompió el cordón umbilical que la unía con la tierra y los cuerpos. Se desconecta de los límites y se autopercibe fantasiosamente ingrávida. No hace pie. Sueña con resorts turísticos, con urbanizaciones-fortaleza en las que la vida ni pesa, ni cuesta ni duele. Promete incluso olas artificiales. Burbujas autónomas y metálicas de vida artificial, en las que los flujos de energía, los ciclos de materiales, los residuos y las necesidades no existen. Sueña con la fuga a otros planetas una vez agotada la Tierra. Es la fuga, como señala Umberto Eco: al mundo de la falsificación absoluta.[3]

Una cultura narcisista, borracha de tecnología, armada hasta los dientes y radicalmente delirante produce incendios y ruinas, y hace desaparecer hasta las olas. Se sacude la responsabilidad de los naufragios inimaginables. Promete orden autoritario. O futuros verdes. O salvación tecnológica. O castigo a culpables inventados. O todo ello a la vez.

La cultura extraviada no sabe que todo está conectado. Que si cambia el suelo, cambian las olas, que si cambia el clima, es el mundo entero el que se vuelve extraño. La cultura antropocéntrica y capitalista, es una cultura analfabeta, no sabe qué es lo que la sostiene, tanto más cuanto más especializada. Corta la rama de la que depende sin saber que caerá con ella.

Solo mirando prometeicamente el mundo y los cuerpos se puede creer que será posible llevar las riendas del capitalismo desbocado, incapacitado para frenar, que no duda en declarar como sobrante cualquier ser vivo, ola, ciclo o relación que no le sea útil. Surfear un tsunami es un delirio. Ante él, solo cabe prevenir y ponerse a salvo.

Sabiendo que no se controla el viento y siendo conscientes de la ingobernabilidad humana

3 Umberto Eco. *La estrategia de la ilusión* (Lumen, Barcelona, 1986).

A lost culture does not know that everything is connected. That if the soil changes, the waves change. That if the climate changes, the entire world becomes strange. The anthropocentric, capitalist culture is an illiterate one. It does not know what sustains it —especially not in its most specialised forms. It cuts the branch it depends on, without realising it will fall with it.

Only with a Promethean view of the world and of bodies can one believe it will be possible to take the reins of runaway capitalism—incapable of slowing down and quick to declare any living being, wave, cycle, or relationship that does not serve it, as disposable. Surfing a tsunami is a delusion. In the face of it, the only option is to anticipate it and seek safety.

Knowing that we cannot control the wind, and aware of the ungovernability of the relationships that have held up the web of life for four billion years, what we can do is take root—build grounds and shelters from which to learn how to re-inhabit the world.

3 Umberto Eco. *La estrategia de la ilusión* (Lumen, Barcelona, 1986). T. N.: This collection of essays published in Spanish closely corresponds to the essays included in Umberto Eco's well-known English anthology *Travels in Hyperreality* (also published earlier as *Faith in Fakes*).

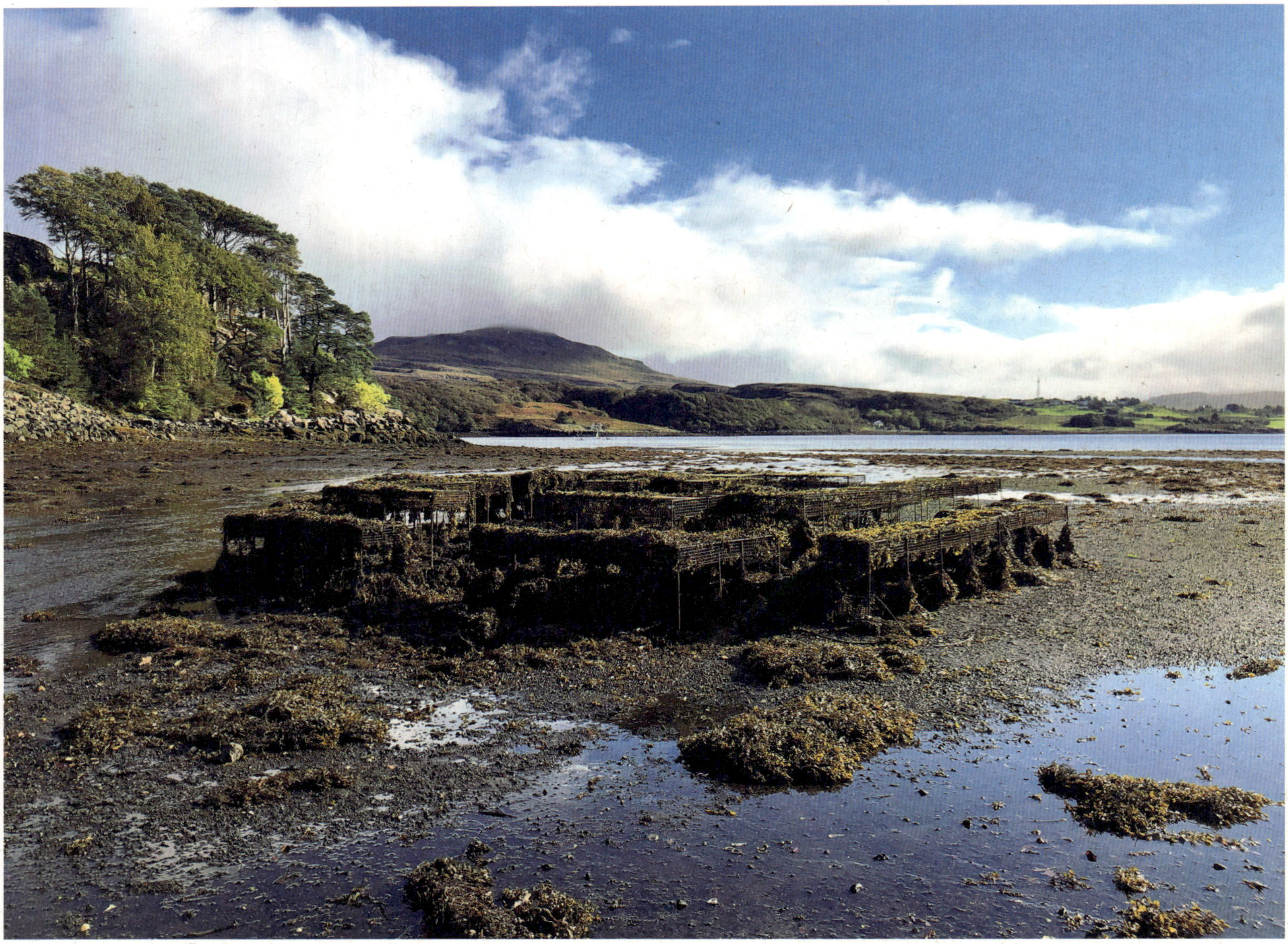

«CLIMAVORE: On Tidal Zones». Cooking Sections, 2017–2021.

CLIMAVORE: On Tidal Zones. Cooking Sections, 2017–2021.

de las relaciones que desde hace 4000 millones de años mantienen en pie la trama de la vida, lo que sí podemos hacer es tomar tierra y construir suelos y refugios desde los que aprender a rehabitar el mundo.

El capitalismo voraz se transforma en un poderoso sistema digestivo que devora mares, olas, suelos y bosques y defeca residuos que lo cambian todo. En 2015, en la instalación *Under the Sea There Is a Hole*, Cooking Sections cartografió las zonas que se hunden a lo largo de la costa del mar Muerto a causa de las presas construidas por toda la cuenca del río Jordán por Israel, Jordania, Siria y Líbano, la extracción excesiva de aguas subterráneas para las plantaciones de palmeras datileras en la Palestina ocupada y la extracción de minerales de los estanques de evaporación por parte de las plantas de potasa Dead Sea Works en Israel y Arab Potash Company en Jordania. Al desvelar los excesos de una cultura material ilimitadamente hambrienta, la instalación permitía vislumbrar otras formas de producir el alimento que no provocan muerte.

En el Centro Botín, Cooking Sections explora olas gigantes, perdidas y amenazadas. Un viaje que es metáfora de las transformaciones antropogénicas que tienen la misma causa, una organización material guiada por la vara de medir del dinero y que se lleva por delante gente, lugares y territorios.

El desarrollo en carne viva arrebata la vida decente a muchas personas.[4] Y también las olas. Como la de La Barre (Francia), arruinada a causa del desarrollo urbanístico. O la de Ala Moana (Hawái), víctima de la industria turística. Amenaza la de Mundaka (País Vasco), la primera izquierda más larga del mundo que en 2003 se vio gravemente perjudicada por un dragado de 230 000 metros cúbicos de arena. O la de Pavones (Costa Rica), la segunda izquierda más larga del planeta y una de las olas más icónicas del surf mundial, acosada por un macroproyecto urbanístico que, según los habitantes, avanza saltándose la legalidad y expulsando a la población local.[5] Cooking Sections recupera la memoria de las olas que ya no redoblan, ni proyectan su espuma hacia

4 «Soy el desarrollo en carne viva» es un verso de la canción *Latinoamérica* de Calle 13, grupo musical originario de Puerto Rico dedicado al rap fusión.

5 Marc Fontrodona, «Pavones, una de las olas más largas del mundo, amenazada de muerte», *Diario AS*, 28 de mayo de 2025.

Voracious capitalism becomes a powerful digestive system that devours seas, waves, soils, and forests—and defecates waste that changes everything. In 2015, in the installation *Under the Sea There Is a Hole*, Cooking Sections mapped the areas that are collapsing along the coast of the Dead Sea due to the dams built throughout the Jordan River basin by Israel, Jordan, Syria, and Lebanon; the excessive extraction of groundwater for date palm plantations in occupied Palestine; and the mining of evaporation ponds by Dead Sea Works in Israel and the Arab Potash Company in Jordan. By revealing the excesses of an insatiable material culture, the installation allowed a glimpse into other ways of producing food—ones that do not bring about death.

At Centro Botín, Cooking Sections explores giant, lost, and threatened waves. A journey that serves as a metaphor for the anthropogenic transformations that share the same root cause: a material order governed by the measuring stick of money that obliterates the people, places, and territories it finds in its path.

Raw development, laid bare, robs many people of a decent life.[4] As well as the waves. Like La Barre (France), ruined by urban development. Or Ala Moana (Hawai'i), a victim of the tourism industry. Mundaka (Basque Country) is under threat—the world's longest left wave, which in 2003 was severely affected by the dredging of 230 000 cubic meters of sand. Or Pavones (Costa Rica), the second-longest left in the world and one of the most iconic waves in global surfing, now under siege by a massive urban development project which, according to the residents, is moving forward illegally and displacing the local inhabitants.[5] Cooking Sections recovers the memory of waves that no longer roll in or launch their foam toward the land. By remembering them and telling the story of their extinction, it helps imagine their protection.

4 '*Soy el desarrollo en carne viva*' (I am raw development [laid bare]) is a line from the lyrics for the song *Latinoamérica* by Calle 13, a Puerto Rican fusion rap group.

5 Marc Fontrodona, 'Pavones, una de las olas más largas del mundo, amenazada de muerte' (Pavones, One of the World's Longest Waves, in Critical Danger), *Diario AS*, 28 May 2025.

la tierra. Al recordarlas y narrar su extinción, permiten imaginar su protección.

Un día caminé por encima de un suelo hecho de guerra civil reciclada. Fue en Bogotá en el barrio de Santa Bárbara. Pisé las baldosas del contra-monumento *Fragmentos*, una obra de Doris Salcedo, que formaba parte del acuerdo de paz alcanzado entre las FARC y el gobierno de Colombia en La Habana en 2016.

Salcedo imaginó un paisaje cuyo suelo fuesen las armas entregadas por las FARC. Los artefactos de la muerte fueron fundidos y transformados en un líquido ardiente que fue modelado por mujeres, negras, indígenas y blancas, guerrilleras y civiles que vomitaron, martilleando sobre planchas metálicas, una experiencia de vida que hasta ese momento era privada y escondían dentro de ellas.

Narraron a golpes cómo sus cuerpos habían sido campo de batalla, lugar para la crueldad, botín de la «dueñidad». Hacer público el dolor y reconocerlo en otras personas, convertía la violencia en un problema común, en un asunto político. 1260 baldosas moldeadas por el dolor, la rabia, la memoria y el alivio de un grupo de mujeres que habían sido violadas por revolucionarios y paramilitares se convirtieron en suelo vivo. Comenzaba el reconocimiento, la memoria colectiva, la reparación y la posibilidad de paz.

Me dieron ganas de quitarme los zapatos y dejar que las cicatrices del dolor se me clavaran en las plantas de los pies. Sentir en ellas una violencia de más de sesenta años y el poder y la dignidad de la reparación. Ha sido una de las veces que he sentido la sensación de pesar en un suelo, que más consciente he sido de cómo mis pies me mantenían anclada a la tierra, como si de repente, ellos y no mi cabeza o mi tripa fuesen mi centro.

Aquel día entendí que en tierra firme también puede haber olas. Olas de rabia y de anhelo que, cuesta arriba, se levantan contra los monstruos del desamor. Olas compuestas de lágrimas, sudor y saliva. Olas pequeñas, que en un suelo herido, rugoso y rebelde se apelotonan, suman, se multiplican y se metamorfosean en un poder.

One day I walked across a floor made of recycled civil war. It was in Bogotá, in the neighbourhood of Santa Bárbara. I stepped on the tiles of this counter-monument, *Fragmentos*, by Doris Salcedo, created as part of the peace agreement reached between the FARC and the Colombian government in Havana in 2016.

Salcedo imagined a landscape whose floor would be made from the weapons surrendered by the FARC. The tools of death were melted down and transformed into molten metal, then shaped by women—Black, Indigenous, and white, guerrilla and civilian—who, hammering on metal plates, regurgitated and let out a life experience that until then they had kept inside, private, hidden.

With each blow, they told the stories of how their bodies had been a battlefield, a site of cruelty, a prize of ownership. Making their pain public and recognising it in others turned violence into a shared issue, a political matter. 1260 tiles, shaped by the pain, rage, memory, and relief of a group of women who had been raped by revolutionaries and paramilitaries, became living floor. It marked the beginning of recognition, collective memory, reparations, and the possibility of peace.

I felt the urge to take off my shoes and let the scars of pain dig into the soles of my feet. To feel in them a violence of more than sixty years, and the power and dignity of reparations. It was one of the few times I have felt the sensation of weighing on the ground, when I have been most aware of how my feet kept me anchored to the earth, as if suddenly they, and not my head or my gut, were my centre.

That day, I understood that there can also be waves on solid ground. Waves of rage and longing that rise uphill against the monsters of indifference. Waves made of tears, sweat, and saliva. Small waves, that on a wounded, rough, and rebellious ground gather, add up, multiply, and transform into power.

Las olas son viento, tierra, agua, aire y energía. Las olas terrestres son voluntad, compromiso, deseo y amor.

Aquí estamos, protegiendo y modelando un suelo al que puedan llegar las olas humildes que querrían ser olas gigantes y poderosas.

Termina Julia Uceda:

En cada grueso oleaje, en cada arruga
del mar, en cada ojo
de espuma por la arena
de fuego, estará un hombre
por él y por su extensa
cadena de fantasmas. Por las sombras
que no tuvieron cuerpo;
por todos
los que anulados vagan
sin país, sin sepulcro.

Suspiran aliviados los que vigilan en los acantilados de las canteras de Cueto. Parece que finaliza la espera y empiezan a llegar las olas.

Waves are wind, earth, water, air, and energy. Land waves are will, commitment, desire, and love.

Here we are, protecting and shaping a land to which humble waves might arrive—waves that long to become giant and powerful.

Julia Uceda ends:

In every heavy swell, in every wrinkle
of the sea, in every eye
of foam across the sand
of fire, there will be a man
for him and for his long
chain of ghosts. For the shadows
that had no body;
for all
those who wander silenced
without a country, without a grave.

Those keeping watch on the cliffs of the Cueto quarries let out a sigh of relief. It seems like the wait is over, and the waves have begun to arrive.

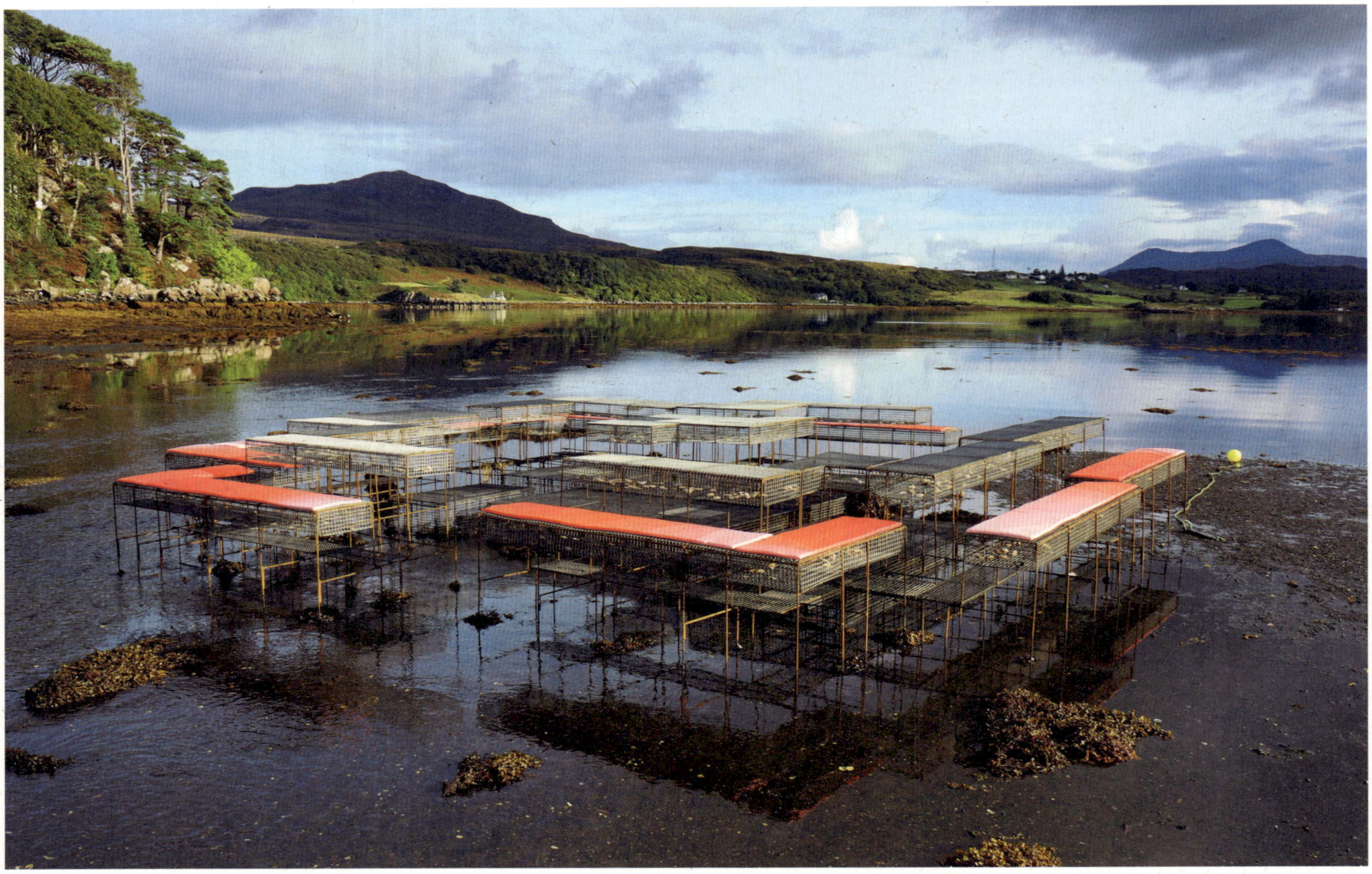

Inspirada en las mesas utilizadas en la acuicultura de ostras, la instalación *Multispecies Table* aparece y desaparece con las mareas. En pleamar, las algas marinas y los bivalvos filtran y oxigenan el agua, sustentando la vida marina. Con la marea baja, emerge como un escenario para comer, donde las comidas cambian con los horarios de la marea, pasando del desayuno al almuerzo y la cena. Las invitadas accedían a este foro público descalzas o con botas de agua para compartir sopa de algas, pan crujiente de marea, vieiras recolectadas a mano y lasaña de algas, así como sus frustraciones y esperanzas. Las lugareñas expresaban su disconformidad por la contaminación de las piscifactorías de salmón, y mientras algunas agradecían que la marea pusiera fin a los acalorados intercambios, otras se resistían a irse, con el agua ya hasta los tobillos, mientras el mar reclamaba la mesa.
«CLIMAVORE: On Tidal Zones». Cooking Sections, 2017–2021. Isla de Skye, Escocia.

Modelled after the trestles used in oyster aquaculture, the *Multispecies Table* appeared and disappeared with the tides. At high tide, seaweeds and bivalves filtered and oxygenated the water, supporting marine life. At low tide, it surfaced as a dining stage, where meals shifted with the tide times, changing from breakfast, lunch, to dinner. Guests accessed this public forum barefoot or in wellies in order to share dulse soup, tidal crispbread, hand-dived scallops, and kelp lasagna, along with frustrations and hopes. Residents voiced dissent over salmon farm pollution; some welcomed the tide's end to heated exchanges, while others lingered, ankle-deep, as the sea reclaimed the table.
CLIMAVORE: On Tidal Zones. Cooking Sections, 2017–2021. Isle of Skye, Scotland.

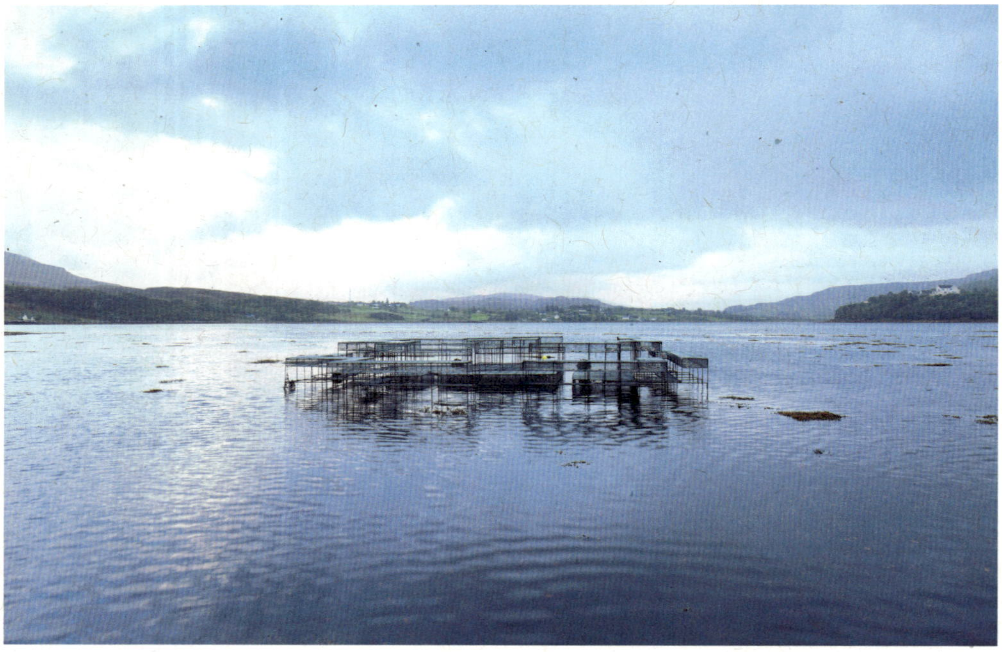

Como espejos enfrentados, un par de paneles tipo terrazo, hechos con conchas desechadas de ostras, mejillones y vieiras recogidas en restaurantes *CLIMAVORE*, reflejan las economías compartidas de los comunes intermareales de Skye y Raasay. Cada «Bivalve Mural» tiene un gemelo: uno se instala en una escuela o espacio comunitario local, mientras que el otro pasa a formar parte de una colección de museo. Juntos, los murales trazan historias costeras de sustento y desecho, confrontando el legado extractivo de la salmonicultura al tiempo que prueban alternativas al cemento a base de conchas. Los ingresos por las adquisiciones institucionales financian una instalación de producción comunitaria, convirtiendo la reparación ecológica en redistribución.
«Bivalve Murals» es un proyecto de Cooking Sections producido en el marco de CLIMAVORE en la isla de Skye y Raasay; fabricado por CLIMAVORE Community Interest Company y Joel Franklyn.

Like facing mirrors, a pair of terrazzo-like panels made from discarded oyster, mussel, and scallop shells collected from *CLIMAVORE* restaurants reflect the shared economies of Skye and Raasay's tidal commons. Each *Bivalve Mural* is twinned: one is installed in a local school or community space while the other becomes part of a museum collection. Together, the shells in this series of murals trace coastal histories of nourishment and waste, confronting salmon farming's extractive legacy while testing shell-based alternatives to cement. Proceeds from institutional acquisitions support a community-led production facility, turning ecological repair into redistribution.
Bivalve Murals is a Cooking Sections project produced in the framework of CLIMAVORE in Skye and Raasay; fabricated by CLIMAVORE Community Interest Company and Joel Franklyn.

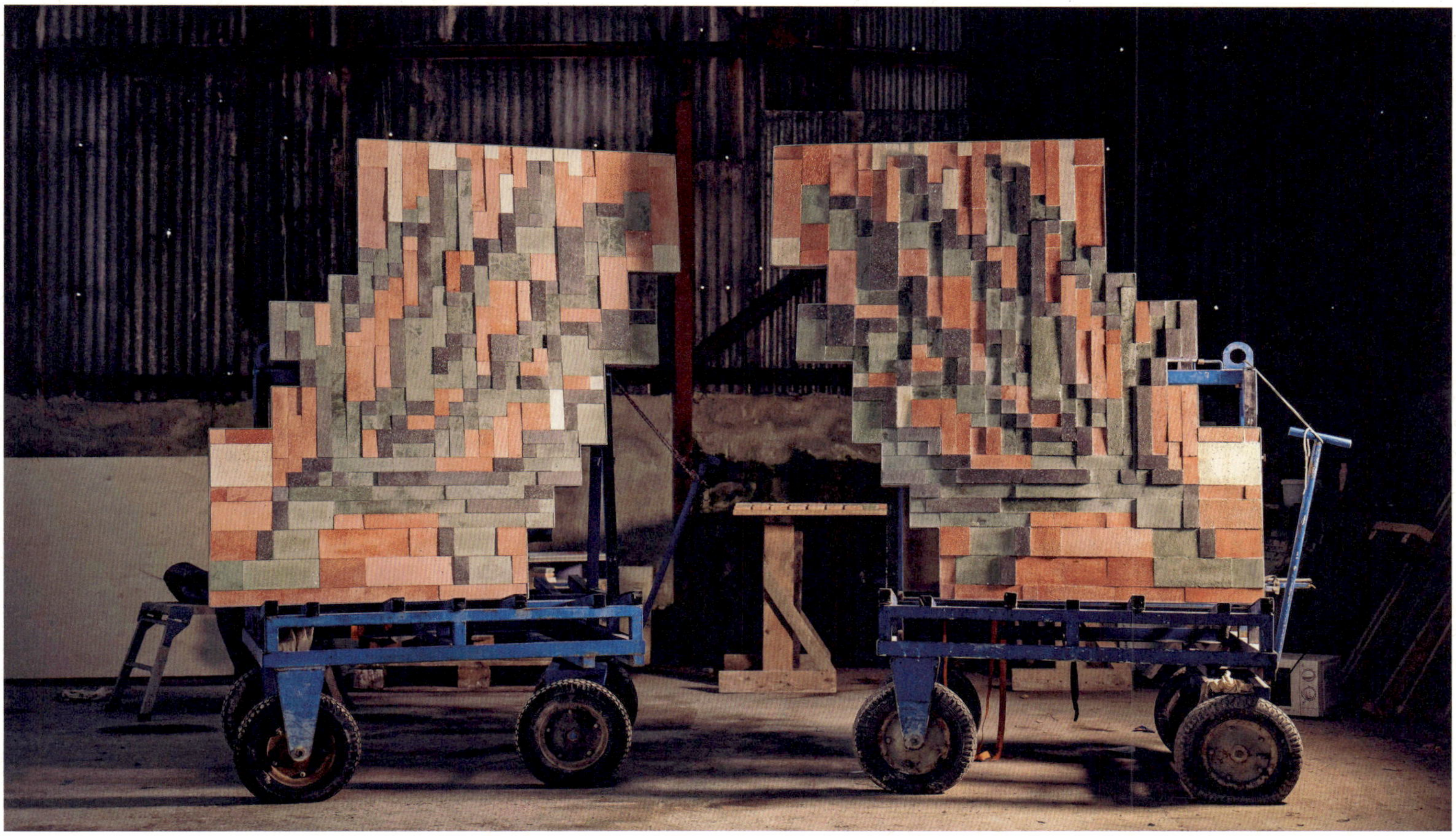

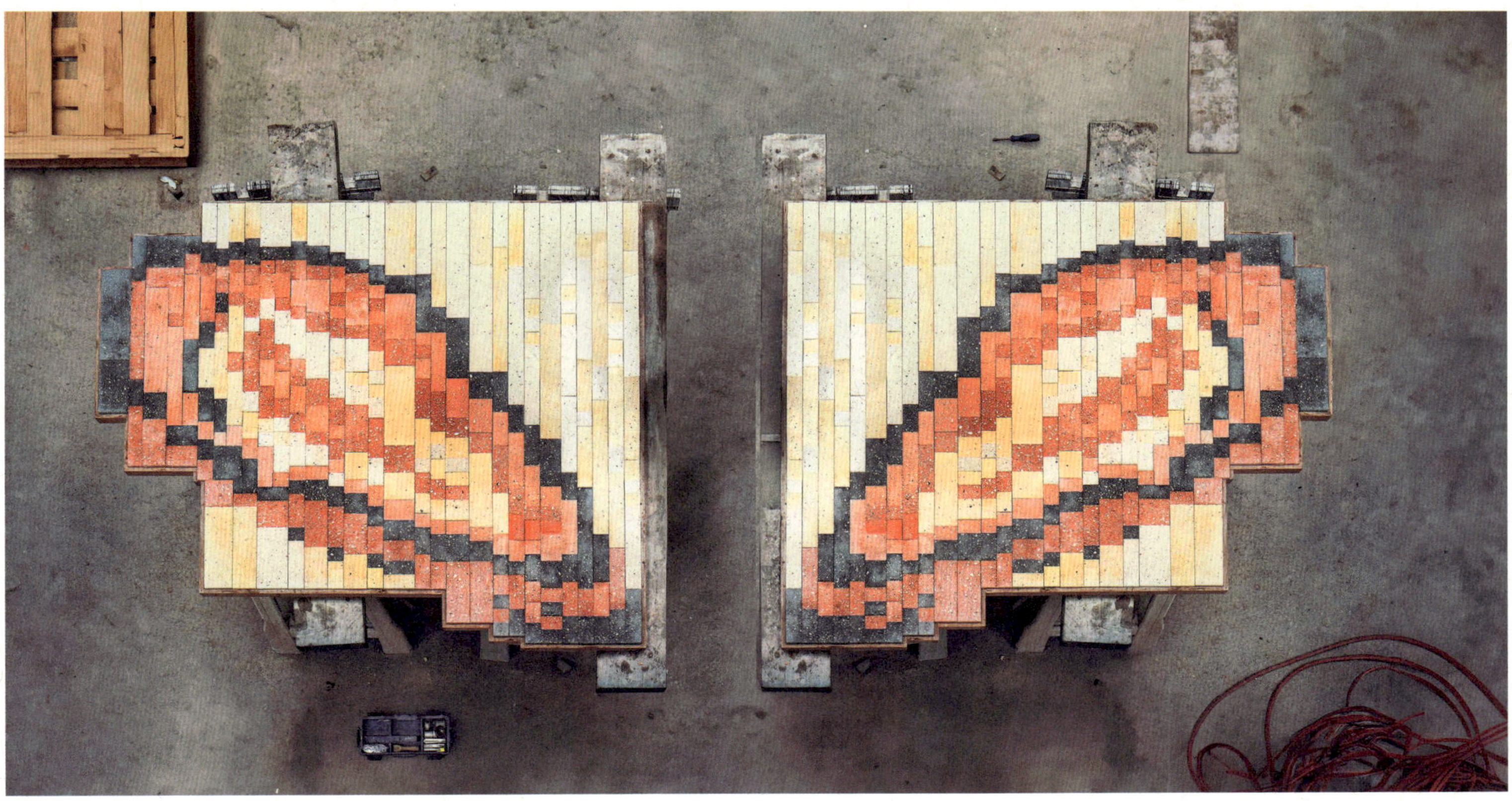

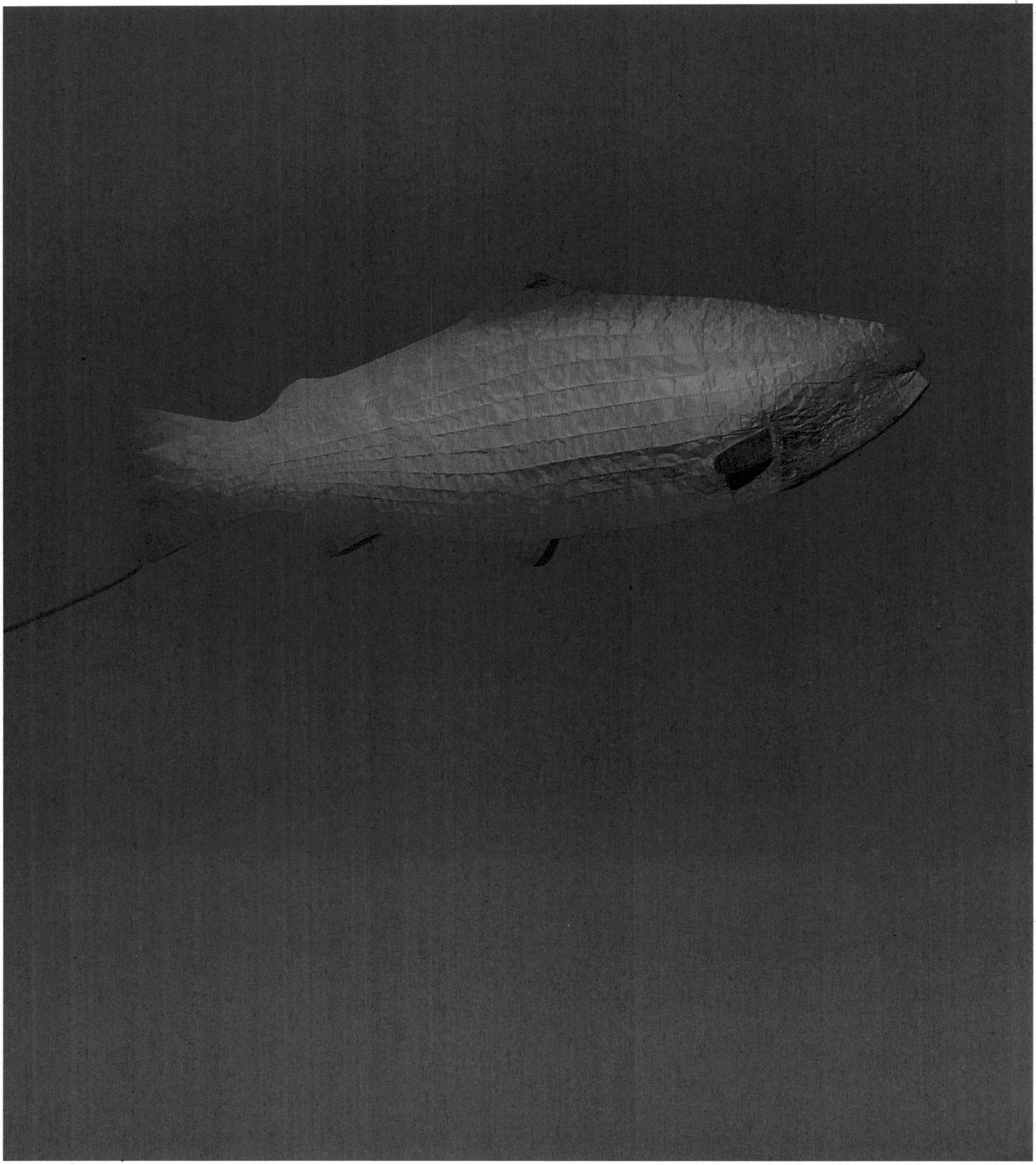

Un grupo de animales descoloridos, bordados en seda, se encuentra dentro de un ciclorama, un espacio blanco y curvado usado para calibrar la luz. Entre ellos: un salmón pálido, un gorrión que se volvió rosa por los pellets de alimento de piscifactoría, abejas produciendo miel roja a partir de desechos de jarabe de cereza al haberse marchitado las flores por la sequía, pájaros carpinteros teñidos carmesí por los cambios de las bayas con el aumento de las temperaturas, y perros nadando en ríos contaminados con los tintes que marca la moda rápida. A través del color, hablan de cómo los sistemas alimentarios industriales metabolizan los cuerpos de animales. El proyecto es en sí mismo un señuelo colorado: expone cómo el color y el sabor distraen de las toxicidades subyacentes. Como parte de la instalación, los cuatro museos de la Tate eliminaron el salmón de piscifactoría de sus menús.
«Salmon: A Red Herring». Trilogía «When [Salmon Salmon [Salmon]]», parte I. Cooking Sections, 2020. Vista de la instalación, Tate Britain, Londres.

A group of silk-embroidered, discoloured animals stand inside a cyclorama—a white curved space used to calibrate light. Among them: a fading salmon, a sparrow that turned pink from fish feed pellets, red honey made by bees from cherry syrup waste as flowers withered with drought, woodpeckers stained crimson by berries shifting with rising temperatures, and dogs swimming in fast-fashion dye-polluted rivers. Through colour, they speak of industrial food systems metabolising animal bodies. The project is itself a red herring: exposing how colour and taste distract from underlying toxicities. Alongside the installation, Tate's four museums removed farmed salmon from their menus.
Salmon: A Red Herring. *When [Salmon Salmon [Salmon]]* trilogy, part I. Cooking Sections, 2020. Installation view, Tate Britain, London.

La palabra «restaurante» surgió de *bouillon restaurant* en francés, nombre de una sopa restauradora y de un establecimiento en el París del siglo XVIII que se especializaba en ese plato medicinal. En la emergencia climática, los comedores, cafés y cantinas deben restaurar los cuerpos más-que-humanos y cuidar de las ecologías. Desde 2017, restaurantes en Skye y Raasay también han eliminado el salmón de su menú, formando nuevos cocineros «climávoros» para preparar ingredientes que cultivan hábitats. Con los años se han sumado instituciones culturales, desarrollando menús y platos para responder a las nuevas estaciones de la crisis climática.
«Becoming *CLIMAVORE*». Cooking Sections, 2021–en curso.

The word 'restaurant' emerged from French *bouillon restaurant*, a name of a restorative soup and an establishment in eighteenth century Paris that specialised in the medicinal dish. In the climate emergency, eateries, diners, and canteens must restore more-than-human bodies, and care for ecologies. Since 2017, restaurants in Skye and Raasay have removed salmon too, training new 'climavore' cooks to prepare ingredients that cultivate habitats. Over the years they have been joined by cultural institutions, developing menus and dishes to address the new seasons of the climate crisis.
Becoming CLIMAVORE. Cooking Sections, 2021–ongoing.

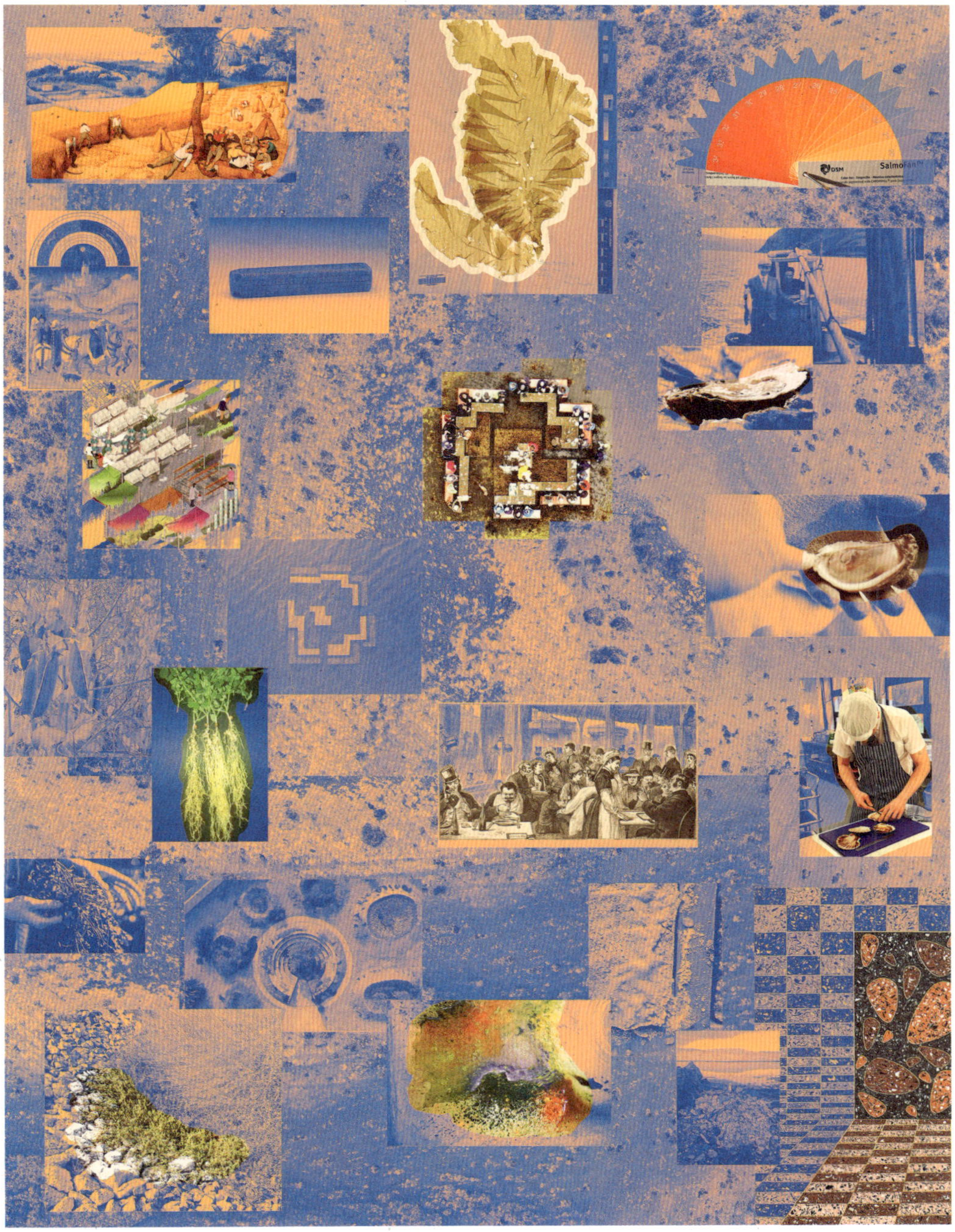

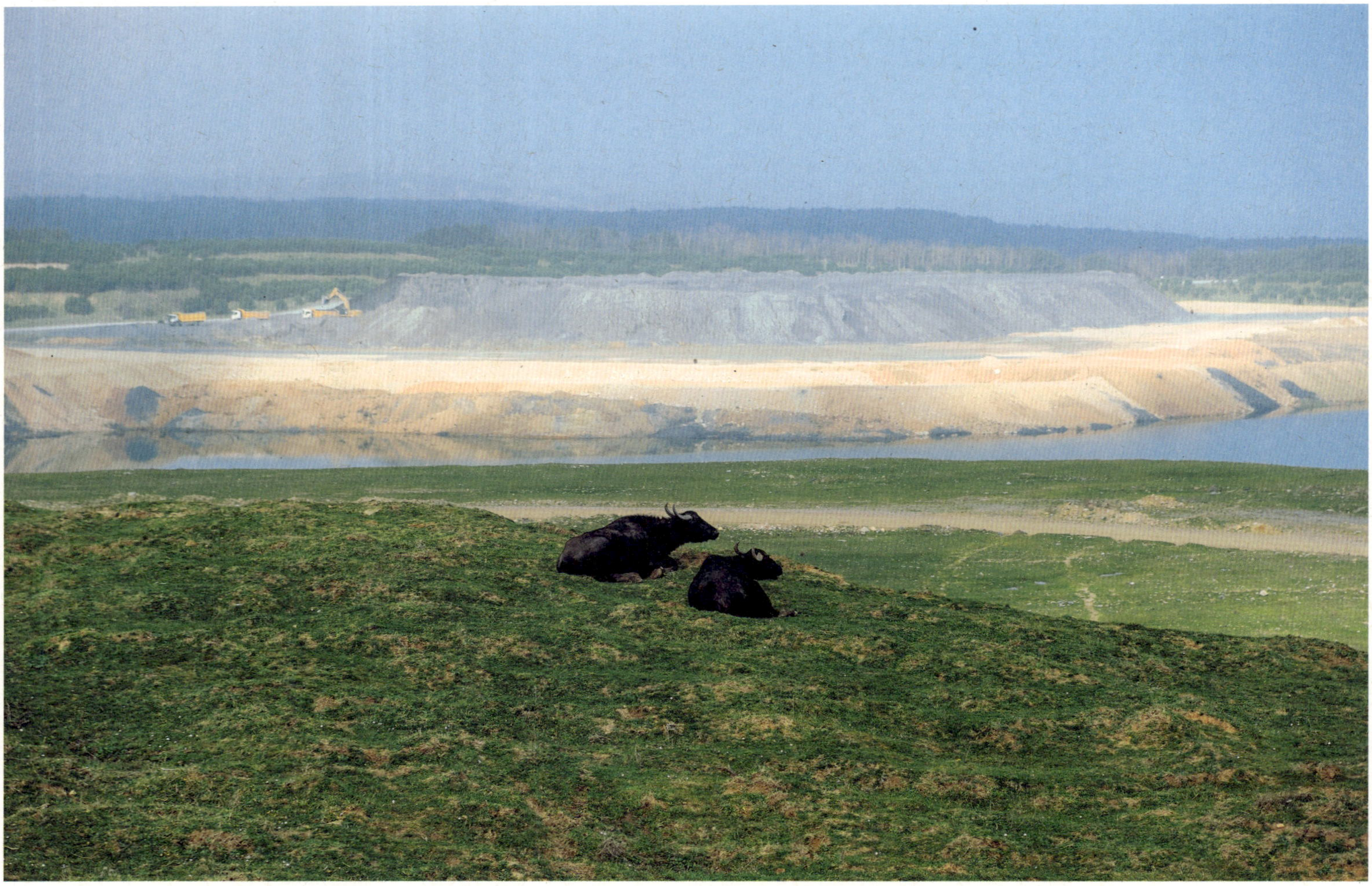

A pesar de ser un refugio ecológico para anfibios, aves y búfalos surgido de minas abandonadas, los humedales posindustriales de Estambul están siendo fragmentados por recalificaciones y megaproyectos: el aeropuerto más grande de Europa, un canal marítimo propuesto para unir el mar de Mármara con el mar Negro, nuevos puentes, autopistas y viviendas. En las tierras de los búfalos, estos desarrollos especulativos están drenando humedales, cortando rutas migratorias y fragmentando pastos comunes. En respuesta a los desplazamientos y las luchas por la tierra, «Water Buffalo Commons» estudia las relaciones metabólicas entre especies, mientras celebra y sostiene el legado alimentario y ecológico de los habitantes menos visibles de los humedales, sus pastores y formas de vida pastoriles mediante nuevos corredores trashumantes.
Vista de los humedales posindustriales de Estambul. «Water Buffalo Commons», CLIMAVORE × Jameel at RCA.

Despite being an ecological haven for amphibians, birds, and buffalo that emerged from abandoned mines, Istanbul's post-industrial wetlands are being carved up by rezoning and megaprojects: Europe's largest airport, a proposed shipping canal linking the Marmara and Black Seas, new bridges, highways, and housing. In the lands of the buffalo, these speculative developments are draining wetlands, cutting migratory flyways, and fragmenting grazing commons. In response to displacement and land struggles, *Water Buffalo Commons* studies metabolic relations across species, while celebrating and sustaining the food and ecological heritage of the lesser visible inhabitants of the wetlands, their herders, and pastoralist ways of life through new herding corridors.
View of Istanbul's post-industrial wetlands. *Water Buffalo Commons*, CLIMAVORE × Jameel at RCA.

A medida que los pastizales pierden valor y los prados se transforman en áreas urbanas, se cavó a mano una nueva charca para búfalos junto a pastores en el arroyo Sazlıbosna, en el extremo norte de Estambul. Después, se utilizó la arcilla del lugar para crear 1000 vasijas de *sütlaç* y yogur. Antaño esenciales en postres como *muhallebi* y *kaymak*, la leche de búfala trae consigo un linaje migratorio, desde los pastores búlgaros de la era otomana hasta los desplazados por el intercambio forzoso de poblaciones de 1923 entre Turquía y Grecia. Hoy, nuevas oleadas de gentrificación y avance urbano llevan este legado hasta el borde de la extinción.
«The Lasting Pond». Cooking Sections, 2021. Vista de la instalación, en Salt, Estambul; 2022, Çamuralem.

As grazing lands are devalued and pastures transformed into urban areas, a new buffalo wallow was hand-dug with herders along the Sazlıbosna stream on Istanbul's northern edge. Clay from the site was shaped into 1000 *sütlaç* and yogurt pots. Once essential to desserts such as *muhallebi* and *kaymak*, buffalo milk carries a migratory lineage, from Ottoman-era Bulgarian herders to those forcibly displaced in the 1923 Population Exchange between Turkey and Greece. Today, new waves of gentrification and encroachment are pushing this inheritance to the brink of extinction.
The Lasting Pond. Cooking Sections, 2021. Installation view at Salt, Istanbul; 2022, Çamuralem.

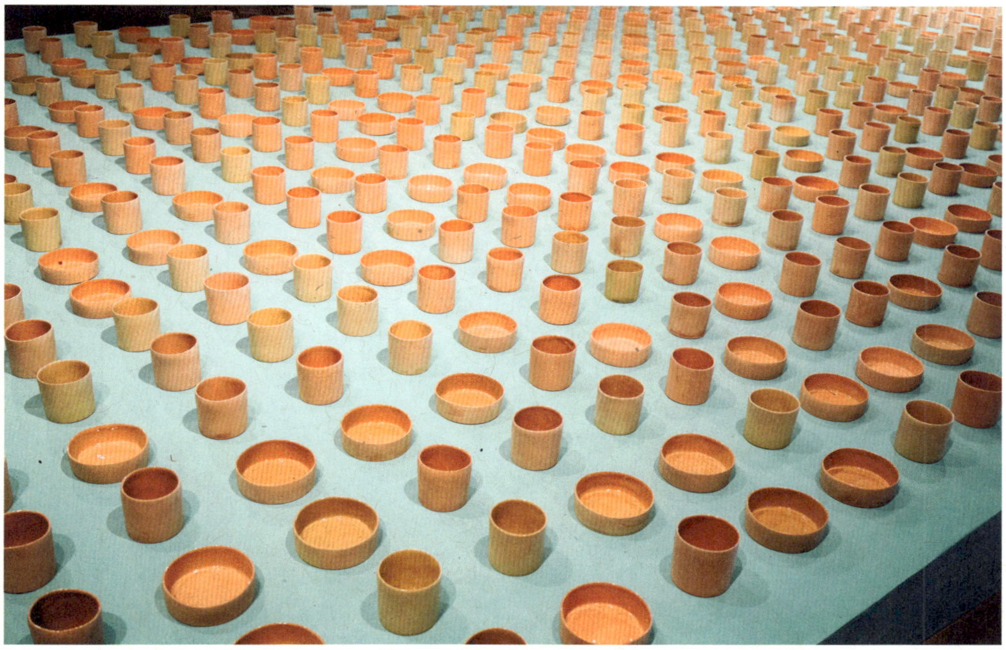

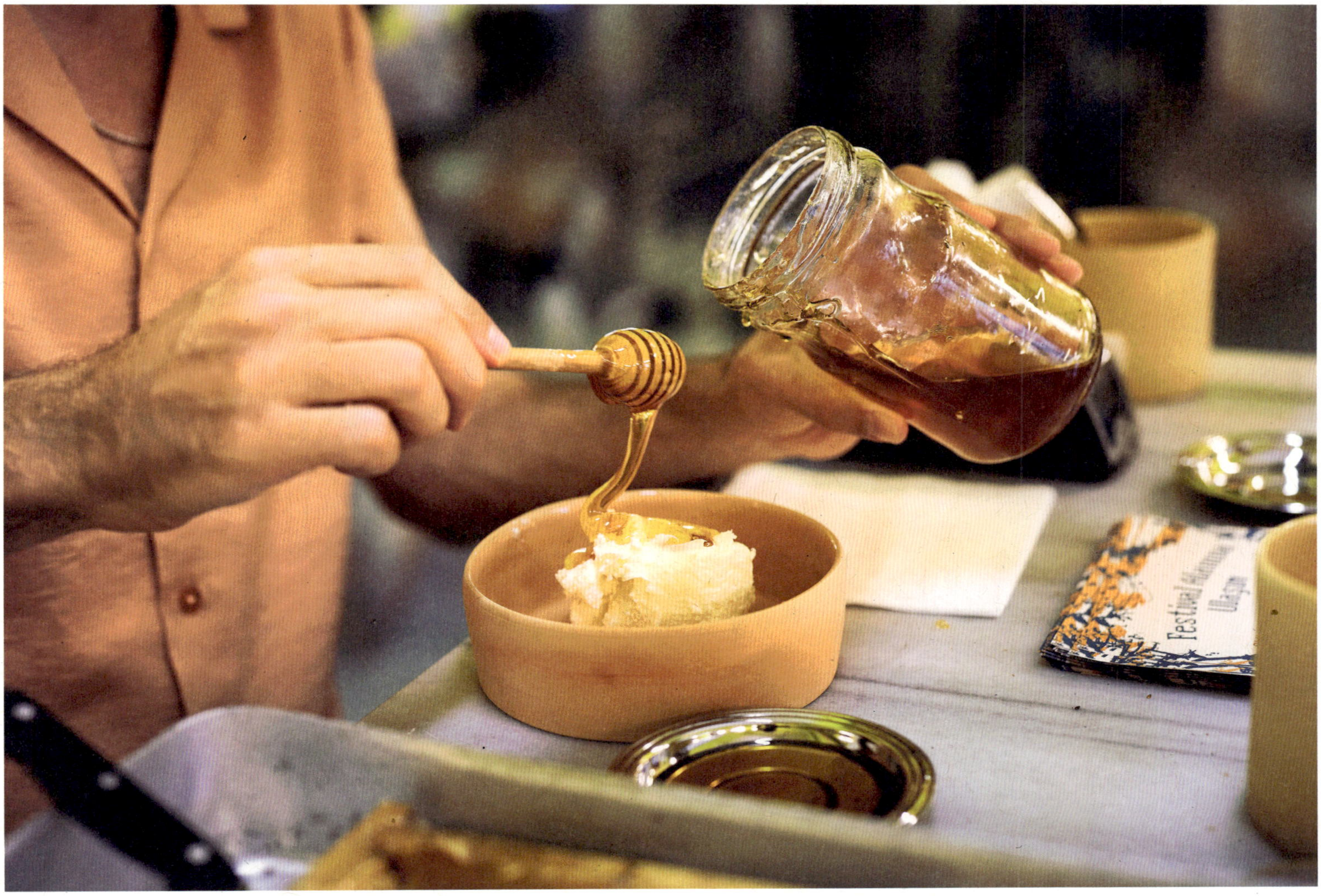

Un *muhallebici* tradicional (tienda de postres de leche de búfala) se reimaginó como un espacio para reconectar a los «comensales» de Estambul con los humedales amenazados, los búfalos de agua y sus últimos pastores. En el centro de la ciudad, Çamuralem abrió sus puertas como un restaurante donde se servían platos de estos humedales en vasijas de arcilla. Paredes con espejos cartografiaban las charcas borradas por el nuevo aeropuerto, acompañados por canciones sobre búfalos en kurdo, turco, búlgaro, griego y armenio. Las mesas mostraban las hierbas de los hábitats que alimentan a los búfalos, junto a aves animadas con las que comparten el territorio. Desde entonces, en colaboración con MSA Academy y Ariste Peynircilik, los productos de leche de búfala han sido reintroducidos en restaurantes y programas de escuelas culinarias, prototipando redes alimentarias regionales alternativas.
«Wallowland / Çamuralem». Cooking Sections, 2022. 17ª Bienal de Estambul.

A traditional *muhallebici* (buffalo milk dessert shop) was reimagined as a space to reconnect Istanbul's 'eaters' with threatened wetlands, water buffalo, and their last herders. In the city centre, Çamuralem opened as an eatery, where dishes from the wallowlands were served in clay pots. Mirrored walls mapped the wallows erased by the new airport, accompanied by buffalo songs in Kurdish, Turkish, Bulgarian, Greek, and Armenian. Tables surfaced wetland grasses the buffalo feed on, alongside animated birds that share their habitat. Since then, in collaboration with MSA Academy and Ariste Peynircilik, buffalo milk products have been reintroduced into restaurants and culinary school curricula, prototyping alternative regional food networks.
Wallowland / Çamuralem. Cooking Sections, 2022. 17th Istanbul Art Biennial.

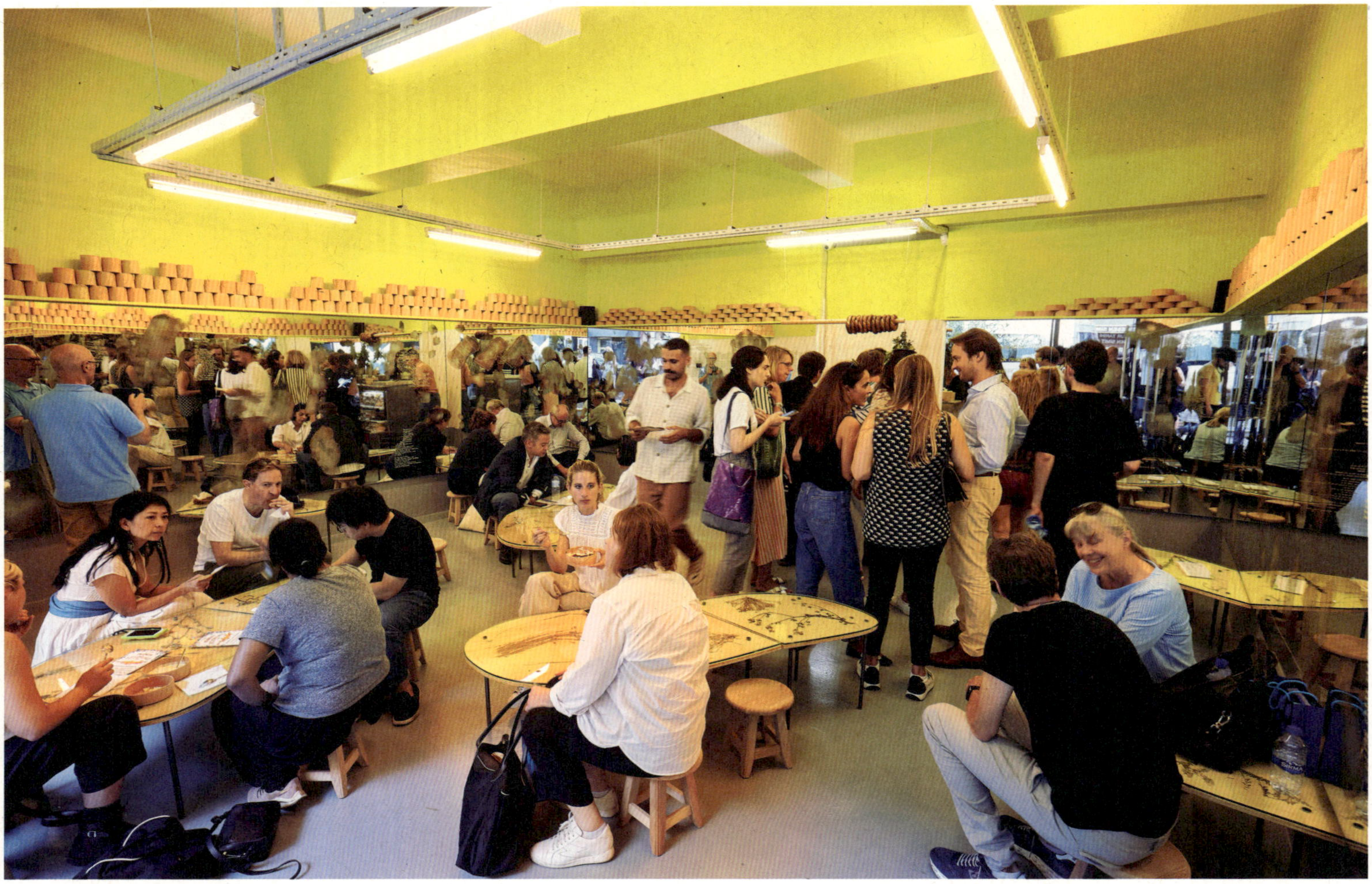

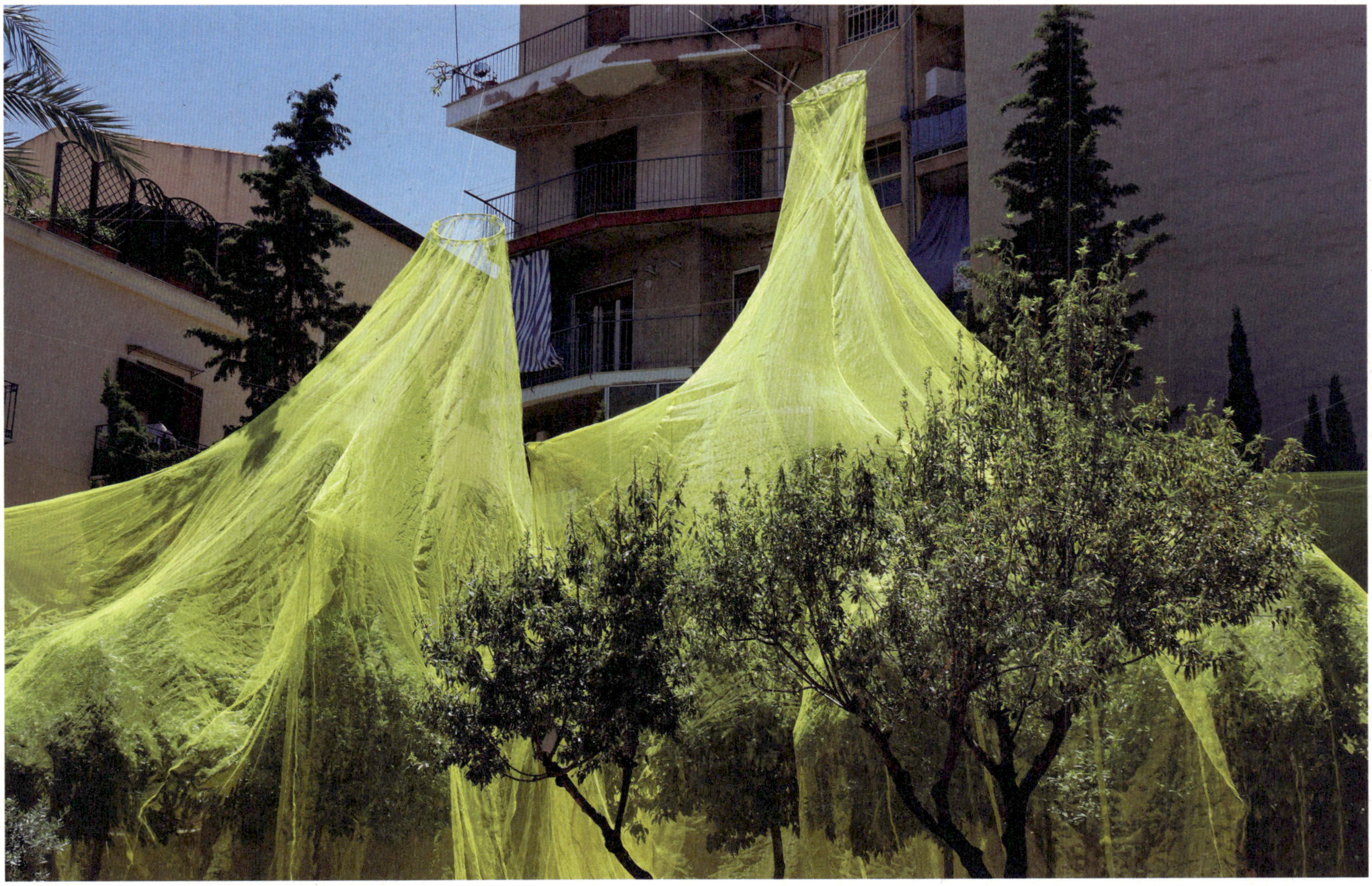

En los suelos volcánicos en Pantelleria, entre Sicilia y Túnez, los jardines circulares de piedra en seco (*giardini panteschi*) atrapan la humedad, amortiguan el calor y protegen a los árboles de los vientos áridos. Inspirados en estos refugios, se construyeron en Palermo tres microclimas urbanos alrededor de naranjos, mandarinos y limoneros, utilizando materiales encontrados y prefabricados. En una ciudad moldeada por túneles tipo *qanāt* y canales de agua improvisados, las instalaciones propusieron formas de regar sin agua. Con agrónomos de la Universidad de Palermo, los sensores registraron el rendimiento de los árboles con la temperatura, la humedad del suelo y la exposición al viento, haciendo un seguimiento de las ondas invisibles tras el vivir bajo el calor y el estrés hídrico.
«What Is Above Is What Is Below». Cooking Sections, 2018. Vista de la instalación. Manifesta 13, Palermo.

On the volcanic soils in Pantelleria, between Sicily and Tunisia, circular dry-stone gardens (*giardini panteschi*) trap humidity, buffer the heat, and shield trees from arid winds. Inspired by these shelters, three urban microclimates were built around citrus trees in Palermo, using found and off-the-shelf materials. In a city shaped by *qanāt* tunnels and improvised water channels, the installations proposed ways to water without water. With agronomists from the University of Palermo, sensors recorded the performance of the trees through temperature, soil moisture, and wind exposure, tracing the invisible waves of living with heat and water stress.
What Is Above Is What Is Below. Cooking Sections, 2018. Installation view. Manifesta 13, Palermo.

En distintos locales se ofreció un menú de sequía para llevar (*secco al sacco*), hecho con ingredientes cultivados con poco o ningún tipo de riego: bocadillos de chumbera, bebidas de mirto, pizza de moringa con harina de algarrobo o helado de mora con maná. Cada plato se adaptaba a las olas de calor y a los suelos secos. En un paisaje donde el agua se evapora más rápido de lo que llega, el proyecto invitaba a comer con y junto a los árboles de los tres microclimas regados sin agua, esparcidos por la ciudad.
«What Is Above Is What Is Below». Cooking Sections, 2018. Arriba: Imagen de investigación. Vista de un *giardino pantesco* a cielo abierto, Pantelleria. Abajo: Vista de la instalación. Manifesta 12, Palermo.

A drought takeaway menu (*Secco al Sacco*) was offered across local venues, featuring ingredients grown with little or no irrigation: prickly pear sandwiches, myrtle-leaf drinks, moringa pizza with carob flour, or mulberry ice-cream topped with manna. Each dish adapted to heat waves and dry soils. In a landscape where water evaporates faster than it arrives, the project invited people to eat with and by the trees of the three microclimates watered without water, scattered around the city.
What Is Above Is What Is Below. Cooking Sections, 2018. Top: Research image. View of open-roof *giardino pantesco*, Pantelleria. Bottom: Installation view, Manifesta 13, Palermo.

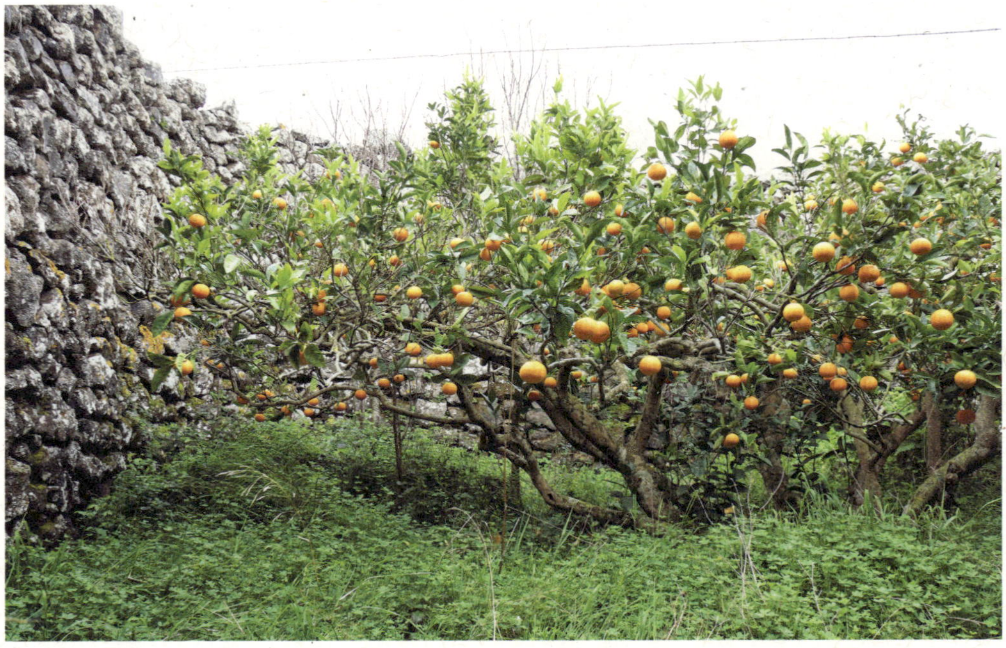

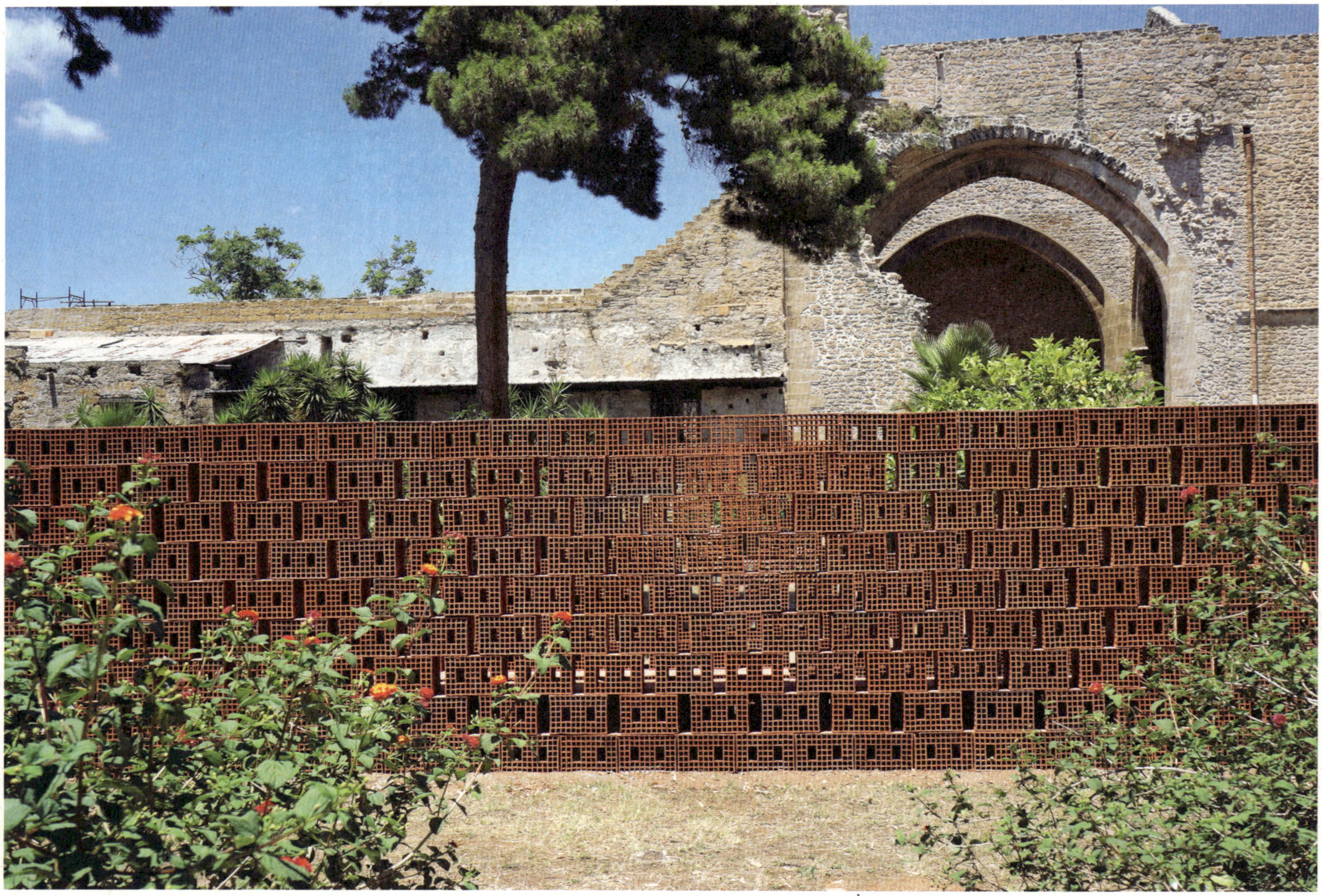

Frente a la escuela Al-Qasimiyah, nueve depresiones cavadas a modo de cuenco en la arena formaron una nueva topografía de microclimas, rescatando las antiguas técnicas desérticas de cultivo pasivo, «regar con piedras». Hechos de tierra y escombros del lugar, los cuencos atrapan humedad, moderan el calor y experimentan con cómo se podrían cultivar ciudades sin césped, como las políticas de California que prohíben el riego de jardines domésticos tras la peor sequía de su historia reciente.
«Becoming Xerophile». Cooking Sections, 2019. Vista aérea. Trienal de Arquitectura de Sharjah.

Outside Al-Qasimiyah School, nine carved sand bowls formed a new topography of microclimates, reviving the ancient desert techniques of passive cultivation, 'watering with stones'. Made from local soil and rubble, the bowls trapped moisture, moderated heat, and trialled how cities might be gardened without lawns, like California's policies banning irrigated front yards after their recent worst drought in history.
Becoming Xerophile. Cooking Sections, 2019. Aerial view. Sharjah Architecture Triennial.

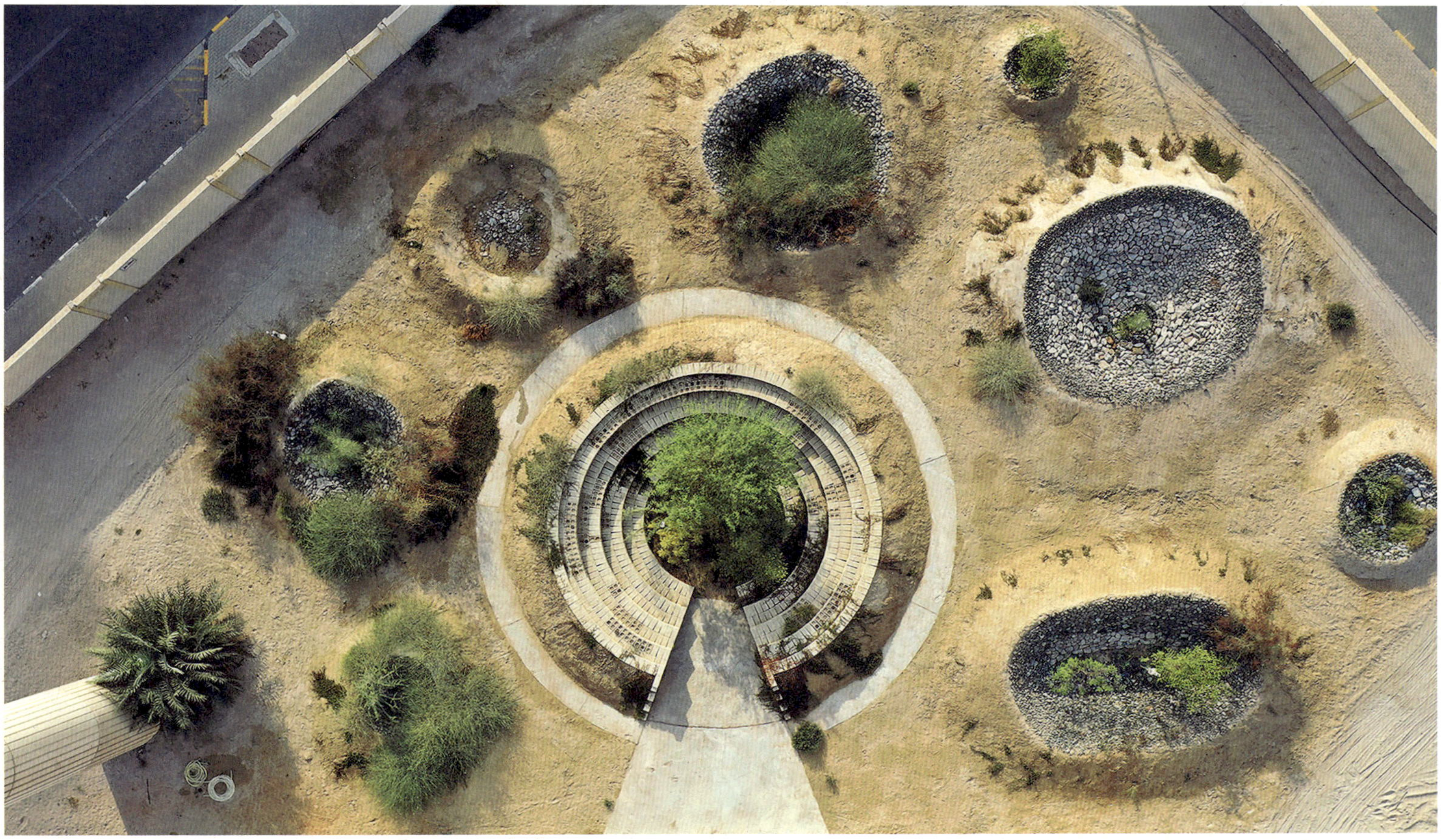

Del griego *xēros* (seco) y *philos* (amante de), «Becoming Xerophile» acogió la vegetación que prospera bajo el calor y el estrés hídrico, reuniendo y propagando más de cuarenta especies desérticas utilizadas para alimentación, medicina, sombra, forraje y tinte. Junto a estos «microclimas alimentarios del desierto», un menú climávoro en un restaurante cercano incluyó ingredientes del golfo Pérsico tolerantes a la sal y resistentes a la sequía. Entre ellos: el azufaifo, el algarrobo, el sidr, la moringa, el tamarindo, la verdolaga, la salicornia, la salsola, las trufas del desierto o la goma arábiga, plantas cultivadas desde hace mucho tiempo por comunidades que viven con el desierto. Al tercer año, el jardín desértico estaba vivo con cantos de aves, mariposas y demás amigos polinizadores.
«On the Movement of Deserts». Cooking Sections, 2017. Vista de la instalación. Bienal de Arte de Sharjah.

From Greek *xēros* (dry) and *philos* (loving), *Becoming Xerophile* embraced vegetation that thrives under heat and water stress, gathering and propagating over forty desert species used for food, medicine, shade, fodder, and dye. Alongside these 'desert food microclimates', a CLIMAVORE menu in the nearby eatery featured salt-tolerant and drought-resistant ingredients from the Persian Gulf. These included jujube, carob, sidr, moringa, tamarind, purslane, samphire, salsola, desert truffles, or gum arabic—plants long cultivated by communities living *with* the desert. By the third year, the desert garden was alive with birdsongs, butterflies, and pollinator friends.
On the Movement of Deserts. Cooking Sections, 2017. Installation view. Sharjah Art Biennial.

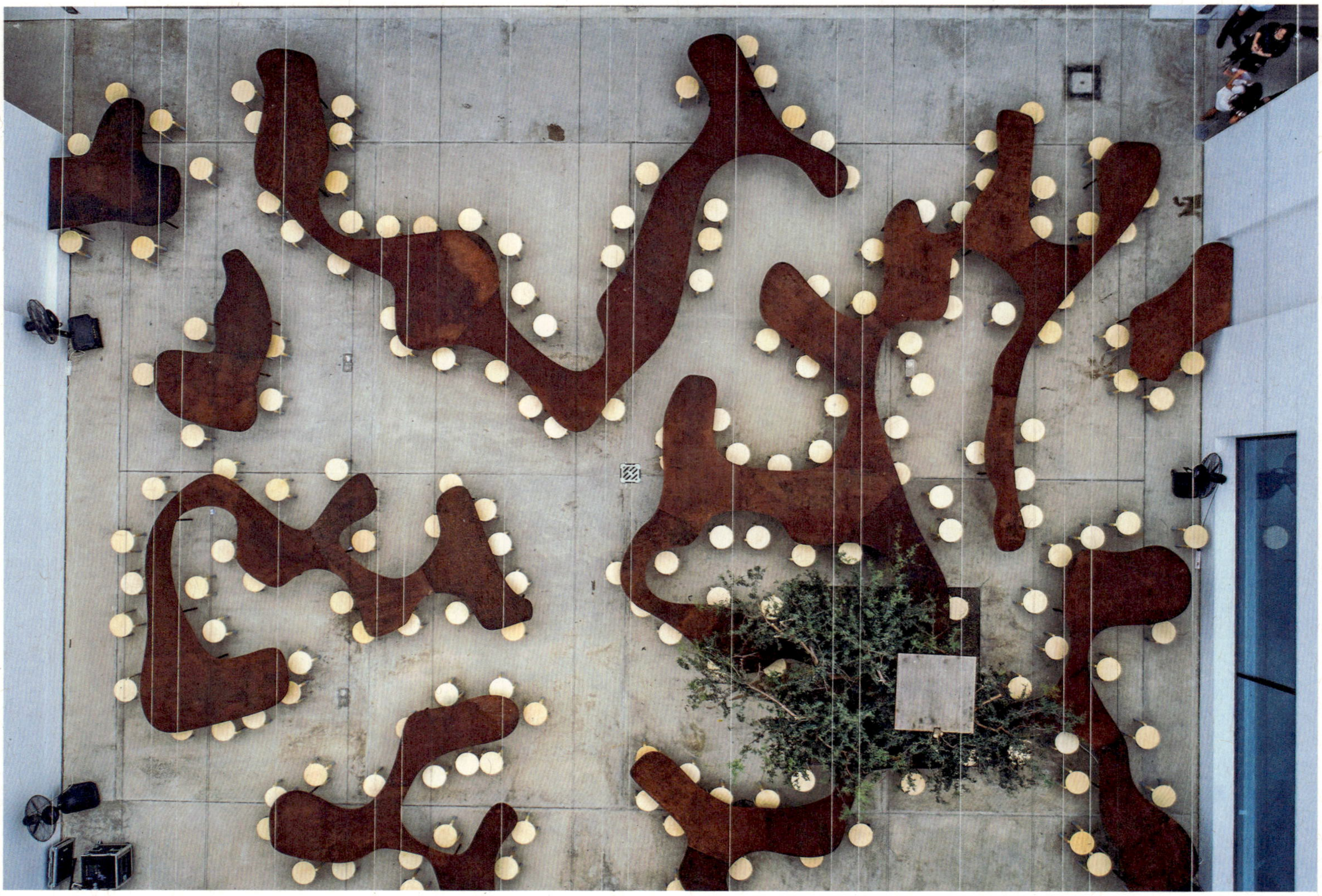

Comer cuerpos planetarios

Ros Gray

En 2009, científicos climáticos del Stockholm Resilience Centre propusieron el marco de los límites planetarios, definiendo los «umbrales de operación» dentro de los cuales nos debemos mantener para garantizar la supervivencia de la vida humana. En 2023, ya habíamos sobrepasado seis de los nueve. Está emergiendo un panorama complejo de los efectos acumulativos de la modernidad colonial, con sus patrones de desposesión y destrucción a través de desplazamientos y cercamientos, industrialización, militarización y la toma de control de los sistemas alimentarios por parte de la agroindustria.[1] A esta devastación material se suma una pérdida intangible: los saberes, hoy en gran parte olvidados, sobre la abundancia ecológica que dieron forma a diversas culturas y gastronomías humanas, un fracaso de la memoria que limita las formas en que somos capaces de imaginar y posibilitar la recuperación ecológica.

Los vastos arrecifes de ostras que cubrían miles de kilómetros cuadrados del lecho marino europeo son un ejemplo elocuente. Los ecólogos marinos nos recuerdan que, en los fondos marinos donde ahora predominan lodazales y algunos parches dispersos de algas pardas y praderas marinas, hace apenas doscientos años existían extensos ecosistemas de arrecife (formados por ostras vivas y muertas) que albergaban comunidades activas y ricas en invertebrados, peces y mamíferos marinos.[2] Antes de que las ostras autóctonas se convirtieran en un bien escaso, constituían un alimento asequible para los pobres, y su importancia impregnó la cultura popular durante siglos a través de festivales y rituales que marcaban las temporadas de recolección sostenible. A medida que la explotación ostrícola aumentó hasta alcanzar una escala industrial en el siglo xix, millones de conchas desechadas dieron forma a las arquitecturas de gruta, cuyo estilo barroco evocaba los hábitats del lecho marino de los que procedían.[3] La extracción industrial precipitó a la especie hacia un declive catastrófico, de modo que para la década de 1950 las poblaciones de ostras

1 Mientras que el discurso de los límites planetarios ha tendido a reproducir una noción problemática de una humanidad universal responsable a partes iguales de los daños medioambientales, el marco sigue siendo útil para comprender los impactos combinados y multifacéticos que afectan al sistema terrestre. Stockholm Resilience Centre, «All Planetary Boundaries Mapped out for the First Time, Six of Nine Crossed», *Stockholm Resilience Centre*, 13 de septiembre de 2013.

2 Ruth H. Thurstan y Philine zu Ermgassen, «Oysters Once Crowded Europe's Coast—Here's How We Discovered These Long-Forgotten Reefs», *The Conversation*, 3 de enero de 2025.

3 Thurstan y zu Ermgassen citan el ejemplo del «día de la ostra» que se celebraba cada agosto en Londres, un festival de consumo de ostras en el que los niños construían grutas con conchas desechadas y recibían monedas de los transeúntes. Las grutas hechas de conchas de ostras, huesos de animales y dientes también fueron elementos populares en los jardines aristocráticos, donde funcionaban como caprichos góticos. El festival decimonónico que describen proviene de celebraciones medievales que marcaban el inicio de la temporada de recolección de ostras, una práctica de moderación que permitía que las poblaciones de ostras se recuperaran.

Eating Planetary Bodies

Ros Gray

In 2009, climate scientists at the Stockholm Resilience Centre set out the planetary boundaries framework, defining the 'operating limits' essential to stay within if human life is to survive. As of 2023, six of nine had been crossed. A complex picture is emerging of the cumulative effects of colonial modernity, with its patterns of dispossession and damage through clearances and enclosures, industrialisation, militarisation and the capture of food systems by agribusiness.[1] Compounding this material devastation is an intangible loss—the largely forgotten knowledge of ecological abundance that shaped diverse human cultures and cuisines, a failure of memory that limits how ecological recovery might be imagined and enabled.

The vast oyster reefs that covered some thousands of square kilometres of Europe's seafloor are just such an example. Marine ecologists remind us that where now the seafloor and intertidal zones are dominated by mud flats and occasional patches of kelp and seagrass, some two hundred years ago extensive reef ecosystems (formed from living and dead oysters) supported vibrant communities of invertebrates, fish, and marine mammals.[2] Before locally-harvested oysters became a rare commodity, they provided affordable food for the poor and their importance filtered through popular culture over many centuries in the form of festivals and rituals that marked sustainable harvesting seasons. As oyster

1 While the discourse of planetary boundaries has tended to replicate a problematic notion of a universal humanity who are equally responsible for environmental harms, the framework remains useful for understanding the combined and multifaceted impacts affecting the Earth system. Stockholm Resilience Centre, 'All Planetary Boundaries Mapped out for the First Time, Six of Nine Crossed', *Stockholm Resilience Centre*, 13 Sept 2013.

2 Ruth H. Thurstan and Philine zu Ermgassen, 'Oysters Once Crowded Europe's Coast—Here's How We Discovered These Long-Forgotten Reefs', *The Conversation*, 3 January 2025.

silvestres habían colapsado, privando al mar tanto de hábitats de arrecife vitales como de millones de bivalvos cuya alimentación por filtración mantenía limpias las aguas. Como señalan Thurstan y zu Ermgassen, las conchas erosionadas que aún aparecen a veces en la orilla son fantasmas ecológicos de una próspera acuicultura que ya no existe.[4]

Por tanto, las corrientes de contaminación tóxica actuales se expanden, se entremezclan y se acumulan sobre ecosistemas ya enormemente mermados, formando un «horrendo diagrama de espagueti» de los daños a las relaciones íntimas y fundamentales que sostienen la red de la vida.[5] Si concebimos la Tierra de forma holística como un cuerpo, en palabras de David Abram, «el cuerpo mismo es una especie de lugar, no un objeto sólido sino un terreno por el cual pasan las cosas y en donde a veces se asientan y sedimentan».[6] Pensando a través de distintas escalas, desde el microbioma hasta los sistemas meteorológicos y las corrientes oceánicas, la Tierra misma podría entenderse más como un cuerpo panárquico que como un «sistema operativo» computacional, en sintonía con la complejidad enredada y cambiante de un planeta compuesto por cuerpos que se anidan, se mueven y transforman cuerpos más grandes.[7] Entre estos «cuerpos arremolinados en cuerpos», ciertas formas, como las floraciones de algas, parásitos o las enfermedades zoonóticas, se convierten en proliferaciones monstruosas en condiciones de estrés y daño.[8]

4 Thurstan y zu Ermgassen (2025).

5 Will Steffen utilizó la expresión *«horrendous spaghetti diagram»* para describir lo abrumado que se sintió el equipo de científicos del Stockholm Resilience Centre cuando comenzó a intentar cartografiar cómo los distintos indicadores de límites planetarios generaban impactos adicionales a través de interacciones entre sí. Stockholm Resilience Centre, «Ten Years of Nine Planetary Boundaries», *Stockholm Resilience Centre*.

6 David Abram, *Devenir animal: Una cosmología terrestre* (Sigilo Editorial, Madrid, 2021).

7 El filósofo Josef Keulartz utiliza el término panarquía para referirse a las "interacciones dinámicas entre escalas de sistemas". Josef Keulartz, «Emergence of Enlightened Anthropocentrism», en Lance H. Gunderson y Crawford S. Holling (eds), *Panarchy: Understanding Transformation in Human and Natural Systems* (Island Press, Washington D.C. 2002): p. 58. La metáfora computacional de la Tierra como un «sistema operativo» autorregulado se extendió entre el pensamiento ecológico que surgió de la mano de la cibernética en los EE. UU. en la década de 1960. Véase Diedrich Diederichsen y Anselm Franke, *The Whole Earth: California and the Disappearance of the Outside* (Sternberg Press, Londres, 2013).

8 Anna Tsing, Heather Anne Swanson, Elaine Gan y Nils Bubandt (eds) *Arts of Living on a Damaged Planet* (University of Minnesota Press, Minneapolis y Londres, 2017): pp. M1–11

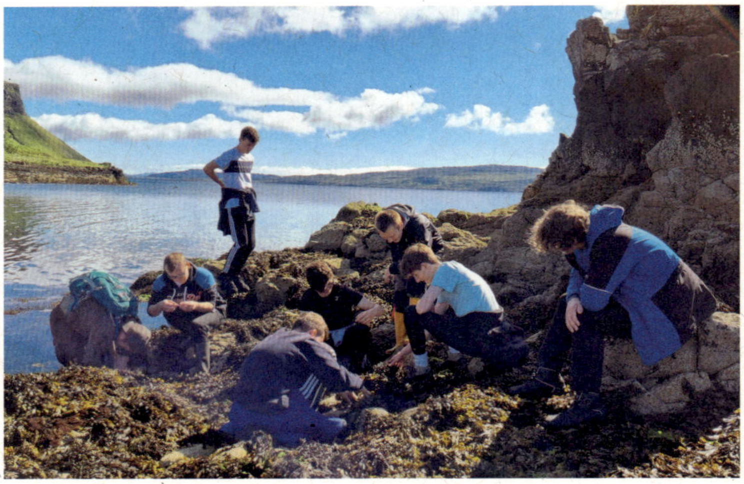

«CLIMAVORE: On Tidal Zones». Cooking Sections, 2017–2021.

CLIMAVORE: On Tidal Zones. Cooking Sections, 2017–2021.

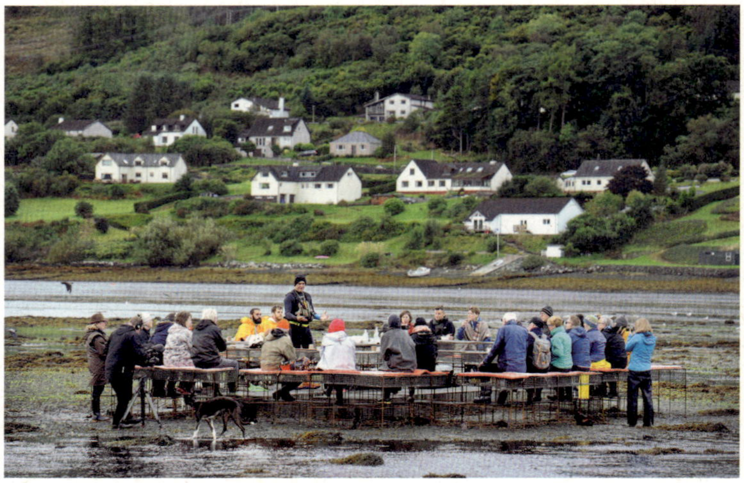

El desarrollo colonial y capitalista ha empujado a las ecologías hacia nuevas condiciones de degradación, marcadas por toxicidad, precariedad y cascadas de extinción que favorecen la propagación de patógenos y enfermedades inflamatorias.[9] Un «planeta enfermo», sin duda.[10] Reconocer la Tierra como un cuerpo planetario, anfitrión de multitudes de seres interdependientes, implica preguntarse qué prácticas de reparación podrían movilizarse para la salud planetaria en lugares dragados, minados, expoliados y despoblados.[11] En estas condiciones de ruina, como plantea Anna Tsing, ¿qué posibilidades existen para el «resurgir» de una prosperidad vital y una justicia ecosocial?[12] Más allá de la resiliencia o la reparación, «resurgir» aquí alude a la fuerza vital que da vida a los bosques, océanos y otros ecosistemas, y que tiene la capacidad de reclamar territorios tras la devastación. ¿Cómo pueden contribuir los artistas, que por necesidad trabajan de manera colaborativa, a fomentar la resurgencia? Encontrándonos en las ruinas de la modernidad colonial capitalista, ¿qué comeremos?

9 Anna Tsing, «Earth Stalked by Man», *The Cambridge Journal of Anthropolog 34, 1 (2016).* Rupa Marya y Raj Patel, *Inflamed: Deep Medicine and the Anatomy of Injustice* (Penguin Books, Londres y Nueva York, 2022).

10 En un ensayo de 1971, Guy Debord describió una sociedad capitalista industrial «enferma» que, en su empeño por «dominar la naturaleza», enfermaba también al planeta. Guy Debord, *El planeta enfermo* (Editorial Anagrama, Barcelona, 2006).

11 En los últimos años, el concepto de salud planetaria ha sido adoptado por organizaciones internacionales como la Organización Mundial de la Salud para elaborar políticas que reconozcan la conexión entre la salud de los individuos, las comunidades y del planeta, aunque este discurso tiende a no reconocer las muchas décadas de trabajo de personal de enfermería y profesionales de la salud holística, sin mencionar los saberes de numerosas comunidades indígenas que han dado forma al concepto.

12 Anna Tsing, *La seta del fin del mundo: Sobre la posibilidad de vida en las ruinas capitalistas* (Capitán Swing Libros, Madrid, 2021).

exploitation accelerated to an industrial scale in the nineteenth century, millions of discarded oyster shells shaped grotto architecture, whose baroque style echoed the seabed habitats from whence they came.[3] Industrial harvesting tipped the species into catastrophic decline so that by the 1950s wild oyster populations had collapsed, depriving the seas of life-giving reef habitats and millions of bivalves whose filter feeding kept the waters clean. As Thurstan and zu Ermgassen point out, the worn-down shells that sometimes wash up on the shore are ecological ghosts of a thriving aquaculture that is no more.[4]

Today's toxic pollution streams thus spread, mingle, and accumulate across ecosystems that are already vastly depleted, forming a 'horrendous spaghetti diagram' of harm to the intimate and essential relations that hold together the web of life.[5] If we perceive the Earth holistically as a body, 'the body', in the words of David Abram, 'is *itself* a kind of place—not a solid object but a terrain through which things pass, and in which they sometimes settle and sediment'.[6] Thinking across scales from the microbiome to weather systems and ocean currents, Earth might be understood as a panarchic body rather than a computational 'operating system', speaking to the entangled, shifting complexity of a planet comprised of bodies nested within, moving between, and transforming larger bodies.[7] Amid these 'bodies tumbled into bodies', certain forms—algae blooms, parasites, zoonotic diseases—become monstrous proliferations in conditions of stress and damage.[8]

3 Thurstan and zu Ermgassen cite the example of 'Oyster Day' held every August in London, which was a festival of oyster consumption when children would build grottoes out of discarded oyster shells and receive pennies from passers-by. Grottoes made of oyster shells, animal bones, and teeth were also popular features of aristocratic gardens, where they functioned as gothic follies. The nineteenth-century festival they describe is the descendant of medieval celebrations that marked the beginning of the oyster harvesting season, a practice of restraint that enabled oyster populations to recover.

4 Thurstan and zu Ermgassen (2025).

5 The phrase 'horrendous spaghetti diagram' is used by Will Steffen to describe the sense of overwhelm felt by scientists from the Stockholm Resilience Centre when they started to try to map how different planetary boundary markers were causing additional impacts through their interaction. Stockholm Resilience Centre, 'Ten Years of Nine Planetary Boundaries', *Stockholm Resilience Centre*.

6 David Abram, *Becoming Animal: An Earthly Cosmology* (Pantheon, New York, 2010): p. 230. Italics in the original.

7 Philosopher Josef Keulartz uses the term panarchy to refer to 'dynamic interactions among system scales'. Josef Keulartz, 'Emergence of Enlightened Anthropocentrism', in Lance H. Gunderson and Crawford S. Holling (eds), *Panarchy: Understanding Transformation in Human and Natural Systems* (Island Press, Washington D. C., 2002): p. 58. The computational metaphor of the Earth as a self-regulating 'operating system' was prevalent in the ecological thought that emerged with cybernetics in the United States in the 1960s. See Diedrich Diederichsen and Anselm Franke, *The Whole Earth: California and the Disappearance of the Outside* (Sternberg Press, London, 2013).

8 Anna Tsing, Heather Anne Swanson, Elaine Gan, and Nils Bubandt (eds), *Arts of Living on a Damaged Planet* (University of Minnesota Press, Minneapolis and London, 2017): pp. M1–11.

Todo cuerpo come

En 2015, Cooking Sections lanzó CLIMAVORE, un proyecto de investigación a largo plazo, con la pregunta: «¿De qué maneras podemos comer ahora?». Frente a unos sistemas alimentarios homogeneizados, industrializados y usurpados, y en un clima cada vez más inestable, CLIMAVORE es una metodología para explorar cómo debe adaptarse el acto de comer. Pensar a través de sus acciones, provocaciones y reflexiones de la última década ofrece la oportunidad de indagar en el papel cada vez más amplio de los artistas a la hora de responder a la emergencia climática. El concepto de metabolismo atraviesa los proyectos de Cooking Sections, que se despliegan geográficamente desde las zonas intermareales de las islas de Skye y Raasay, los bosques salmoneros de los Cairngorms, las ecologías desérticas del Golfo, las fincas agroecológicas de Sicilia y Apulia, los terrenos agrícolas en torno al lago Erie, hasta los humedales posindustriales del búfalo de agua cerca de Estambul. Esta diversidad de proyectos comparte un enfoque que supone un trabajo colaborativo del equipo de CLIMAVORE, y la visión de su Directora de Cuidados, Dani Burrows, a lo largo de muchos años con pescadores, agricultores, guardianes de semillas, pastores, comunidades locales, restaurantes y autoridades municipales. Fundamentalmente, trabajan con organizaciones culturales para, en sus propias palabras, «amplificar la resistencia cívica». Esto significa redirigir las dinámicas del mundo del arte, a menudo usurpadoras, para preguntarse cómo pueden las organizaciones culturales actuar como ejemplos transformadores y redistribuir sus recursos al servicio de la resurgencia ecológica y la justicia social. A través de un proceso prolongado y adaptativo, en el que el metabolismo es tanto una «lente» como una «herramienta», cartografían las redes alimentarias disfuncionales de estas ruinas posindustriales y exploran cómo podrían reimaginarse nuevas ecologías como espacios de sanación.[13] CLIMAVORE busca fomentar prácticas multiespecie de gestión común de recursos como alternativas regenerativas y reparadoras que reactiven el patrimonio culinario, los saberes de gestión local y el conocimiento ecológico tradicional para «metabolizar» los impactos del cambio climático.

13 Daniel Fernández Pascual y Alon Schwabe, «CLIMAVORE: Divesting from Fish Farms Towards the Tidal Commons», *Journal of Agricultural and Environmental Ethics* 37, 2 (2024): pp. 1–22.

Colonial and capitalist development have tipped ecologies into novel degraded conditions marked by toxicity, precarity, and extinction cascades, enabling surges of pathogens and inflammatory diseases.[9] A 'sick planet' indeed.[10] To recognise the Earth as a planetary body, a host to multitudes of inter-dependent beings, means asking what practices of repair might be mobilised for planetary health on sites that have been dredged, mined, pillaged, and de-peopled?[11] In these conditions of ruination, as Anna Tsing asks, what are the possibilities for the 'resurgence' of lively flourishing and ecosocial justice?[12] Beyond resilience or remediation, 'resurgence' here refers to the life force animating forests, oceans, and other ecosystems that has the capacity to reclaim places in the wake of devastation. How can artists, working by necessity through collaboration, contribute to fostering resurgence? Meeting in the ruins of colonial capitalist modernity, what will we eat?

Every Body Eats

In 2015 Cooking Sections launched their long-term research project CLIMAVORE with the question: 'How can we eat now?' Against the backdrop of homogenised, industrialised, and appropriated food systems, and an increasingly unstable climate, CLIMAVORE is a methodology to explore how eating needs to adapt. Thinking with their actions, provocations, and reflections over the last decade provides an opportunity to explore the expanding role of artists in responding to the climate emergency. The concept of metabolism runs through Cooking Sections' projects, which range geographically from the Isles of Skye and Raasay's intertidal zones, the salmon-forests of the Cairngorms, the desert ecologies of the Gulf region, the agroecological farms of

9 Anna Tsing, 'Earth Stalked by Man', *The Cambridge Journal of Anthropology* 34, 1 (2016). Rupa Marya and Raj Patel, *Inflamed: Deep Medicine and the Anatomy of Injustice* (Penguin Books, London and New York, 2022).

10 In a 1971 essay, Guy Debord described a 'sick' capitalist industrial society that, in its determination to 'dominate nature', renders its planet sick. Guy Debord, *Sick Planet* (Seagull Books, Oxford and New York, 2007).

11 The concept of planetary health has in recent years been adopted by international organisations such as the World Health Organisation to develop policy that recognises the connection between the health of individuals, communities, and the planet, though this discourse tends not to acknowledge the many decades of work by nurses and holistic health practitioners, not to mention the longstanding understandings of many indigenous communities that have informed the concept.

12 Anna Tsing, *The Mushroom at the End of the World: On the Possibility of Life in Capitalist Ruins* (Princeton University Press, Princeton NJ, 2015): p. 181.

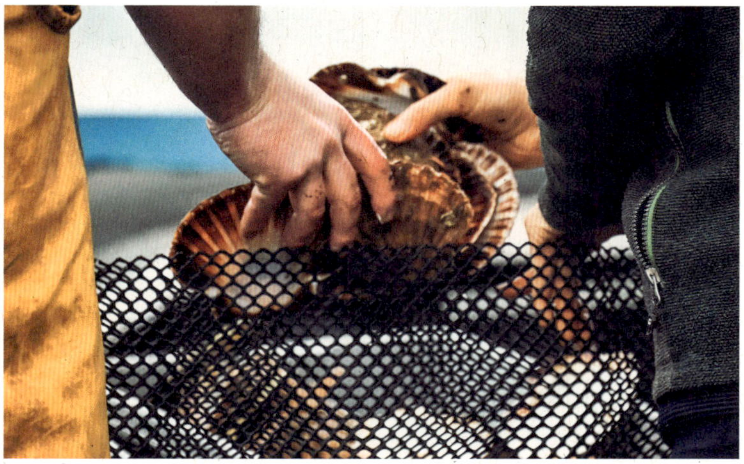

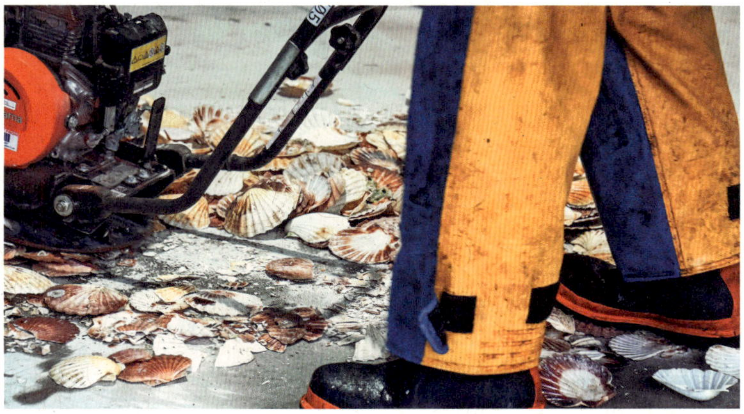

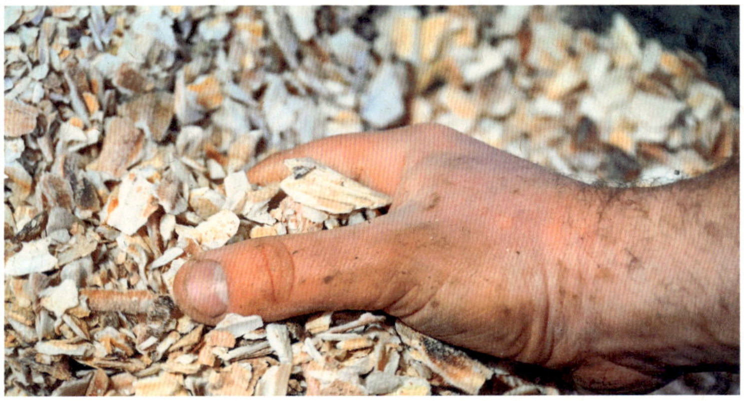

«Bivalve Murals», Cooking Sections, estación CLIMAVORE Skye y Raasay, 2024. Fabricado con Joel Franklyn y Malcolm Mackenzie.

Bivalve Murals, Cooking Sections, CLIMAVORE Station Skye and Raasay, 2024. Fabricated with Joel Franklyn and Malcolm Mackenzie.

Sicily and Puglia, the farmlands around Lake Erie, to the post-industrial wetlands of the water buffalo near Istanbul. These diverse projects share an approach that involves the CLIMAVORE team, and the vision of its Director of Care, Dani Burrows, working collaboratively over many years with fishers, farmers, seed-savers, herders, local communities, restaurateurs, and municipal authorities. Crucially, they work with cultural organisations to, in their own words, 'amplify civic resistance'. This means re-directing the often-appropriative dynamics of the art world to ask how cultural organisations can act as transformative examples and re-distribute their resources in the service of ecological resurgence and social justice. Through an extended and adaptive process in which metabolism is both a 'lens' and a 'tool', they map the dysfunctional food webs of these post-industrial ruins and explore how novel ecologies might be reimagined as sites of healing.[13] CLIMAVORE seeks to foster multispecies commoning practices as regenerative and reparative alternatives that revive culinary heritage, vernacular stewardship, and traditional ecological knowledge so as to 'metabolise' climate change impacts.

Questions of scale, both geographical and temporal, are crucial to Cooking Sections' metabolic methodology and require new ways of working closely aligned with ecological understandings of time and place. Frustrated by the short timeframes of contemporary art production cycles, Cooking Sections began working in the north-west Scottish islands of Skye and Raasay (at the invitation of local organisation ATLAS Arts) with a view to developing a durational practice that would span many years. On the islands, they were met with an intertidal zone whose human communities were economically dependent on, and thus not always keen to engage critically with, industrial-scale corporate salmon farming. The environmental harms of the salmon farms that ring the islands spread far beyond the immediate locale, disrupting nutrient cycles, releasing swathes of pollutants, and condemning fish to sensory disruption, injury, and disease.[14] If there are analogies to be found between the 'site' in ecological thought and

13 Daniel Fernández Pascual and Alon Schwabe, 'CLIMAVORE: Divesting from Fish Farms Towards the Tidal Commons', *Journal of Agricultural and Environmental Ethics* 37, 2 (2024): pp. 1–22.

14 Fernández Pascual and Schwabe (2024).

Las cuestiones de escala, tanto geográfica como temporal, son fundamentales en la metodología metabólica de Cooking Sections y exigen nuevas formas de trabajo estrechamente vinculadas a las visiones ecológicas del tiempo y el lugar. Frustrados por los reducidos marcos temporales de los ciclos de producción del arte contemporáneo, Cooking Sections comenzaron a trabajar en las islas de Skye y Raasay en el noroeste de Escocia (invitados por la organización local ATLAS Arts) con la idea de desarrollar una práctica duracional que se extendiera a lo largo de muchos años. Se toparon con una franja intermareal cuyas comunidades humanas dependían económicamente de la acuicultura corporativa de salmón a escala industrial y, por lo tanto, a veces algo reacias a cuestionarla de manera crítica. Los daños ambientales de las piscifactorías de salmón que rodean las islas se extienden mucho más allá del entorno inmediato, alterando ciclos de nutrientes, liberando ingentes cantidades de contaminantes y condenando a los peces a la disrupción sensorial, lesiones y enfermedades.[14] Si cabe establecer analogías entre la noción de «sitio» en el pensamiento ecológico y el concepto de «especificidad del sitio» en la teoría del arte contemporáneo, plantear un cuerpo planetario metabólico implica un desplazamiento del foco, de un lugar concreto a las formas en que los impactos de la acuicultura industrial desbordan los límites del «cercado», atravesando fronteras regionales e incluso nacionales. Heather Anne Swanson sostiene que, a medida que las granjas se han expandido e industrializado, sus operaciones están «reconfigurando las ecologías costeras» a gran distancia, mediante el fomento de gustos nuevos y poco sostenibles en consumidores de clase media, la recolección de forrajes suministrados a través de rutas comerciales globalizadas y la contaminación de corrientes de aire, redes de suelos y cauces de agua a lo largo de vastas distancias.[15] La aceleración de la producción industrial, ya sea marina o terrestre, está reconfigurando nichos ecológicos caracterizados por un grado de complejidad y simbiosis resultado de una evolución a lo largo de marcos temporales geológicos. Como señala Swanson, esto exige «un cambio en nuestro escenario de análisis: del cercado a los paisajes terrestres y marinos».[16] Las industrias alimentaria y turística promocionan una imagen nostálgica de «la granja» como una unidad familiar a pequeña escala. Sin embargo, las granjas contemporáneas deben entenderse en términos de

14 Fernández Pascual y Schwabe (2024).

15 Heather Anne Swanson, «Domestication Gone Wild: Pacific Salmon and the Disruption of the Domus», en Heather Anne Swanson, Marianne Elisabeth Lien y Gro B. Ween (eds), *Domestication Gone Wild: Politics and Practices of Multispecies Relations* (Duke University Press, Durham NC, 2021): p. 142.

16 Swanson (2021): p. 150.

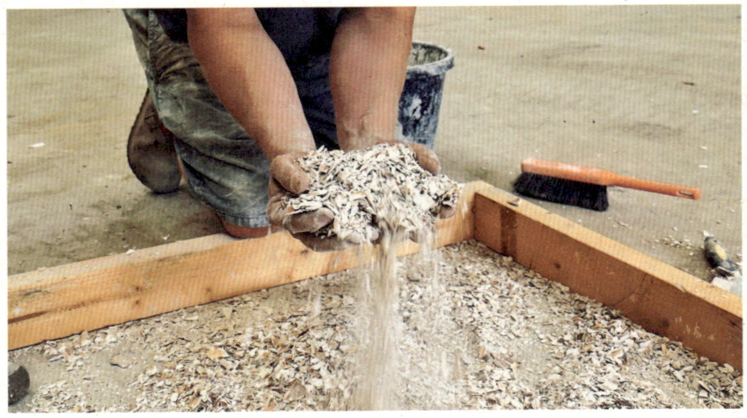

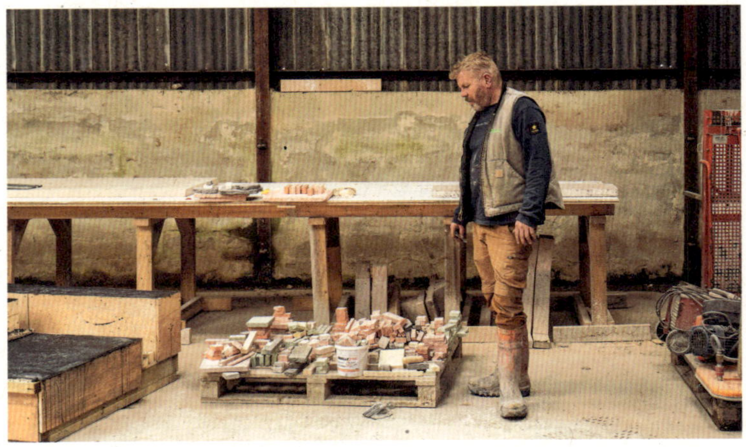

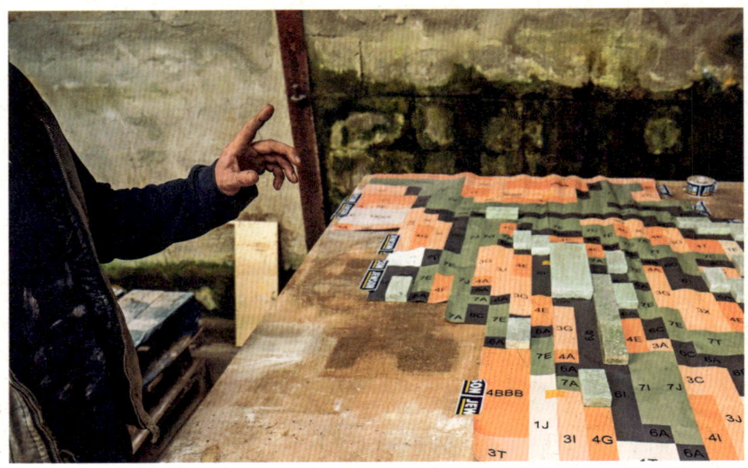

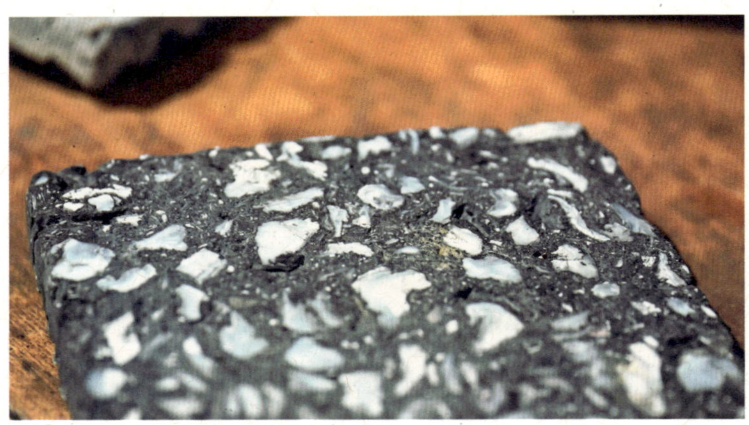

«Bivalve Murals – Tidal Greens», Cooking Sections, estación CLIMAVORE Skye y Raasay, 2024. Fabricado con Joel Franklyn y Malcolm Mackenzie.

Bivalve Murals—Tidal Greens, Cooking Sections, CLIMAVORE Station Skye and Raasay, 2024. Fabricated with Joel Franklyn and Malcolm Mackenzie.

infraestructuras y redes globalizadas: conglomerados de técnicos, ingenieros, lobistas y estrategas de marketing que impulsan las decisiones financieras y políticas en base a futuros especulativos. ¿Cómo pueden entonces los artistas ayudar a que un lugar —una isla, un bosque o un humedal— se desvincule de estos enredos de extractivismo y contaminación?

Las prácticas artísticas situadas tradicionales se centran en lugares concretos durante periodos de tiempo variables. Un enfoque metabólico, en cambio, se centra tanto en el lugar como en las formas en que está vinculado por flujos e interrupciones de nutrientes que circulan y se sedimentan a través de sistemas planetarios dinámicos, ya sean naturales, sociales o económicos. Tanto el cartografiado de las disfunciones metabólicas como el desarrollo de métodos regenerativos implican perspectivas que se extienden en el tiempo además de la geografía. En su trabajo en Skye, por ejemplo, el equipo de Cooking Sections encontró analogías entre la apropiación contemporánea por las élites y el agotamiento de los paisajes y los sistemas alimentarios en nombre del desarrollo, y el periodo histórico de cercamientos y expoliaciones que devastó las Tierras Altas de Escocia. En estas condiciones de ausencia y olvido, resulta necesario reconocer los «fantasmas» de antiguas relaciones metabólicas aún presentes en el paisaje —por ejemplo, en los restos de nutrientes marinos que persisten en los troncos de los árboles en los bosques de las Tierras Altas de Escocia.[17] Para la instalación «Salmon-Breeding Forest» en el Real Jardín Botánico de Edimburgo en 2022, Cooking Sections exploró las huellas químicas que demuestran el papel vital de los bosques como zonas de reproducción para los salmones en el río Spey, en los Cairngorms.[18] Hoy esquilmada por la deforestación, como gran parte de las Tierras Altas, la zona fue antaño un dinámico metabolismo océano-bosque en el que vastas poblaciones de peces migratorios fertilizaban extensas áreas de monte. Así como los anillos de los árboles registran flujos de absorción de nutrientes a lo largo de siglos, las escamas de los salmones reflejan el número de viajes que realiza cada pez entre el océano salado y los ríos de agua dulce, antes de morir y nutrir a los árboles.

El compromiso continuado de Cooking Sections con los lugares y sus comunidades implica una reafirmación constante de la importancia del territorio y de las

17 Como explica Jamie Lorimer, «un fantasma es una especie clave ausente cuya desaparición tiene un impacto perjudicial en la funcionalidad de una ecología». Jamie Lorimer, *The Probiotic Planet: Using Life to Manage Life* (Minnesota University Press, Mineápolis y Londres, 2020): p. 144.

18 La instalación «Salmon-Breeding Forest» formó parte de la exposición «In the Eddy of the Stream», que reunió el trabajo de Cooking Sections y Sakiya, una academia de Ramala para la producción y la diseminación del conocimiento experimental, combinando tradiciones locales agrarias de autosuficiencia con prácticas ecológicas y arte contemporáneo.

the concept of 'site specificity' in contemporary art theory, thinking of a metabolic planetary body involves a shift in focus from a particular location to the ways in which the impacts of industrial farming extend far beyond the boundary of the 'pen', traversing regional or even national borders. Heather Anne Swanson argues that as farms have expanded and industrialised, their operations are 're-making coastal ecologies' far afield, through the cultivation of new unsustainable tastes in middle-class consumers, the harvesting of fodder supplied through globalised trade-routes, and the contamination of air currents, soil networks, and waterways across vast distances.[15] The acceleration of industrial farming, whether at sea or on land, is reconfiguring ecological niches characterised by complexity and symbiosis that have evolved through deep time. As Swanson remarks, this necessitates 'a shift in our scene of analysis from the pen to landscapes and oceanscapes'.[16] The food and tourism industries market a nostalgic image of 'the farm' as a small-scale family-run unit. However, contemporary 'farms' need to be understood in terms of globalised infrastructures and networks: conglomerations of technicians, engineers, lobbyists, and marketing strategists, which drive financial and policy decision-making on the basis of speculative futures. How, then, can artists support a place—an island, a forest or a wetland—to divest from these tangles of extractivism and contamination?

Traditional 'site-specific' artistic practices focus on particular locales for varying periods of time. A metabolic approach, by contrast, attends to local places and the ways in which they are linked by flows and interruptions of nutrients circulating and sedimenting through dynamic planetary systems that are natural, social, and economic. Both the mapping of metabolic dysfunction and the development of regenerative methods involve perspectives that extend across time as well as geography. In their work in Skye, for example, Cooking Sections found analogies between the contemporary elite capture and exhaustion of food systems and landscapes in the name of development, and the historic period of enclosures

15 Heather Anne Swanson, 'Domestication Gone Wild: Pacific Salmon and the Disruption of the Domus', in Heather Anne Swanson, Marianne Elisabeth Lien and Gro B. Ween (eds), *Domestication Gone Wild: Politics and Practices of Multispecies Relations* (Duke University Press, Durham NC, 2021): p. 142.

16 Swanson (2021): p. 150.

culturas ecológicas locales como espacios desde los cuales cultivar microcosmos de posible resurgencia. Además de trazar los flujos de nutrientes y de contaminación a través de paisajes terrestres y marinos, la metodología CLIMAVORE consiste en reconectar a las personas con el lugar, un vínculo ecológico a menudo roto a lo largo de muchas generaciones de alienación y desposesión. La instalación que Cooking Sections llevó a cabo en Skye en 2017, consistiendo en una mesa multiespecie construida a base de gabiones para ostras hechos a medida, invitaba a los humanos a reunirse durante la bajamar en una mesa de comedor que también servía como escenario público y hábitat para bivalvos y algas marinas, acercándolos en íntima proximidad a un terreno submarino que, incluso para los locales, a menudo pasa desapercibido. Si la comida servida era desayuno, almuerzo o cena dependía de las mareas, y ofrecía la oportunidad de «digerir» conversaciones interdisciplinarias e ideas nuevas con residentes, científicos, pescadores, investigadores y artistas mientras se degustaban ingredientes que filtran el agua marina a través de su respiración. Tras un periodo de trabajo con hosteleros locales para fomentar un cambio del salmón de piscifactoría hacia menús con bivalvos y algas, la exposición de Cooking Sections en la Tate en 2020, «Salmon: A Red Herring», llevó a la institución a retirar el salmón de piscifactoría de todos los establecimientos de restauración en sus cuatro sedes. Conforme CLIMAVORE ha ido evolucionando, el foco de atención en las Tierras Altas de Escocia se ha orientado hacia otras formas de construir economías sostenibles a largo plazo en la isla. Su proyecto «Bivalve Murals» (2024–25) reutiliza las conchas desechadas de ostras y otros moluscos para crear un compuesto similar al terrazo, que interrumpe los ciclos de descarte y desperdicio al tiempo que propone un material de construcción alternativo al cemento, tan dañino para el medio ambiente. Elaborados en pares, un panel se instala en un espacio público como una escuela o un centro comunitario en Skye o Raasay, mientras que el otro se vende a una institución cultural. Los beneficios de esas ventas financian iniciativas comunitarias en las islas y se reinvierten en la creación de una planta de producción de baldosas en Skye para incrementar la producción y permitir una mayor experimentación material. Mientras la premisa del capitalismo neoliberal es la producción infinita de residuos

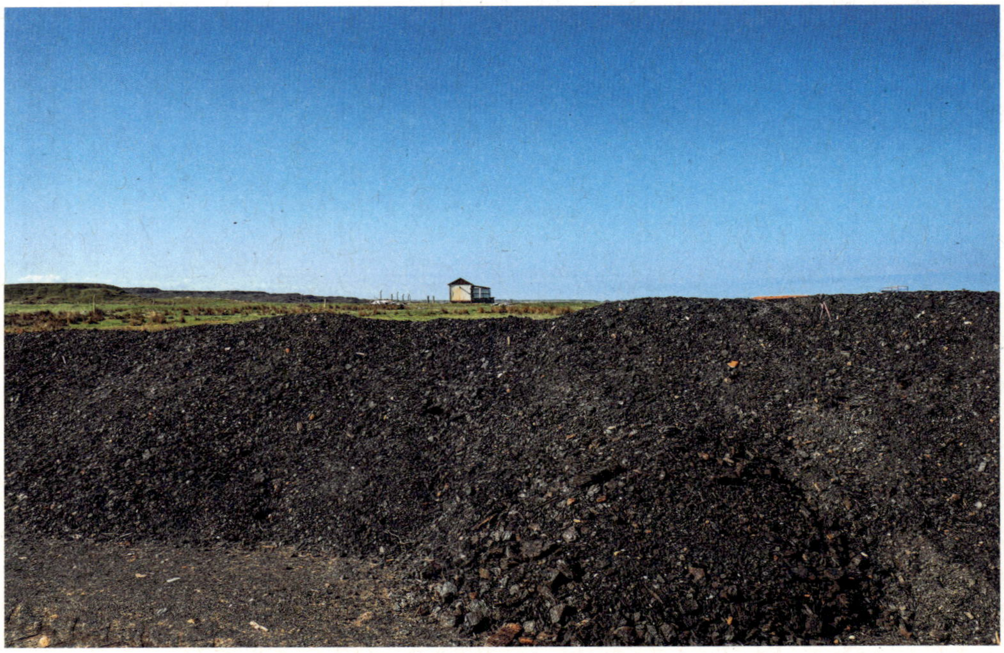

Vista de los humedales posindustriales de Estambul. «Water Buffalo Commons», CLIMAVORE × Jameel at RCA.

View of Istanbul's post-industrial wetlands. *Water Buffalo Commons*, CLIMAVORE × Jameel at RCA.

vertidos en «zonas de sacrificio», esta forma alternativa de gestión común de los recursos parte de la comprensión de que los restos materiales de la producción alimentaria pueden transformarse para nutrir todavía más resurgencia ecosocial.[19]

Los comunes multiespecies

En el caso del «Water Buffalo Commons»,[20] el equipo de CLIMAVORE buscó establecer conexiones entre las comunidades de pastores que se extienden unos setenta kilómetros desde el lago Terkos hasta el pueblo de Çiftalan, a las afueras de Estambul, y los proveedores y consumidores de alimentos en la ciudad.

Los pastores y los búfalos de agua forman parte de estos humedales desde la época otomana, cuando sus antepasados emigraron o fueron desplazados por la fuerza de los Balcanes, llevando consigo sus prácticas pastoriles. Durante el siglo XX, los humedales fueron diezmados por décadas de extractivismo, incluida la extracción de arcilla y carbón, las canteras de piedra, el dragado de arena y el drenado de las costas para ganar tierra al mar. Los humedales del norte de Estambul son un paisaje antropogénico que resultó del drenaje y la destrucción de la red de ríos y arroyos que antaño los atravesaban. Con el declive de la minería en la zona, las fosas abiertas se llenaron con el agua de los acuíferos y la lluvia, formando los lagos y las charcas del paisaje húmedo actual, donde lodazales acuáticos se intercalan con restos de la infraestructura minera. El búfalo de agua funciona como especie clave: moldea y modula el flujo de energía dentro de su ecología, favoreciendo el movimiento y la acumulación del agua en y por la tierra, creando de manera no intencional hábitats para toda una gama de criaturas.

Estas charcas sirven como lodazales para los búfalos de agua de la zona, que se sumergen en agua fresca para regular su temperatura corporal en climas cálidos y húmedos. Los búfalos de agua también contribuyen a expandir los humedales, ya que sus movimientos en el barro crean canales que conectan charcas separadas, generando pasajes para peces, ranas y otras especies que habitan el paisaje lodoso, de las cuales se alimenta la rica abundancia de aves migratorias.[21]

La «alianza» entre los búfalos de agua y los pastores transformó así este terreno posindustrial en un paisaje de

19 Naomi Klein, «Let Them Drown: The Violence of Othering in a Warming World», *London Review of Books* 38, 11 (2016).

20 En este contexto, comunes (del inglés *commons*) no se refiere únicamente a un espacio físico o un territorio, sino a un sistema colectivo de gestión, cuidado y uso compartido de recursos o entornos.

21 CLIMAVORE × Jameel at RCA, «*Water Buffalo Commons: Wetland Conservation through Pastoralist Practices in the Outskirts of Istanbul*», Baseline Report 2023. El término «keystone species» (especie clave) fue usado por primera vez por biólogos marinos como Robert T. Paine en la década de 1960, quien observó la influencia reguladora de depredadores como las estrellas de mar y las nutrias en una red trófica y se preocupó por el impacto de la caza excesiva por parte de los humanos en el funcionamiento ecológico. Desde entonces, la metáfora se ha empleado para describir un conjunto más amplio de interacciones ecológicas, incluidos herbívoros como los búfalos e «ingenieros autogénicos» que transforman entornos a través de sus propias estructuras físicas, es decir, sus tejidos vivos y muertos, como en el caso de los arrecifes de ostras. Lorimer (2020): pp. 60–61.

and clearances that decimated the Scottish Highlands. In these conditions of absence and forgetting, it becomes necessary to recognise the 'ghosts' of ancient metabolic relations still present in the landscape—for example, in the traces of marine nutrients that persist in tree trunks in the forests in the Scottish Highlands.[17] For their installation *Salmon-Breeding Forest* at the Royal Botanic Garden Edinburgh in 2022, Cooking Sections explored the chemical traces that evidence the vital role of forests as breeding grounds for salmon in the Spey River in the Cairngorms.[18] Now denuded by deforestation, like much of the Highlands, the area was once a vibrant ocean-forest metabolism wherein vast populations of migrating fish fertilised swathes of woodland. Just as tree rings index flows of nutrient absorption over centuries, salmon scales record the number of journeys an individual fish makes between salt-water ocean and fresh-water rivers, before dying and nourishing the trees.

Cooking Sections' sustained engagement with locales and communities involves a constant reaffirmation of the importance of place and local ecological cultures as sites from which to cultivate microcosms of possible resurgence. As well as tracing nutrient and pollution flows across land- and oceanscapes, the CLIMAVORE methodology involves reconnecting people to place, an ecological bond often severed over many generations of alienation and dispossession. The multispecies table installation that Cooking Sections constructed out of custom-made oyster trestles in Skye in 2017 invited humans to gather at low tide at a dining table that also served as a public stage and a habitat for bivalves and seaweed, drawing them into intimate proximity with an underwater terrain that even for local residents might often go unnoticed. Whether the meal served was breakfast, lunch, or dinner depended on the tides and provided an opportunity to 'digest' interdisciplinary conversations and new ideas with neighbours, scientists, fishers, researchers, and artists while tasting ingredients that filter seawater through their breathing. Following a

17 As Jamie Lorimer explains, 'A ghost is a missing keystone species whose absence has a deleterious impact on the functionality of an ecology'. Jamie Lorimer, *The Probiotic Planet: Using Life to Manage Life* (Minnesota University Press, Minneapolis and London, 2020): p. 144.

18 *Salmon-Breeding Forest* was part of the exhibition *In the Eddy of the Stream*, which brought together the work of Cooking Sections and Sakiya, a Ramallah-based academy for experimental knowledge production and sharing, grafting local agrarian traditions of self-sufficiency with contemporary art and ecological practices.

abundancia biológica, un enorme sumidero de carbono, una barrera contra las inundaciones y un punto de escala fundamental para aves de paso.[22] El modo de vida de los pastores también sostiene prácticas pastoriles tradicionales y garantiza un suministro local de leche de búfala para la ciudad de Estambul, enriqueciendo los microbiomas intestinales humanos y preservando cocinas patrimoniales culturalmente importantes frente a la homogeneizada producción alimentaria global. Sin embargo, los planes de grandes proyectos de infraestructuras siguen amenazando la zona, que hace poco ha sido reclasificada de «rústica» a «urbanizable» y por ello, se ha vuelto más vulnerable a la especulación urbanística.

Los discursos contemporáneos que defienden proyectos de desarrollo suelen reproducir la noción colonial de *tabula rasa*, presentando un paisaje dado como «vacío» e «improductivo» con el fin de justificar su transformación en algo económicamente rentable. Proteger los humedales implica profundizar el conocimiento y compartir la conciencia del terreno y de sus pueblos e historias más que humanas. La metodología metabólica de CLIMAVORE conecta elementos en un paisaje posindustrial que de otro modo podrían ser pasados por alto, borrados o desplazados. Trabajando con pastores y habitantes de los pueblos, el equipo recopiló información sobre la distribución de los búfalos de agua, lugares históricos, las tiendas locales que venden productos de búfala (*muhallebici*) y las prácticas cotidianas de los comunes acuáticos. La restauración de los humedales incluyó la excavación de un lodazal para búfalos a lo largo de un arroyo cercano a Tayakadın, y CLIMAVORE colaboró con la ceramista y arqueóloga Başak Gökalsın, quien utilizó la arcilla para elaborar mil recipientes de *sütlaç* y yogur. Afortunadamente, los objetivos de CLIMAVORE se alinearon con la ambiciosa Estrategia Alimentaria del municipio de Estambul, que incluye la creación de «corredores alimentarios» para reforzar las cadenas de suministro locales y salvaguardar los comunes del territorio para el futuro. *Çamuralem* (Wallowland), el establecimiento en forma de *muhallebici* iniciado por Cooking Sections como parte de la Bienal de Estambul en 2022 y reabierto posteriormente en el barrio de Kurtuluş, se convirtió en una interpretación contemporánea de una tradicional tienda de postres; funcionó a la vez como pastelería y como espacio expositivo para «traer la

22 CLIMAVORE × Jameel at RCA (2023): p. 3.

period of working with local restaurateurs to encourage a shift from farmed salmon to menus featuring bivalves and seaweeds, Cooking Sections' 2020 Tate exhibition *Salmon: A Red Herring* catalysed the institution to remove farmed salmon from catering outlets on all four of its sites. As CLIMAVORE has developed, its focus in the Highlands has turned to other forms of building long-term sustainable economies on the islands. Their *Bivalve Murals* (2024–25) repurpose discarded oyster and other mollusc shells in the form of a terrazzo-like composite, which both short-circuits cycles of discard and waste and proposes an alternative building material to environmentally ruinous cement. Made in pairs, one panel lives in a public location such as a school or community hall in Skye or Raasay, while the other is sold to a cultural institution. The profits from these sales support community-led initiatives on the islands and are reinvested in establishing a tile production facility in Skye to scale up capacity and allow further material experimentation. While neoliberal capitalism is premised on the endless production of waste dumped in 'sacrifice zones', this alternative form of commoning understands that the material residues of food production can be transformed to nurture further eco-social resurgence.[19]

The Multispecies Commons

In the case of the *Water Buffalo Commons*,[20] the CLIMAVORE team sought to make connections between the herding communities who stretch over some 70 kilometres from Lake Terkos to the village of Çiftalan on the outskirts of Istanbul and food suppliers and consumers in the city.

Herders and water buffalo have been part of these wetlands since the Ottoman period, when their ancestors migrated or were forcibly displaced from the Balkans, bringing pastoralist practices with them. During the twentieth century, the wetlands were decimated by

19 Naomi Klein, 'Let Them Drown: The Violence of Othering in a Warming World' *London Review of Books* 38, 11 (2016).

20 In this context, commons does not refer solely to a physical space or territory, but to a collective system of management, care, and shared use of resources or environments.

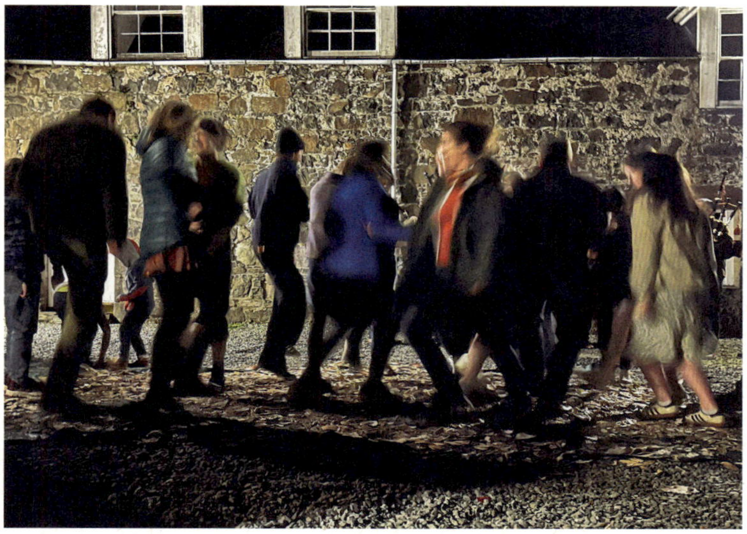

Bailando sobre conchas durante la celebración del *ceilidh* (encuentro o fiesta tradicional en Escocia e Irlanda) «Bivalve Murals», una fiesta demoledora en comunidad. Talla Mòr, Sabhal Mòr Ostaig, Sleat, marzo de 2025.

Dancing on shells during the ceilidh celebration of *Bivalve Murals*, a community crush. Talla Mor, Sabhal Mòr Ostaig, Sleat, March 2025.

decades of extractivism including coal and clay mining, stone quarrying, sand dredging, and coastal reclamation. The northern Istanbul wetlands are an anthropogenic landscape formed by the draining and destruction of a network of rivers and streams that once flowed through them. As mining in the area declined, the open pits filled with water resurfacing from aquifers and rain, forming the lakes and pools of the contemporary wetland landscape, in which watery wallows are interspersed with the remnants of mining infrastructure. The water buffalo function as a keystone species: they shape and modulate the flow of energy within their ecology, encouraging the movement and accumulation of water in and across the land, unintentionally creating habitat for a whole range of other creatures.

These pools act as wallows for the area's water buffalo, who submerge themselves in cool water to regulate their body temperature in warm and humid climates. Water buffalo also help to enlarge wetlands as their movements through the mud create channels joining separate pools of water together, creating passages for fish, frogs, and other species that live in the muddy landscape, which the rich abundance of migratory birds feed on.[21]

The 'alliance' between water buffalo and their herders thus transformed this post-industrial terrain into a landscape of biological abundance, a massive carbon sink, a buffer against flooding and a key stopping-off point for migrating birds.[22] The herder's way of life also sustains traditional pastoralist practices and safeguards a local supply of buffalo milk for the city of Istanbul, enriching human gut microbiomes and preserving culturally important heritage cuisines in the face of globally homogenised food production. Plans for major infrastructure projects continue to threaten this area, which has recently been re-categorised as 'urban' rather than 'rural' and is thus vulnerable to developers.

21 CLIMAVORE × Jameel at RCA, 'Water Buffalo Commons: Wetland Conservation through Pastoralist Practices in the Outskirts of Istanbul', Baseline Report 2023. The term 'keystone species' was first used by marine biologists including Robert T. Paine in the 1960s, who observed the regulatory influence of predators such as starfish and otters within a food web and was concerned by the impact of excessive hunting by humans on ecological functioning. The keystone metaphor has since been used to describe a wider set of ecological interactions, including herbivores such as buffalo and 'autogenic engineers' who change environments through their own physical structures—i.e. their living and dead tissues—as in the case of oyster reefs. Lorimer (2020): pp. 60–61.

22 CLIMAVORE × Jameel at RCA (2023): p. 3.

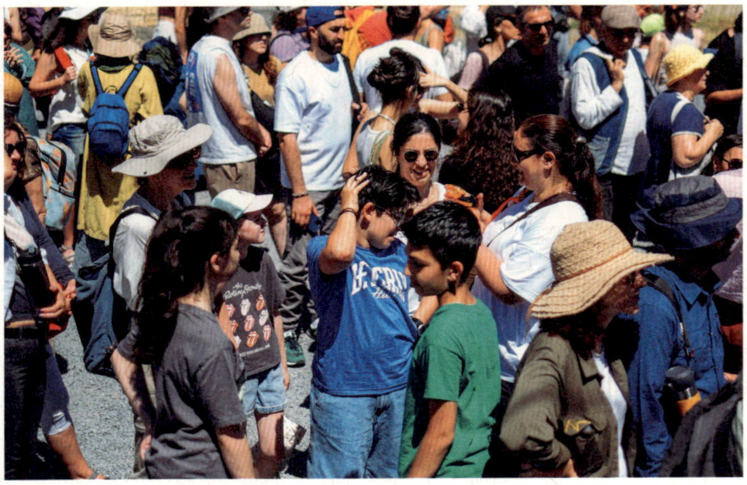

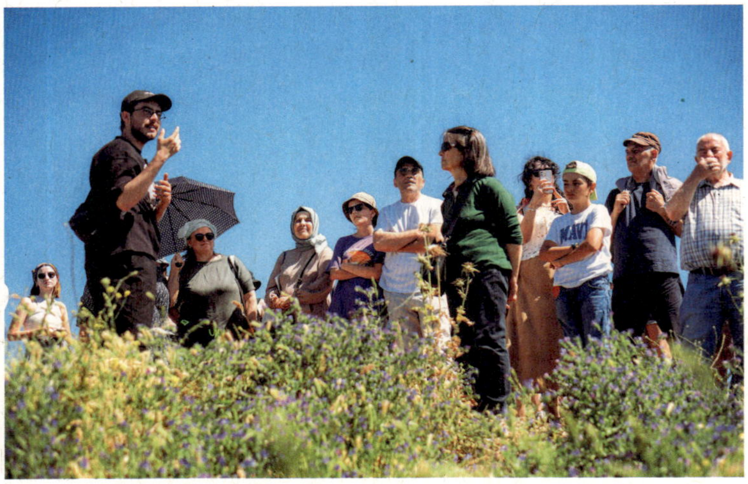

Manda Festivali (Festival del Búfalo de Agua), Estambul, 2024. «Water Buffalo Commons», CLIMAVORE × Jameel at RCA.

Manda Festivali (Water Buffalo Festival), Istanbul, 2024. *Water Buffalo Commons*, CLIMAVORE × Jameel at RCA.

Contemporary arguments for development projects often replicate the colonial notion of the *tabula rasa*, presenting a given landscape as 'empty' and 'unproductive' so as to justify transforming it into something that is economically profitable. Protecting the wetlands involves deepening knowledge and sharing awareness of the terrain and its more-than-human peoples and histories. CLIMAVORE's metabolic methodology connects elements in a post-industrial landscape that might otherwise be overlooked, erased, and displaced. Working with herders and village residents, the team gathered information about the distribution of the water buffalo, historic sites, local shops that sell buffalo products (*muhallebici*) and the quotidian practices of the water commons. Restoration of the wetlands involved the excavation of a buffalo wallow along a stream near Tayakadın, and CLIMAVORE collaborated with potter and archaeologist Başak Gökalsın who used the clay to make 1000 sütlaç and yoghurt pots. Fortunately, CLIMAVORE's aims have aligned with the Istanbul municipality's ambitious Food Strategy, which includes the creation of 'food corridors' to strengthen local supply chains and safeguard local commons for futurity. The Çamuralem (Wallowland) *muhallebicisi*– initiated as part of the 2022 Istanbul Biennial and subsequently reopened in the city's Kurtuluş neighbourhood–became a modern interpretation of a traditional pudding shop; functioning both as a shop and an exhibition space to 'bring the wetland ecology into the metropolis', not only through the sensory experience of tasting buffalo-milk dishes but also through field-recordings and songs that give voice to a precarious and yet thriving cultural and ecological landscape.[23] In collaboration with the herding communities and the Istanbul municipality, CLIMAVORE launched the Manda Festivali (water buffalo festival) in 2022. The shop and the festival play a crucial role in drawing attention to local culinary heritage and the importance of this unique wetland ecosystem, and aim to help resist displacement by encroaching transport and shipping infrastructure and build economic viability–and thus, long-term futures–for herding communities. The multispecies alliance between buffalo and humans is typical of Cooking Sections' iterative approach, which

23 CLIMAVORE × Jameel at RCA (2023): p. 16.

ecología del humedal a la metrópolis», no solo a través de la experiencia sensorial de degustar platos elaborados con leche de búfala, sino también mediante grabaciones de campo y canciones que dan voz a un bullicioso y vivo paisaje cultural y ecológico a pesar de su precariedad.[23] En colaboración con las comunidades de pastores y el municipio de Estambul, CLIMAVORE inauguró en 2022 el Manda Festivali (festival del búfalo de agua). La tienda y el festival desempeñan un papel crucial en la puesta en valor del patrimonio culinario local y de la importancia de este ecosistema de humedal único, y buscan apoyar la resistencia al desplazamiento por el avance de la infraestructura de transporte terrestre y portuaria, crear viabilidad económica y, con ello, futuros a largo plazo para las comunidades pastoriles. La alianza multiespecies entre búfalos y humanos es representativa del enfoque iterativo de Cooking Sections, que también ha incorporado a moluscos, algas y plantas «invasoras» (por citar solo algunos) como participantes y colaboradores. Tal como analiza la ecofeminista marxista Silvia Federici en su estudio sobre los comunes, el cercamiento siempre se basa en la separación entre la esfera social y la natural, lo que transforma las ecologías en «recursos» cuya distribución queda entonces sujeta a la captura por parte de las élites.[24] Patrick Bresnihan sostiene que una lógica de la escasez ha impregnado las concepciones de los comunes centradas en las formas de gobernanza que supuestamente serían necesarias para evitar el agotamiento de los recursos, con el efecto añadido de invisibilizar, dentro de la teoría, las prácticas reales de gestión común de recursos.[25] Para Bresnihan, los comunes multiespecies denotan prácticas de «construcción y reconstrucción continua de los comunes» a través de trabajos y capacidades compartidas que reflejan relaciones de codependencia en la navegación de condiciones imprevisibles en las que los humanos no tienen el control.[26] La raíz de la palabra «comunes», señala, es «com» (juntos) y «munis» (bajo obligación).[27] Como en el caso de peces y pescadores, que comparten mundos parcialmente solapados, los comunes multiespecies son necesariamente desordenados e incompletos: no estáticos, sino orientados hacia un futuro que siempre está en proceso de hacerse.[28]

La abundancia llena de vida que CLIMAVORE busca fomentar no se basa en la noción de un «retorno» a un punto de partida ecológico arcádico y armonioso. Más bien,

23 CLIMAVORE × Jameel at RCA (2023): p. 16.

24 Silvia Federici, *Caliban y la bruja: Mujeres, cuerpo y acumulación* (Traficantes de sueños, Madrid, 2010).

25 Patrick Bresnihan, «The More-Than-Human Commons: From Commons to Commoning», en Samuel Kirwan, Leila Dawney y Julian Brigstocke (eds), *Space, Power and the Commons: The Struggle for Alternative Futures* (Routledge, Nueva York, 2015).

26 Bresnihan (2015): p. 96.

27 Bresnihan (2015): p. 99.

28 Bresnihan (2015).

has also engaged molluscs, seaweeds, and 'invasive' plants (to name but a few) as participants and collaborators. As in Marxist ecofeminist Silvia Federici's analysis of the commons, enclosure always relies upon the separation of social and natural spheres, which transforms ecologies into 'resources' whose distribution is then subject to elite capture.[24] Patrick Bresnihan argues that a logic of scarcity has been absorbed by conceptions of the commons that focus on the forms of governance assumed to be required to prevent resource exhaustion, with the additional effect of rendering invisible within theory actual practices of commoning.[25] The multispecies commons for Bresnihan denotes practices of 'continuous making and remaking of the commons' through shared labours and capacities that reflect relations of co-dependence in navigating unpredictable conditions in which humans are not in control.[26] The root of the word 'commons', he points out, is 'com' (together) and 'munis' (under obligation).[27] As fish and fishers, for example, share partially overlapping worlds, the multispecies commons is necessarily messy and incomplete—not static but oriented towards a future that is always being made.[28]

The lively abundance that CLIMAVORE seeks to foster is not premised on the notion of a 'return' to a harmonious Arcadian ecological baseline. Rather, Cooking Sections recognise that the new climatic regime necessitates new ways of eating that do more than remediate and restore. Ecofeminist Val Plumwood identified a tendency in environmental philosophy that she describes as 'ontological veganism', which attempts to minimise environmental harm through individual consumer abstention from animal products. This fails to recognise the diversity of contexts in which culturally appropriate indigenous cuisines based on hunting and herding can be ecologically beneficial.[29] Ontological veganism might find its corollary in ecological management in the 'fortress' model

24 Silvia Federici, *Caliban and the Witch: Women, the Body and Primitive Accumulation* (Penguin, London, 2021).

25 Patrick Bresnihan, 'The More-Than-Human Commons: From Commons to Commoning', in Samuel Kirwan, Leila Dawney and Julian Brigstocke (eds), *Space, Power and the Commons: The Struggle for Alternative Futures* (Routledge, New York, 2015).

26 Bresnihan (2015): p. 96.

27 Bresnihan (2015): p. 99.

28 Bresnihan (2015).

29 Val Plumwood, 'Gender, Eco-feminism and the Environment', in Robert White (ed), *Controversies in Environmental Sociology* (Cambridge University Press, 2004): pp. 51–58.

Cooking Sections reconoce que el nuevo régimen climático exige nuevas formas de comer que vayan más allá de remediar y restaurar. La ecofeminista Val Plumwood identificó una tendencia en la filosofía medioambiental que describe como «veganismo ontológico», el cual intenta minimizar el daño ambiental como consumidor individual a través de la abstención de productos animales. Argumenta que esta postura no reconoce la diversidad de contextos en los que gastronomías indígenas culturalmente apropiadas, basadas en la caza y el pastoreo, pueden ser ecológicamente beneficiosas.[29] El veganismo ontológico encuentra su consecuencia lógica de gestión ecológica en el modelo de «conservación de fortaleza», que opera mediante cercamientos y no reconoce que los humanos puedan contribuir a la biodiversidad mediante prácticas de cuidado ecológico y sistemas alimentarios regenerativos. Ambos regímenes se articulan en torno a oposiciones binarias entre «naturaleza» y «cultura», «humano» y «no humano».[30] Podría decirse que el enfoque de CLIMAVORE entiende a los humanos como «animales ecológicos», plenamente enredados en relaciones de depredación, parasitismo y simbiosis, cuyos hábitos culinarios pueden, no obstante, desplazarse de productos de monocultivo hacia alimentos cuya producción participa en la resurgencia de la abundancia de vida.[31]

El enfoque metabólico de Cooking Sections hacia la contaminación también supone un desafío al pensamiento binario que se alinea con la ecología *queer*. Esta ha defendido una forma de realismo ecológico al insistir en reconocer lo no normativo (o *queerness*) que se encuentra por doquier en la naturaleza, desafiando el sesgo heteronormativo que ha distorsionado la ciencia biológica.[32] Otras vertientes de la ecología *queer* llaman a los humanos a reconocer su propia «transcorporalidad» y las formas en que los seres humanos, como otros cuerpos vivos, existen en condiciones de vulnerabilidad y de exposición a ser afectados por sus entornos.[33] Desde la propuesta de Cooking Sections de gestionar la planta «invasora» conocida como hierba nudosa japonesa (*Fallopia japonica*) usándola como ingrediente en helados y cócteles, en lugar de rociarla con glifosato, hasta la sustitución del salmón de piscifactoría por bivalvos y algas en menús de restaurantes, sus gastronomías alternativas son ejemplos que nos ayudan a imaginar sistemas alimentarios y formas de gestión ecológica diferentes. Al mismo

29 Val Plumwood, «Gender, Eco-feminism and the Environment», en Robert White (ed), *Controversies in Environmental Sociology* (Cambridge University Press, 2004): pp. 51–58.

30 El término «*fortress conservation*» fue acuñado por Dan Brockington en su estudio sobre cómo las prácticas de conservación en la reserva de caza de Mkomazi, en Tanzania, afectaron a las comunidades de pastores locales. Dan Brockington, *Fortress Conservation: The Preservation of the Mkomazi Game Reserve, Tanzania* (James Currey, Oxford, 2002).

31 Plumwood (2004).

32 Bruce Bagemihl, *Biological Exuberance: Animal Homosexuality and Natural Diversity* (Stonewall Inn Editions, Nueva York, 2000).

33 Stacy Alaimo, *Exposed: Environmental Politics and Pleasures in Posthuman Times* (University of Minnesota Press, Mineápolis, 2016). Mel Y. Chen, «Following Mercurial Affect», en *Animacies: Biopolitics, Racial Mattering, and Queer Affect* (Duke University Press, Durham NC, 2012).

of conservation that works through enclosure and fails to recognise that humans can contribute to biodiversity through stewardship practices and regenerative food systems. Both regimes hinge on a set of binary oppositions between 'nature' and 'culture', 'human' and 'non-human'.[30] The CLIMAVORE approach might be said to understand humans as 'ecological animals', fully entangled in relations of predation, parasitism and symbiosis, whose culinary habits can nevertheless be shifted from monocrop products to foods whose production involves participation in the resurgence of abundant life.[31]

Cooking Sections' metabolic approach to contamination also involves a challenge to binary thinking that resonates with queer ecology. Queer ecology has championed a kind of ecological realism through its insistence on recognising the queerness to be found everywhere in nature, challenging the heteronormative bias that has distorted biological science.[32] Other strands of queer ecology call on humans to recognise their own 'transcorporeality' and the ways in which human beings, like other living bodies, exist in conditions of vulnerability to be affected by their environments.[33] From Cooking Sections' proposal to manage the 'invasive' plant Japanese knotweed by using it as an ingredient for ice cream and cocktails rather than spraying it with glyphosate, to replacing farmed salmon with bivalves and seaweed in restaurant menus, their alternative cuisines are examples that help us imagine food systems and ecological stewardship otherwise. At the same time, they remind us that we are situated as porous bodies within metabolic systems suffused with pollution that we are accountable to even while we are not all equally responsible. Working with restaurants, catering colleges, and cultural institutions is a way to scale up the impact of these examples across entire sectors. Cooking Sections acknowledge the pervasiveness of contamination

30 The term 'fortress conservation' was coined by Dan Brockington in his study of how conservation practices in the Mkomazi Game Reserve in Tanzania have impacted local herding communities. Dan Brockington, *Fortress Conservation: The Preservation of the Mkomazi Game Reserve, Tanzania* (James Currey, Oxford, 2002).

31 Plumwood (2004).

32 Bruce Bagemihl, *Biological Exuberance: Animal Homosexuality and Natural Diversity* (Stonewall Inn Editions, New York, 2000).

33 Stacy Alaimo, *Exposed: Environmental Politics and Pleasures in Posthuman Times* (University of Minnesota Press, 2016). Mel Y. Chen, 'Following Mercurial Affect', in *Animacies: Biopolitics, Racial Mattering, and Queer Affect* (Duke University Press, Durham NC, 2012).

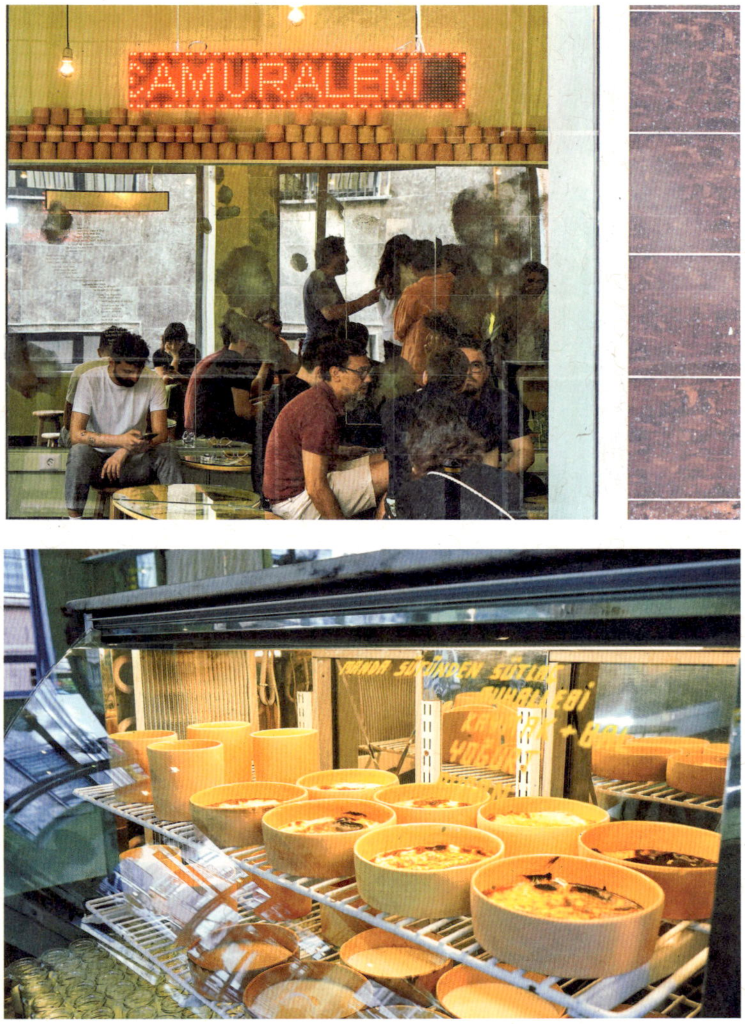

Vistas de «Çamuralem / Wallowland» en Ek Biç Ye Iç. Cooking Sections, 2022. «Water Buffalo Commons». CLIMAVORE × Jameel at RCA.

Views of *Çamuralem / Wallowland* at Ek Biç Ye Iç. Cooking Sections, 2022. *Water Buffalo Commons*. CLIMAVORE × Jameel at RCA.

even in the ingredients that they champion—a stance that might be described as a kind of queer realism and a salutary corrective to the 'purist' approach that Alexis Shotwell usefully critiques as the detox illusion of individualistic consumer solutionism.[34]

Charismatic Animals and Cultural Capital

Cooking Sections' artistic interventions might be considered 'probiotic': grounded in fostering resurgent life as a participatory ecological praxis.[35] In addressing the impacts of industrial farming, they have taken on some holy cows of the food mass market. Agribusiness promotes foods such as salmon as high-status ingredients while transforming them into debased versions—nutritionally impoverished products whose manufacture involves unacceptable levels of animal cruelty, disease, and chemical run-off. However, CLIMAVORE has needed to be sensitive to the fact that animals such as salmon loom large in Scottish national identity. Such foodstuffs answer consumer demand for protein-rich diets and, crucially, provide employment that many communities depend on, but they are also part of collective imaginaries and identities that might need to be re-envisioned. In the CLIMAVORE methodology, artworks, cultural institutions, and events become devices for reconnecting people to place and reimagining ecological relations, as well as for building resistance to ongoing enclosures, extractivism, and elite capture. If a key aspect of the role of artists in responding to the climate emergency is the work of reimagining and transforming, this involves a set of tactics, performances, and negotiations that do not fit the classic portrayal of revolutionary struggle as oppositional, but rather reveal the nuance and complexity in movements of resistance and dissent.

The notion of 'charisma' is often criticised in environmental and grassroots struggles for

34 Alexis Shotwell, *Against Purity: Living Ethically in Compromised Times* (University of Minnesota Press, Minneapolis, 2016).

35 Lorimer (2020): p. 105.

tiempo, nos recuerdan que somos cuerpos porosos situados dentro de sistemas metabólicos impregnados de contaminación a la que debemos rendir cuentas, aun cuando no seamos todos igualmente responsables. Trabajar con restaurantes, escuelas de hostelería e instituciones culturales es un modo de ampliar el impacto de estos ejemplos a sectores enteros. En Cooking Sections reconocen la omnipresencia de la contaminación incluso en los ingredientes que promueven, una postura que podría describirse como una forma de realismo queer y una saludable corrección al enfoque «purista» que Alexis Shotwell critica con acierto como la ilusión «detox» del solucionismo consumista individualista.[34]

Animales carismáticos y capital cultural

Las intervenciones artísticas de Cooking Sections podrían considerarse «probióticas»: orientadas a fomentar el resurgimiento de la vida como praxis ecológica participativa.[35] Al abordar los impactos de la producción industrial, han afrontado algunas de las «vacas sagradas» del mercado alimentario masivo. La agroindustria promociona alimentos como el salmón como ingredientes de alto estatus mientras los transforma en versiones degradadas: productos nutricionalmente empobrecidos cuya producción implica niveles inaceptables de crueldad animal, enfermedad y vertidos químicos. Sin embargo, CLIMAVORE ha tenido que ser sensible al hecho de que animales como el salmón ocupan un lugar destacado en la identidad nacional escocesa. Estos productos responden a la demanda de dietas ricas en proteínas y, de manera crucial, proveen empleo del que dependen muchas comunidades, pero también forman parte de imaginarios e identidades colectivas que quizá deban ser reimaginadas. En la metodología CLIMAVORE, las obras, instituciones culturales y eventos se convierten en dispositivos para reconectar a las personas con el territorio y reimaginar las relaciones ecológicas, así como para generar resistencia frente a los cercamientos, el extractivismo y la captura por parte de élites. Si un aspecto clave del papel de los artistas en la respuesta a la emergencia climática es el trabajo de reimaginar y transformar, esto implica un conjunto de tácticas, performances y negociaciones que no encajan en el retrato clásico de la lucha revolucionaria como oposición frontal, sino más bien revelan los matices y la

34 Alexis Shotwell, *Against Purity: Living Ethically in Compromised Times* (University of Minnesota Press, Mineápolis, 2016).

35 Lorimer (2020): p. 105.

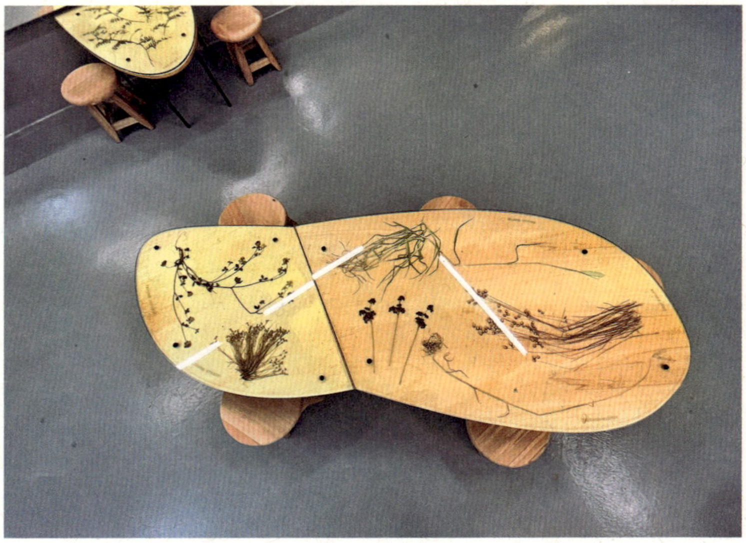

Vistas de «Çamuralem / Wallowland» en Ek Biç Ye Iç. Cooking Sections, 2022. «Water Buffalo Commons». CLIMAVORE × Jameel at RCA.

Views of *Çamuralem / Wallowland* at Ek Biç Ye Iç. Cooking Sections, 2022. *Water Buffalo Commons*. CLIMAVORE × Jameel at RCA.

complejidad de los movimientos de resistencia y disenso.

La noción de «carisma» suele ser criticada en las luchas ambientales y desde los movimientos de base por privilegiar la atención sobre individuos en detrimento de comunidades ecológicas más amplias. Sin embargo, la metodología CLIMAVORE no rehúye de las llamadas «tácticas panda», al promocionar búfalos de agua o bivalvos como especies clave carismáticas, de manera que recuerda al análisis de Keller Easterling sobre las maniobras de poder blando de la *extrastatecraft* (gobernanza extraestatal).[36] Del mismo modo, el humor, la sofisticación y la consciencia de su propio capital cultural por parte de Cooking Sections funcionan como un «anzuelo» para atraer a un público que normalmente no se interesaría por temas como la gestión de la acuicultura, la política municipal o los vertidos químicos, para sumarse así a su entusiasmo compasivo por los comunes multiespecies y la resurgencia ecológica.[37] Habiendo acumulado un capital cultural significativo, Cooking Sections lo despliegan como herramienta para incrementar su impacto y generar retornos a largo plazo para las comunidades con las que trabajan. El suyo es un activismo pragmático y heterodoxo que responde al extractivismo acelerado del presente y a las consiguientes cascadas de extinción trófica.[38] La práctica artística como *extrastatecraft* exige vigilancia, escucha, autorreflexión y reaprendizaje para mantener el impacto minimizando la instrumentalización, evitando ser «metabolizados» por instituciones culturales cuyas estructuras suelen ser esencialmente extractivas.[39] Abordar la pregunta de ¿cómo podemos comer?, exige también habilidades de convocatoria y convivialidad: invitar a la gente a participar y asegurarse de que se quedan a la sobremesa. Ante el telón de fondo desolador de los cercamientos continuos, la violencia colonial y las cascadas de extinción, la creatividad y el sentido lúdico de Cooking Sections son un recordatorio de que los comunes multiespecies requieren formas de ciudadanía que no se limiten a nociones productivistas de trabajo. Cuando la comunidad CLIMAVORE se reunió en marzo de 2025 en Sabhal Mòr Ostaig, el Centro Nacional de Lengua y Cultura Gaélica en Skye, para celebrar el proyecto «Bivalve Murals», bailaron juntos sobre un suelo cubierto de conchas: un derroche festivo de energías para preparar el siguiente proyecto.

36 Keller Easterling, *Extrastatecraft: The Power of Infrastructure Space* (Verso, Londres y Nueva York, 2014): p. 219.

37 El concepto biológico de «*lure*» (atracción/anzuelo) es desarrollado por Donna Haraway, Isabelle Stengers y Deborah Bird Rose para describir las relaciones de «captura recíproca» que constituyen la trama de la vida. Deborah Bird Rose, «Shimmer: When All You Love is Being Trashed», en Anna Tsing, Heather Swanson, Elaine Gan y Nils Bubandt (eds), *Arts of Living on a Damaged Planet* (University of Minnesota Press, Mineápolis, 2017): pp. G15–G36. Estoy agradecida a Harun Morrison por sus ideas sobre cómo el título de una obra, como su pieza *The Singing Compost*, puede funcionar como un «anzuelo» de atención hacia las ecologías del suelo. Harun Morrison, presentación en «The Singing Compost Workshop», Centre for Art and Ecology, Goldsmiths, University of London, 20 de marzo de 2025.

38 Easterling (2014): pp. 220–222.

39 Easterling (2014): pp. 213–215.

privileging attention on individuals to the detriment of wider ecological communities. Yet, the CLIMAVORE methodology does not shy away from the 'panda tactics' of marketing water buffalo or bivalves as charismatic keystone species, in a way that chimes with Keller Easterling's analysis of the soft-power manoeuvres of 'extrastatecraft'.[36] Similarly, Cooking Sections' humour, stylishness, and awareness of their own cultural capital function as a 'lure' to entice audiences not normally interested in such topics as aquaculture management, municipal politics, or chemical run-off to join in their compassionate enthusiasm for multispecies commoning and ecological resurgence.[37] Having gained significant cultural capital, Cooking Sections deploy this as a tool to scale up their impact and generate long-term returns for the communities they work with. Theirs is a pragmatic, unorthodox activism that responds to the present moment's accelerated extractivism and resulting trophic extinction cascades.[38] Artistic practice as extrastatecraft requires vigilance, listening, self-reflection, and relearning to maintain impact while minimising instrumentalisation—to avoid being 'metabolised' by cultural institutions whose structures are often essentially extractive.[39] Addressing the question 'how can we eat' also demands skills of convening and conviviality: to invite people in and make sure they linger at the table. Against a sobering backdrop of ongoing enclosures, colonial violence, and extinction cascades, Cooking Sections' creativity and playfulness is a reminder that the multispecies commons need forms of citizenship not limited to productivist notions of labour. When the CLIMAVORE community gathered in March 2025 at Skye's Sabhal Mòr Ostaig, the National Centre for Gaelic Language and Culture, to celebrate the Bivalve Murals project, they danced together on grounds covered with shells—a joyful expenditure of energies to prepare for the next phase.

36 Keller Easterling, *Extrastatecraft: The Power of Infrastructure Space* (Verso, London and New York, 2014): p. 219.

37 The biological concept of the 'lure' is developed by Donna Haraway, Isabelle Stengers, and Deborah Bird Rose to describe relations of 'reciprocal capture' that constitute the web of life. Deborah Bird Rose, 'Shimmer: When All You Love is Being Trashed', Anna Tsing, Heather Swanson, Elaine Gan, and Nils Bubandt (eds), *Arts of Living on a Damaged Planet* (University of Minnesota Press, Minneapolis, 2017): pp. G15–G36. I am grateful to Harun Morrison for his insights into how the title of an artwork such as his work *The Singing Compost* can function as a lure for attention to ecologies of the soil. Harun Morrison, presentation at The Singing Compost Workshop, Centre for Art and Ecology, Goldsmiths, University of London, 20 March 2025.

38 Easterling (2014): pp. 220–222.

39 Easterling (2014): pp. 213–215.

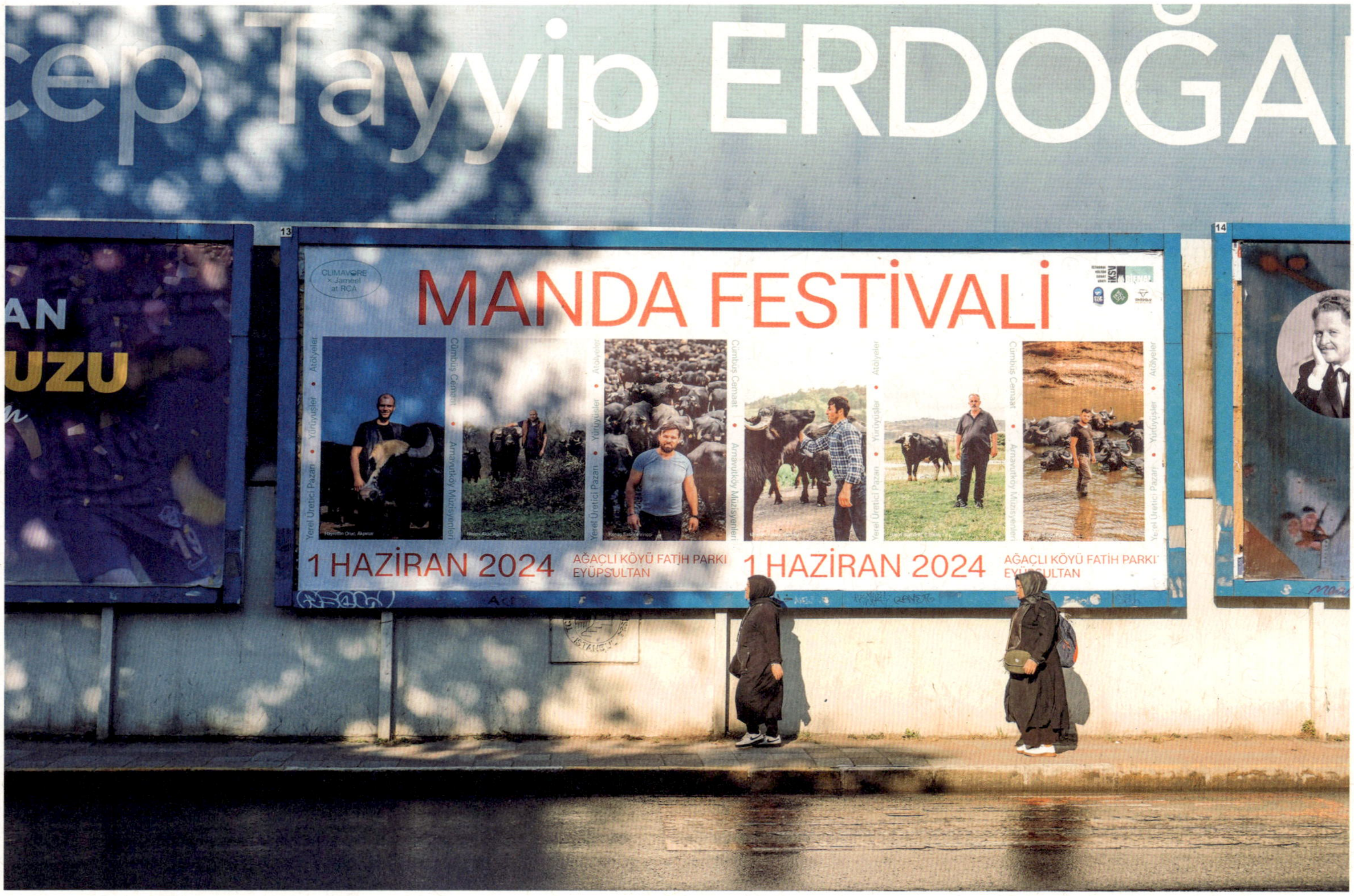

Organizado con pastores de ocho aldeas del norte de Estambul, el Manda Festivali anual (Festival del Búfalo de Agua) amplifica las voces de los humedales posindustriales de la ciudad, en vías de desaparición. A medida que la expansión urbana y los megaproyectos devoran charcas y pastos, el festival se convierte en un espacio para compartir resistencias y celebrar la perseverancia ecológica. Se pusieron carteles de búfalos y pastores por toda la ciudad como campaña visual, dando visibilidad a las comunidades, humanas y más-que-humanas, amenazadas por los desarrollos especulativos. Estos retratos contrastan con la propaganda política y las relucientes infografías de marinas e infraestructuras de lujo, ofreciendo otra visión del valor de los humedales. «Water Buffalo Commons», CLIMAVORE × Jameel at RCA.

Organised with herders from eight villages in northern Istanbul, the annual Manda Festivali (Water Buffalo Festival) amplifies voices from the city's disappearing post-industrial wetlands. As sprawl and megaprojects consume wallows and grazing lands, the festival is a space to share endurance and celebrate ecological resistance. Posters of buffalo and herders were pasted across the city as a visual campaign, making visible the communities, human and more-than-human, threatened by speculative developments. These portraits stand in stark contrast to political propaganda and glossy renderings of luxury marinas and infrastructure, offering another vision of wetland value.
Water Buffalo Commons, CLIMAVORE × Jameel at RCA.

«No sabía que existían estos músculos», decimos, con dolor en los lugares más insospechados. «No sabía que existían estos moluscos», decimos al constatar la desaparición del mejillón de California, antaño abundante en las costas del Pacífico. «Mussel Beach» reimaginó la llamada «playa de los músculos» a través de la vida de los filtradores que «limpian» el agua de mar al respirar. Antes de que los músculos humanos y los culturistas modernos aparecieran en la playa de Venice, ya había mejillones «molusculosos». Entre intervenciones y performances situadas, una rutina de audio-entrenamiento narraba la salud del cuerpo humano, del cuerpo del mejillón y del cuerpo de la ciudad. Murales realizados con conchas desechadas, mediante técnica de terrazo, trazan historias costeras y proponen al mejillón como proteína, filtro, material de construcción: digestor de contaminación y portador de futuros más-que-humanos. Come, repite. *Be shellfish.*
«Mussel Beach». Cooking Sections, 2019. Imagen de la instalación. Trienal de Arte Público de Los Ángeles.

'I didn't know these muscles existed', we say, sore in unfamiliar places. 'I didn't know these mussels existed', we say, upon realising the disappearance of the California mussel, once abundant along Pacific shores. *Mussel Beach* reimagined Muscle Beach through the lives of filter feeders that 'clean' seawater by breathing. Before human muscles and modern bodybuilders appeared in Venice, there were *mollusk-ular* mussels. Encountering site-specific interventions and performances, the audio workout routine narrated the health of the human body, the mussel's body, and the body of the city. Murals made from discarded shells, using a terrazzo technique, traced coastal histories and proposed mussels as protein, filters, building material—digesters of pollution, and bearers of more-than-human futures. Eat, repeat. Be shellfish.
Mussel Beach. Cooking Sections, 2019. Installation view. Los Angeles Public Art Triennial.

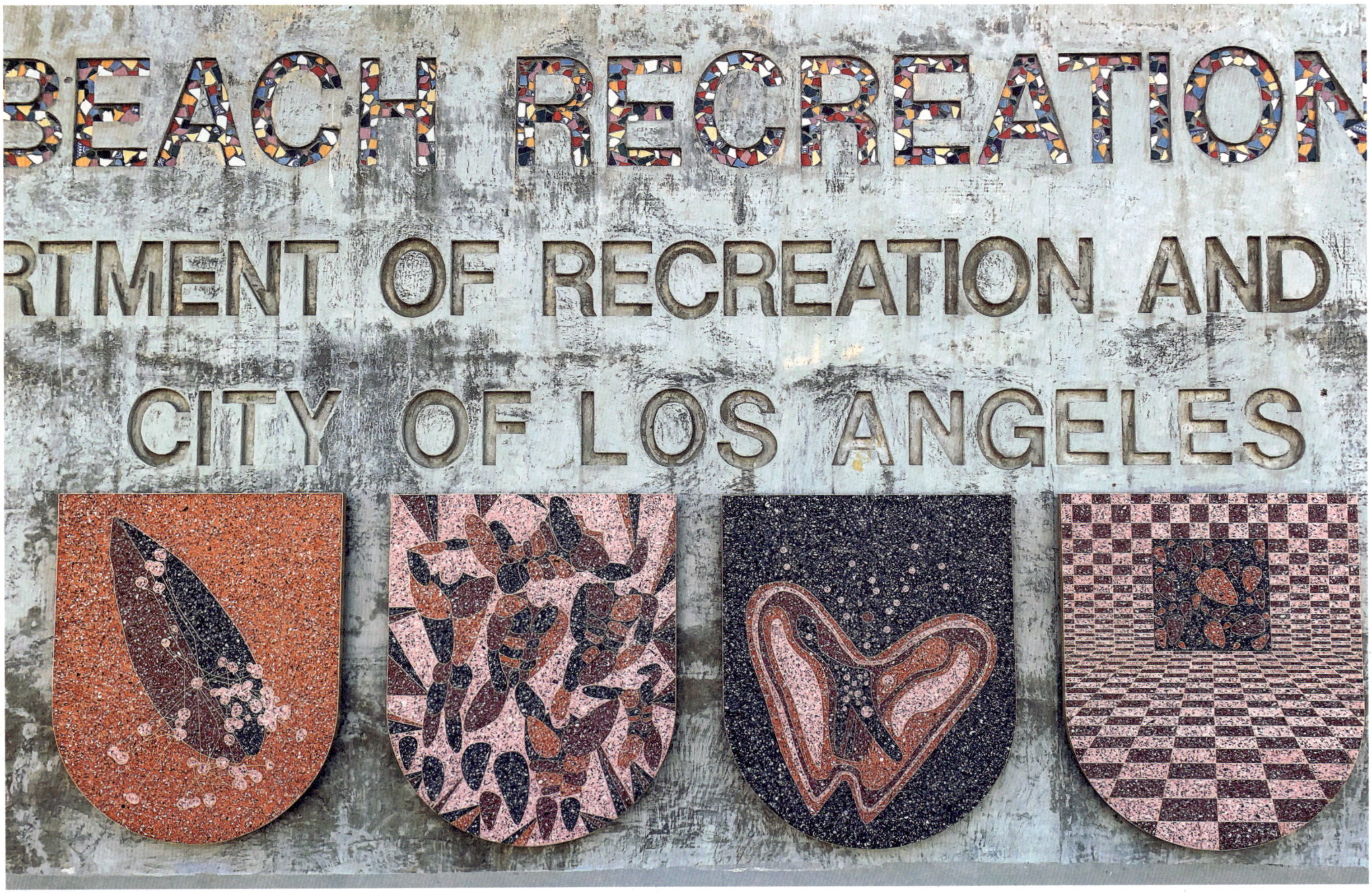

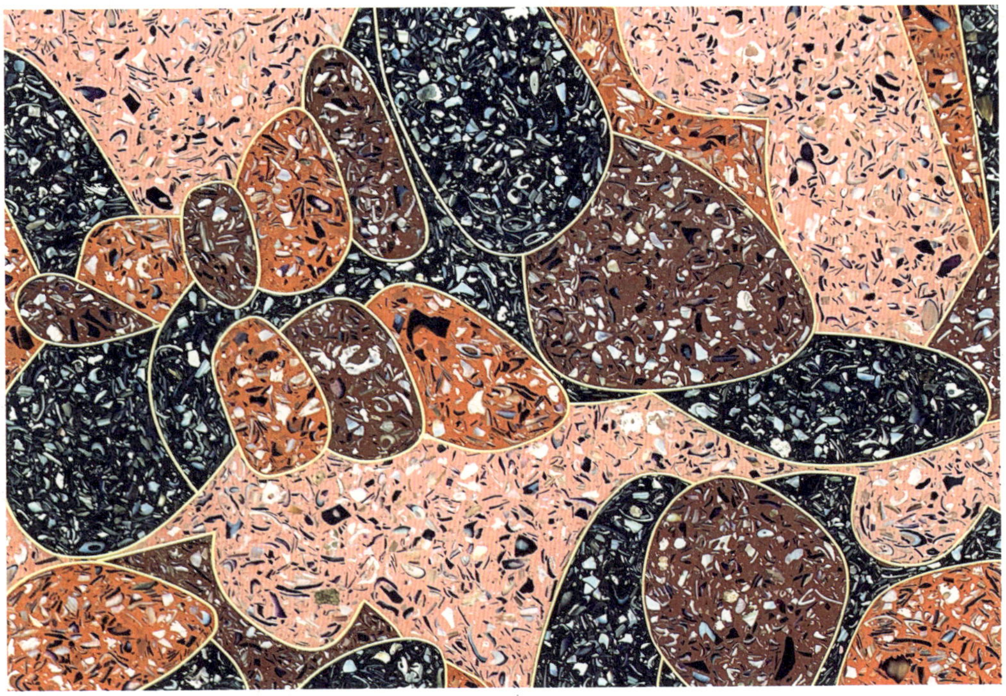

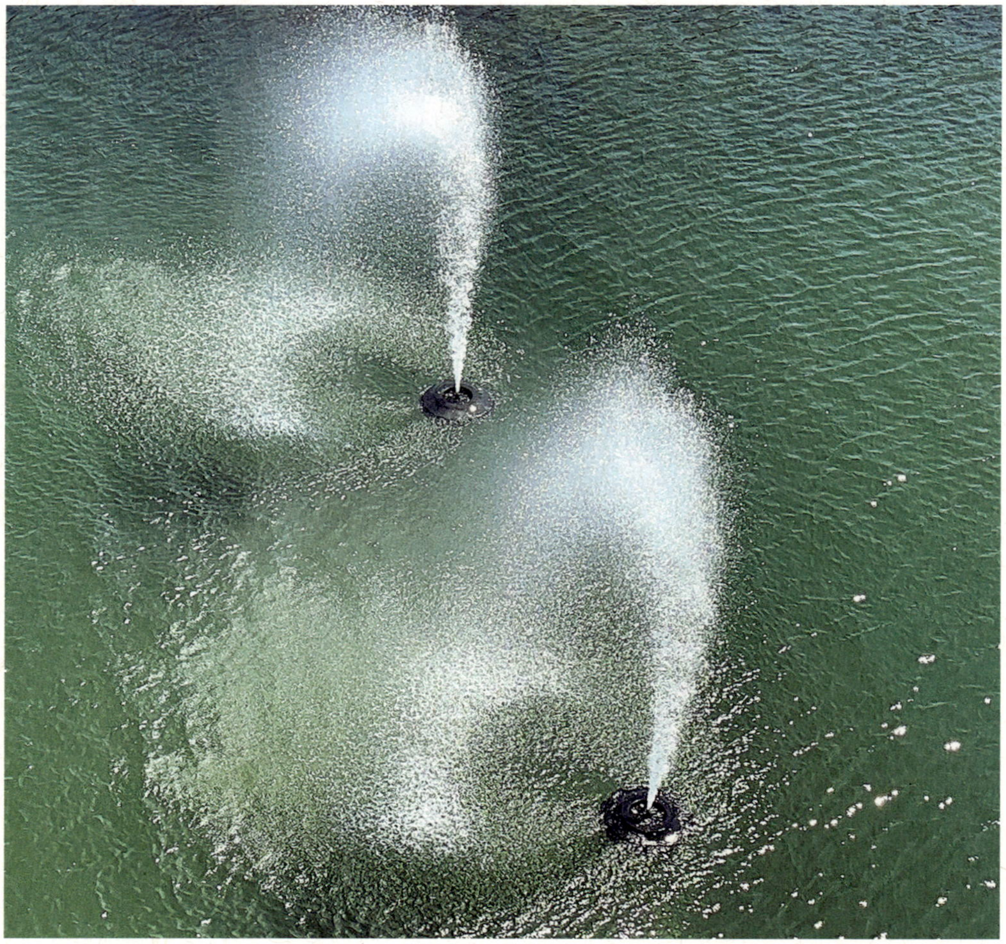

El lago Erie sufre del agotamiento de oxígeno por las escorrentías de fertilizantes que asfixian la vida acuática. «To Those Who Nourish» respondió al celebrar a los agricultores que trabajan para reducir agroquímicos y reconstruir el suelo a lo largo del río Cuyahoga. Una fuente instalada en el lago aireaba el agua a la vez que homenajeaba a estas granjas, desviando la atención de los monumentos a la riqueza filantrópica hacia iniciativas de reparación ecológica de base. En paralelo, el Ground Working Group (2022–2025) reunió a seis de estas granjas para fomentar la experimentación mediante encuentros estacionales, ensayos de campo, formación y apoyo infraestructural.
«To Those Who Nourish». Cooking Sections, 2022. Vista de la instalación en el lago Erie, Trienal FRONT y SPACES, Cleveland.

Lake Erie faces oxygen depletion from fertiliser runoff, suffocating aquatic life. *To Those Who Nourish* responded by celebrating farmers along the Cuyahoga working to cut agrochemicals and rebuild soil. A fountain installed in the lake aerated the water while honouring these farms, shifting attention from monuments to philanthropic wealth toward grassroots initiatives of ecological repair. In parallel, the Ground Working Group (2022–2025) brought together six farms, fostering experimentation through seasonal gatherings, field trials, education, and infrastructural support.
To Those Who Nourish. Cooking Sections, 2022. Installation view in Lake Erie, FRONT Triennial and SPACES, Cleveland.

si a tu salmón
no lo alimentaran con color sintético,
su carne sería gris
(siguiendo el «Blue Cocktail» de Yves Klein, 1958)

Churrasca dos remolachas en el horno.
Quítales la piel quemada.
Corta, sazona bien y come.
Mira el color de tu orina.

Has sido teñido.

«You Have Been Dyed». Cooking Sections, 2020. Incluido en Hans Ulrich Obrist y Kostas Stasinopoulos (eds), *140 Artists' Ideas for Planet Earth* (Penguin, Londres, 2021).

---

if your salmon
were not fed on synthetic colour,
their flesh would be grey
(after Yves Klein's Blue Cocktail, 1958)

Char two beetroots in the oven.
Scrape off the black crust.
Cut, season well, and eat.
Look at the colour of your urine.

You have been dyed.

You Have Been Dyed. Cooking Sections, 2020. Featured in Hans Ulrich Obrist and Kostas Stasinopoulos (eds), 140 *Artists' Ideas for Planet Earth* (Penguin, London, 2021).

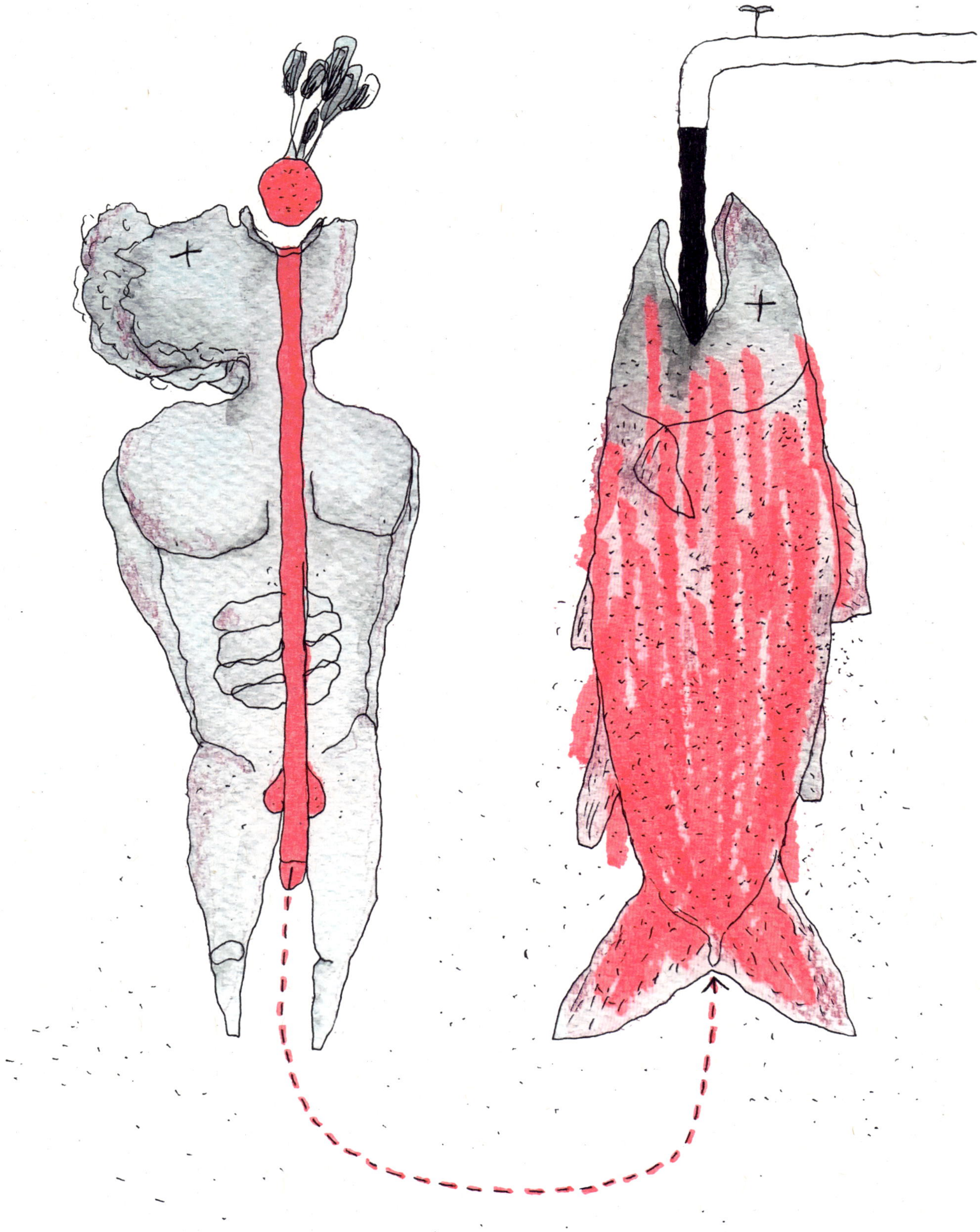

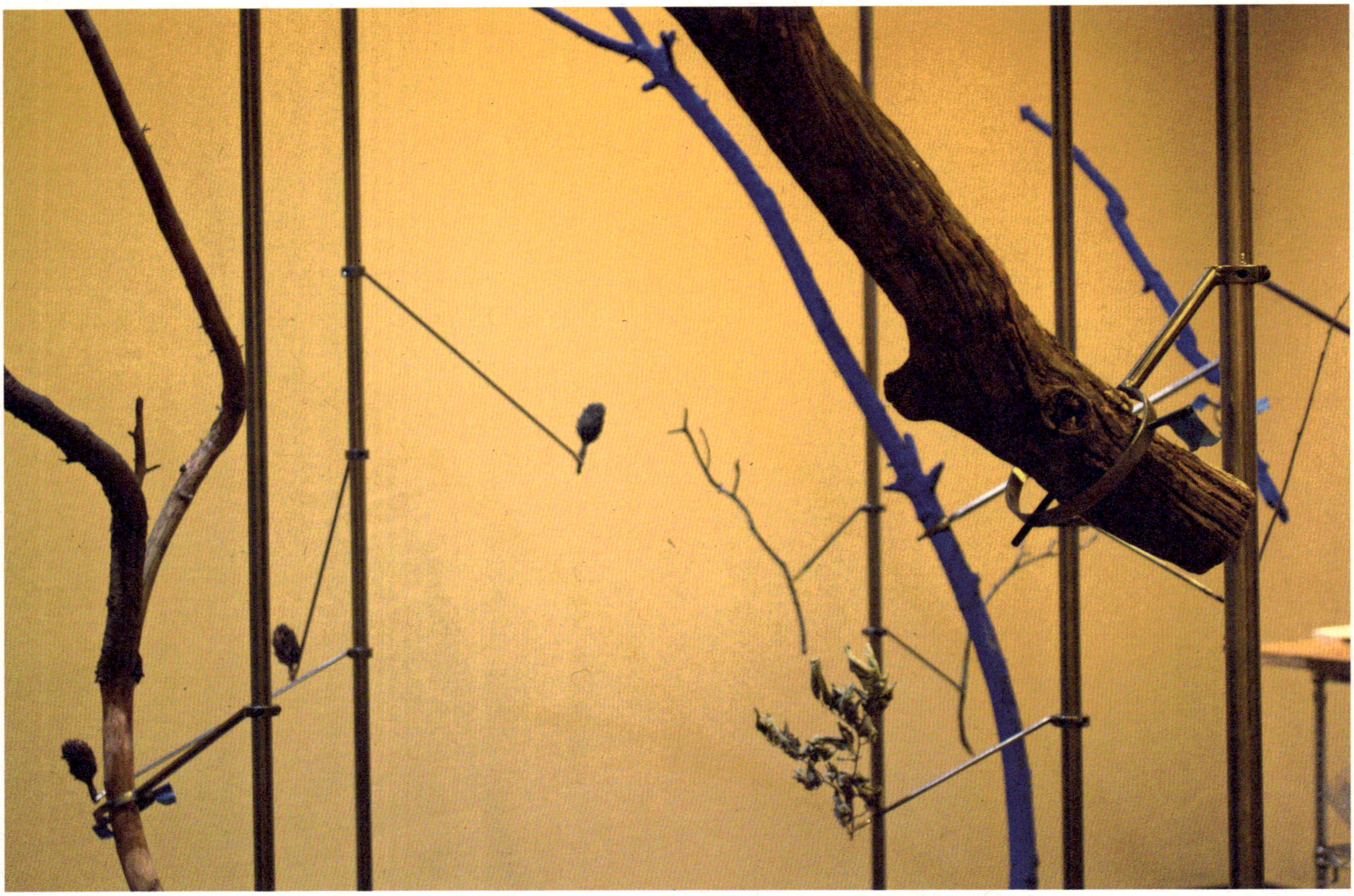

Los 39 995 árboles en las calles de Pittsburgh se estima que generan 4,86 millones de dólares anuales en «servicios ambientales». Sombra, captura de escorrentías y purificación del aire se convierten en retornos financieros, reduciendo funciones biológicas a hojas de balance. En su versión de Pensilvania, «Offsetted» rastreó cómo los árboles se entrelazan con extracción, colonización, protesta y conservación, desde la tala de Penn's Woods hasta los programas de compensación del *fracking*. Los árboles se han usado para justificar desplazamientos forzosos tanto como se movilizan para resistir. En lugar de monetizar cubiertas vegetales, nuevas herramientas jurídicas podrían reconocer el derecho de los árboles a permanecer enraizados, a su manera.
«Offsetted». Cooking Sections, 2019 y 2023. Imagen de la instalación en «Unsettling Matter, Gaining Ground», Carnegie Museum of Art, Pittsburgh (19 de agosto de 2023–7 de enero de 2024).

Pittsburgh's 39 995 street trees generate an estimated $4.86 million each year in 'environmental services'. Shade, runoff interception, and air purification are converted into financial returns, reducing biological functions to balance sheets. In its Pennsylvania iteration, *Offsetted* traced how trees are bound up with extraction, settlement, protest, and preservation, from the felling of Penn's Woods to fracking offset schemes. Trees have justified displacement, as much as they are mobilised to resist. Rather than monetising canopies, new legal tools could recognise the right of trees to simply remain rooted, on their own terms.
Offsetted. Cooking Sections, 2019 and 2023. Installation view in *Unsettling Matter, Gaining Ground,* Carnegie Museum of Art, Pittsburgh (19 August 2023–7 January 2024).

Donde se besan tres ríos

Theodossis Issaias

«Primero, los animales unicelulares se enviaban señales entre sí: "Voy a devorarte", "¡Estoy aquí!", "Unámonos"», escribe Eleni Sikelianos, al seguir un camino hacia la intimidad.[1] Antes de que tuviéramos bocas, ellos tenían membranas lipídicas porosas, pero no paredes celulares. Maleables, se contorsionaban y flotaban en una sopa espesa y rica en minerales que los mantenía en forma y en estado transitorio. Sus fronteras permeables eran umbrales de intercambio, difusión y osmosis, absorbiendo y exudando nutrientes y desechos. Criaturas promiscuas se engullían, se devoraban unas a otras, intercambiando material genético: un beso primordial. Al fin y al cabo, besar y ser besado es exponerse a lo desconocido, encontrar un nuevo huésped, ser vulnerable a la infección, permitir intercambios a nivel celular.[2] Frente a las narrativas evolutivas que entienden la competencia como supervivencia, se organizaron y coordinaron en cuerpos nuevos, más complejos, pero siempre babeantes. «La vida no conquistó el planeta luchando», nos recuerda Lynn Margulis, «sino tejiendo redes»: cooperación, interdependencia y simbiosis.[3] El agua —salobre, térmicamente viva— no era su telón de fondo, sino la condición de posibilidad. Transportaba señales, disolvía límites, permitía a las células fusionarse y huir. La intimidad, desde el principio, fue un asunto en el que mojarse y ensuciarse.

Nuestras vidas se entrelazaron en el agua, navegando ríos y mares que atraviesan nuestras existencias compartidas —de Cleveland y Pittsburgh a Londres, Estambul y Salónica.[4] Nos enviábamos señales a la orilla del lago Erie, donde dos surtidores liliputienses, un monumento efímero «To Those Who Nourish», intentaban insuflar oxígeno en la cuenca hipóxica. En vano. Elevándose ante ellos descansaba el carguero SS William G. Mather —«El barco que construyó Cleveland»—, inerte, con todo el peso de su legado desplazando agua.[5] Descendimos la corriente para devorar, jugando a fingir junto al río Hudson como tres salmones fugados. Pero volvimos a casa,

1 Eleni Sikelianos, «Mitosis, Meiosis, Poiesis», *The Poetry Foundation*, 19 de febrero de 2018.

2 Mi reflexión sobre el contagio, el beso y la intimidad ha sido profundamente moldeada por *Lovebug* de Daisy Lafarge (Peninsula Press, Londres, 2023), que rastrea los enredos entre deseo, vida microbiana y vulnerabilidad epistémica con una excepcional precisión poética y conceptual.

3 Lynn Margulis y Dorion Sagan, *Microcosmos: Four Billion Years of Microbial Evolution* (Summit Books, Nueva York, 1986): pp. 14–15.

4 «Nunca antes me había parado en la ambigüedad de los enunciados indexicales. Ahora soy huésped permanente, residente con un visado dependiente. Cuando tú dices tú, ¿te refieres a ti o a mí? ¿Cuándo os incluye a ti y a ti nuestro?¿O a ti, a ti y a mí? ¿Vuestra cama está aquí o allá? Tuyo, ¿es tú o tú y yo? No busco claridad. Pero he descubierto que los posesivos tuyos hacen saltar mi corazón». Theodossis Issaias a Alon Schwabe y Daniel Fernández Pascual, «Love Index», correo electrónico del 29 de septiembre de 2023. El *nosotros* en este texto se refiere a Alon, Daniel y yo; con la esperanza de incluirte a ti.

5 En 1969, el río Cuyahoga, que desemboca en el lago Erie en Cleveland, se incendió tras la acumulación de residuos petroquímicos y vertidos de petróleo en su superficie, causa de indignación nacional y factor que llevó a la aprobación de la Clean Water Act (Ley de aguas limpias) de 1972 en los EE. UU. Para más sobre la historia reciente del río y el activismo ambiental que generó, véase David Stradling y Richard Stradling, *Where the River Burned: Carl Stokes and the Struggle to Save Cleveland* (Cornell University Press, Ithaca NY, 2015).

Where Three Rivers Kiss

Theodossis Issaias

'First, single-celled animals signalled to each other, "I'm going to devour you", "I'm over here!", "Let's hook up"', writes Eleni Sikelianos, tracing a pathway into intimacy.[1] Before we had mouths, they had porous lipid membranes, but no cell walls. Malleable, they flexed and floated in a thick mineral-rich soup that kept them in shape and in transience. Their permeable boundaries were thresholds of exchange, diffusion, and osmosis, absorbing and exuding nutrients and waste. Promiscuous critters engulfed—devoured—one another, exchanging genetic material: a primordial kiss. After all, to kiss and be kissed is to expose oneself to unknowns, to find a new host, to be vulnerable to infection, to allow for exchange on a cellular level.[2] Against evolutionary narratives of competition as survival, they organised and coordinated in new, more complicated but always drooling bodies. 'Life did not take over the globe by combat', Lynn Margulis tells us, 'but by networking': cooperation, interdependence, and symbiosis.[3] Water—brackish, thermally alive—was not their backdrop but the condition of possibility. It carried signals, dissolved boundaries, allowed cells to fuse and flee. Intimacy, from the very beginning, was a messy, wet matter.

In water our lives merged, navigating rivers and seas that flow through our shared lives—from Cleveland and Pittsburgh to London,

1 Eleni Sikelianos, 'Mitosis, Meiosis, Poiesis', *The Poetry Foundation*, 19 February 2018.

2 My thinking about contagion, kissing, and intimacy has been profoundly shaped by Daisy Lafarge's *Lovebug* (Peninsula Press, London, 2023), which traces the entanglements of desire, microbial life, and epistemic vulnerability with rare poetic and conceptual precision.

3 Lynn Margulis and Dorion Sagan, *Microcosmos: Four Billion Years of Microbial Evolution* (Summit Books, New York, 1986): pp. 14–15.

inevitablemente, a la cuenca ancestral del lago —aquí, donde tres ríos se encuentran en lo que hoy se llama Pittsburgh—, atraídos de nuevo al terreno extractivo: siglos de coquerías, fundiciones y minas de carbón; la proliferación de algas; los sedimentos; el suelo inestable que convertimos en nuestro trabajo.[6] Desde allí seguimos la marea del Támesis, caminando por sus riberas limosas, nuestro otro hogar, encontrando restos de lastre en el barro. No lejos de donde en su día estuvieron los campos de tiro con arco londinenses de Newington Butts, reapareció la paradoja del arquero: la trayectoria de la flecha se curva, alejándose del blanco a medida que se aproxima a él. Como los cargueros, que deben equilibrar el peso oscilante de su carga con el lastre, las letales flechas de la modernidad se inclinan para dar en el blanco. Más al este, en los humedales de las minas inundadas a las afueras de Estambul, nos revolcamos en los charcos con los búfalos, cuya saliva, sudor y estiércol cuidan de estos dañados terrenos empantanados.[7] Al perdernos en el desafío de estos gigantes bonachones, cruzamos el mar Egeo para rastrear su ruta de desplazamiento hasta el colmatado valle del Vardar, cerca de Salónica: un camino que evocaba el viaje anterior de mis abuelos, entre aquellos desplazados en el intercambio forzoso de población en la década de 1920, muchos de los cuales se asentaron en las entonces pantanosas llanuras. A lo largo de los pantanos drenados, ahora rayados de monocultivos de trigo, hundimos manos y pies en el lago salino Pikrolimni —una reliquia oceánica en desaparición donde organismos unicelulares traman besos primordiales.[8]

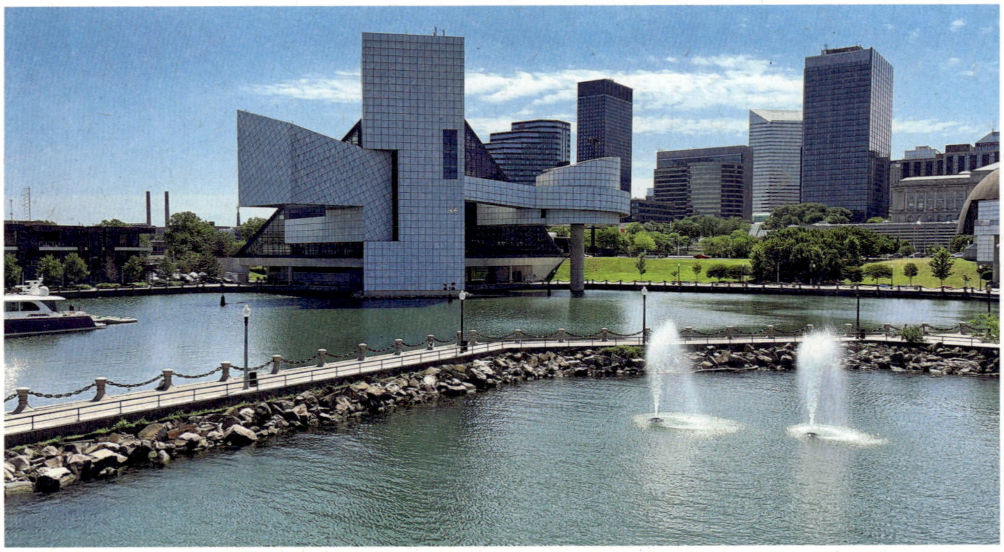

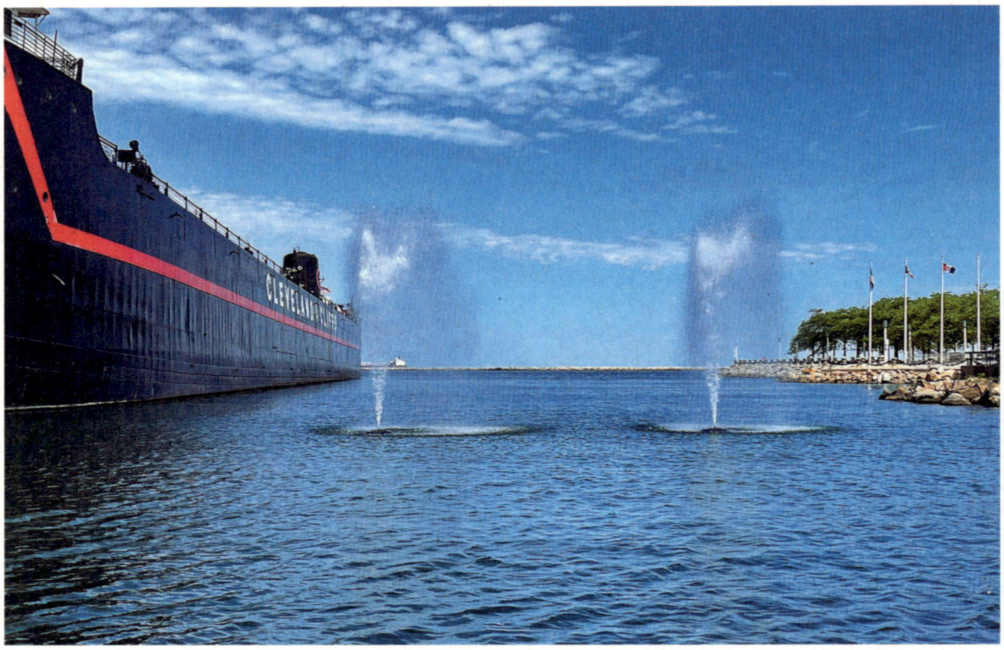

«To Those Who Nourish». Cooking Sections, 2022. Imagen de la instalación en el lago Erie, Trienal FRONT y SPACES, Cleveland.

To Those Who Nourish. Cooking Sections, 2022. Installation view in Lake Erie, FRONT Triennial and SPACES, Cleveland.

Rara vez se habla de los besos por sí mismos, sino más bien como pasos en la secuencia del desarrollo sexual. En las grandes narrativas freudianas, el desarrollo no es una corriente suave, sino una acumulación de traumas. Cada etapa deja un residuo, un limo. Se producen sustituciones sin fin allí donde no existe un sustituto de verdad. El deseo siempre excede la capacidad del objeto para satisfacerlo, y así queda atrapado en el desplazamiento, en la insatisfacción. Los besos se convierten en otra formación de compromiso, que siempre apunta a otra parte. Y, sin embargo, como señala Adam Phillips, dedicamos gran parte de nuestra vida a planear —o a agonizar— sobre ellos; así que, «¿qué deseos traen los besos?».[9] Para responder, el autor acepta momentáneamente el cliché psicoanalítico del erotismo oral en la infancia: el bebé, frente a la retirada del alimento o del afecto, recurre a chuparse —y besarse— el pulgar. Pero Phillips invierte la lógica: si besar es un «comer con el objetivo inhibido», quizá comer sea un «besar con el objetivo inhibido». La boca, entonces, no es solo para consumir, sino un lugar de experimentación, intimidad y mutualidad. «Los labios, por así decirlo, son lo más próximo a los dientes», escribe, «y los dientes son educadores [...] Cuando besamos, devoramos el objeto a base de caricias; nos lo comemos, en cierto sentido, pero sostenemos su presencia. Besar en la boca puede tener una mutualidad que difumina la distinción entre dar y recibir».[10] Uno no puede besarse a sí mismo. Ni saborear su propia boca. En esa imposibilidad reside su condición: el beso es un acto que solo tiene sentido con otro, un acto de amor verdaderamente infeccioso.

6 Theodossis Issaias y Ala Tannir, «Unsettling Matter, Gaining Ground», en *Unsettling Matter, Gaining Ground* (Carnegie Institute y Distributed Art Publishers, Pittsburgh PA, 2023): pp. 3–13.

7 Sobre las aventuras y revolcones de los búfalos en las minas inundadas de Estambul, véase Cooking Sections, Merve Anil, «Wallowing in Istanbul's Postmining Wetlands», en José Esparza Chong Cuy, Guillermo Ruiz de Teresa, Jessica Kwok (eds), *Swamplands Reader* (Storefront for Art and Architecture, Nueva York, 2025): pp. 96–97.

8 Theodossis Issaias, «A Bag of Seeds, a Mule, and an Empty Timber Frame: Building Indebted Lives in Southern Macedonia», *Burning Farm* (2025): pp. 1–29.

9 Adam Phillips, *On Kissing, Tickling, and Being Bored: Psychoanalytic Essays on the Unexamined Life* (Harvard University Press, Cambridge MA, 1994): p. 95.

10 Phillips (1994): pp. 96–97.

Istanbul, and Salonica.[4] We signalled to each other by the shoreline of Lake Erie, where two Lilliputian spouts, a transient monument *To Those Who Nourish*, attempted to breathe oxygen into the hypoxic basin. To no avail. Above them, the SS *William G. Mather* bulk freighter—'The Ship That Built Cleveland'—sat idle, its legacy heavy in the water.[5] We drifted downstream to devour, playing pretend by the Hudson River like three salmon escapees. But we returned home, inevitably, to the lake's ancestral basin—here, where the three rivers meet in what is now called Pittsburgh—drawn back to the extractive terrain: centuries of coking, smelting, and coal mining; algae bloom; sediment; the unsettled ground we made our work.[6] From there, we followed the tide of the Thames, walking its silty banks—our other home—hooking remnants of ballast from the mud. Not far from where once stood the archery grounds of London's Newington Butts, the archer's paradox reappeared: the arrow bends away from its target as it moves toward it. Like freighters, which must balance the lurching weight of their cargo with ballast, modernity's lethal arrows tilt to hit their aim. Further east, in the marshland of flooded mines on the outskirts of Istanbul, we wallowed in the puddles with buffalo, whose saliva, sweat, and shit tend to these wounded wetlands.[7] Losing ourselves in the defiance of these gentle giants, we crossed the Aegean Sea to trace their displacement route back into the silted Vardar Valley outside Salonica—a path that echoed the earlier journey of my grandparents, among those displaced by the forced population exchange of the 1920s, many of whom resettled in the once marshy plains. Along the drained swamps, now striped with monoculture wheat, we sank our hands and feet into the disappearing saline Lake Pikrolimni—a relic of an

4 'I have never dwelled in the ambiguity of indexical utterances before. Now, I am their permanent guest, a resident on a dependent visa. When you say you do you mean you or me? When does our include you, or you, you, and me? Is your bed here or there? Yours, is it singular or plural? I am not searching for clarity. But I have discovered that your possessives make my heart leap'. Theodossis Issaias to Alon Schwabe and Daniel Fernández Pascual, 'Love Index', email from 29 September 2023. The *we* in this text refers to Alon, Daniel, and me; in the hope to include you.

5 In 1969, the Cuyahoga River—flowing into Lake Erie at Cleveland—caught fire after petrochemical waste and oil slicks accumulated on its surface, prompting national outrage and helping spur the passage of the U.S. Clean Water Act of 1972. On the river's recent history and the environmental activism it galvanised, see David Stradling and Richard Stradling, *Where the River Burned: Carl Stokes and the Struggle to Save Cleveland* (Cornell University Press, Ithaca NY, 2015).

6 Theodossis Issaias and Ala Tannir, 'Unsettling Matter, Gaining Ground', in *Unsettling Matter, Gaining Ground* (Carnegie Institute and Distributed Art Publishers, Pittsburgh PA, 2023): pp. 3–13.

7 On the wallowing adventures of buffalo in the flooded mines of Istanbul, see Cooking Sections, Merve Anil, 'Wallowing in Istanbul's Postmining Wetlands' in José Esparza Chong Cuy, Guillermo Ruiz de Teresa, Jessica Kwok (eds), *Swamplands Reader* (Storefront for Art and Architecture, New York, 2025): pp. 96–97.

De vuelta a donde se besan los tres ríos. El domingo 27 de octubre de 2024, embarcamos en la flotilla del Gateway Clipper en el muelle del río Monongahela, en el South Side de Pittsburgh. *Seaprise*, una fiesta de Halloween en crucero organizada por Honcho, un colectivo de DJs *queer*, reunió una comunión flotante de hadas, ángeles, conejitos, brujas, cachorros, monjas y demás parentesco *queer* desnudo: arneses, redes y purpurina reluciente bajo el sol tardío de otoño. Desde el muelle, el centro de la ciudad también se desplegaba a plena vista. Dominando el horizonte, la PPG Tower atrapaba los rayos de la tarde, sus agujas revestidas de sílice esparciendo luz sobre el río.[11] De fondo, la U.S. Steel Tower —ahora sede del gigante médico UPMC (University of Pittsburgh Medical Center)— sigue sudando óxido desde su inauguración en 1970. Encargado por la corporación manufacturera, el edificio fue revestido en Cor-Ten, un acero diseñado para sellarse con óxido al contacto con el aire.[12] Hacia las tres y media de la tarde, zarpamos a la deriva durante cinco horas, buscando refugio en las aguas inquietas. El barco avanzó contra la corriente del Monongahela y después viró al llegar a la confluencia con el río Allegheny para luego deslizarse hacia el río Ohio. Durante el trayecto, contemplamos monumentos del pasado y presente extractivo de la región. Algunos yacían abandonados —dinosaurios mecánicos, cintas transportadoras, grúas—, mientras otros habían sido reconvertidos en oficinas para empresas tecnológicas, startups y especulación inmobiliaria. El zumbido del motor plegaba entre el pulso de baja frecuencia de los subwoofers, reverberando en la superficie del agua. A medida que la temperatura descendía y los viento se levantaban, con la caída de la noche, recitamos la irreverente oración de Yolanda Wisher a nuestra iglesia:

> «Nacimos para ser besados en la oscuridad. [...] ¿Recuerda cuando solíamos movernos unos entre otros como una manada desgreñada de búfalos o un mullido manto de hongos, las antenas invisibles de nuestra piel electrificadas por el roce intermitente, los choques fortuitos, los rozamientos indiferentes, y en esa indiferencia había una especie de amor?».[13]

11 Fundada como Pittsburgh Plate Glass Company en 1883, PPG se abrió a los químicos y recubrimientos a lo largo del siglo xx, lo que condujo al cambio de nombre en 1968 a PPG Industries, Inc., reflejando sus crecientes operaciones petroquímicas e industriales.

12 Para una breve historia material de la U.S. Steel Tower, y el cambio simbólico que representa —del acero manufacturado al capital médico—, véase Issaias y Tannir, «Unsettling Matter, Gaining Ground»: pp. 3–4.

13 Jessica Lehrman y Yolanda Wisher, «Opinion | We Longed for Parties», *The New York Times*, 11 de marzo de 2021.

ocean, where single-celled organisms plot primordial kisses.[8]

Kisses are seldom discussed in and of themselves, but instead treated as steps in the sequence of sexual development. In Freudian grand narratives, development is not a gentle current but an accumulation of trauma. Each stage leaves a residue—silting. Substitutions are endlessly produced where no true substitute is possible. Desire always exceeds the object's capacity to satisfy it, and thus remains caught in displacement, dissatisfaction. Kisses become just another compromise formation, always pointing elsewhere. And yet, as Adam Phillips notes, we spend much of our lives plotting for—if not agonising over—them; so, 'what the wishes are in kissing'.[9] To answer, he momentarily entertains the psychoanalytic cliché of oral eroticism in infancy: the infant, facing the withdrawal of nourishment or affection, turns to sucking—and kissing—their own thumb. But Phillips reverses the logic—if kissing is 'aim-inhibited eating', perhaps eating is 'aim-inhibited kissing'. The mouth, then, is not just for consumption but a site of experimentation, intimacy, and mutuality. 'Lips, as it were, are the next thing to teeth,' he writes, 'and teeth are educators [...] When we kiss, we devour the object by caressing it; we eat it, in a sense, but sustain its presence. Kissing on the mouth can have a mutuality that blurs the distinction between giving and taking'.[10] One cannot kiss oneself. Or taste one's own mouth. In that impossibility lies its condition—kissing is an act that only makes sense with another, a truly infectious act of love.

Back to where the three rivers kiss. On Sunday, 27 October 2024, we boarded the Gateway Clipper Fleet at the Monongahela River pier, along Pittsburgh's South Side. *Seaprise*, a Halloween-themed cruise party organised by the queer DJ collective Honcho, brought together a floating communion of fairies, angels, bunnies, witches, puppies, nuns, and naked queer kin—harnessed, netted, and glittering in the late-season sun. From the dock, the city's downtown was also on full display. Dominating the skyline, the PPG Tower caught the afternoon rays, its silica-clad spires

8 Theodossis Issaias, 'A Bag of Seeds, a Mule, and an Empty Timber Frame: Building Indebted Lives in Southern Macedonia', *Burning Farm* (2025): pp. 1–29.

9 Adam Phillips, *On Kissing, Tickling, and Being Bored: Psychoanalytic Essays on the Unexamined Life* (Harvard University Press, Cambridge MA (1994): p. 95.

10 Phillips (1994): pp. 96–97.

Los ríos recuerdan. En 1958, la flotilla Gateway Clipper —entonces llamada Gateway Party Liner— fue lanzada como una empresa comercial y publicitaria por el tesorero de las autoridades sanitarias de Allegheny County (ALCOSAN), la agencia encargada de limpiar los ríos de Pittsburgh. Las aguas, sin embargo, ni estaban limpias ni eran seguras. Puede que el vertido de aguas residuales sin tratar cesara en 1959, pero los vertidos industriales continuaron, y las lluvias torrenciales seguían causando que las rebosantes alcantarillas de la ciudad buscaran desahogo en los ríos. Quizá la iniciativa fracasara en demostrar la limpieza de las aguas; no obstante, a comienzos de la década de 1980, sus cubiertas se habían convertido en escenario para habitar los ríos de otro modo. A pesar de la contaminación, esas aguas se transformaron en lugares de solidaridad y amor *queer*: el Gay Disco Cruise.[14] El club nocturno flotante, anunciado en la prensa gay local, incluida la revista *Pittsburgh's OUT*, ofrecía un espacio fugitivo de celebración y movilización durante un periodo marcado por el creciente miedo y las pérdidas. En las mismas páginas que anunciaban la próxima fiesta, junto a convocatorias para el concurso «Míster Trasero» o la sección de anuncios con tiernos mensajes en busca de amantes, aparecían los primeros avisos regionales sobre una enfermedad devastadora y desconocida. Emergía el término «cáncer gay», que pronto se conocería como SIDA por sus siglas, junto a debates sobre cómo debían responder las comunidades. Sin embargo, las fiestas a lo largo y ancho del río no cesaron. Al contrario, funcionaron como lugares donde el placer y la salud pública coexistían en la pista de baile.

14 «A Gay Disco River Cruise», *Pittsburgh's OUT*, agosto de 1980.

scattering light across the river.[11] In the background, the U.S. Steel Tower—now headquarters of the medical leviathan UPMC (University of Pittsburgh Medical Center)—has been sweating rust since its completion in 1970. Commissioned by the manufacturing corporation, the building was clad in Cor-Ten: an engineered steel that seals itself by oxidising on contact with air.[12] Around 3:30 p.m., we set adrift for five hours, finding refuge in the unsettled waters. The clipper moved against the current of the Monongahela, then turned at the confluence with the Allegheny River to glide into the Ohio River. Along the way, we witnessed monuments of the region's extractive past and present. Some lie abandoned—mechanical dinosaurs, conveyors, and gantries—while others have been converted into offices for tech companies, startups, and real estate speculation. The engine's hum folded into the low-frequency pulse of the subwoofers, reverberating on the water's surface. As the temperature dropped and winds picked up, and as night fell, we recited Yolanda Wisher's irreverent prayer to our church:

> We are born to be kissed in the dark. [...]
> Remember when we used to move among
> one another like a shaggy herd of buffalo
> or a plush patch of mushrooms, the
> invisible antennae on our skin electrified
> by intermittent touching, random bumping,
> indifferent brushing by, and in that
> indifference was a kind of love? [13]

The rivers remember. In 1958, the Gateway Clipper Fleet—then called the Gateway Party Liner—was launched as a commercial and publicity venture by the treasurer of the Allegheny County Sanitary Authority (ALCOSAN), the agency responsible for cleaning up Pittsburgh's rivers. The waters, however, were neither clean nor safe. Raw sewage dumping may have ceased in 1959, but industrial discharge continued, and heavy rains still sent the city's overflowing sewers seeking relief in the rivers. The venture may have failed to demonstrate river

11 Founded as the Pittsburgh Plate Glass Company in 1883, PPG expanded into chemicals and coatings throughout the twentieth century, leading to its renaming as PPG Industries, Inc. in 1968 to reflect its growing petrochemical and industrial operations.

12 For a brief material history of the U.S. Steel Tower, and the symbolic shift it registers—from steel manufacturing to medical capital, see Issaias and Tannir, 'Unsettling Matter, Gaining Gound': pp. 3–4.

13 Jessica Lehrman and Yolanda Wisher, 'Opinion | We Longed for Parties', *The New York Times*, 11 March 2021.

Los caminos de Pittsburgh hacia la intimidad *queer* no fueron los mismos que los de las metrópolis costeras. A diferencia de los movimientos de liberación gay mejor documentados, como los de Nueva York o San Francisco, la vida erótica de Pittsburgh se desarrolló de manera más recursiva: a menudo a través de clubes privados, locales sindicales y clubes exclusivos para miembros que sorteaban, eludían o ignoraban abiertamente las leyes restrictivas.[15] Estos espacios habían existido desde mucho antes de los años ochenta, siguiendo una marea de décadas moldeada por el deseo, el riesgo y la represión. Lo que distinguía a Pittsburgh no era solo su escala más reducida, sino la textura de su tejido urbano obrero. Aquí, la organización gay se desarrolló de la mano de la fuerza industrial obrera de la ciudad, en acerías y fábricas más que en las intersecciones entre círculos de activistas sexuales y enclaves culturales que caracterizaron a las ciudades más grandes. El Gay Disco Cruise, cuando surgió, no fue una desviación sino una continuación: un espacio efímero tallado en una geografía industrial, que sostenía otro modo de comunión y contacto. Si los nombres de clubes de cuero, baile y sexo, como Steel Barons o Pittsburgh Trucking Co de los años ochenta, evidencian estas conexiones de manera juguetona, también apuntan a otra ola de trauma y resistencia que cayó sobre la ciudad.

15 Mi manera de entender la vida nocturna *queer* de Pittsburgh y del rechazo al archivado se debe en gran medida al trabajo de Harrison Apple y el Pittsburgh Queer History Project, un esfuerzo comunitario por documentar y reflexionar críticamente sobre las escenas de clubes clandestinos de la ciudad, las intimidades obreras y las políticas espaciales. Véase también: Harrison Apple, «"I Can't Wait for You to Die": Managing Queer Intimacy in the Gay Bar Archive», *Archivaria* 92 (2021): pp. 110–137.

16 Debido a décadas de convenios sindicales, muchos trabajadores siderúrgicos tenían acceso a seguros médicos de la empresa, incluso tras la jubilación, lo que contribuyó a mantener la demanda de atención médica incluso después del colapso de la industria. Para un relato contundente de la transición del trabajo industrial al trabajo de cuidados en los EE. UU. desindustrializados, véase Gabriel Winant, *The Next Shift: The Fall of Industry and the Rise of Health Care in Rust Belt America* (Harvard University Press, Cambridge MA, 2021).

17 Para un testimonio personal del investigador principal sobre cuatro décadas del «Pitt Men's Study» y su relación evolutiva con la comunidad, véase Charles R. Rinaldo et al., «The Multicenter AIDS Cohort Study: 40 Years of Research and Community Partnership», *HIV Research & Clinical Practice* 23, 1 (2022): pp. 1–11.

18 «Sexual Guidelines to Reduce AIDS», *Pittsburgh's OUT*, noviembre de 1983, B2.

cleanliness; nonetheless, by the early 1980s, its decks had become a stage for inhabiting the rivers otherwise. Despite the contamination, these waters became sites of queer solidarity and love: the Gay Disco Cruise.[14] Advertised in local gay press, including *Pittsburgh's OUT*, the floating nightclub offered a fugitive space of celebration and mobilisation during a period marked by mounting fear and loss. In the same pages that announced the next party, alongside casting calls for the Mr Buns Pageant or tender classifieds for lovers, appeared the earliest regional notices about a devastating and unknown illness. The term 'gay cancer'—soon to be renamed AIDS—surfaced beside debates about how the communities should respond. The parties up, down, and by the river, however, did not cease. Instead, they served as sites where pleasure and public health coexisted on the dance floor.

Pittsburgh's pathways to queer intimacy did not mirror those of the coastal metropolises. Unlike the better-documented movements of gay liberation in New York or San Francisco, the city's erotic life unfolded more recursively—often through private clubs, union halls, and membership-only venues that navigated, bypassed, or outright ignored restrictive laws.[15] These spaces existed well before the 1980s, following a decades-long tide shaped by desire, risk, and repression. What distinguished Pittsburgh was not just its smaller scale but the texture of its working-class urban fabric. Gay organising here developed alongside the city's industrial labour force—in steel mills and factories—rather than in the intersections between sex activist circles and cultural enclaves that characterised larger cities. The Gay Disco Cruise, when it emerged, was not a deviation but a continuation: an ephemeral space carved out of an industrial geography, sustaining a different mode of communion and contact. If names of leather, dance, and sex clubs—such as *Steel Barons* or *Pittsburgh Trucking Co* of the 1980s—make these connections playfully apparent, they also point to another wave of trauma and resistance that broke over the city.

14 'A Gay Disco River Cruise', *Pittsburgh's OUT*, August 1980.

15 My understanding of Pittsburgh's queer nightlife and archival refusal owes much to the work of Harrison Apple and the Pittsburgh Queer History Project, a community-led effort to document and critically reflect on the city's underground club scenes, working-class intimacies, and spatial politics. See also: Harrison Apple, '"I Can't Wait for You to Die": Managing Queer Intimacy in the Gay Bar Archive', *Archivaria* 92 (2021): pp. 110–137.

A medida que se desplomaba la economía siderúrgica e industrial de Pittsburgh, el VIH/sida estrechó el cerco. La desindustrialización dejó tras sí a una población trabajadora envejecida, empobrecida y enferma —pero a menudo con seguro médico— que exigía más cuidados, mientras que las presiones económicas arrastraban a otras personas —a menudo mujeres y minorías racializadas— hacia trabajos mal remunerados en el sector de cuidados de la ciudad.[16] Durante esta transición, la Universidad de Pittsburgh puso en marcha uno de los primeros estudios de cohortes del país sobre el VIH/sida. Fundado en 1984, el «Pitt Men's Study» sirvió como brazo local del «Multicenter AIDS Cohort Study» (MACS), una iniciativa longitudinal que rastreaba los efectos del VIH en hombres gays y bisexuales.[17] El estudio reclutó a cientos de participantes de la región, muchos vinculados a la escena de bares y clubes de la ciudad. Aunque fuera concebido como un esfuerzo epidemiológico, el estudio también proporcionó, a veces de forma no intencionada, una plataforma de reconocimiento comunitario e infraestructura de salud pública. Bares, cruceros y pistas de baile se convirtieron en centros informales de difusión, duelo y movilización. «La masturbación mutua», explicaba la hoja informativa de la revista *Pittsburgh's OUT*, «es una actividad recomendada». También lo era el beso, pero «asegúrense de que los labios, la lengua y otras zonas de la boca estén libres de cortes y lesiones». Y siguieron los besos: tentativos, insistentes, desafiantes; una danza vital de cuidados y riesgo, donde la intimidad *queer* —criminalizada en tierra firme— se dejaba llevar por la corriente de unas aguas contaminadas.[18]

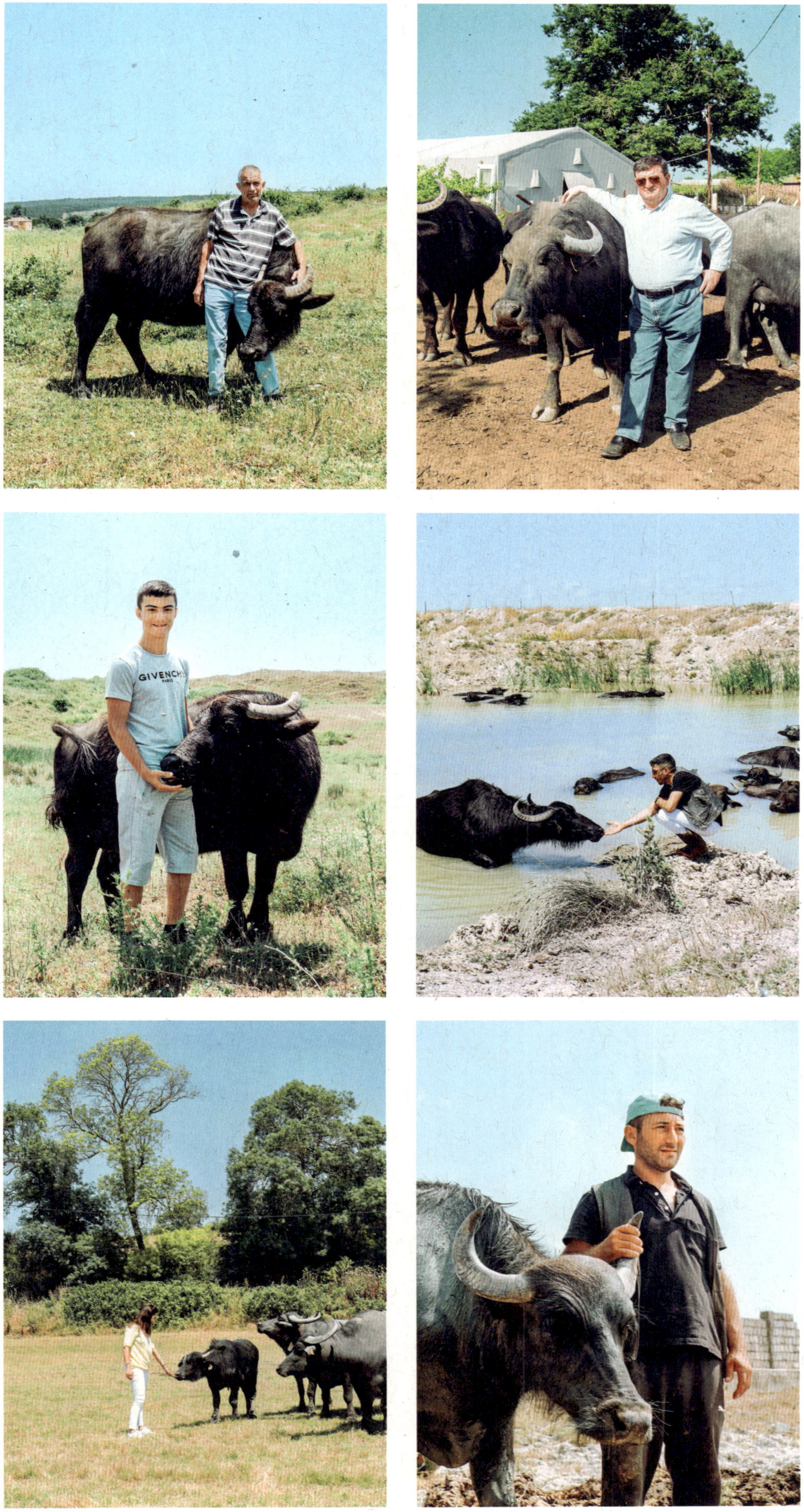

Campaña de retratos para el Festival del Búfalo de Agua 2025 (Manda Festivali), con los pastores (de izquierda a derecha y de arriba abajo): Halil Bilen, Selami Elveren, Sefa Bilen, Cengiz Akın, Miray Yoldaş, Erhan Akın. «Water Buffalo Commons», CLIMAVORE × Jameel at RCA.

Portrait campaign for the 2025 Water Buffalo Festival (Manda Festivali), featuring herders (left to right, top to bottom): Halil Bilen, Selami Elveren, Sefa Bilen, Cengiz Akın, Miray Yoldaş, Erhan Akın. *Water Buffalo Commons*, CLIMAVORE × Jameel at RCA.

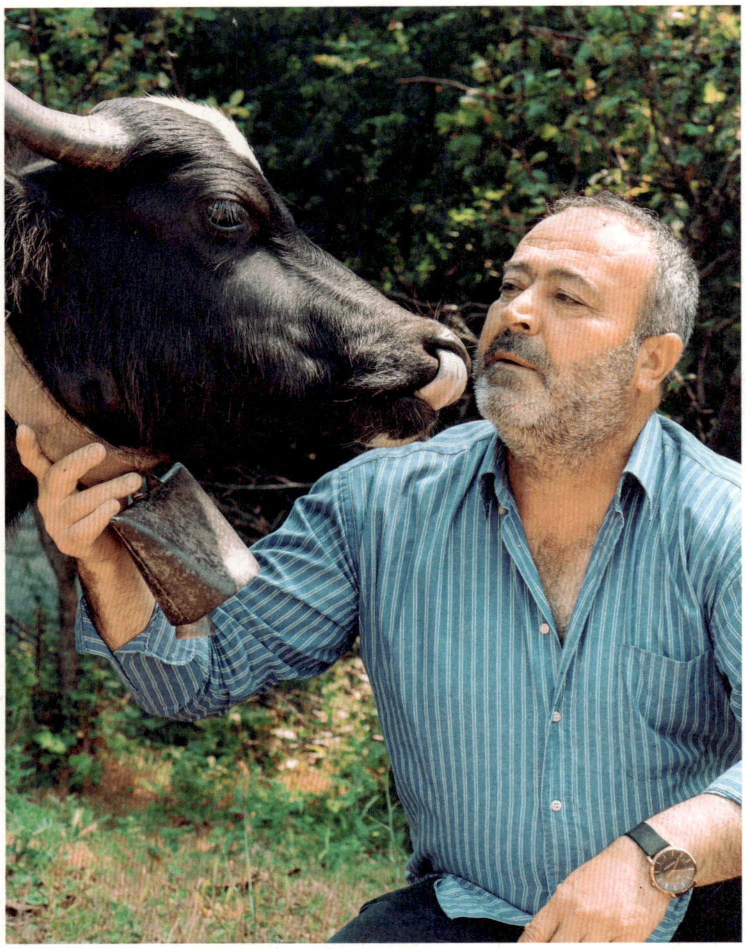

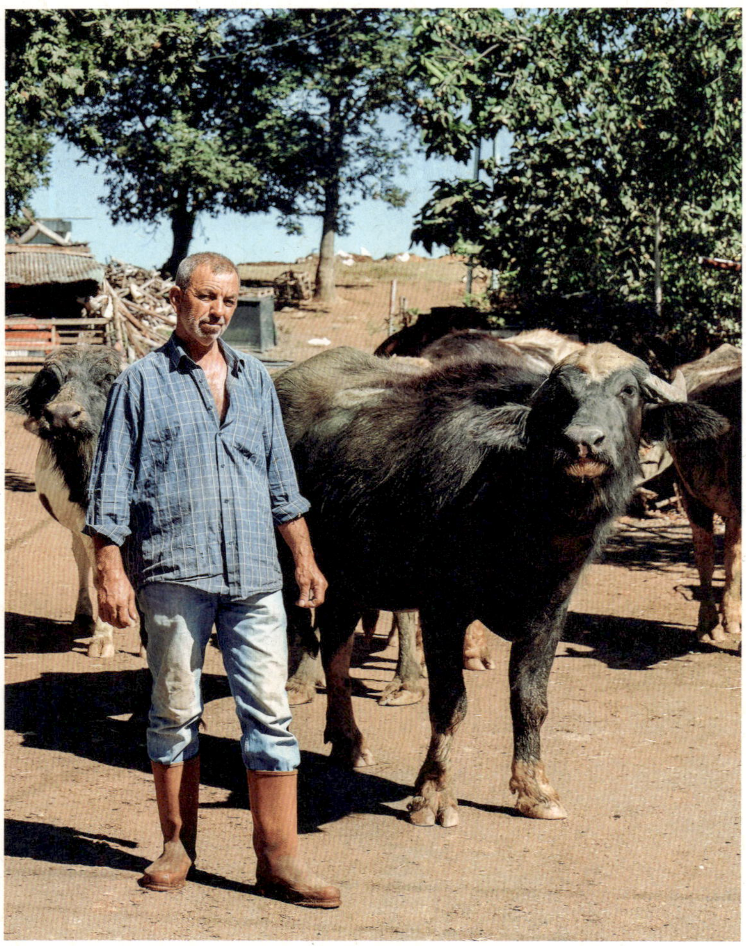

Campaña de retratos para el Festival del Búfalo de Agua 2025 (Manda Festivali), con los pastores: Cihan Şimşek (arriba), Levent Doğlan (abajo). «Water Buffalo Commons», CLIMAVORE × Jameel at RCA.

Portrait campaign for the 2025 Water Buffalo Festival (Manda Festivali), featuring herders: Cihan Şimşek (top), Levent Doğlan (bottom). Water Buffalo Commons, CLIMAVORE × Jameel at RCA.

As Pittsburgh's steel and industrial economy collapsed, HIV/AIDS tightened its grip. Deindustrialisation left behind an ageing, impoverished, ailing—but often insured—working-class population demanding more care, while economic pressures pulled others—often women and racialised minorities—into the city's low-wage care economy.[16] During this transition, the University of Pittsburgh launched one of the country's earliest HIV/AIDS cohort studies. Founded in 1984, the Pitt Men's Study served as the local arm of the national Multicenter AIDS Cohort Study (MACS), a longitudinal initiative tracking the effects of HIV on gay and bisexual men.[17] The study recruited hundreds of participants from the region, many rooted in the city's bar and club scenes. While designed as an epidemiological effort, the study also provided, sometimes unintentionally, a platform for community recognition and public health infrastructure. Bars, cruises, and dance floors became informal centres for outreach, mourning, and mobilisation. 'Mutual Masturbation', the info sheet in *Pittsburgh's OUT* magazine explained, 'is a recommended activity'. So was kissing, but 'make certain that the lips, tongue, and other areas of the mouth are free of cuts and lesions'. And kissing ensued, tentative, insistent, defiant: a life-affirming dance of care and risk, where queer intimacy—criminalised on land—could be carried by the tide of polluted waters.[18]

This intimacy, rooted in risk, improvisation, and proximity, echoes what Heather Davis describes as queer kinship.[19] That is, attachments formed across ecologies not through lineage and procreation, but through shared exposure to industrial harm. Today western Pennsylvania once again finds itself at

16 Because of decades of union contracts, many steelworkers had access to employer-sponsored health insurance, including in retirement, contributing to ongoing demand for medical care even after the collapse of the industry. For a powerful account of the transition from industrial labour to care work in the deindustrialised U.S., see Gabriel Winant's *The Next Shift*, which traces how the collapse of the steel industry gave rise to a racialised and gendered healthcare economy in cities like Pittsburgh. Gabriel Winant, *The Next Shift: The Fall of Industry and the Rise of Health Care in Rust Belt America* (Harvard University Press, Cambridge MA, 2021).

17 For a personal account from the lead researcher reflecting on four decades of the Pitt Men's Study and its evolving relationship with the community, see Charles R. Rinaldo et al., 'The Multicenter AIDS Cohort Study: 40 Years of Research and Community Partnership', *HIV Research & Clinical Practice* 23, 1 (2022): pp. 1–11.

18 'Sexual Guidelines to Reduce AIDS', *Pittsburgh's OUT*, November 1983, B2.

19 My thinking on toxicity, inheritance, and queer futurity has been deeply shaped by Heather Davis's writing. Her essay 'Toxic Progeny' offers a vital theorisation of the plastisphere as a site of entangled life and speculative kinship, while *Plastic Matter* extends this inquiry into a stunning meditation on petrochemical intimacy and the material politics of the Anthropocene. See Heather Davis, 'Toxic Progeny: The Plastisphere and Other Queer Futures', *philoSOPHIA* 5, 2 (2015): pp. 231–250 and *Plastic Matter* (Duke University Press, Durham NC and London, 2022).

Esta intimidad, enraizada en el riesgo, la improvisación y la proximidad, concuerda con lo que Heather Davis describe como parentesco *queer*: vínculos formados a través de ecologías, no por linaje o procreación, sino por la exposición compartida al daño industrial.[19] Hoy, el oeste de Pensilvania vuelve a encontrarse en el centro de la extracción y la devastación. Abundantes en carbón antracita y bituminoso, sus minas alimentaron la Segunda Revolución Industrial del siglo XIX. Hoy, sus estratos subterráneos albergan la formación geológica llamada esquisto Marcellus, que alimenta un nuevo ciclo extractivo, esta vez de gas y petroquímicos. Atrapada en esa vasta formación —un manto rocoso que se extiende bajo la meseta de Allegheny y la cuenca de los Apalaches— yace una de las mayores reservas de gas natural del mundo. Para extraerlo, se inyecta agua a alta presión en el subsuelo, con arena de sílice y un cóctel de químicos que fracturan la roca y liberan el gas. La fracturación hidráulica, más conocida como *fracking*, ha creado una densa malla de plataformas de pozos, bombas, balsas de retorno, tuberías y canales de desagüe a través del paisaje. Devuelve la región a las redes globales de producción de combustibles fósiles a la vez que reactiva viejas interdependencias entre geología, capital y toxicidad. Un subproducto del fracking es el etano: un hidrocarburo volátil que se separa de los vapores del gas. En una paradoja siniestra, este subproducto se ha vuelto más rentable que el propio combustible. A solo veinticinco millas de Pittsburgh río abajo, la planta de craqueo de etano de Shell en el condado de Beaver, un gigantesco complejo petroquímico, convierte esta molécula en polietileno, uno de los plásticos más usados.[20] Allí, el etano reaparece en forma de *pellets* de plástico, gránulos del tamaño de una perla destinados a convertirse en productos, desechos y contaminación: se pierden entre las grietas de la cadena de suministro, se meten por las alcantarillas, se adhieren a sedimentos y se acumulan en los ríos Monongahela, Allegheny y Ohio. Los ríos, ya saturados por los legados de la extracción de carbón y acero, ahora relucen con un brillo petroquímico de contaminantes y plásticos.

19 Mi visión sobre la toxicidad, la herencia y los futuros *queer* ha sido profundamente influenciada por los escritos de Heather Davis. Su ensayo «Toxic Progeny» ofrece una teorización crucial del «plastimundo» como un lugar de vida enmarañada y parentesco especulativo, mientras que *Plastic Matter* amplía esta investigación en una impresionante meditación sobre la intimidad petroquímica y la política material del Antropoceno. Véase Heather Davis, «Toxic Progeny: The Plastisphere and Other Queer Futures», *philoSOPHIA* 5, 2 (2015): pp. 231–250, y *Plastic Matter* (Duke University Press, Durham NC y Londres, 2022).

20 Para una reflexión sobre los enmarañamientos petroquímicos en la región, véase *Everlasting Plastics*, desarrollado en estrecha colaboración comisarial con Tizziana Baldenebro y Lauren Leving para el Pabellón de los EE. UU. en la Bienal de Arquitectura de Venecia 2023 y reinstalado en el Carnegie Museum of Art en 2024. Theodossis Issaias, «Matter Unsettled», en Isabelle Kirkham-Lewitt et al. (eds), *Everlasting Plastics* (Columbia Books on Architecture and the City, Nueva York, 2024).

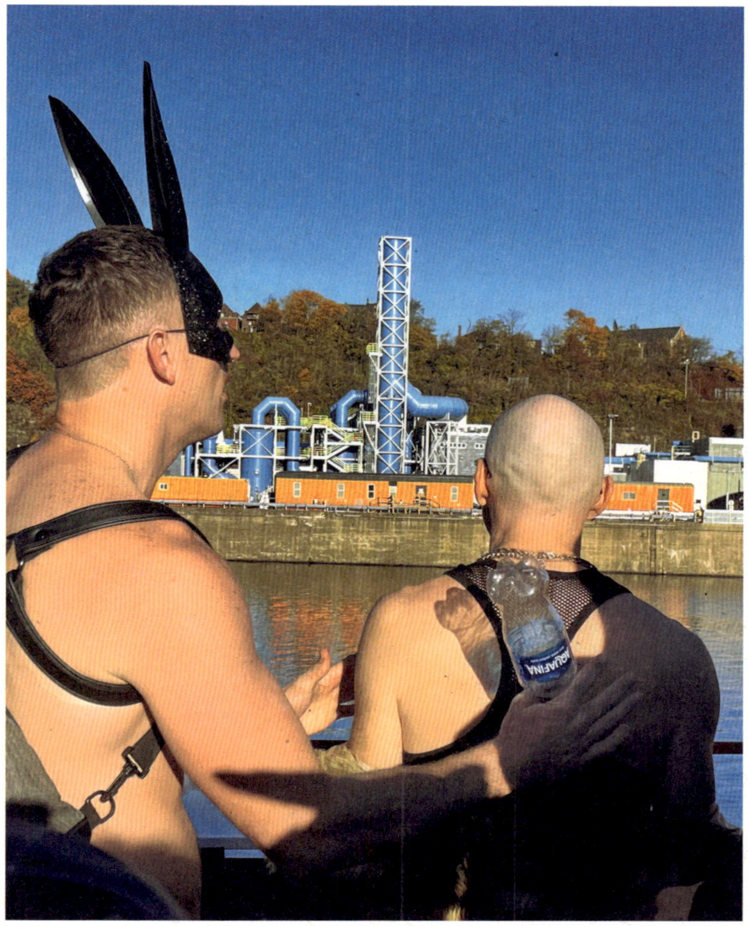

«Seaprise». Una fiesta de Honcho por Halloween en la flotilla Gateway Clipper. Pittsburgh, PA. Octubre 2024.

Seaprise. A Honcho Halloween party on the Gateway Clipper Fleet. Pittsburgh, PA. October 2024.

El plástico, como nos recuerda Heather Davis, no es solo una sustancia material: es una condición que define el presente. «Dijeron que el plástico era desechable», escribe Davis. «Resulta que el plástico no se va».[21] Se adhiere a los cuerpos, se infiltra en las células, persiste a lo largo de generaciones. Al negarse a descomponerse, perdura, reconfigura, se acumula. Bolsas de supermercado, botellas de champú, detergentes, muebles, ropa, revestimientos, aislamiento, suelos, juguetes, DIUs, Tupperwares, envases de alimentos: estas sustancias recorren nuestras venas, los cursos de agua y la atmósfera, modelando y erosionando ecologías y comunidades contemporáneas. Nos estamos volviendo plástico, volviéndonos todas las polifamilias: polipropileno, polietileno, policarbonato, PET, HDPE, LDPE, PVC, PFA. En su poema «I Want Biodegradable Sex», Oliver Baez Bendorf pregunta: «Cuando me observas […] ¿el volumen de plástico es mayor o menor de lo que esperabas? ¿Estás muy de acuerdo, de acuerdo, ni de acuerdo ni en desacuerdo, en desacuerdo o muy en desacuerdo con que ciertos plásticos deberían seguir siendo de un solo uso?».[22] Su respuesta: «Espero volver a la tierra un poco más cada día, hasta ser al fin tú de nuevo».

21 Heather Davis, *Plastic Matter* (Duke University Press, Durham NC, 2022): p. 107.

22 Oliver Baez Bendorf, «I Want Biodegradable Sex», *Black Warrior Review* 48, n.º 1 (2021).

the centre of extraction and harm. Abundant in anthracite and bituminous coal, its mines fuelled the Second Industrial Revolution of the nineteenth century. Its subterranean strata house the Marcellus Shale, feeding a new extractive cycle, this time through gas and petrochemicals. Trapped within this vast formation—a layered shelf of rock stretching beneath the Allegheny Plateau and into the Appalachian Basin—lies one of the largest natural gas reserves in the world. To extract it, high-pressure water, silica sand, and a cocktail of chemicals are hydraulically injected into the ground to break the rock and release gas. Hydraulic fracturing—commonly known as fracking—has produced a dense lattice of well pads, pumps, flowback pits, pipelines and spillways across the landscape. It draws the region back into global networks of fossil fuel production while renewing old interdependencies between geology, capital, and toxicity. One byproduct of fracking is ethane—a volatile hydrocarbon separated from the gas stream. In a sinister paradox, this byproduct has become more profitable than the fuel itself. Just 25 miles downstream from Pittsburgh, Shell's ethane cracker plant in Beaver County, a leviathan petrochemical complex, converts this molecule into polyethylene, one of the most commonly used plastics.[20] There, ethane re-emerges in the form of nurdles, pearl-sized pellets destined to become products, waste, and pollution: slipping through cracks in the supply chain, falling into storm drains, clinging to sediment, and accumulating in the Monongahela, the Allegheny, and the Ohio. The rivers, already saturated with legacies of coal and steel extraction, now glisten with a petrochemical sheen of contaminants and plastics.

Plastic, Heather Davis reminds us, is not only a material substance—it is a condition that defines the present. 'They said plastic was disposable', Davis writes. 'Turns out, plastic will not let go'.[21] It adheres to bodies, infiltrates cells, and lingers across generations. As it refuses decay, it persists, rewires, accumulates. Grocery bags, shampoo bottles, detergents,

20 For a reflection on petrochemical entanglements in the region, see *Everlasting Plastics*, developed in close curatorial collaboration with Tizziana Baldenebro and Lauren Leving for the 2023 U.S. Pavilion at the Venice Architecture Biennale and restaged at the Carnegie Museum of Art in 2024. Theodossis Issaias, 'Matter Unsettled', in Isabelle Kirkham-Lewitt et al. (eds) *Everlasting Plastics* (Columbia Books on Architecture and the City, New York, 2024).

21 Heather Davis, *Plastic Matter* (Duke University Press, Durham NC, 2022): p. 107.

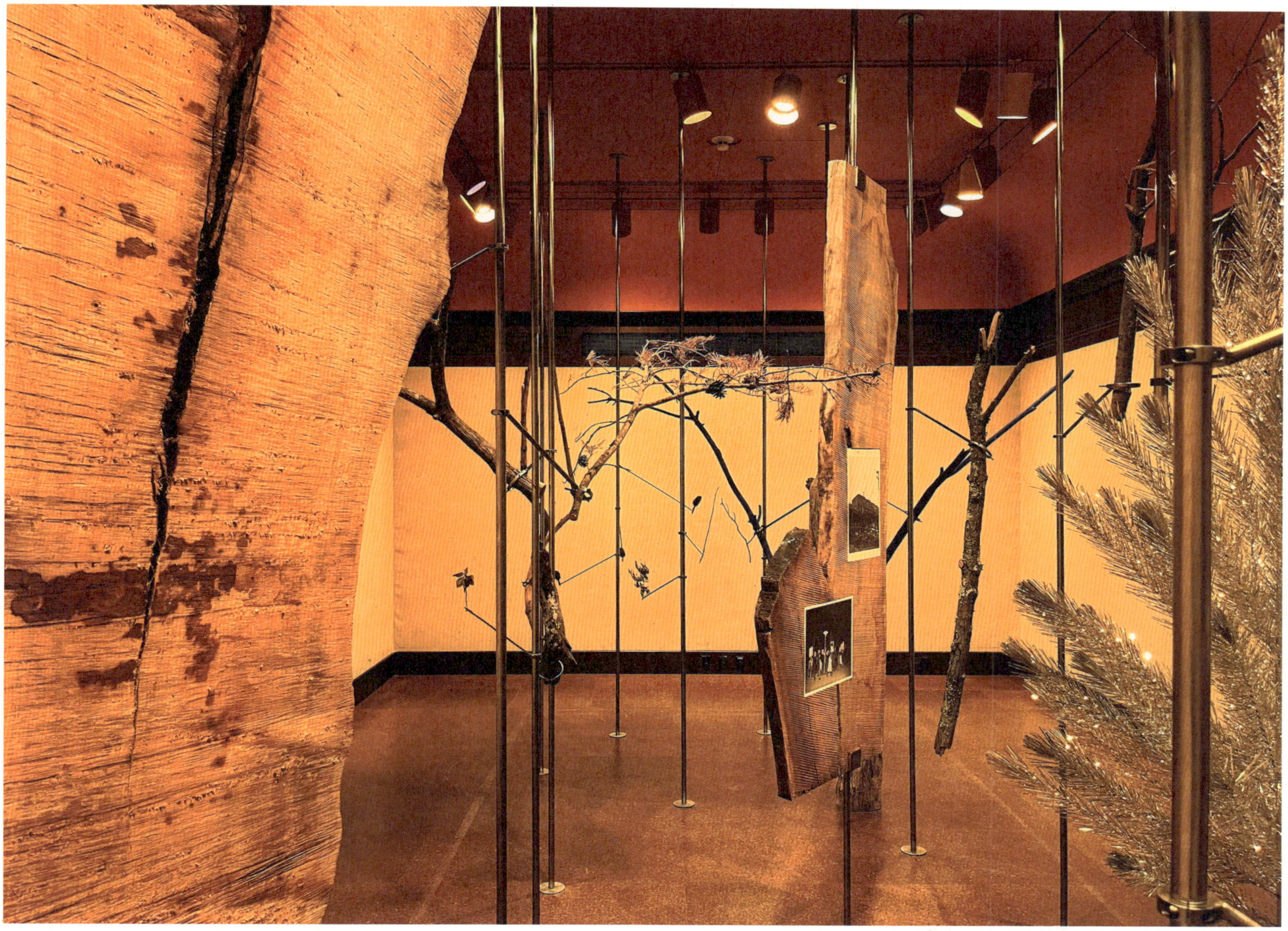

«Offsetted». Cooking Sections, 2019 y 2023. Imagen de la instalación en «Unsettling Matter, Gaining Ground», Carnegie Museum of Art, Pittsburgh.

Offsetted. Cooking Sections, 2019 and 2023. Installation view in *Unsettling Matter, Gaining Ground*, Carnegie Museum of Art, Pittsburgh.

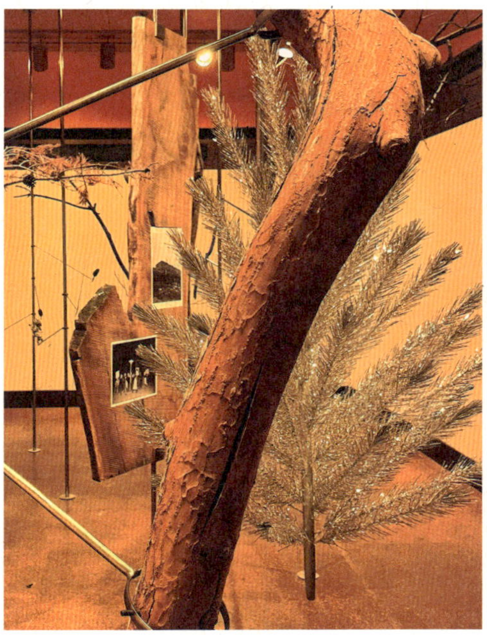

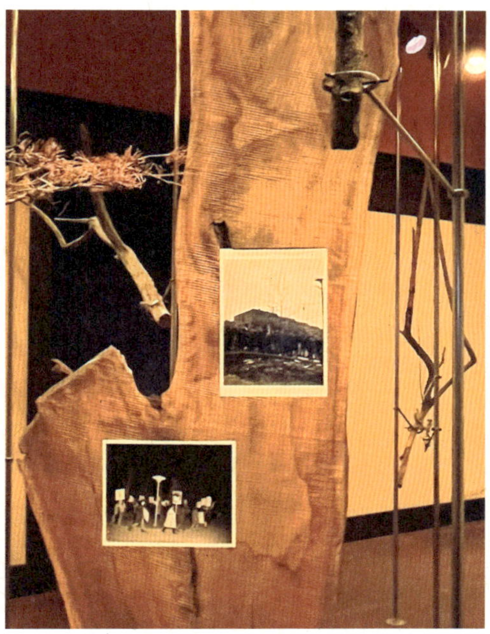

Reconocer que nuestros cuerpos sintéticos circulan por un mundo contaminado no es una expresión de nihilismo ni de indiferencia, sino una declaración política: una llamada a la acción. Dado que no hay retorno a un mundo prístino —un mundo que nunca existió—, debemos aprender a vivir en medio de la maraña, la persistencia y la toxicidad. El plástico, como condición paradigmática del presente, exige repensar la noción de pertenencia ecológica. Esto, sugiere Davis, es el punto de partida para un presente ecológico *queer*: no uno basado en la pureza, la reproducción o el tiempo lineal, sino en la proximidad, la supervivencia y formas de intimidad heterodoxas.[23] Algunas formas de vida ya han comenzado a adaptarse: en los tres ríos de Pittsburgh han aparecido bacterias capaces de devorar polietileno. No revierten el daño, pero sus experimentos metabólicos apuntan a nuevos enmarañamientos, hacia una intimidad reconfigurada en las ruinas del exceso petroquímico y la posibilidad de sobrevivir juntos en mundos dañados.

En estos mundos dañados, Daniel Fernández Pascual y Alon Schwabe proponen formas de vivir íntimamente en y con un planeta más cálido, más húmedo y más vulnerable. Su trabajo no busca regresar a un pasado ecológico mítico ni se apoya en soluciones medioambientales tecno-optimistas. En cambio, habita las desordenadas marañas: estaciones moldeadas por la extracción, sabores condicionados por la toxicidad, cuerpos marcados por herencias sintéticas y la violencia colonial. En su proyecto itinerante CLIMAVORE, plantean el comer como un espacio de investigación y aprendizaje. Y la boca es una gran pedagoga, como recuerda Phillips. La palabra híbrida del proyecto, ideada para desafiar las categorías dietéticas convencionales, reconoce y adapta modos de comer a las estaciones cambiantes y a los sistemas alimentarios afectados por el cambio climático.[24] A pesar del uso de mayúsculas, CLIMAVORE no es una estrategia de marca para una alimentación más saludable o sostenible, sino un repertorio de maneras de ser y devorar en medio de mares contaminados y suelos exhaustos. A través de actos de nutrición, Alon y Daniel —junto a sus glotones y promiscuos colaboradores, que incluyen gránulos, abejas, lombrices, gorriones, hierba nudosa, tomates sueltos, ostras, mejillones, salmones, búfalos y olas— ponen en práctica gestos que rechazan la inocencia, pero insisten en el cuidado. Devorar, aquí, es dar un beso primordial —o mejor dicho, si

23 Davis, *Plastic Matter*: pp. 81–102.

24 Daniel Fernández Pascual y Alon Schwabe, «CLIMAVORE: Divesting from Fish Farms Towards the Tidal Commons», *Journal Agricultural & Environmental Ethics* 37, 6 (2024): pp. 1–22.

furniture, clothing, cladding, insulation, flooring, toys, IUDs, Tupperware, food packaging: these substances course through our veins, waterways, and the atmosphere, shaping and eroding contemporary ecologies and communities. We are becoming plastic, becoming all the poly-families: polypropylene, polyethylene, polycarbonate, PET, HDPE, LDPE, PVC, PFA. In his poem *I Want Biodegradable Sex*, Oliver Baez Bendorf asks: 'When you observe me [...] is the volume of plastic more or less than what you would expect? Do you agree strongly, agree, neither agree nor disagree, disagree, or strongly disagree that certain plastics should remain single-use?'[22] His answer: 'I hope to return to earth a little bit more every day, until I'm finally you again'.

To admit that our synthetic bodies course through a polluted world is not an expression of nihilism or indifference, but a political utterance—a call to action. Since there is no return to a pristine world—one that never was—we must learn how to live amid entanglement, persistence, and toxicity. Plastic, as the paradigmatic condition of the present, demands a rethinking of ecological belonging. This, Davis suggests, is the starting point for a queer ecological present: not one based on purity, reproduction or linear time, but on proximity, survival, and unorthodox forms of intimacy.[23] Some lifeforms have already begun to adapt: bacteria capable of devouring polyethylene have emerged in the three rivers of Pittsburgh. They do not undo the damage, but their metabolic experiments gesture toward new entanglements, toward a reconfigured intimacy in the ruins of petrochemical excess and the possibility of surviving together in damaged worlds.

In these damaged worlds, Daniel Fernández Pascual and Alon Schwabe put forth propositions for living intimately in and with a warmer, wetter, more vulnerable planet. Their work neither seeks to return to a mythical ecological past nor relies on techno-optimist environmental fixes. Instead, it inhabits the messy entanglements: seasons shaped by extraction, taste conditioned by toxicity, bodies marked by synthetic inheritance and colonial violence. In their itinerant CLIMAVORE

22 Oliver Baez Bendorf, 'I Want Biodegradable Sex', *Black Warrior Review* 48, no. 1 (2021).

23 Davis, *Plastic Matter*: pp. 81–102.

besar es comer con el objetivo inhibido, entonces devorar se convierte en su forma más mutua y duradera. En lugar de soluciones, las personas «climávoras» ensayan un repertorio *queer*, imperfecto, colectivo, a veces delicioso, de cómo besarnos entre nosotros y al planeta.

project, they posit eating as a site of inquiry and learning. And the mouth is a great educator, as Phillips reminds us. Their portmanteau, devised to defy conventional dietary categories, acknowledges and adapts ways of eating to changing seasons and food systems affected by climate change.[24] Despite its capitalisation, CLIMAVORE is not a branding exercise for healthier or more sustainable eating, but a repertoire of being and devouring amid polluted seas and soil exhaustion. Through acts of nourishment, Alon and Daniel—alongside their gluttonous and promiscuous collaborators, who have included pellets, bees, earthworms, sparrows, knotweed, loose tomatoes, oysters, mussels, salmon, buffalo, and waves—enact gestures that refuse innocence yet insist on care. To devour, here, is to give a primordial kiss—or rather, if kissing is aim-inhibited eating, then devouring becomes its most mutual and lingering form. In place of solutions, the climavores rehearse a repertoire—queer, imperfect, collective, sometimes delicious—for how to kiss each other and the planet.

24 Daniel Fernández Pascual and Alon Schwabe. 'CLIMAVORE: Divesting from Fish Farms Towards the Tidal Commons', *Journal Agricultural & Environmental Ethics* 37, 6 (2024): pp. 1–22.

Inaugurado en 2025 en la antigua oficina de aduanas de Folkestone, el primer «Ministry of Sewers» (Ministerio de Cloacas) del Reino Unido es un espacio cívico para hacer frente a la contaminación costera y exigir mares aptos para el baño. Recuperando el uso antiguo de la palabra *«sewer»* como curso de agua vital, enlaza los históricos comunes de drenaje con acciones urgentes contra los vertidos de aguas residuales, la escorrentía agroquímica, la privatización de superficies acuáticas y el deterioro infraestructural. Solo en 2023 a lo largo de la costa de Kent, se virtieron más de 4000 horas de aguas negras sin tratar. Inspirado en el nombramiento en 1976 de Dennis Howell como «ministro de sequías», el «Ministry of Sewers» reúne en cambio testimonios de nadadores, agricultores y residentes, construyendo un Registro de Agravios público. Abre la puerta a otro tipo de servicio público, uno que escucha.
«Ministry of Sewers». Cooking Sections, 2025. Imagen de la instalación, Trienal de Folkestone.

Launched in 2025 in Folkestone's old Customs House, the UK's first *Ministry of Sewers* is a civic space to confront coastal pollution and demand swimmable seas. Reviving the older meaning of 'sewer' as a life-giving waterway, it links historic drainage commons to urgent action against sewage dumping, agrochemical runoff, privatised water surfaces, and crumbling infrastructure. In 2023 alone, over 4000 hours of raw sewage were discharged along Kent's coast. Inspired by the 1976 appointment of Dennis Howell as Minister for Drought, the Ministry of Sewers gathers instead testimonies from swimmers, farmers, and residents, building a public Log of Grievances. It opens the door to another kind of public service, one that listens.
Ministry of Sewers. Cooking Sections, 2025. Installation view, Folkestone Triennial.

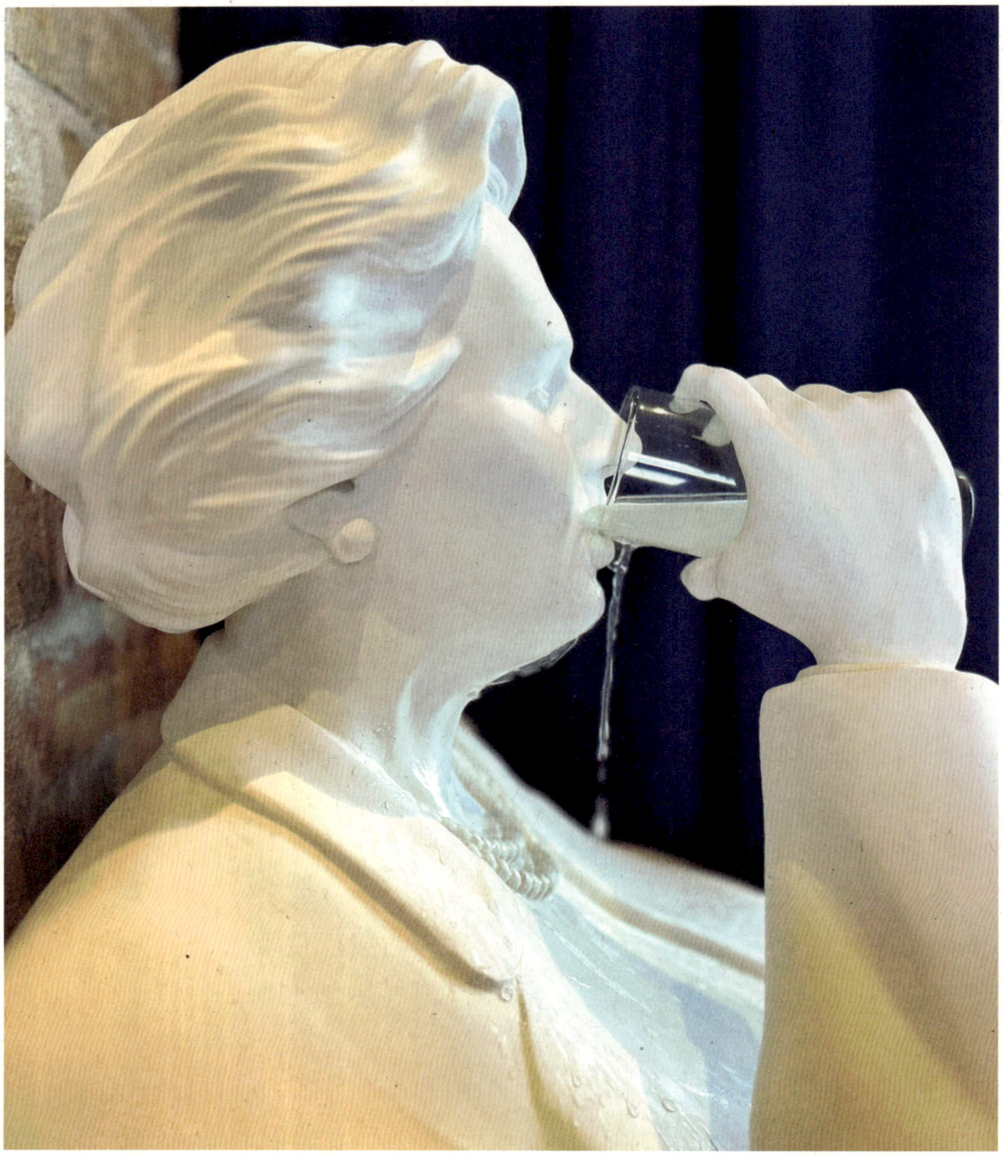

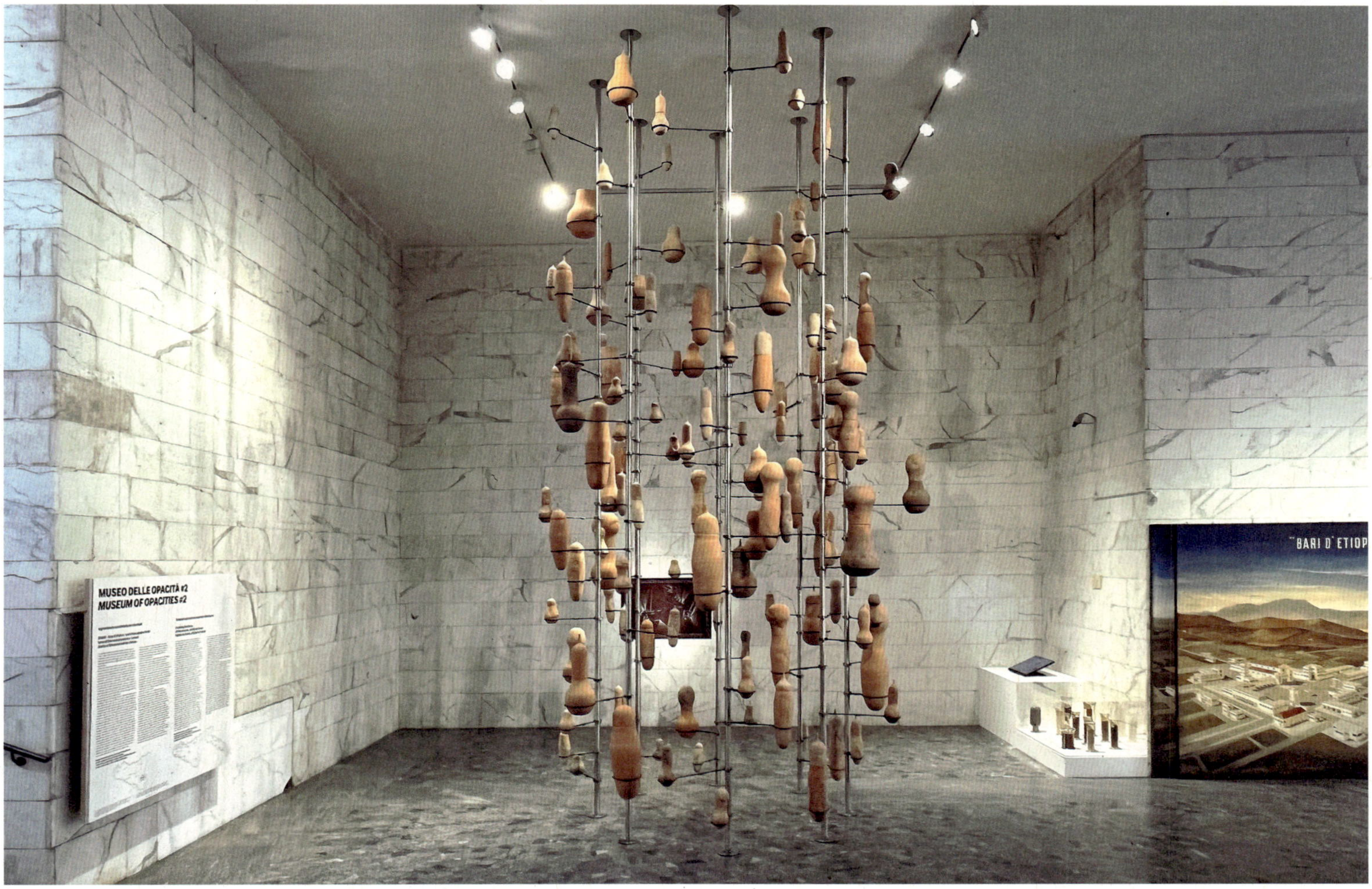

125 vasijas de cerámica guardan 125 variedades de semillas campesinas resistentes a la sequía y en riesgo de extinción en Sicilia y Puglia. Seleccionadas tras dos años de trabajo con asambleas locales, propagadores y nuevos viveros de sequía, son semillas adaptadas al calor y al estrés hídrico. Un acuerdo a largo plazo entre agricultores agroecológicos, cooperativas y el Museo delle Civiltà establece una nueva forma de procedencia y un protocolo anual de intercambio, manteniendo las semillas libres de derechos de propiedad, patentes o restricciones comerciales. Cada temporada, se alojan temporalmente en la «colección viva» del museo antes de regresar al suelo y multiplicarse con «fines culturales». El museo se convierte en plataforma para resistir el cercamiento de semillas, desafiar el colapso de la monocultura y afirmar el derecho de las semillas a coevolucionar con personas y climas.
«Rights to Seeds, Rights of Seeds». Cooking Sections, 2025. La investigación del proyecto se desarrolló como parte de «Monoculture Meltdown», CLIMAVORE × Jameel at RCA. Imagen de la instalación, Museo delle Civiltà, Roma.

125 ceramic vessels host 125 drought-resistant peasant seed varieties at risk of extinction across Sicily and Puglia. Selected through two years of work with local assemblies, propagators, and new drought nurseries, these seeds are adapted to heat and water stress. A long-term agreement between agroecological farmers, cooperatives, and the Museo delle Civiltà establishes a new form of provenance and an annual exchange protocol, keeping seeds free from ownership, patents, or commercial restrictions. Each season, they are hosted temporarily in the museum's 'living collection' before returning to the soil and propagated for 'cultural purposes'. The museum becomes a platform to resist seed enclosures, challenge monoculture collapse, and affirm the right of seeds to coevolve with people and climates.
Rights to Seeds, Rights of Seeds. Cooking Sections, 2025. Research for the project was developed within *Monoculture Meltdown*, CLIMAVORE × Jameel at RCA. Installation view, Museo delle Civiltà, Rome.

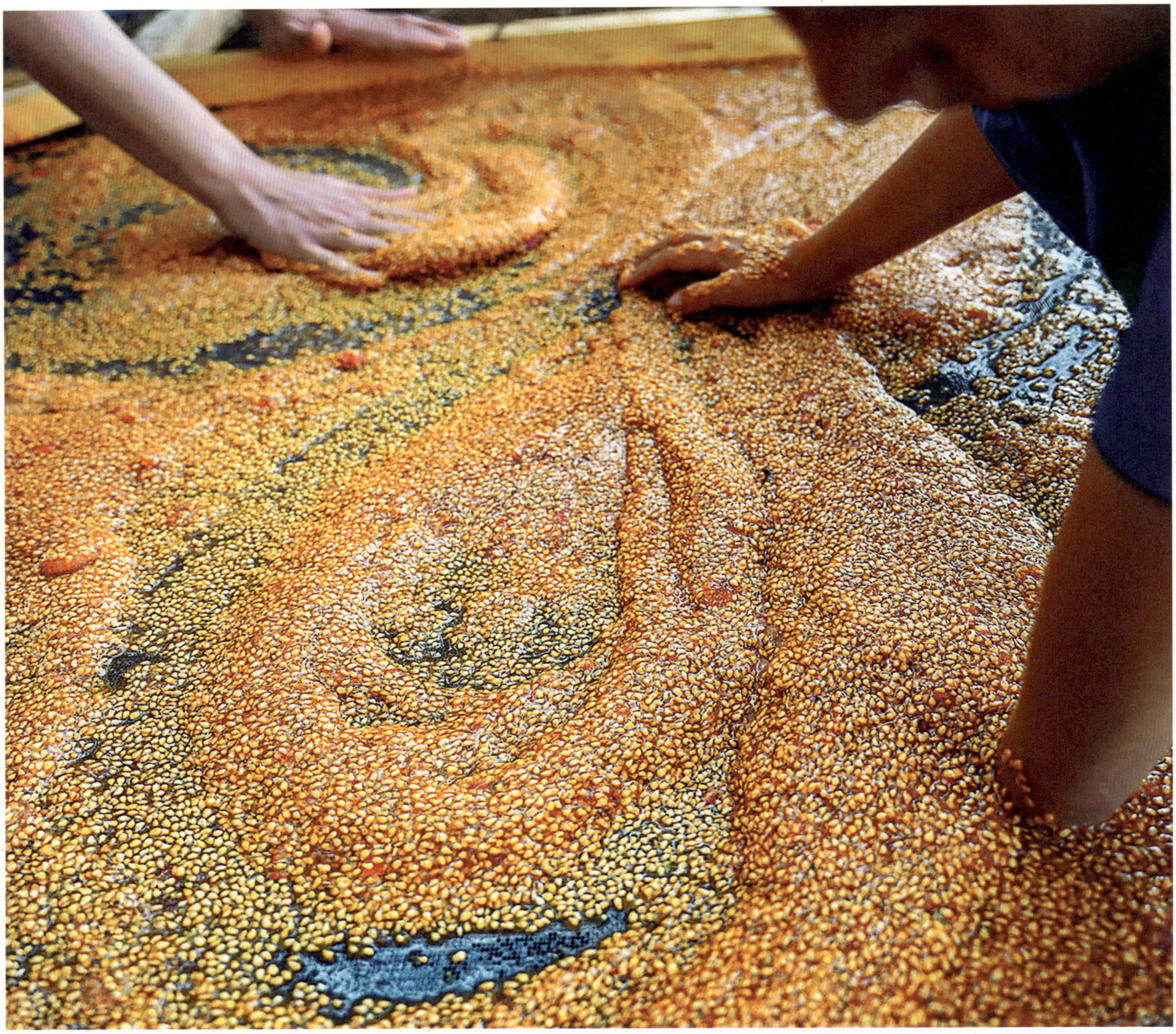

Las semillas campesinas no registradas, libremente intercambiadas y reproducidas durante generaciones, se enfrentan a la creciente presión de prohibiciones y la competición de híbridos industrializados y patentes. La fiesta de hacer salsa de tomate es una tradición culinaria y un acto de resistencia que garantiza que las variedades resistentes a la sequía, cultivadas en los márgenes, sigan circulando más allá de los cercamientos corporativos de semillas.
«Senza Passata Non C'è Futuro». Puglia, agosto 2024. «Monoculture Meltdown», CLIMAVORE × Jameel at RCA.

Unregistered peasant seeds, freely exchanged and reproduced for generations, are increasingly outlawed and displaced by industrialised hybrids and patents. The celebration of making tomato sauce is a culinary tradition and an act of resistance ensuring that drought-resistant varieties, cultivated on the margins, continue to circulate beyond corporate seed enclosures.
Senza Passata Non C'è Futuro. Puglia, August 2024. *Monoculture Meltdown*, CLIMAVORE × Jameel at RCA.

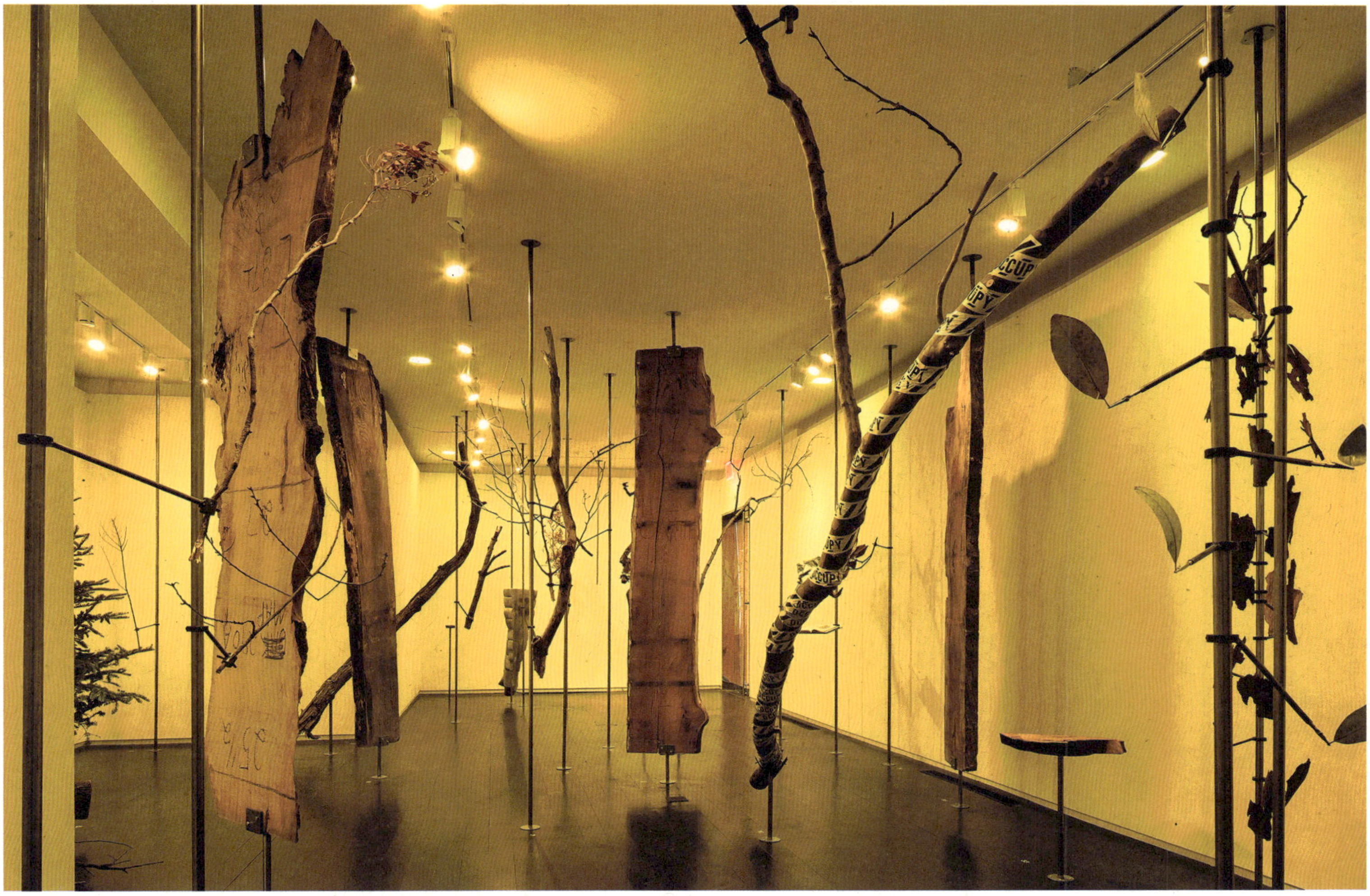

Los 678 183 árboles urbanos de la ciudad de Nueva York suman 109 625 536,06 dólares anuales en «servicios ambientales». El ahorro energético, la mejora de la calidad del aire y la captura de escorrentías se computan como activos financieros negociables. «Offsetted» cuestiona esta lógica, rastreando cómo se han movilizado los árboles para justificar desplazamientos forzosos y cómo las comunidades, a su vez, utilizan los árboles para resistir. Cada vez más, se fuerza a los árboles a desempeñarse como instrumentos especulativos en mercados que gestionan, más que reducir, el daño ecológico. Junto con el Center for Democratic and Environmental Rights, se propuso una enmienda legal al código municipal: reconocer el derecho de los árboles a no ser compensaciones de carbono, sino simplemente a vivir como árboles.
«Offsetted». Cooking Sections, 2019 y 2023. Imagen de la instalación, Arthur Ross Architecture Gallery, Columbia University GSAPP, Nueva York.

New York City's 678 183 street trees are credited with $109 625 536.06 in annual 'environmental services'. Energy savings, air quality improvement, and runoff interception are tallied as tradable financial assets. *Offsetted* questions this logic, tracing how trees have been mobilised to justify displacement, and how communities, in turn, use trees to resist. Increasingly, trees are pressed to perform as speculative instruments in markets that manage rather than reduce ecological harm. Together with the Center for Democratic and Environmental Rights, a legal amendment to the city code was put forth: recognising the right of trees not to be carbon offsets, but simply live as trees.
Offsetted. Cooking Sections, 2019 and 2023. Installation view, Arthur Ross Architecture Gallery, Columbia University GSAPP, New York.

La protección de los derechos de la naturaleza:

un movimiento cultural y jurídico

Mari Margil

«Esto no se puede hacer». Eso fue lo que nos dijeron los abogados españoles.

Era 2008 y Ecuador estaba en pleno proceso de redactar una nueva constitución nacional. Se había convocado una Asamblea Constituyente compuesta por delegados elegidos en todo el país, con la asesoría de abogados españoles sobre el proceso. Más de doscientos años después de lograr independizarse de España, el sistema jurídico ecuatoriano seguía basándose en el derecho español. España colonizó y gobernó el territorio que hoy es Ecuador durante casi tres siglos, hasta que el país se hizo con la independencia tras una larga guerra, para erguirse al fin como Estado soberano en 1830.

Protecting the Rights of Nature:

A Cultural and Legal Movement

Mari Margil

'You can't do this'. That was what the Spanish lawyers told us.

It was 2008 and Ecuador was in the process of drafting a new national constitution. A Constituent Assembly made up of delegates elected from across the country had been convened and Spanish lawyers were providing guidance on the process. More than two hundred years after gaining independence from Spain, Ecuador's legal system is still based on Spanish law. Spain colonised and ruled the lands that are now Ecuador for nearly three hundred years before the country achieved independence following a years-long war, finally becoming a sovereign state in 1830.

Thomas Linzey and I, co-founders of the Center for Democratic and Environmental Rights, were there to consult with the Constituent Assembly on how the new national constitution might enshrine the rights of nature. We shared the experience of working with local communities in the United States of America doing work in this field. Much like in Ecuador, communities across the USA were facing significant environmental destruction with little

Thomas Linzey y yo, cofundadores del Center for Democratic and Environmental Rights (Centro por los Derechos Democráticos y Medioambientales), estábamos allí para asesorar a la Asamblea Constituyente sobre cómo consagrar los derechos de la naturaleza en la nueva constitución nacional. Compartimos nuestra experiencia de trabajar en este ámbito con comunidades estadounidenses donde, al igual que en Ecuador, comunidades de todo el país se enfrentaban a una verdadera devastación ambiental con muy poca capacidad para detenerla. Cuando nos reunimos con los abogados, argumentaron que no sería posible que el mundo natural tuviera derechos legales dentro del marco de la nueva constitución ecuatoriana.

Ecuador es célebre por sus singulares ecosistemas y zonas de alta biodiversidad, que van desde los Andes hasta la Amazonía y las Islas Galápagos. La protección de estos lugares resultaba cada vez más difícil frente al aumento de la minería, la explotación petrolera y otras actividades industriales. Los delegados nos dijeron que había una necesidad creciente de cambiar la forma en que se protegía la naturaleza y de consagrar esa protección en la ley suprema del país: la constitución nacional.

Los derechos constitucionales constituyen el nivel más alto de protección que existe en el derecho humano escrito. Pensemos en derechos humanos fundamentales que hoy están recogidos en constituciones de todo el mundo, como la libertad de expresión, la libertad de religión y el derecho al debido proceso legal. En muchos países, la esfera de protección se ha ampliado para incluir derechos esenciales como el derecho a la educación, la vivienda y un medio ambiente sano (para los humanos). En 2008, Ecuador se convirtió en el primer país del mundo en ampliar esa esfera de protección aún más, para reconocer los derechos constitucionales de la naturaleza, o Pacha Mama.

ability to stop it. When we met with the lawyers, they argued that it would not be possible for the natural world to have legal rights within the framework of the new Ecuadorian constitution.

Ecuador is renowned for its unique biodiversity hotspots and ecosystems, ranging from the Andes to the Amazon, to the Galápagos Islands. Protecting these places was increasingly difficult in the face of increased mining, oil drilling, and other industrial activities. There was a growing need, delegates told us, to change how nature was protected and to enshrine that protection within their highest law—the national constitution.

Constitutional rights are the highest form of protection that exists in written human law. Consider fundamental human rights that are now enshrined in constitutions across the globe, including the right to free expression, freedom of religion, and due process. In many countries, the sphere of protection has expanded to include essential rights such as the right to education, housing, and a healthy environment (for humans). In 2008, Ecuador became the first country in the world to expand this sphere of protection further, to recognise the constitutional rights of nature, or *Pacha Mama*.

From Rightless to Rights Bearing

Ecuador's path to recognise the rights of nature continues the long arc of history in which those without rights become rights holders. Across history, countless peoples—enslaved people, women, children, Indigenous populations, and many others—have been treated by law as the property of others, without legal rights and protections of their own.

It was only through the building of mass movements such as abolitionist movements to end slavery and suffragist movements to recognise rights of women that enslaved people and women went from being considered property

De sin derechos a sujetos de derechos

El camino de Ecuador hacia el reconocimiento de los derechos de la naturaleza es una continuación de la larga trayectoria histórica en la que aquellos sin derechos pasaron a ser sujetos de derechos. A lo largo de la historia, innumerables pueblos y personas —esclavizadas, mujeres, niños, poblaciones indígenas e incontables otras— han sido tratados por la ley como la propiedad de otros, sin derechos ni protecciones legales propias.

Solo a través de la organización de movimientos masivos, como el abolicionismo para acabar con la esclavitud y el sufragismo para reconocer los derechos de las mujeres, se consiguió que las personas esclavizadas y las mujeres pasaran de ser consideradas propiedad a ser reconocidas como sujetos de derechos. Estos movimientos transformaron los sistemas jurídicos.

Hoy, en gran parte del mundo, la naturaleza se considera propiedad. Las leyes «ambientales» autorizan el uso de la naturaleza en lugar de legislar para su protección. Legalizan la perforación, la minería, la agricultura industrial y la contaminación climática, es decir, el daño a la naturaleza, y lo hacen porque no tratan a la naturaleza como una entidad viva a la que proteger, sino como un recurso que explotar.

La transformación que experimentaron los sistemas jurídicos al reconocer y proteger los derechos de las personas esclavizadas y de las mujeres, por ejemplo, es el tipo de transformación que se necesita hoy para la naturaleza. El movimiento por los derechos de la naturaleza está abriendo ese camino.

to being recognised as people with rights. These movements transformed legal systems.

Today, in much of the world, nature is considered to be property. 'Environmental' laws authorise the use of nature rather than legislating for its protection. They legalise drilling, mining, industrial farming, and climate change pollution—harm to nature—and they are able to do so because nature is not treated as a living entity to be protected, but as a resource to be exploited.

The transformation that legal systems underwent to recognise and protect the rights of enslaved people and women, for example, is the kind of transformation needed for nature today. The movement for the rights of nature is leading the way.

A Growing Global Movement

At the time of writing, Ecuador remains the only country to have enshrined the rights of nature within a national constitution. However, its action has inspired countries, communities, and courts around the world to follow suit.

This includes national rights of nature laws now enacted in Bolivia, Uganda, and Panama. In Aotearoa New Zealand, the parliament has codified agreements between the Indigenous Māori and the central government that recognise certain rights of the Whanganui River and other ecosystems. In Bangladesh, Colombia, India, and Peru, courts have recognised that rivers and other ecosystems possess legal rights. First Nations and Tribal Nations in Canada and the USA have established the rights of nature within their Indigenous legal systems. And more than three dozen communities across the United States of America, Canada, and Brazil have established the rights of nature within their municipal legal frameworks. This includes the community of Linhares, Brazil, which recognised the rights of waves found at the mouth of the Doce River—the first law to do so.

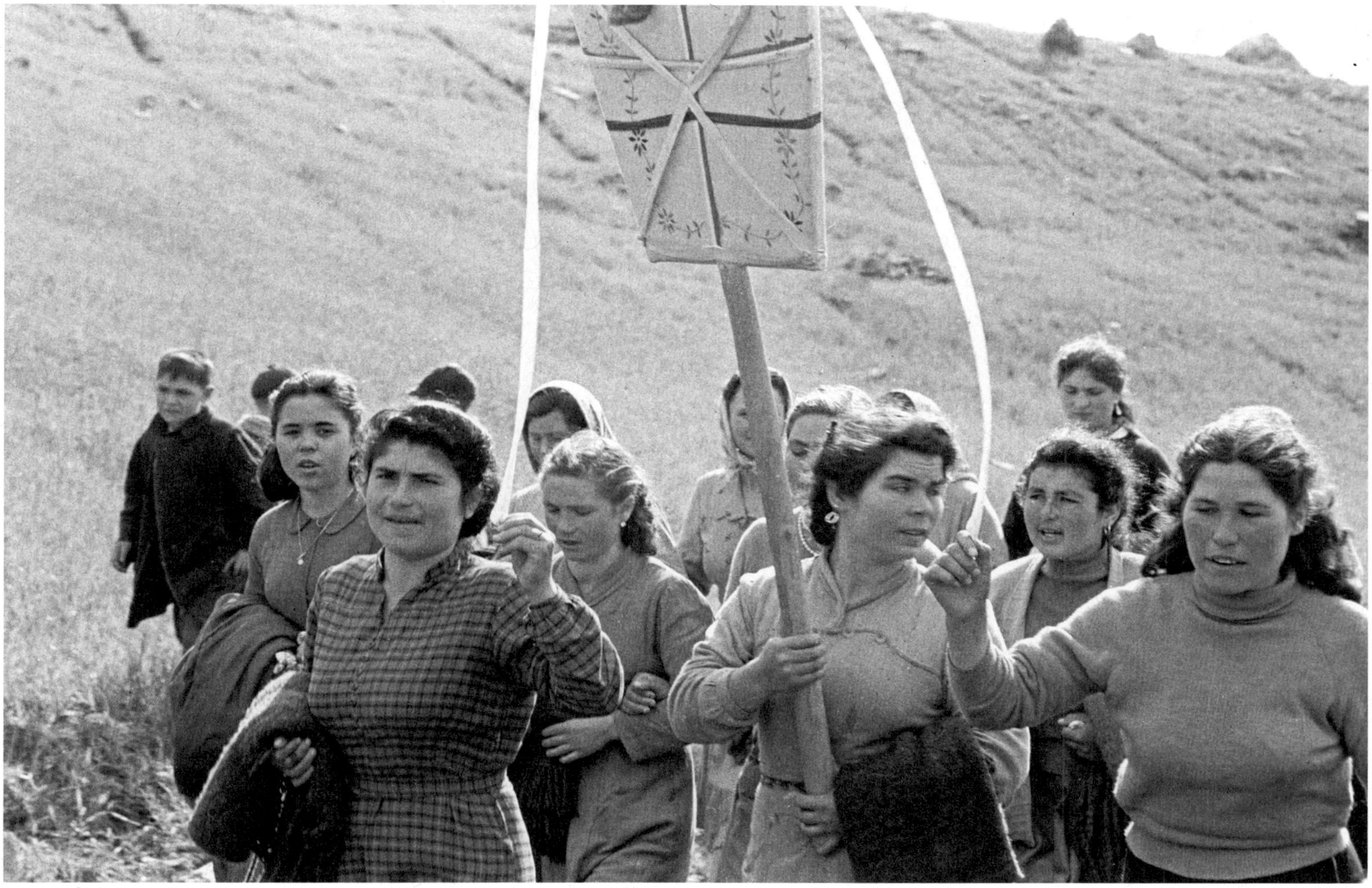

Mujeres en la procesión a la Madonna delle Grazie, Lacedonia, 1957. Frank Cancian.

Women in the procession to the Madonna delle Grazie, Lacedonia, 1957. Frank Cancian.

Un movimiento mundial en auge

En el momento de escribir estas líneas, Ecuador sigue siendo el único país que ha consagrado los derechos de la naturaleza en una constitución nacional. Sin embargo, la decisión ha inspirado a países, comunidades y tribunales por todo el mundo a seguir su ejemplo.

Esto incluye leyes nacionales de derechos de la naturaleza promulgadas en Bolivia, Uganda y Panamá. En Aotearoa Nueva Zelanda, el parlamento ha codificado acuerdos entre los maoríes y el gobierno central para reconocer ciertos derechos del río Whanganui y otros ecosistemas. En Bangladés, Colombia, India y Perú, los tribunales han reconocido que ríos y otros ecosistemas poseen derechos legales. Los pueblos de las Primeras Naciones y Naciones Tribales en Norteamérica han establecido los derechos de la naturaleza dentro de sus sistemas jurídicos indígenas. Y más de treinta comunidades en los EE. UU., Canadá y Brasil han reconocido los derechos de la naturaleza en sus marcos jurídicos municipales. Esto incluye la comunidad brasileña de Linhares, que reconoció los derechos de las olas en la desembocadura del río Doce: la primera ley en hacerlo.

Las leyes de derechos de la naturaleza reconocen a la naturaleza como una entidad viva con derechos legales. Estas leyes incluyen los más básicos de todos los derechos: el derecho a existir, así como el derecho a prosperar, a regenerarse, a evolucionar y a ser restaurada. A medida que se desarrollan más leyes de derechos de la naturaleza, con el foco en ecosistemas o especies concretas, también se empiezan a reconocer derechos más específicos. Esto incluye el derecho al hábitat, el derecho de un río a fluir y el derecho al agua limpia.

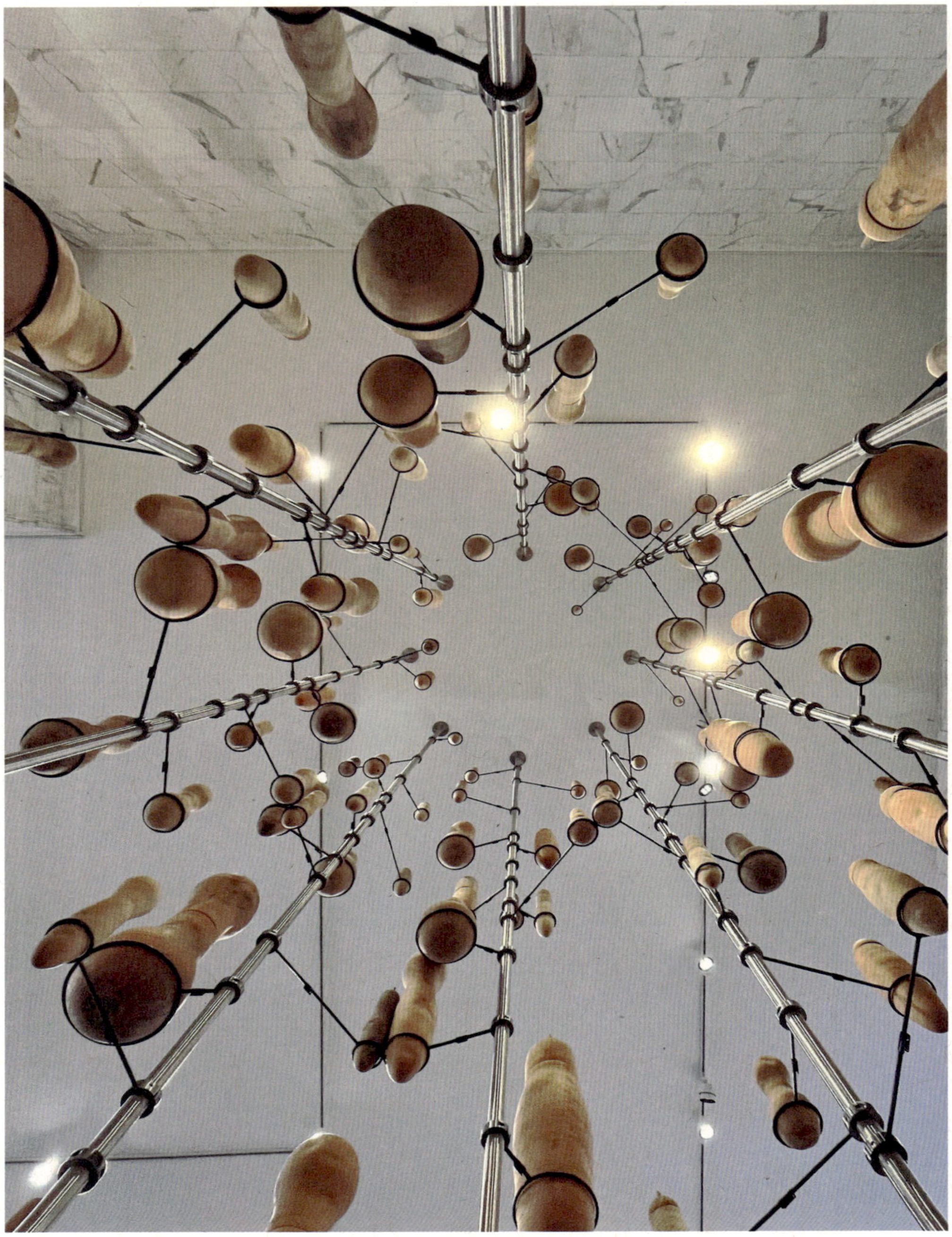

«Rights to Seeds, Rights of Seeds». Cooking Sections, 2025. Vista de la instalación, Museo delle Civiltà, Roma.

Rights to Seeds, Rights of Seeds. Cooking Sections, 2025. Installation view, Museo delle Civiltà, Rome.

Desde que se ratificó la constitución ecuatoriana en 2008, sus tribunales han reiterado una y otra vez la vigencia de los derechos constitucionales de la naturaleza. En el caso Los Cedros de 2021, la Corte Constitucional determinó que la minería exploratoria autorizada por el gobierno en un bosque nuboso violaba los derechos de la naturaleza. Se ordenó la anulación del permiso de explotación en ese frágil ecosistema y dentro del hábitat de especies en riesgo, y la retirada de todo el equipo minero. En otro caso fueron los manglares costeros, ecosistemas cruciales para diferentes especies marinas, los que de igual manera fueron protegidos bajo los derechos de la naturaleza. Se determinó que la industria camaronera violaba los derechos del bosque de manglares.

Los tribunales ecuatorianos se han pronunciado en todavía más casos para sostener y hacer cumplir los derechos de la naturaleza, incluido el derecho a ser protegida de la «extinción de especies, la destrucción de ecosistemas y la alteración permanente de ciclos naturales» (art. 73, Constitución de la República del Ecuador de 2008). Esto ha inspirado esfuerzos similares en otros países.

En 2022, tras una intensa movilización de base, el parlamento español aprobó la primera ley de derechos de la naturaleza en Europa. Esta ley reconoce los derechos legales de la laguna del Mar Menor, un ecosistema amenazado por múltiples factores. En 2024, en respuesta a un recurso contra la ley de derechos del Mar Menor, el Tribunal Constitucional de España determinó que la ley era constitucional: una confirmación de que el sistema jurídico español sí permite que la naturaleza posea derechos legales.

Rights of nature laws recognise nature as a living entity with legal rights. These laws include the most basic of rights—the right to exist—as well as rights to thrive, regenerate, evolve, and be restored. As more rights of nature laws are developed, focusing on a particular ecosystem or species, more specific rights are also being recognised. This includes the right to habitat, the right of a river to flow and the right to clean water.

Since Ecuador's constitution was ratified in 2008, its courts have time and again upheld the constitutional rights of nature. In the Los Cedros case of 2021, the Constitutional Court ruled that government-authorised exploratory mining in a cloud forest violated the rights of nature. The permit to mine in the fragile ecosystem and within the habitat of at-risk species was ordered to be terminated, and all mining equipment removed. In a separate case, coastal mangrove forests, which are critical ecosystems for marine species, were similarly protected under the rights of nature. Industrial shrimp farming was determined to violate the rights of the mangrove forest.

More cases have been decided by Ecuador courts which uphold and enforce the rights of nature—including the right to be protected from the 'extinction of species, the destruction of ecosystems and the permanent alteration of natural cycles' (Article 73, Constitution of the Republic of Ecuador of 2008). This has inspired similar efforts in other countries.

In 2022, after much grassroots activism, Spain's parliament adopted the first rights of nature law in Europe. This law recognises the legal rights of the Mar Menor lagoon, an ecosystem facing numerous threats. In 2024, in response to a legal challenge to the Mar Menor rights of nature law, Spain's Constitutional Tribunal found the law to be constitutional, finding that Spain's legal system does indeed allow nature to possess legal rights.

Cambios en naturaleza y cultura

Ha sido un largo camino desde aquella sala de conferencias en Ecuador donde aquellos abogados españoles nos soltaron aquel «No». Los cambios que se han producido en sistemas jurídicos por todo el mundo han sido significativos, y representan no solo una transformación del mundo jurídico, sino también en la sociedad y la cultura.

Los derechos de la naturaleza, aunque sean relativamente nuevos en la esfera legal, tienen sus raíces culturales en los pueblos ancestrales y su sabiduría. Miembros de Naciones Indígenas, con quienes el Center for Democratic and Environmental Rights colabora, hablan de la naturaleza como de un pariente, una relación. Sus gentes suelen ser miembros de un clan particular, como el clan del Oso o el clan del Pez. Son pueblos cuyas culturas precoloniales se entendían a sí mismas como parte de la naturaleza, con la obligación de respetar y proteger el mundo natural. Esta manera de entender el mundo todavía perdura hoy. Los derechos de la naturaleza se nutren de esta cosmovisión indígena.

Imaginar el derecho de otra manera requiere imaginar también nuestra relación con la naturaleza de otra manera. Implica impulsar el cambio legal con el apoyo de un cambio cultural paralelo. Como ocurrió con otros movimientos populares del pasado, los cambios culturales suceden cuando las personas y las sociedades comprenden la necesidad de cambio como algo que sienten y entienden de manera personal. Un ejemplo que sigue siendo significativo más de cincuenta años después se dio cuando los estadounidenses fueron testigos de cómo la policía utilizó perros para atacar a la gente que se manifestaba por los derechos civiles. Aquello cambió algo en su cultura. Ser testigos de la violencia contra personas que se manifestaban de manera pacífica puso de relieve la discriminación y el prejuicio que sufría la población negra y la necesidad de acabar con ello.

Hay muchas maneras en las que se puede producir un cambio cultural. En 2019, Cooking Sections me invitó a participar en la exposición «Offsetted» en la Universidad de Columbia, en Nueva York. La exposición exploraba cómo los gobiernos y las corporaciones utilizan los árboles en un intento de compensar la destrucción ambiental antropogénica, y la necedad

Changing Nature and Culture

It has been a long journey from the conference room in Ecuador where those Spanish lawyers told us 'No'. The changes that have occurred in legal systems around the world have been significant, representing not only a shift in law, but in society and culture as well.

Rights of nature, while fairly new in the legal sphere, have their cultural underpinnings in ancient peoples and wisdom. Members of Indigenous nations, with whom the Center for Democratic and Environmental Rights partners, speak of nature as a relative, a relation. Their peoples are often members of a particular clan, such as the Bear clan or the Fish clan. They are peoples whose precolonial cultures understood themselves as part of nature, with an obligation to respect and protect the natural world. This understanding endures today. Rights of nature draws on this Indigenous worldview or cosmovision.

Imagining the law differently requires imagining our relationship to nature differently. It involves advancing legal change with the support of a cultural shift as well. As with other past popular movements, successful cultural change happens when people and societies are able to understand the need for change as something that they can feel and personally understand. One example that still resonates more than fifty years later occurred when people across the USA saw images of police using dogs to attack civil rights marchers. It shifted something within the culture. Witnessing the violence being used against peaceful protesters brought into focus the discrimination and prejudice that Black people experienced and the need to end it.

There are many ways a cultural shift can occur. In 2019, Cooking Sections invited me to participate in the *Offsetted* exhibition at Columbia University in New York City. The exhibition explored how governments and corporations use trees in an attempt to offset anthropogenic

de pensar que podemos dañar de manera deliberada la naturaleza en un lugar y compensarlo en otro. Planteaba cómo los intentos de asignarle un valor económico a la naturaleza no acaban de comprender que no solo somos parte de ella, sino que dependemos de ella.

La muestra reunía distintas formas en que sociedades y culturas piensan sobre la naturaleza y se relacionan con ella, así como la manera en que se ven afectadas por marcos legales. Para la parte jurídica de la exposición, elaboré un proyecto de ley en el que se reconoce el derecho de los árboles a no ser usados como compensación de carbono en la ciudad, reconociendo el fracaso de este mecanismo para frenar el calentamiento global. Lo siguiente es un extracto del texto de proyecto de ley que se expuso en la muestra:

> CONSIDERANDO que nosotros, el pueblo de la Ciudad de Nueva York, reconocemos que vivimos en una época de extinción de especies, colapso de ecosistemas y calentamiento global sin precedentes;
>
> CONSIDERANDO que la naturaleza, en particular los árboles y los bosques, se está utilizando cada vez más para compensar las emisiones de carbono, mientras la humanidad no adopta acciones de calado para abordar la contaminación que provoca el calentamiento global; y
>
> CONSIDERANDO que, en este tiempo de crisis medioambientales, reconocemos que para proteger a la naturaleza debemos garantizarle la máxima protección mediante el reconocimiento de derechos legales.

El proyecto de ley, como parte de la exposición, se concibió para ayudar a que la gente comprendiera la necesidad de hacer algo radicalmente distinto para detener el calentamiento global y mostrar un camino a través de la legislación. La propuesta habría otorgado a los residentes de la ciudad la facultad de hacer cumplir la ley por sí mismos, uniendo el problema con una solución en la que la comunidad tuviera un interés personal y la autoridad de incidir en el resultado.

Unificando esta necesidad de cambio a nivel legal y cultural, Cooking Sections está desarrollando su proyecto «Rights to Seeds, Rights of Seeds» en el sur de Italia. Trabajando con granjas y cooperativas agroecológicas, su labor colaborativa cuestiona leyes que han prohibido

environmental destruction—and the folly in thinking we can purposefully harm nature in one place and make up for it elsewhere. It considered how attempts to put a financial value on nature fail to understand not only that we are part of nature, but dependent upon it.

The exhibit brought together how societies and cultures think about and engage with trees and nature, as well as how they are affected by the law. For the legal side of the exhibit, I developed a draft law to recognise the rights of trees to not be used as carbon offsets within the city, recognising the failure of carbon offsets to curb global warming. The text of the draft legislation, which was displayed in the exhibit, read in part:

> WHEREAS, we the people of the City of New York recognise that we live at a time of unprecedented species extinction, ecosystem collapse, and global warming;
>
> WHEREAS, nature, particularly trees and forests, are increasingly being used to offset carbon emissions, while humankind fails to take meaningful actions to address global warming pollution; and
>
> WHEREAS, in this time of environmental crises, we recognise that to protect nature, we must secure its highest protection through the recognition of legal rights.

The draft law was intended, as part of the larger exhibit, to help people gain an understanding of the need to do something fundamentally different to stop global warming and provide a pathway forward through lawmaking. The draft would have empowered city residents to enforce the law themselves, joining the problem with a solution in which community members had a personal stake and authority to affect the outcome.

Marrying this need for legal and cultural change, Cooking Sections is building on this through their *Rights to Seeds, Rights of Seeds* project in southern Italy. Working with agroecological farms and cooperatives, their collaborative work challenges laws that have banned traditional seed-sharing practices and advocates for agro-biodiversity preservation and policy reform. In order to overcome the challenges of

las prácticas tradicionales de intercambio de semillas y defiende la preservación de la agrobiodiversidad y la reforma de las políticas públicas. Para superar los obstáculos de distribución de semillas campesinas no registradas, una obra instalada en el Museo delle Civiltà introduce las semillas al museo para pasar a formar parte de su colección de forma temporal. De este modo, estas semillas coevolutivas adquieren una procedencia y un origen registrado, lo que permite su propagación y circulación posterior. Esta visión de un nuevo mundo no viene de mano de juristas, pero muestra la necesidad de cambios legales para proteger a las personas que trabajan la tierra y las semillas.

Imaginar un mundo diferente, con más justicia, menos opresión, más protección y menos discriminación, forma parte del trabajo fundamental de artistas, escritores, visionarios y muchos otros. Ese mundo quizá no sea posible hoy, pero es el futuro necesario. Para alcanzarlo, necesitamos aquellas personas que sean capaces de ver más allá de lo que *hay*, hacia lo que *debe haber*.

distributing unregistered peasant seeds, an artwork installed at Museo delle Civilità brings those seeds into the museum to temporarily become part of its collection. By doing so, the co-evolutionary seeds gain a provenance and a registered origin, enabling their propagation and further circulation. This vision for a new world is not being put forward by lawyers, but it shows the need for legal changes to protect farmers and seeds.

Envisioning a different world—one with greater justice, less oppression, more protection, and less discrimination—is part of the important work of artists, writers, visionaries, and many others. That world might not be possible today, but it is the necessary future. To get there, we need those who are able to see beyond what *is* towards what *must be*.

Tras décadas produciendo colorantes alimentarios y fármacos derivados de los petroquímicos, Hoffmann-La Roche puso el foco en el salmón. En la década de 1990 desarrolló el *SalmoFan™*, una carta de color para calibrar la astaxantina sintética en los peces de cultivo según la demanda del mercado. La carta cartografía el precio del tono rosado: el rojo oscuro señala salud y bravura salvaje; la carne pálida cuesta venderla. Sin embargo, el salmón de piscifactoría a menudo no logra tomar el tono asignado: el estrés, el hacinamiento y la fatiga merman su capacidad para metabolizar color. A pesar del control industrial, sus cuerpos rechazan la estandarización. No son solo más-que-humanos: son una especie más-que-mercado que desafía el diseño corporativo.
«Salmon: A Red Herring». Trilogía «When [Salmon Salmon [Salmon]]», parte I. Cooking Sections, 2020. Imagen de investigación de un *SalmoFan™*.

After decades of producing food dyes and petrochemical-derived pharmaceuticals, Hoffmann-La Roche turned to salmon. In the 1990s, they developed the *SalmoFan™*, a colour chart to calibrate synthetic astaxanthin in farmed fish according to market demand. The chart maps the price of pinkness: dark red signals health and wildness; pale flesh struggles to sell. Yet farmed salmon often fail to contain their assigned shade. Stress, crowding, and fatigue impair their ability to metabolise colour. Despite industrial control, their bodies refuse standardisation. They are not just more-than-human, but a more-than-market species defying corporate design.
Salmon: A Red Herring. When [Salmon Salmon [Salmon]] trilogy, part I. Cooking Sections, 2020. Research image of a *SalmoFan™*.

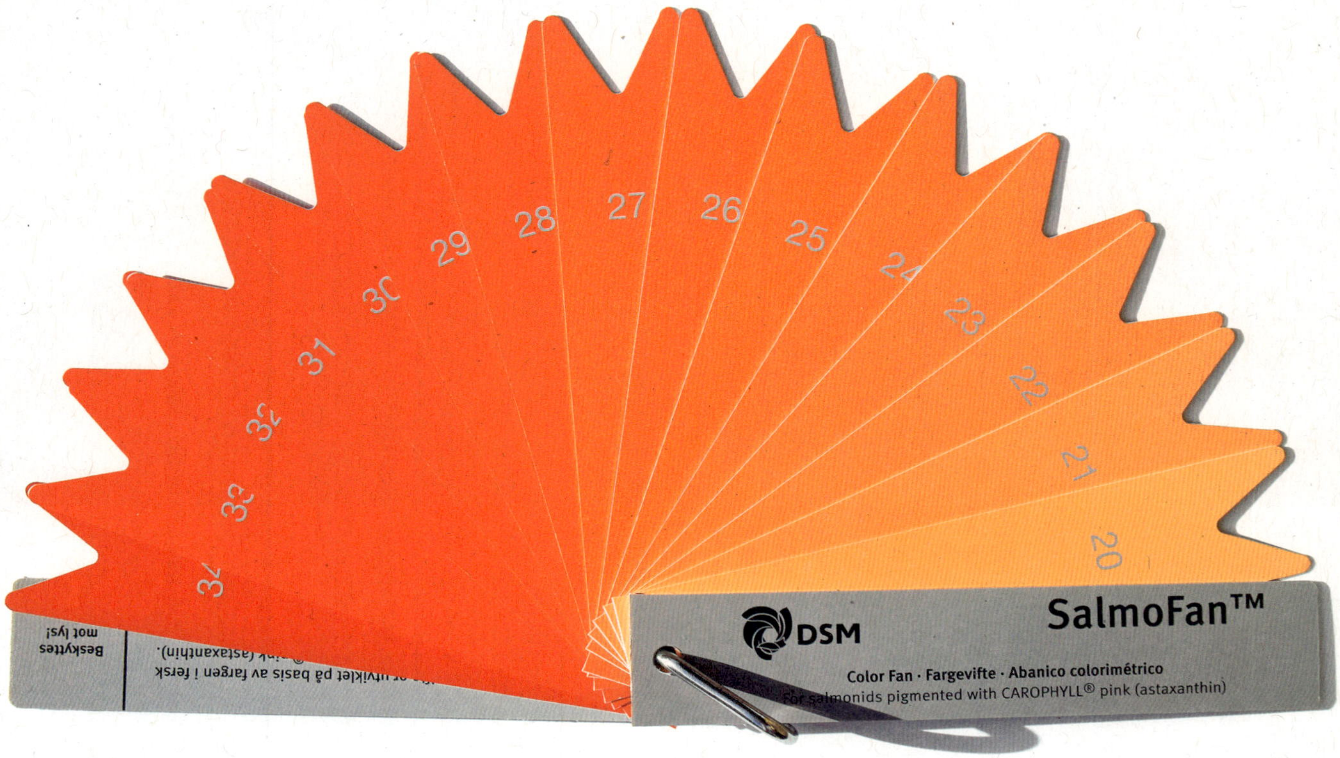

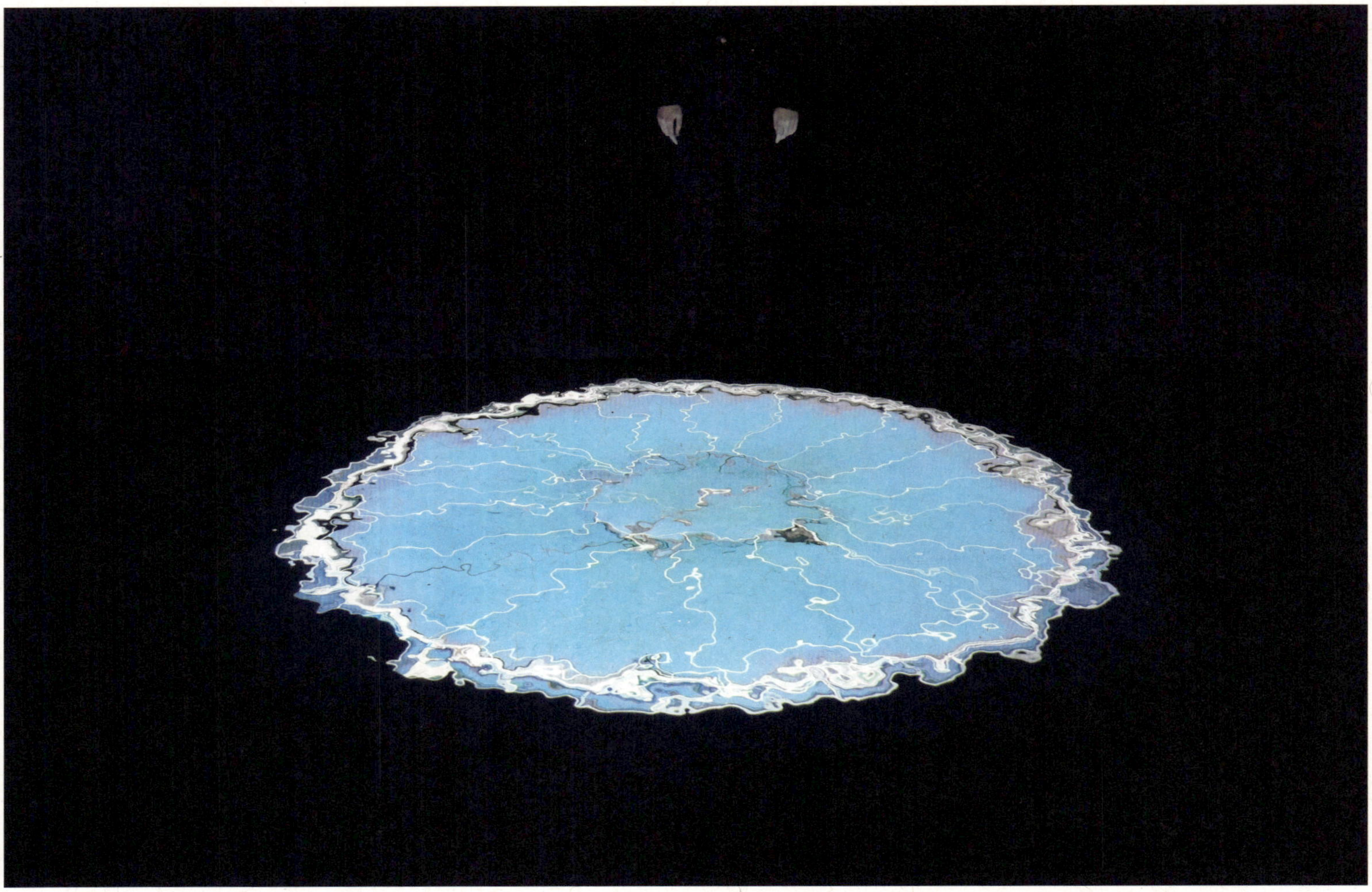

Incluso cuando las redes se rompen, el salmón de cultivo permanece cautivo, atrapado en cuerpos diseñados para la demanda industrial. «Salmon: Traces of Escapees», una instalación audiovisual de ocho canales, sigue la expansión global de la acuicultura, de Noruega a Chile, de Escocia a Canadá y Australia. Imágenes aéreas de jaulas y alimentadores automáticos rodean al público, que camina sobre las proyecciones móviles de los recintos. Los salmones fugados se cuelan por los encuadres, mostrando que ningún cercado es impermeable, que ninguna desinversión está libre de extractivismo y que no hay domesticación sin la colonización del intestino. La obra impulsó una campaña para retirar el salmón de los menús de más de veinte museos en el Reino Unido.
«Salmon: Traces of Escapees». Trilogía «When [Salmon Salmon [Salmon]]», parte II. Cooking Sections, 2021. Vista de la instalación, Turner Prize Exhibition, Herbert Art Gallery and Museum, Coventry.

Even when nets break, farmed salmon remain captive, trapped in bodies engineered for industrial demand. *Salmon: Traces of Escapees*, an eight-channel film installation, follows the global spread of aquaculture, from Norway to Chile, Scotland to Canada and Australia. Aerial footage of pens and automated feeders surrounds viewers, who walk across shifting projections of enclosures. Salmon escapees slip through these frames, showing that no enclosure is impermeable, no divestment free of extractivism, and no domestication comes without the colonisation of the gut. The work catalysed a campaign to remove salmon from the menus of more than twenty museums in the UK.
Salmon: Traces of Escapees. *When [Salmon Salmon [Salmon]]* trilogy, part II. Cooking Sections, 2021. Installation view, Turner Prize Exhibition, Herbert Art Gallery and Museum, Coventry.

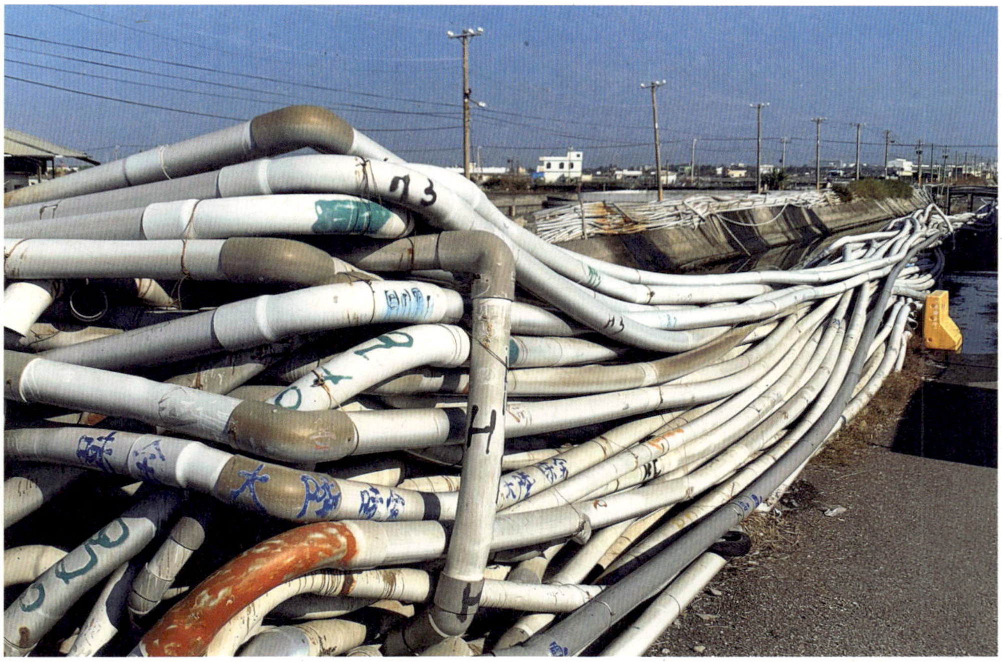

Durante décadas, el bombeo de agua de mar para granjas de peces y camarones en Taiwán ha estado en gran medida autorregulado, mientras el sector intentaba satisfacer la demanda planetaria. Cada tubería lleva la etiqueta con el nombre de su propietario: el señor Lee, la señora Lin, el señor Ming... Así las fugas se leen con más facilidad. Cuando una se rompe bajo una maraña de capas, simplemente se tiende otra encima. Tras el tifón Morakot en 2009, las ayudas permitieron construir una estación central de bombeo que hoy alimenta más de 240 hectáreas de granjas. El bombeo continúa, aunque los vertidos de desechos de camarón se filtren al océano y las casas se hundan. En las últimas décadas, hay plantas bajas que se han convertido en garajes y ventanas que han quedado enterradas. En el condado de Jiadong, algunos salones se encuentran tres metros por debajo del nivel de la carretera. Detrás de cada camarón de cultivo, puede leerse el confinamiento fallido en la tubería de alguien.
«Oystering Room». Cooking Sections, 2019. Imagen de la investigación, Fangliao Township, Pingtung, Taiwán. 12ª Bienal de Taipéi.

For decades, seawater pumping for fish and shrimp farms in Taiwan has been largely self-regulated, as the industry strives to meet planetary demand. Each pipe is tagged with the name of its owner: Mr Lee, Mrs Lin, Mr Ming... It makes leaks more easily legible. When one breaks beneath tangled layers, another is simply laid on top. After Typhoon Morakot in 2009, aid funding enabled the construction of a central pumping station, now feeding six hundred acres of farms. Pumping continues, even as shrimp waste runoff seeps into the ocean and houses sink. Over the past decades, ground floors have become garages and windows were buried underground. In Jiadong County, some living rooms sit three metres beneath the road. Behind every farmed shrimp, you may read failed containment through someone's pipe.
Oystering Room. Cooking Sections, 2019. Research image, Fangliao Township, Pingtung, Taiwan. 12th Taipei Biennale.

En Suecia, especialmente en Sápmi, miles de presas hidroeléctricas canalizan electricidad hacia el sur a costa de las ecologías y los medios de vida del norte. Muchas son ineficientes u obsoletas, pero sus impactos persisten: alteran el caudal, bloquean la migración de peces y cortan vínculos culturales con aguas ancestrales del salmón. Como «compensación», se han introducido peces de criadero, debilitando aún más la diversidad genética. «Undamming Rivers» presentó un mapa de los ríos salmoneros obstruidos en Suecia, superpuesto con collages y siluetas de treinta y cinco presas ya identificadas o propuestas para ser demolidas.
Con motivo del 50º aniversario de la Conferencia de la ONU de 1972 en Estocolmo, el proyecto en Bonniers Konsthall se convirtió en plataforma para reivindicar ríos y salmones libres.
«Undamming Rivers». Cooking Sections, 2022. Vista de la instalación, Bonniers Konsthall, Estocolmo.

In Sweden, particularly across Sápmi, thousands of hydropower dams channel electricity south while damaging northern ecologies and livelihoods. Many are inefficient or obsolete, yet their impacts persist: disrupting river flow, blocking fish migration, and severing cultural ties to ancestral salmon waters. As 'compensation', hatchery-bred fish have been introduced, further weakening genetic diversity. *Undamming Rivers* presented a map of obstructed salmon rivers in Sweden, overlaid with collages and cut-outs of thirty-five dams now identified or proposed for removal. Marking the 50th anniversary of the 1972 UN Conference in Stockholm, the project at Bonniers Konsthall became a platform for advocating for rivers and salmon to run free.
Undamming Rivers. Cooking Sections, 2022. Installation view, Bonniers Konsthall, Stockholm.

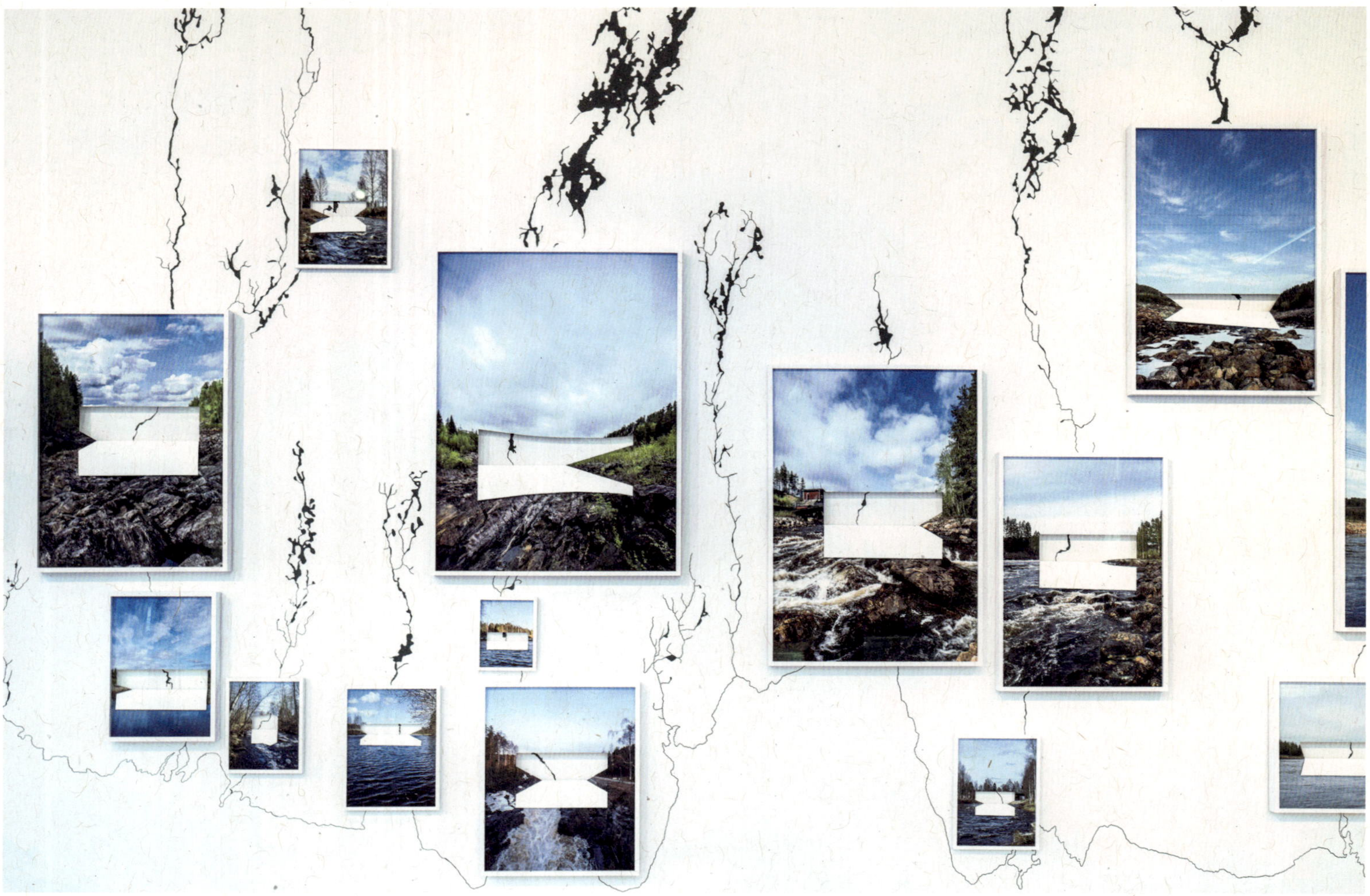

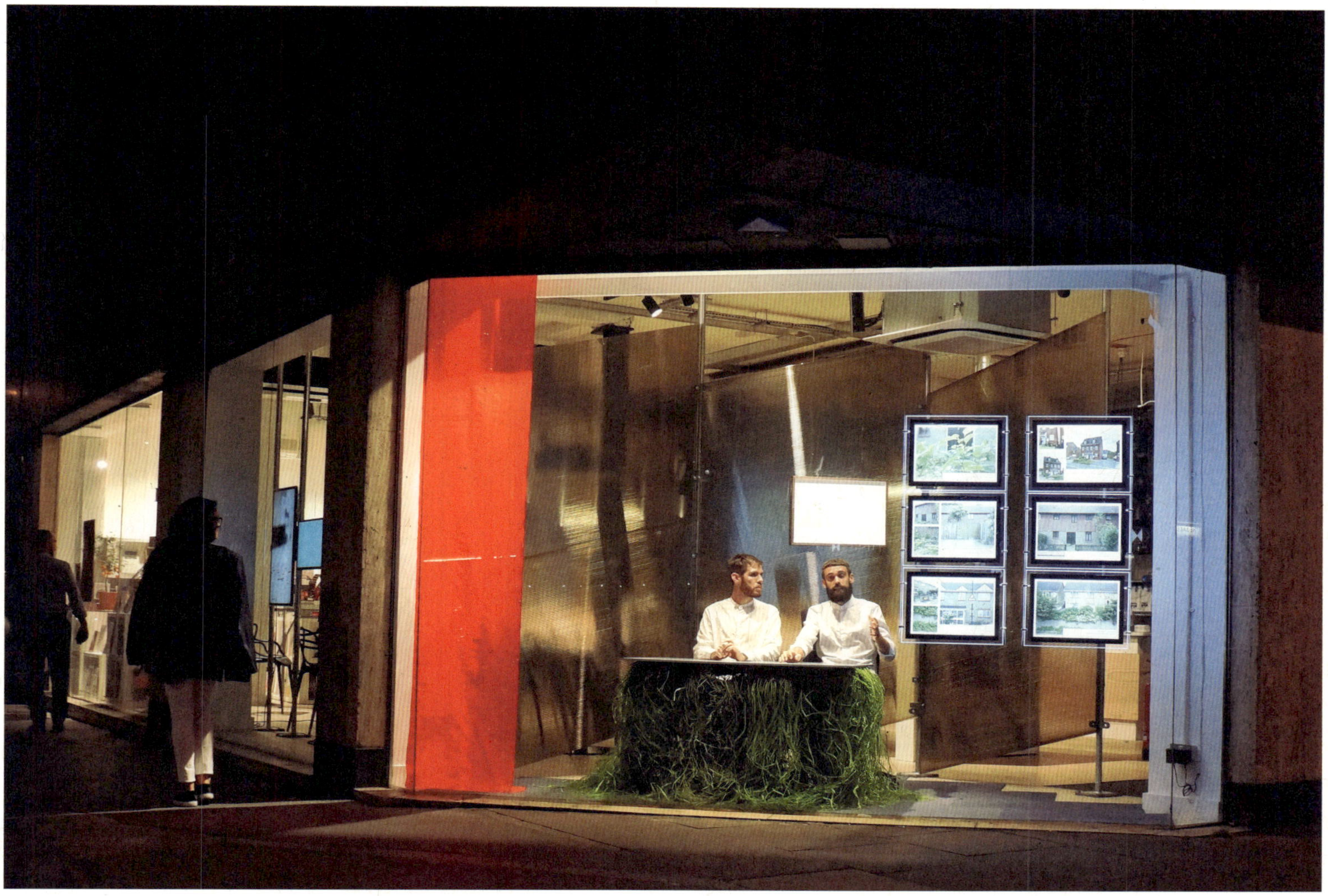

La planta nudosa japonesa (*Fallopia japonica*), de la familia del ruibarbo, suele vilipendiarse como «la planta que se comió a Gran Bretaña», una «invasora» culpada de agrietar el hormigón y hundir los precios de la vivienda. Sin embargo, no existe evidencia concluyente de que dañe edificios domésticos más que otras plantas. Taxonomías pseudocientíficas, teñidas de xenofobia, han alimentado el estigma, las denegaciones hipotecarias y las devaluaciones artificiales, llevando a varios propietarios arruinados al suicidio. En la «Devaluing Property Real Estate Agency», los visitantes recibían asesorías individuales sobre cómo devaluar una propiedad y probaban el helado «La planta que puede tragarse tu hipoteca».
«Devaluing Property Real Estate Agency». Cooking Sections, 2016. Vista de la instalación, The Empire Remains Shop, Londres.

Japanese Knotweed (*Fallopia japonica*), from the rhubarb family, is often vilified as 'the plant that ate Britain', an 'invasive' blamed for cracking concrete and sinking house prices. Yet there is no conclusive evidence that it damages domestic buildings any more than other plants. Pseudoscientific taxonomies, steeped in xenophobia, have fuelled stigma, mortgage refusals, and artificial property devaluation, pushing several bankrupt homeowners to take their own lives. At the *Devaluing Property Real Estate Agency*, visitors received one-on-one consultations on how to devalue property, and tasted *The Plant That Can Sink Your Mortgage* ice-cream.
Devaluing Property Real Estate Agency. Cooking Sections, 2016. Installation view, The Empire Remains Shop, London.

Lamiendo fugas para mundos que chorrean

Nerea Calvillo

Agua construida

Creemos saber lo que es el agua.[1] H_2O. Un líquido transparente. Fluidez. Tal vez (y con suerte) lo que sale del grifo. O el contenido de una botella de plástico.

Esta manera de entender el agua no es casual. Para muchas culturas antiguas, el agua era, material y espiritualmente, uno de los cuatro elementos que componían el universo. Con los siglos, ese enfoque filosófico y espiritual se convirtió en exploración material. Monjes y brujas en la Edad Media y experimentadores (hombres blancos adinerados) en el siglo XVIII jugaron con frascos, animales y electricidad para entender la «esencia» de las cosas. Con velas y hornos, máquinas inventadas y sus propios cuerpos, contuvieron, sintetizaron, manipularon, recrearon, reprodujeron y combinaron líquidos y gases, reformulando el agua y el aire como compuestos (combinaciones de gases y minerales) en lugar de elementos (entidades materiales y simbólicas). Desde entonces, la química ha sido la *única* manera de entender la materia en las sociedades occidentales.[2]

1 Este «nosotros» se sitúa en el marco de las genealogías occidentales del pensamiento.

2 Esta exploración no era una cuestión (solo) de «conocer el mundo». Era cuestión (y aún lo es) de conocer el mundo para convertirlo en recurso. Una herramienta fundamental del colonialismo racial y de colonos consistió en extraer todo lo que existía en (sobre, bajo y encima de) las tierras, incluido el trabajo «gratuito» de sus gentes. Pero para extraer, tuvieron que deshumanizar y desespiritualizar. Dividir el mundo en humanos y objetos, alma y materia. Este argumento ha sido desarrollado en profundidad por académicas feministas de la tecnociencia desde la década de 1980. Véase, por ejemplo, Banu Subramaniam, *Botany of Empire: Plant Worlds and the Scientific Legacies of Colonialism* (University of Washington Press, Seattle, 2024).

Licking Leaks for Leaking Worlds

Nerea Calvillo

Built Water

We think we know what water is.[1] H_2O. A transparent liquid. Fluidity. Maybe what comes out of the tap (if one is lucky). Or the contents of a plastic bottle.

This understanding of water is not accidental. For many ancient cultures, water was, materially and spiritually, one of the four elements that composed the universe. Over centuries, this philosophical and spiritual approach turned into a material exploration. Monks and witches in the Middle Ages and (wealthy white male) experimenters in the eighteenth century played with jars, animals, and electricity to understand the 'essence' of things. Using candles and furnaces, invented machines, and their own bodies, they contained, synthesised, manipulated, recreated, reproduced, and combined liquids and gases, reframing water and air as compounds (combinations of gases and minerals) rather than elements (material and symbolic entities). Since then, chemistry has been the way to understand matter in Western societies.[2]

But there are worlds beyond science where water is history, ecology, habitat, politics, livelihoods, cultures, traditions, organisations... A drop and an ocean; fog and the smoke of a volcano. Spit, a tear, your tasty sweat. Worlds where water is always made of and contains

1 This 'we' is situated within Western genealogies of thought.

2 This exploration was not (just) about 'knowing the world'. It was (and still is) about knowing the world in order to turn it into a resource. A fundamental tool of settler and racial colonialism was to extract everything that existed in (on, under and above) the lands, including the 'free' labour of their peoples. But to extract, they had to de-humanise and de-spiritualise. To divide the world into humans and objects, soul and matter. This argument has been widely developed by feminist technoscience scholars since the 1980s. See for instance Banu Subramaniam, *Botany of Empire: Plant Worlds and the Scientific Legacies of Colonialism* (University of Washington Press, Seattle, 2024).

Pero existen mundos más allá de la ciencia donde el agua es historia, ecología, hábitat, política, sustento, culturas, tradiciones, organizaciones… Una gota y un océano; la niebla y el humo de un volcán. Saliva, una lágrima, tu sudor salado.
Mundos en los que el agua siempre está hecha de y contiene otras cosas (porque no existe como puros átomos de hidrógeno y oxígeno más allá del laboratorio).
Donde el agua solo puede entenderse en relación con otros. Humanos, ranas, nubes, virus, peces, hierbajos, barcos, gusanos, microalgas.

Como el aire,
el agua está en constante interacción, reacción, intercambio.
El agua siempre está situada y, por tanto, siempre es múltiple.
Multiescalar, multitemporal.
El agua es una ecología, una ecología *queer*, porque es ambivalente.
Da vida y la quita.

Es tecnológica, llena de químicos e infraestructuras. La extracción de petróleo, los microplásticos, los oleoductos intercontinentales, las bolsas de patatas fritas, los parques eólicos, los parques submarinos. Parques hechos de microbios, microalgas y micelio; o de ballenas, pulpos gigantes, bosques submarinos de algas, según la escala a la que lo observemos (y sin embargo, lo es todo a la vez). Es «natural» y *a la vez* hecha por el ser humano. En concreto, a través de la industrialización y el colonialismo racial.

El agua es una ecología, pero para convertirla en un recurso —extraído, gestionado, comercializado o transformado— hay que simplificar su definición y suspender, cortar o erradicar sus relaciones ecológicas. Para ser transformada en capital extraíble, debe ser contenida física y conceptualmente.[3]

Piensa en las olas. ¿Qué te viene a la mente?
¿Agua? ¿Muros? ¿Ballenas?
¿Viento?
Quizá mareas, bordes, efectos…
Lo que es casi seguro es que las damos por sentadas. Pero ¿deberíamos?

En «Las olas perdidas», Cooking Sections nos plantan frente a la desaparición de olas por todo el mundo.[4]

3 La contención es la manera paradigmática de convertir el agua en recurso. Suspende las relaciones del agua con su contexto (las plantas que nutre, las bacterias que alberga, los rituales que se practican en torno a ella) y la reduce a mediciones y valor económico. Convierte al agua en un bien capital. Gracias, Cooking Sections, por hacerme pensar en esto.

4 Queridos Cooking Sections: me pedisteis que *no* escribiera sobre vuestro trabajo. Pero aquí estamos. No pude dejar pasar la oportunidad de pensar con vosotros. Lo cual ha sido, como era de esperar, sumamente útil para asentar (¿o más bien ahogar? ¿suspender?) mis propias ideas a medio hacer. ¿Cómo desenmarañar mi trabajo del vuestro? ¿Y reconocer lo que he aprendido de vosotros? Una razón podría ser la dificultad de entender las maneras en que llegamos a conocer (y por lo tanto referenciar) proyectos artísticos/espaciales. Cada encuentro con vuestros proyectos ha sido una experiencia. Me he quedado asombrada, sorprendida, en conflicto. Y sé que estas experiencias se han amalgamado con mi práctica y mi pensamiento, aunque no pueda identificar dónde o cómo. Tengo, por supuesto, mis favoritos, a los que vuelvo una y otra vez como referencias, pero siempre en distintos contextos y por razones diferentes. Y estoy segura de que muchas otras preguntas, estéticas y modos de hacer han llegado a mi cerebro a través de intrincados procesos corporales que no puedo llegar a conocer ni rastrear.

other stuff (because it does not exist as pure hydrogen and oxygen atoms outside the lab). Where water can only be understood in relation with others. Humans, frogs, clouds, viruses, fish, weeds, boats, worms, microalgae.

Like air,
water is in constant interaction, reaction, exchange.
Water is always situated and therefore always multiple. Multiscalar, multitemporal.
Water is an ecology, a queer ecology, because it is ambivalent. It gives life and it takes it.

It is technological, full of chemicals and infrastructures. Oil extraction, microplastics, intercontinental pipelines, crisp bags, wind farms, underwater parks. Parks made of microbes, microalgae, and mycelium; or of whales, gigantic octopuses, underwater algae forests, depending on the scale at which we look at it (and yet, it is all at once). It is 'natural' and human-made. More precisely, it is made through industrialisation and racial colonialism.

Water is an ecology, but to turn it into a resource—extracted, managed, traded, or transformed—one must simplify its definition and suspend, sever, or kill its ecological relationships. To be turned into extractable capital it needs to be physically and conceptually contained.[3]

Think about waves. What comes to mind?
Water? Walls? Whales?
Wind?
Maybe tides, edges, effects...
What is almost certain is that we take them for granted. But should we?

In Waves Lost at Sea, *Cooking Sections confront us with the disappearance of eleven waves from around the world.*[4]

3 Containment is the way to 're-source' water. It suspends water's relationships with its context (the plants it nurtures, the bacteria it hosts, the rituals enacted around it) and reduces it to measurements and economic value. It turns water into a capital asset. Thank you, Cooking Sections, for making me think about this.

4 Dear Cooking Sections: You asked me *not* to write about your work. But here we are. I couldn't pass up the opportunity to think with you. Which has been, as expected, extremely useful to ground (or rather drown? suspend?) my own half-formed thoughts. How to disentangle my work from yours? And acknowledge what I have learned from you? One reason might be the general challenge of understanding how we get to know (and therefore reference) artistic/spatial projects. Each encounter with your projects has been an experience. I've been left in awe, surprise, conflict. And I know that these experiences have amalgamated with my practice and my thinking, although I can't pinpoint where or how. I have, of course, my favourites, to which I return time and again as references, but always in different contexts and for different reasons. And I'm sure that many other questions, aesthetics, and ways of doing have reached my brain through intricate embodied processes that I cannot recognise or trace.

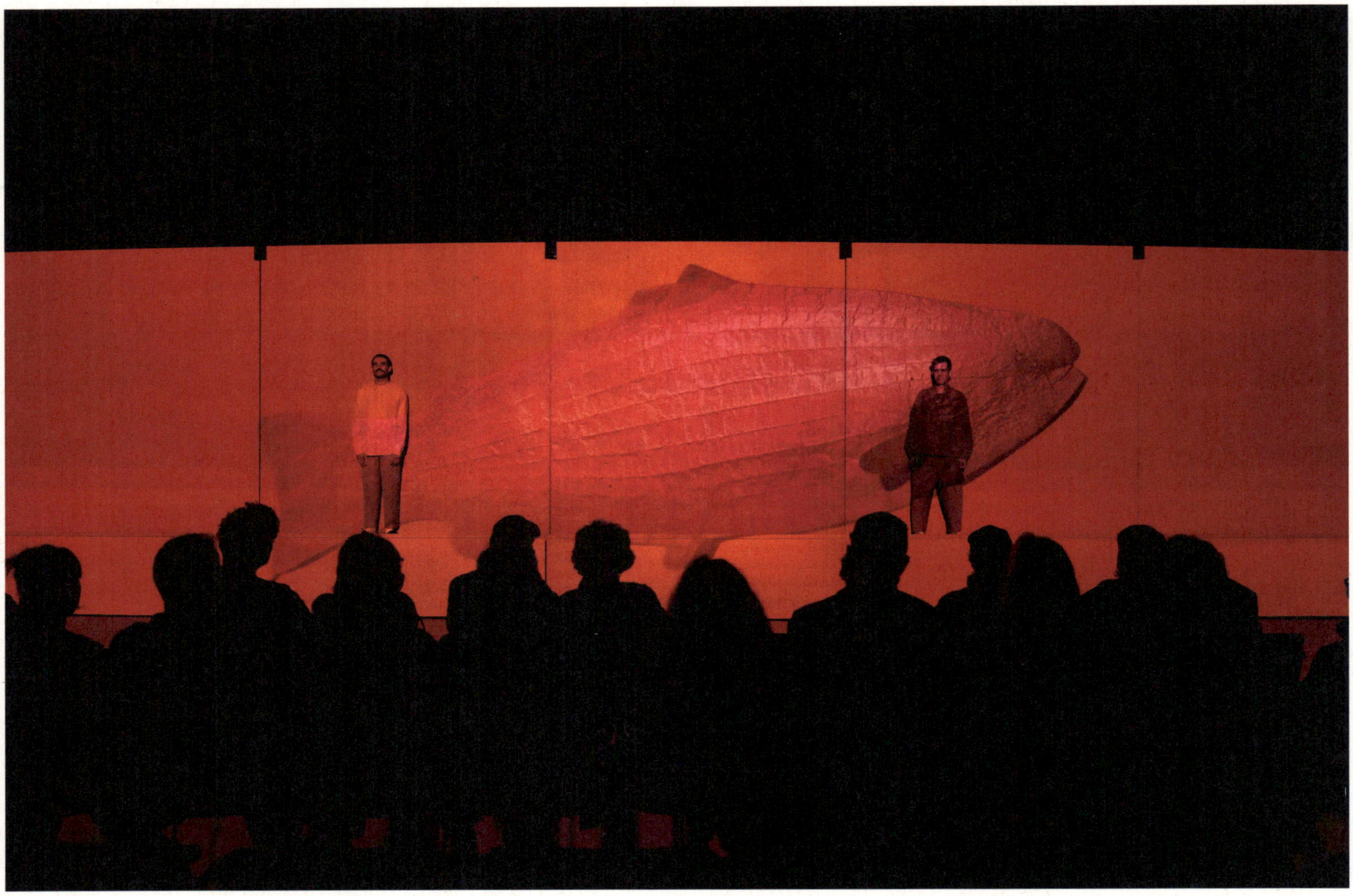

«Salmon: A Red Herring». Trilogía «When [Salmon Salmon [Salmon]]», parte I. Cooking Sections, 2022. Conferencia performativa, Fisher Center at Bard, Nueva York.

Salmon: A Red Herring. When [Salmon Salmon [Salmon]] trilogy, part I. Cooking Sections, 2022. Lecture Performance, Fisher Center at Bard, New York.

(Como siempre en su trabajo,)
las olas son concretas. La Barre, en el mar Cantábrico; Kirra, en el Pacífico suroccidental; El Marsa, en el Sáhara Occidental... Tienen sus propios nombres, localizaciones, geometrías y sonidos. Las olas son sus relatos e historias, ecologías sociopolíticas que solo pueden conocerse prestando atención a formas de saber distintas a lascientíficas. Las olas son «construidas» por el mercado inmobiliario, el drag do de arena, el desarrollo portuario, el cambio climático (y también han sido de-construidas, demolidas y eliminadas por ellos).

(Como siempre en su trabajo,)
«Las olas perdidas» desafía las denuncias didácticas. Representadas a través de una coreografía fantasmal de muelles suspendidos en medio de la galería, nos sitúan dentro de la ola. Sobre ella. Bajo ella. En y sobre la que deambular y divagar. Para sentir como pérdida.

(Como siempre en su trabajo,)
el diseño espacial es un compromiso con la idea de «deslinealizar» la investigación y abrazar la poética como acto político.

¿Cómo de bonito es llorar por una ola?

A través de la contención

Muros, fronteras, presas, ciberseguridad, galones, contenedores...

Los techos nos contienen frente al clima. Los oleoductos contienen gas. Las fronteras contienen el movimiento humano. Los diques, defensas costeras y espigones contienen el mar. Los ríos están contenidos. Las redes están contenidas. Los espacios de conservación están contenidos. El agua está contenida. La toxicidad está (se supone) contenida. Pero, ¿realmente lo están?

La contención se basa en dos premisas. Por un lado, que algo se considere tan valioso o tan peligroso que debe ser contenido por protección o seguridad: secretos corporativos y de Estado, gas y otros recursos valiosos, toxicidad, vidas humanas.
Y: que la contención pueda realizarse mediante la tecnología.

(As always in their work,)
the waves are specific. La Barre in the Cantabrian Sea, Kirra in the Southwestern Pacific, El Marsa in Western Sahara... They have their own names, locations, geometries, and sounds The waves are their stories and histories, socio-political ecologies that can only be known by paying attention to other-than-scientific ways of knowing. The waves are 'built' by real estate, sand dredging, harbour development, climate change (and have also been un-built, demolished, and eliminated by them).

(As always in their work,)
Waves Lost at Sea *defies didactical denouncements. Re-presented through the ghostly choreography of slinkies suspended in the middle of the gallery, the show places us inside the wave. On it. Under it. To wander around and wonder about. To experience as a loss.*

(As always in their work,)
spatial design is a commitment to 'de-linealise' research and embrace poetics as a political act.

How beautiful is it to mourn a wave?

Through Containment

Walls, borders, dams, cybersecurity, gallons, containers...

Roofs contain us from the weather. Pipelines contain gas. Borders contain human movement. Seawalls, sea defences, and breakwaters contain the sea. Rivers are contained. Networks are contained. Conservation sites are contained. Water is contained. Toxicity is (meant to be) contained. But, can they be?

Containment is based on two premises.
That something is considered so valuable or so dangerous that it needs to be contained for protection or security: state and corporate secrets, gas and other valuable resources, toxicity, human lives.
And: that containment can be achieved through technology.

Entender la materia como ecología (en lugar de como un objeto, un recurso) revela los fallos de estas premisas. Contener es extraer, limpiar, destilar, filtrar. El contenedor está diseñado para dejar entrar unas cosas y dejar fuera otras. Requiere la definición de una «otredad». Al distinguir el aquí y el allá. Dentro/fuera. Comunidad/enemigo. Valioso/sin valor. Privado/público. Como consecuencia, la contención va de la mano de la violencia simbólica, material y social. Porque contener *exige* violencia. La perpetúa y la desencadena al despojar a pueblos de sus tierras. Al extraer materiales de otro lugar para construir el contenedor. Al permitir que unos (y no otros) se beneficien de su contenido. Al romper sus relaciones ecológicas.[5]

La contención no funciona. Es una ficción de la modernidad, el epítome del control. Parte de la suposición de que el mundo (el suelo, el mar, el aire) es estable. Pero todo se mueve, solo que a diferentes velocidades. Los átomos se mueven, las placas tectónicas se mueven, la pobreza y el hambre se mueven. Y todo está en relación con todo lo demás, y por tanto cambia. Así, la geoingeniería (o la ingeniería, sin más) nunca ganará. Es solo cuestión de tiempo.[6]

¡Oh, una fuga!

Fisuras, fallos, agujeros, roturas, accidentes, desastres...

Los techos tienen goteras. Los motores pierden líquidos. Los oleoductos tienen fugas. Las fronteras tienen fugas (aunque no a la velocidad que deberían). El agua se filtra. Los ríos tienen fugas. Las redes tienen fugas. Los espacios de conservación tienen fugas. La toxicidad (siempre) se fuga.

Pese al potencial activista de estos escapes para abrir cajas negras, volar oleoductos, penetrar «fortalezas» enemigas o revelar secretos bien guardados, la manera tecnocientífica de entender las fugas es profundamente problemática.

5 La cantidad de relaciones y la violencia necesaria para romperlas depende de la escala de la contención. Si extraes un vaso de agua de un río, se rompen relaciones y las consecuencias son microscópicas. Si tomas toda el agua de un río, las relaciones rotas afectan a una ecología entera y las consecuencias son territoriales.

6 ¿Recordamos las consecuencias de la ruptura de los diques de prevención de inundaciones en Nueva Orleans durante el huracán Katrina?

Looking at matter as an ecology (instead of a thing, a resource) reveals the flaws in these premises. To contain is to extract, clean, distil, filter. The container is designed to let some things in and leave others out. It requires the definition of an 'otherness'. By distinguishing the here and there. Inside/outside. Community/enemy. Valuable/worthless. Private/public. As a consequence, containment goes hand in hand with symbolic, material, and social violence. Because containing requires violence. It perpetuates and triggers violence by disenfranchising peoples from their lands.
By extracting materials from somewhere else to build the container. By letting some (and not others) benefit from its content. By breaking its ecological relationships.[5]

Containment does not work. It is a fiction of modernity, the epitome of control. It assumes that the world (the ground, the sea, the air) is stable. But everything moves, just at different speeds. Atoms move, tectonic plates move, poverty and hunger move. And everything is in relation with everything else, and therefore changes. Thus, geoengineering (or engineering for that matter) can never win. It's only a matter of time.[6]

Oh, a Leak!

Cracks, faults, holes, ruptures, accidents, disasters...

Roofs leak. Engines leak. Pipelines leak. Borders leak (although not at the speed that they should). Water leaks. Rivers leak. Networks leak. Conservation sites leak. Toxicity (always) leaks.

Despite the activist potential of leaks to open black boxes, blow up pipelines, break into 'enemy' fortresses or reveal well-kept secrets, the techno-scientific understanding of leaks is deeply problematic.
Because it assumes that leakages are an accidental fault of the system.
Because it assumes that they can be fixed (oil

5 The number of relationships and the violence required to break them depends on the scale of the containment. If you take a cup of water from a river, relationships are broken and the consequences are microscopic. If you take all the water of a river, the relationships broken affect an entire ecology and the consequences are territorial.

6 Remember the consequences of the flooding prevention levees that broke in New Orleans during hurricane Katrina?

Porque asume que las fugas son un fallo accidental del sistema.
Porque asume que se pueden arreglar (los vertidos de petróleo en el mar se pueden limpiar, las tuberías de gas pueden repararse).
Porque asume una fe en la contención (como posible y deseable), donde su éxito depende solo de una «buena tecnología».
Porque asume pérdida o daño (donde la culpa recae en el contenedor o en el agente que causa la fuga), una invasión (una penetración por parte de un «enemigo»), o un accidente, ya sea resultado de circunstancias imprevisibles (es decir, «desastre») o de intenciones maliciosas (una clásica estrategia bélica).[7]

Pero no olvidemos que las fugas son violentas. Cuanto más fuerte es la contención, más fuerte es la violencia de la fuga. Esa violencia suele ser ignorada, ocultada o considerada una consecuencia secundaria inevitable y necesaria para un bien mayor. Muy a menudo, las formas de violencia que generan no son el resultado de un solo evento, sino de fugas en cascada, multiescalares. Esto complica la atribución deresponsabilidades. ¿Se trata de intención? ¿De probabilidad? ¿Del daño causado?[8] Las fugas son la gestión de riesgos diseñada e inscrita en el propio contenedor y, por lo tanto, un espacio de gobernanza. Gestiona el riesgo asociado al qué (y cuánto) puede ser recogido y contenido. Y el riesgo de perderlo.

La materia se fuga de un cuerpo a otro. Una partícula de polvo pasa del suelo al agua, al aire, a los cuerpos, al aire, al agua, a los animales, a las plantas, y así sucesivamente. ¿Dónde y qué tipo de contención es necesario en esta cadena? Esto pone en relieve la tensión entre la fuga y la contención. Un cuerpo puede estar contenido, pero sus fluidos, residuos y toxinas fluyen de un cuerpo a otro, permanecen, reaccionan y vuelven a filtrarse. ¿Dónde y qué tipo de contención puede lograrse en esta cadena? Aunque estas preguntas son relativamente fáciles de entender cuando el contenedor es una infraestructura sólida como un oleoducto, la misma lógica se aplica a contenedores «blandos» o líquidos.

7 Hemos sido testigos recientemente de cómo los ataques de drones rusos han tenido como objetivo las estructuras de contención de radiación en la planta nuclear de Chernóbil, en Ucrania. Mientras la violencia de una fuga radiactiva ha permanecido en el terreno del miedo, el coste de reparar el contenedor se ha estimado en unos 1500 millones de euros. Dan Sabbagh, «Russian drone strike caused tens of millions worth of damage to Chornobyl», *The Guardian*, 7 de mayo de 2025.

8 En el caso de Fukushima, un terremoto generó un tsunami, que superó un dique, lo que causó un corte de energía, que deshabilitó los sistemas de refrigeración de un reactor, lo que provocó la fusión del núcleo, lo que condujo a explosiones que comprometieron los edificios del reactor, que filtraron contaminantes radiactivos a las áreas circundantes. ¿Fue responsabilidad del terremoto? ¿O de la persona encargada de construir el dique?

spills in the sea can be cleaned up, gas pipes can be repaired).
Because it assumes a faith in containment (as possible and desirable), where its success is just a matter of 'good technology'.
Because it assumes loss or damage (where either the container or the agent causing the leak is at fault), an invasion (a penetration by an 'enemy'), or an accident, either the result of unpredictable circumstances (aka 'disaster') or malicious intent (a classic warfare strategy).[7]

But let us not forget that leakages are violent. The stronger the containment, the stronger the violence of the leak. This violence is often neglected, hidden, or considered an unavoidable by-product necessary for a greater good. Very often the forms of violence created are not the result of a single event, but of cascading, multiscalar leaks. This complicates the attribution of responsibilities. Is it about intention? About probability? About the damage created?[8] Leakage is risk management designed and inscribed in the container, and therefore a space of governance. It manages the risk of what (and how much) can be gathered and contained. And the risk of losing it.

Matter leaks across bodies. A dust particle leaks from soil to water to air to bodies to air to water to animals to plants to... Where and what kind of containment is needed in this chain? This brings to the fore the tension between leakage and containment. A body may be contained, but its fluids, residues, and toxins flow from body to body, staying, reacting, and leaking again. Where and what kind of containment can be achieved in this chain? Whereas these questions are relatively easy to understand when the container is a solid infrastructure like a pipeline, the same logic applies to 'soft' or liquid containers.

> *(As always in their work,)*
> *Cooking Sections'* When [Salmon Salmon [Salmon]] *trilogy shows us how, in industrial salmon farming, matter leaks through slow*

7 We have recently witnessed how Russian drone strikes have targeted the radiation containment structures at Ukraine's Chornobyl nuclear plant. Whereas the violence of a radiation leak has remained in the realm of fear, the cost of repairing the container has been estimated at around €1.5bn. Dan Sabbagh, 'Russian drone strike caused tens of millions worth of damage to Chornobyl', *The Guardian*, 7 May 2025.

8 In the case of Fukushima, an earthquake generated a tsunami, which breached a sea wall, which caused a power failure, which disabled a reactor's' cooling systems, which caused the fuel rods to melt, which led to the explosions that compromised the reactor buildings, which leaked radioactive contaminants into the surrounding areas. Was it the earthquake's responsibility? Or the person responsible for building the sea wall?

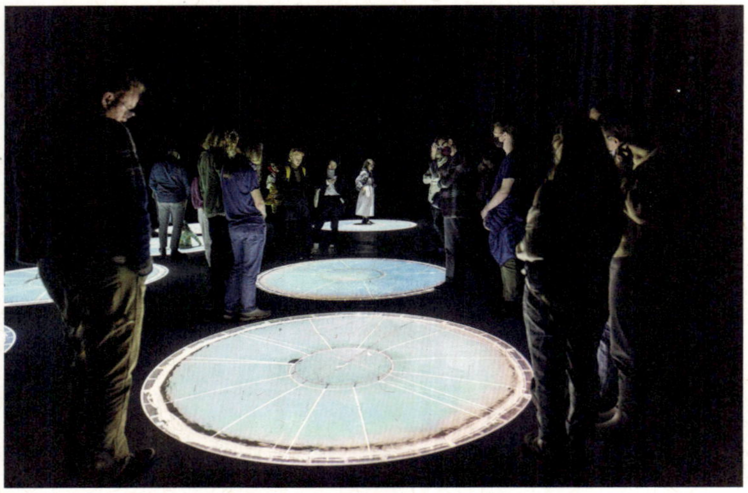

«Salmon: Traces of Escapees». Trilogía «When [Salmon Salmon [Salmon]]», parte II. Cooking Sections, 2022. Vista de la instalación, Fisher Center at Bard, Nueva York.

Salmon: Traces of Escapees. When [Salmon Salmon [Salmon]] trilogy, part II. Cooking Sections, 2022. Installation view, Fisher Center at Bard, New York.

and ongoing processes. The leak is not seen, only its effects and consequences. Because 'toxic systems and chemical leaks are usually hidden out of sight, contamination makes manifest class, gender, and race divides'.[9]

Farmed salmon live in the same environment as 'wild' fish, contained 'just' by a net. These nets break (obviously) and farmed fish escape. It could be argued that, because the fish cannot sustain themselves and die soon after, no damage is done (besides the economic loss). The problem with this monoscalar and techno-scientific viewpoint is that it fails to recognise that fish are not things but ecologies that leak, even when the nets do not break. Pesticides used to control sea lice leak. Excrements leak. Excess feed leaks. And when the net breaks, the fish might die, but the antibiotics still present in their bodies are absorbed by the predators that feed on them. Even the salmon's salmon—acquired through pigments added to their feed—leaks. Because in salmon farming, the fish are the containers: 'disposable hosts for colour'. Industrialisation leaks.

How beautiful is it to understand 'natural' colour as constructed desire, adaptation strategy, or unrequested pigmentation, leaking across bodies from factories to tree bark to moths?

So, What Should we do? Leaking Worlds

Faith in containment and the acceptance of leaks as their (undesired) externalities are at the centre of the climate crisis for all the reasons above, and because the way to 'solve' them is always through more and more containment (ad infinitum, apparently). The following strategies might sound familiar: preventing (making the container stronger, thicker, taller), repairing (adding patches, replacing pieces, sealing—what is architecture without silicone?),

9 Cooking Sections, *Salmon: A Red Herring* (Isolarii, New York, 2020): p. 90.

(Como siempre en su trabajo,) la trilogía «When [Salmon Salmon [Salmon]]» de Cooking Sections nos muestra cómo, en la acuicultura industrial del salmón, la materia se fuga a través de procesos lentos y continuos. No se ve la fuga, solo sus efectos y consecuencias. Porque «los sistemas tóxicos y las fugas químicas se suelen ocultar; la contaminación pone de manifiesto las divisiones de clase, género y raza».[9]

Los salmones de piscifactoría viven en el mismo entorno que los peces «salvajes», contenidos «solo» por una red. Estas redes (obviamente) se rompen y los peces de cría escapan. Podría argumentarse que, como los peces no pueden mantenerse por sí mismos y mueren poco después, no se produce ningún daño (más allá de la pérdida económica). El problema de este punto de vista monoescalar y tecnocientífico es que no reconoce que los peces no son cosas, sino ecologías que se fugan incluso cuando las redes no se rompen. Los pesticidas usados para controlar el piojo de mar se fugan. Los excrementos se fugan. El exceso de pienso se fuga. Y cuando la red se rompe, puede que los peces se mueran, pero los antibióticos aún presentes en sus cuerpos los absorben los depredadores que se alimentan de ellos. Incluso se fuga el color del salmón, adquirido a base de pigmentos añadidos a su dieta. Porque en la acuicultura, los peces son los contenedores: «huéspedes desechables de color». La industrialización se fuga.

¿Cómo de bonito es comprender el color «natural» como deseo construido, estrategia de adaptación o pigmentación no solicitada, fugándose de un cuerpo a otro, desde las fábricas hasta la corteza de los árboles y las polillas?

9 Cooking Sections, *Salmon: A Red Herring* (Isolarii, Nueva York, 2020): p. 90.

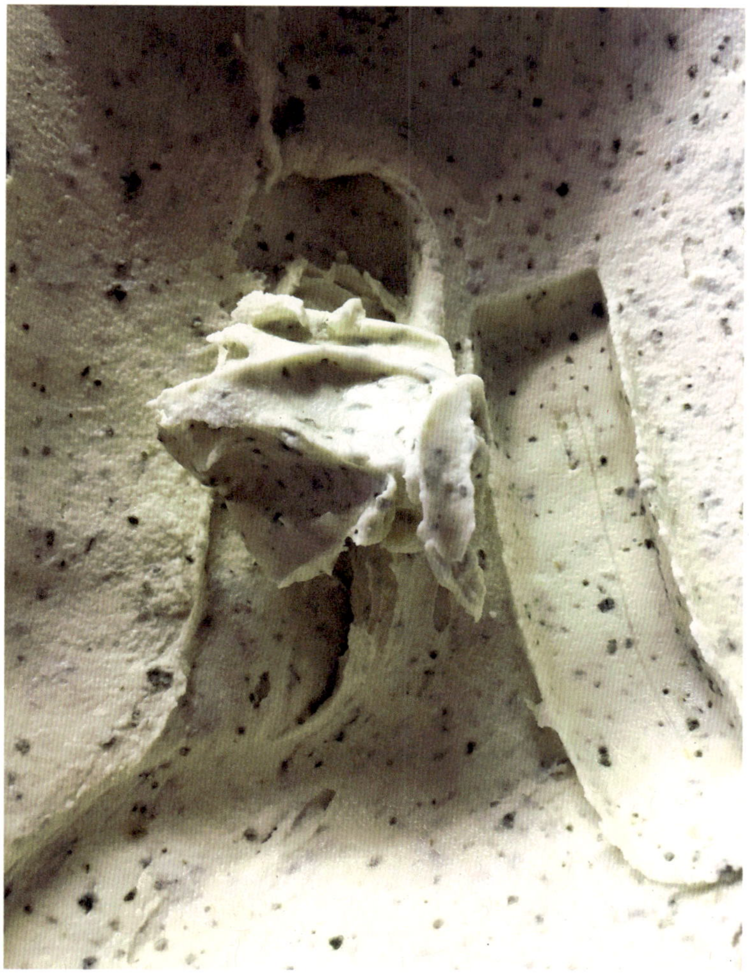

«The Plant that Can Sink Your Mortgage Ice Cream». Cooking Sections, 2016. Vista de la instalación, «Devaluing Property Real Estate Agency», The Empire Remains Shop, Londres.

The Plant that Can Sink Your Mortgage Ice Cream. Cooking Sections, 2016. Installation view, *Devaluing Property Real Estate Agency*, The Empire Remains Shop, London.

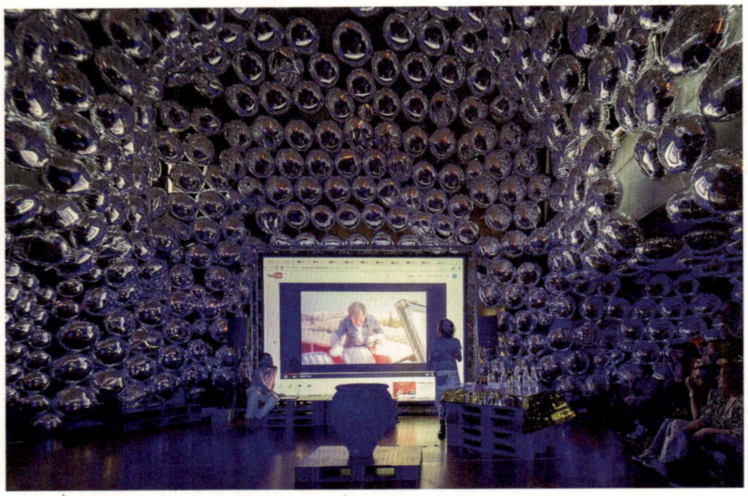

«Cuando el agua de Murcia perdió su virginidad». Cooking Sections, 2014. Performance en la Polivagina diseñada por C+ Arquitectas, *Fan Riots*, SOS 4.8 Festival, Murcia.

When Agua de Murcia Lost its Virginity. Cooking Sections, 2014. Performance at the *Polivagina* designed by C+ Arquitectas, *Fan Riots*, SOS 4.8 Festival, Murcia.

or cleaning the leaked substance and re-containing it again (what happens when the container is or becomes toxic?).[10] All of these assume a reliance—uncritical and taken for granted—on containment.[11] And thus the cycle of violence continues. So, if containment is a facilitator for climate change, should we not try to imagine worlds without containment?

By this I am not vouching for immobility, nor for full transparency, full fluidity, full connectivity. On the contrary. From a queer perspective (everything is better from a queer perspective!), it is about accepting that everything is constantly changing. Accepting that there will always be leaks. That everything is leaking all the time. That we exist because we leak. This puts in crisis the infrastructures of containment and therefore the built environment. So, what should we do?[12]

To build a conceptual framework, design and construction practices that allow for fluid, leaking spatialities (beyond hard infrastructures) we need thought and material experiments. We need to test other imaginaries, other references and forms of relating. We need open, porous practices to respond to leaking worlds.

> *Neoliberalism financialises containment, but also its leakages.*[13] *Furthermore, it financialises what escapes containment, like Japanese knotweed, an 'undesired weed'.*
>
> *Cooking Sections'* Devaluing Property Real Estate Agency *shows how knotweed (as an ecology with social, cultural and political entanglements) leaks through different domains: mortgages, planning applications, immigration policies, racism, xenophobia, the mediatised industry of fear.*[14] *Ecologies seep into bureaucracies, legal systems and anxieties around private property.*[15]

10 Going back to the example of the plastic bottle, the phthalates or PFAs (plasticisers, endocrine disruptors, etc.) designed to increase the flexibility and durability of the plastic, add their own toxins to the water, which as we know, end up leaking into and across bodies and ecologies.

11 I am not arguing that containment is 'bad' per se, nor that it should not be done. But we have to (re)consider, discuss and negotiate the need for containment, taking a more expansive view of its socio-ecopolitical implications.

12 By 'we' here I mean spatial designers, architects, city makers.

13 See Naomi Klein, *The Shock Doctrine: The Rise of Disaster Capitalism* (Penguin Books, London and New York, 2008).

14 Cooking Sections, 'The Plant That Can Eat Your Mortgage Ice Cream'. *In Taste. Law and the Senses*, Westminster Law & Theory Lab Series (University of Westminster Press, London, 2018).

15 Thank you Cooking Sections for providing this beautiful way of explaining this.

Entonces, ¿Qué hacemos? Mundos que chorrean

La fe en la contención y la aceptación de las fugas como sus externalidades (no deseadas) se encuentran en el centro de la crisis climática, tanto por todas las razones ya mencionadas como porque la manera de «resolverlas» pasa siempre por más y más contención (ad infinitum, al parecer). Las siguientes estrategias resultan familiares: prevenir (hacer el contenedor más fuerte, más grueso, más alto), reparar (añadir parches, reemplazar piezas, sellar —¿qué sería la arquitectura sin silicona?), o limpiar la sustancia fugada y volver a contenerla (¿qué ocurre cuando el propio contenedor es o se vuelve tóxico?).[10] Todas estas soluciones presuponen una dependencia —no cuestionada y asumida como natural— de la contención.[11] Y así, el ciclo de violencia continúa. Entonces, si la contención es un facilitador del cambio climático, ¿no deberíamos intentar imaginar mundos sin contener?

Con esto no estoy defendiendo la inmovilidad, ni la transparencia total, ni la fluidez total, ni la conectividad total. Al contrario. Desde una perspectiva *queer* (¡todo es mejor desde una perspectiva *queer*!), se trata de aceptar que todo está en constante cambio. Aceptar que siempre habrá fugas. Que todo se fuga todo el tiempo. Que existimos porque tenemos fugas. Esto pone en crisis las infraestructuras de la contención y, por tanto, el entorno construido. Entonces, ¿qué deberíamos hacer?[12]

Para construir un marco conceptual, unas prácticas de diseño y construcción que permitan espacialidades fluidas, que se fuguen (más allá de las infraestructuras duras), necesitamos experimentos conceptuales y materiales. Necesitamos poner a prueba otros imaginarios, otras referencias y formas de relacionarnos. Necesitamos prácticas abiertas, porosas, para responder a mundos que se escapan.

> *El neoliberalismo mercantiliza la contención, pero también sus fugas.*[13] *Y además, mercantiliza lo que escapa a la contención, como la hierba nudosa japonesa* (Fallopia japonica)*, una «mala hierba indeseada».*

10 Volviendo al ejemplo de la botella de plástico: los ftalatos o PFAs (plastificantes, disruptores endocrinos, etc.), diseñados para aumentar la flexibilidad y durabilidad del plástico, añaden sus propias toxinas al agua, que, como sabemos, terminan filtrándose de un cuerpo a otro y de una ecología a otra.

11 No sostengo que la contención sea «mala» *per se*, ni que no deba realizarse. Pero debemos (re)considerar, debatir y negociar la necesidad de contener, y adoptar una visión más amplia de sus implicaciones socio-eco-políticas.

12 Por «nosotras», aquí me refiero a diseñadores espaciales, arquitectos, urbanistas.

13 Véase Naomi Klein, *La doctrina del shock. El auge del capitalismo del desastre* (Paidós, Barcelona, 2008).

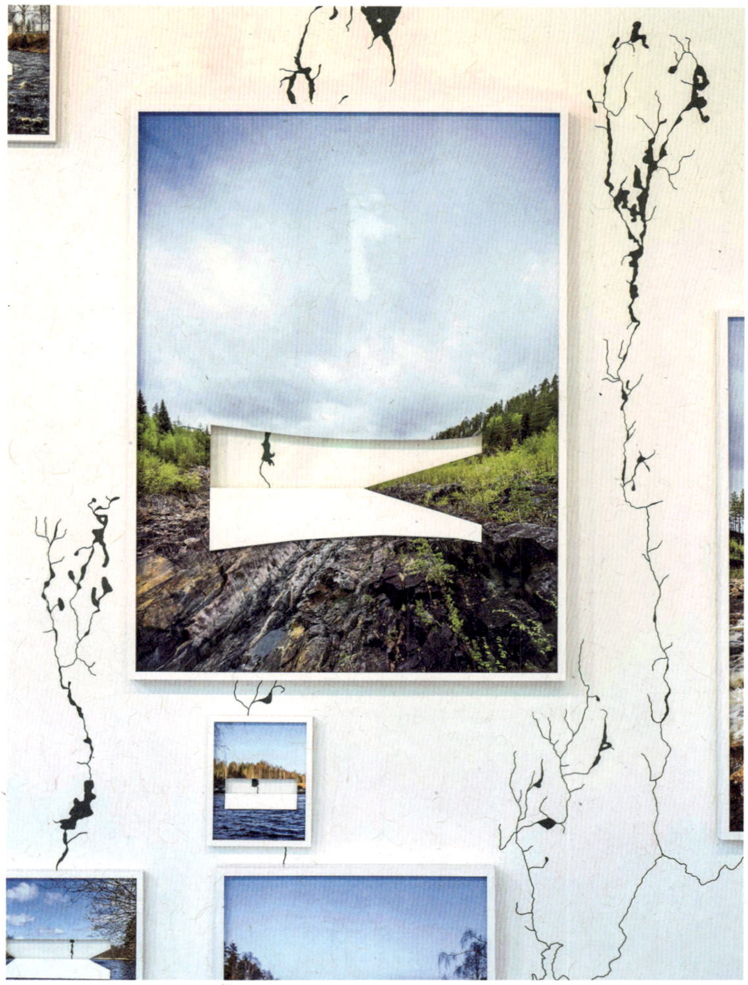

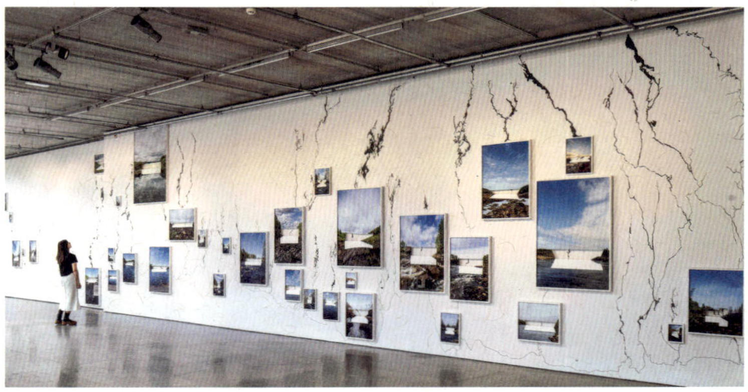

«Undamming Rivers». Cooking Sections, 2022. Vista de la instalación, Bonniers Konsthall, Estocolmo.

Undamming Rivers. Cooking Sections, 2022. Installation view, Bonniers Konsthall, Stockholm.

El proyecto de Cooking Sections «Devaluing Property Real Estate Agency» muestra cómo la hierba nudosa japonesa (como ecología con enmarañamientos sociales, culturales y políticos) se escapa entre diversos ámbitos: hipotecas, solicitudes de planificación urbana, políticas migratorias, racismo, xenofobia, la industria mediatizada del miedo.[14] Las ecologías se filtran en burocracias, sistemas legales y ansiedades en torno a la propiedad privada.[15]

(Como siempre en su trabajo,)
este proyecto es una práctica con fugas, atravesando la investigación, políticas espaciales, la cocina.
Todo tiene fugas: los formatos, las disciplinas, los géneros artísticos y los sexuales, las voces, los límites institucionales.
Desafiando la contención (de sus proyectos, de la vida, de las relaciones).
Prestando atención a las fugas
Dejando escapar ciencia, tradición cursilería, hedonismo. Generosidad.[16]

(Como siempre en su trabajo,)
«Devaluing Property Real Estate Agency» reactiva lo que se habíadejado morir con la redistribución de economías, y recupera prácticas, gremios, para evitar más daños.
Crea una receta de helado de hierba nudosa.
Y te da uno para probar.

¿Cómo de bonito es comerte tu hipoteca en forma de helado? ¿Lamer la eugenesia mientras se desafía la masculinidad?[17]

Quizá lamer sea un acto de resistencia. Pasar la lengua por otro cuerpo (sea humano o no) desafía al habla. ¿Es tacto? ¿Es gusto? Una forma de saber queer, encarnada, activista, que va más allá de los cinco sentidos.
El saber a base de fluidos compart dos. Lúdico, íntimo, vulnerable.

Quizá lamer sea la forma (húmeda) de comunicación necesaria en unmundo de orificios.
(¡Imagina!)
Lamer fugas para mundos que chorrean.

14 Cooking Sections, «The Plant That Can Eat Your Mortgage Ice Cream». En *Taste. Law and the Senses*, Westminster Law & Theory Lab Series (University of Westminster Press, Londres, 2018).

15 Gracias, Cooking Sections, por compartir esta hermosa manera de explicarlo.

16 Queridos Cooking Sections: otra razón por la que ha sido tan difícil separar mi trabajo del vuestro quizá sea porque nunca me lo he encontrado de frente. He vivido a su lado. ¿Qué formas de conocimiento emergen al vivir junto a alguien? ¿Cuando has compartido más vida que situaciones académicas? Vuestro trabajo se ha filtrado en mí a través de la luz, el sudor, la saliva y las lágrimas derramadas mientras reíamos, bailábamos, comíamos. Una práctica profesional (artística, investigadora, activista) que es una forma de ser (llena de compromiso, juego, apertura, curiosidad). Y, siendo plenamente consciente de que estoy alcanzando las cotas más altas de cursilería, tan solo diré que no podría estar más agradecida por todo ello.

17 Esto suena como una broma, pero al parecer «un hombre adulto —y sobre todo el presidente— no debería estar lamiendo un helado en público». Shweta Sharma, «Fox News host Jesse Watters rants about masculinity after Biden eats ice cream in public», *The Independent*, 28 de febrero de 2024.

(As always in their work,)
this project is a leaking practice, moving through research, spatial politics, cooking.
Leaking formats, disciplines, genres, genders, voices, institutional boundaries.
Defying containment (of their projects, life, relationships).
Paying attention to leaks. Leaking science, tradition, cheesiness, hedonism. Generosity.[16]

(As always in their work,)
Devaluing Property Real Estate Agency
reactivates what was left to die by redistributing economies, recovering practices, guilds, preventing more damage.
It creates a recipe for knotweed ice cream.
And it gives you one to eat.

How beautiful is it to eat your mortgage through an ice cream? To lick eugenics whilst challenging masculinity?[17]

Maybe licking is an act of resistance. Swiping your tongue on another body (human or not) defies speech. Is it touch? Taste? An embodied, queer, activist way of knowing beyond the five senses? Knowing by sharing fluids. Playful, intimate, vulnerable.

Maybe licking is the (wet) form of communication needed in a world of holes.
(Imagine!)
Licking leaks for leaking worlds.

16 Dear Cooking Sections: Another reason why it's been so difficult to disentangle my work from yours might be because I've never encountered it frontally. I've lived next to it. What are the forms of knowing that emerge when living alongside? When you've shared more life than academic occasions? Your work has leaked in me through light, sweat, saliva, and tears whilst laughing, dancing, eating. A professional (artistic, research, activist) practice that's a way of being (full of commitment, playfulness, openness, curiosity). And, fully aware that I am reaching the heights of cheesiness, I'll just say that I could not be more grateful for all of this.

17 This sounds like a joke, but apparently 'A grown man—especially the president—shouldn't be licking ice cream in public'. Shweta Sharma, 'Fox News host Jesse Watters rants about masculinity after Biden eats ice cream in public', *The Independent*, 28 February 2024.

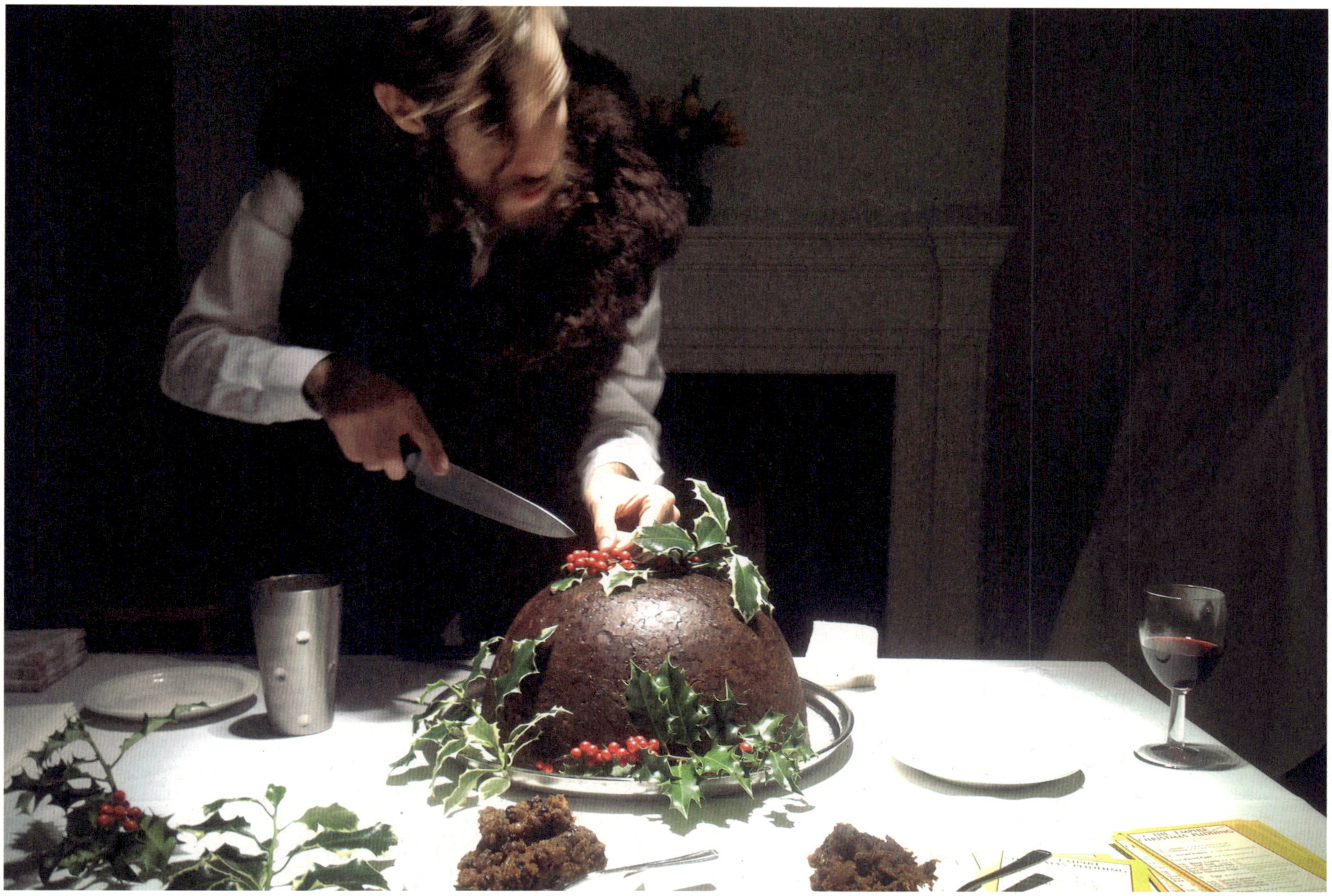

Conocido como una «paradoja gastronómica», el *Empire Christmas Pudding* era el plato más inglés, ensamblado con ingredientes coloniales traídos de las plantaciones de ultramar. Escrita por primera vez en 1928 por el chef del rey, la receta enumeraba diecisiete ingredientes de diecisiete territorios imperiales para animar a «comprar Imperio cada día»: pasas de Australia, canela de India, brandy de Palestina, clavos de Zanzíbar... Recuperada en 2013 como primer proyecto de The Empire Remains Shop, el pudin trazó cómo los mercados poscoloniales siguen encubriendo orígenes, afianzando desigualdades y perpetuando dependencias.
Lo que antes se anunciaba por procedencia y viajaba sobre olas de logística imperial, ahora se vende como «envasado en el Reino Unido» o «de origen diverso». El paso de «Hecho en» a «Hecho en ninguna parte» disuelve el lugar en favor del reempaquetado de los beneficios de ultramar.
«Empire Remains Christmas Pudding». Cooking Sections, 2013. Receta y performance, Delfina Foundation y The Empire Remains Shop, Londres.

Dubbed a 'gastronomic paradox', the Empire Christmas Pudding was the most English of dishes, assembled from colonial ingredients shipped from overseas plantations. First written in 1928 by the King's chef, the recipe listed seventeen ingredients from seventeen imperial territories to encourage consumers to 'buy Empire everyday': currants from Australia, cinnamon from India, brandy from Palestine, cloves from Zanzibar... Revived in 2013 as the first project of The Empire Remains Shop, the pudding traced how postcolonial markets continue to obscure origins, entrench inequalities, and perpetuate dependencies. Once advertised by provenance and carried on waves of imperial logistics, ingredients are now simply 'packed in the UK' or 'sourced from a range of countries'. The shift from *Made in* to *Made Nowhere* dissolves place in favour of repackaged overseas profit.
Empire Remains Christmas Pudding. Cooking Sections, 2013. Recipe and performance, Delfina Foundation and The Empire Remains Shop, London.

Traída de América a Europa por los holandeses y difundida después por la East India Company, la lantana ocupa hoy más de trece millones de hectáreas en India. Pese a los millones invertidos sin éxito en su erradicación, la planta sigue invadiendo bosques, limitando la recolección de alimentos para muchas comunidades. En la Reserva Forestal de Malé Mahadeshwara (MM Hills), Karnataka, los soliga comenzaron a fabricar muebles con sus ramas, ya que con el tiempo las leyes de conservación les han prohibido usar otros recursos forestales de los que dependieron durante siglos. En un nuevo taller, ahora producen mobiliario de lantana usando las técnicas artesanales del bambú. «The Forest Does Not Employ Me Any More» fue un taburete prototipo diseñado para The Empire Remains Shop, un negocio destinado a quebrar consumiendo un material vegetal desbocado.
«The Forest Does Not Employ Me Any More». Cooking Sections y Forager Collective, 2016. Vista de la instalación, The Empire Remains Shop, Londres.

Brought from America to Europe by the Dutch, and then spread by the East India Company, lantanas now occupy more than thirteen million hectares in India. Despite millions unsuccessfully spent on its eradication, the plant continues to overtake forests, limiting food foraging for many communities. In the Malé Mahadeshwara Reserve Forest (MM Hills) of Karnataka, the Soliga began making furniture from its branches, as over time, ecological preservation laws have banned them from using other forest resources they had relied on for centuries. In a new workshop, they now produce lantana furniture drawing on bamboo craft techniques. *The Forest Does Not Employ Me Any More* was a prototype stool designed for The Empire Remains Shop, a business aiming to go bust by consuming a plant material grown rampant.
The Forest Does Not Employ Me Any More. Cooking Sections and Forager Collective, 2016. Installation view, The Empire Remains Shop, London.

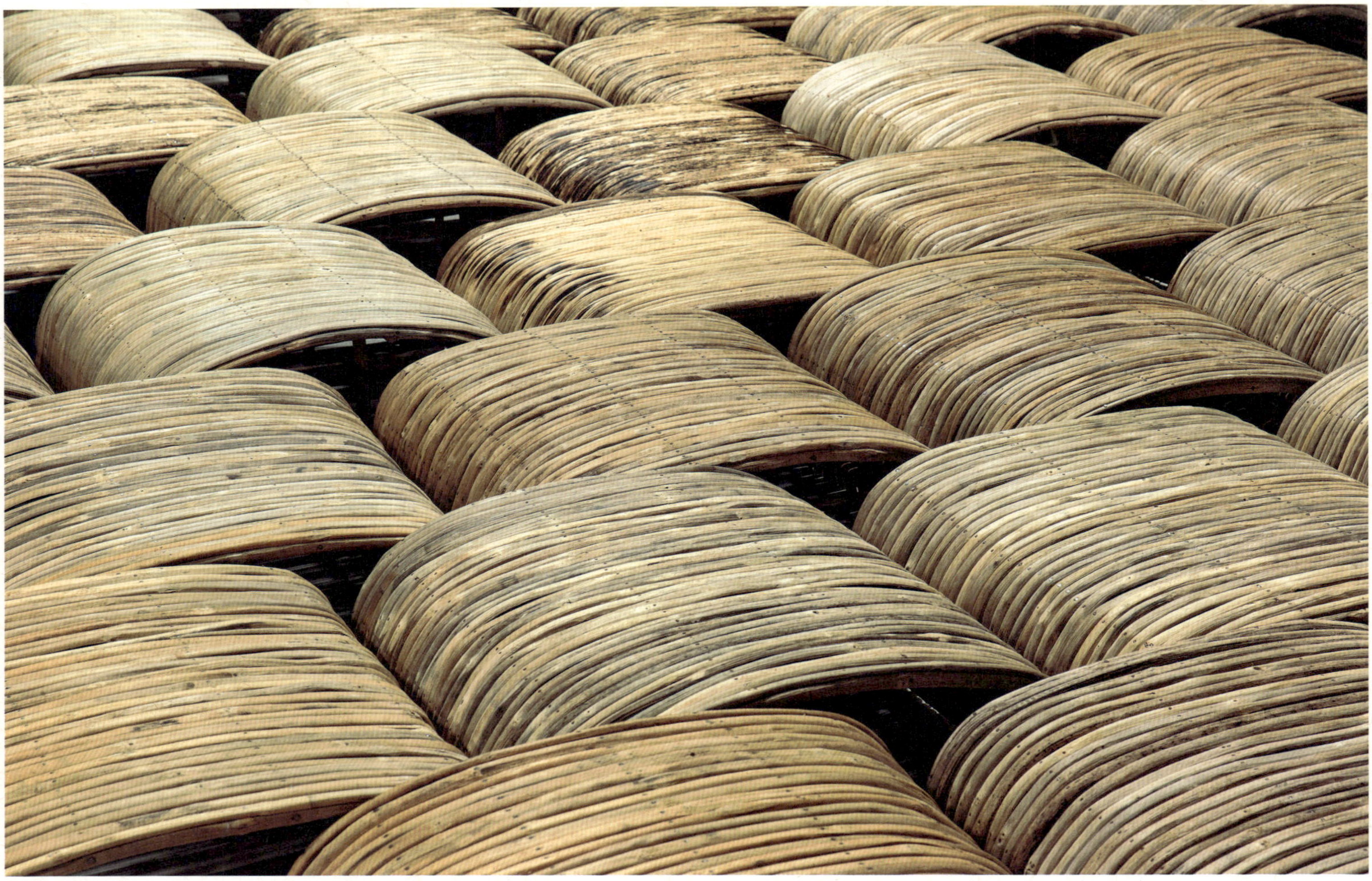

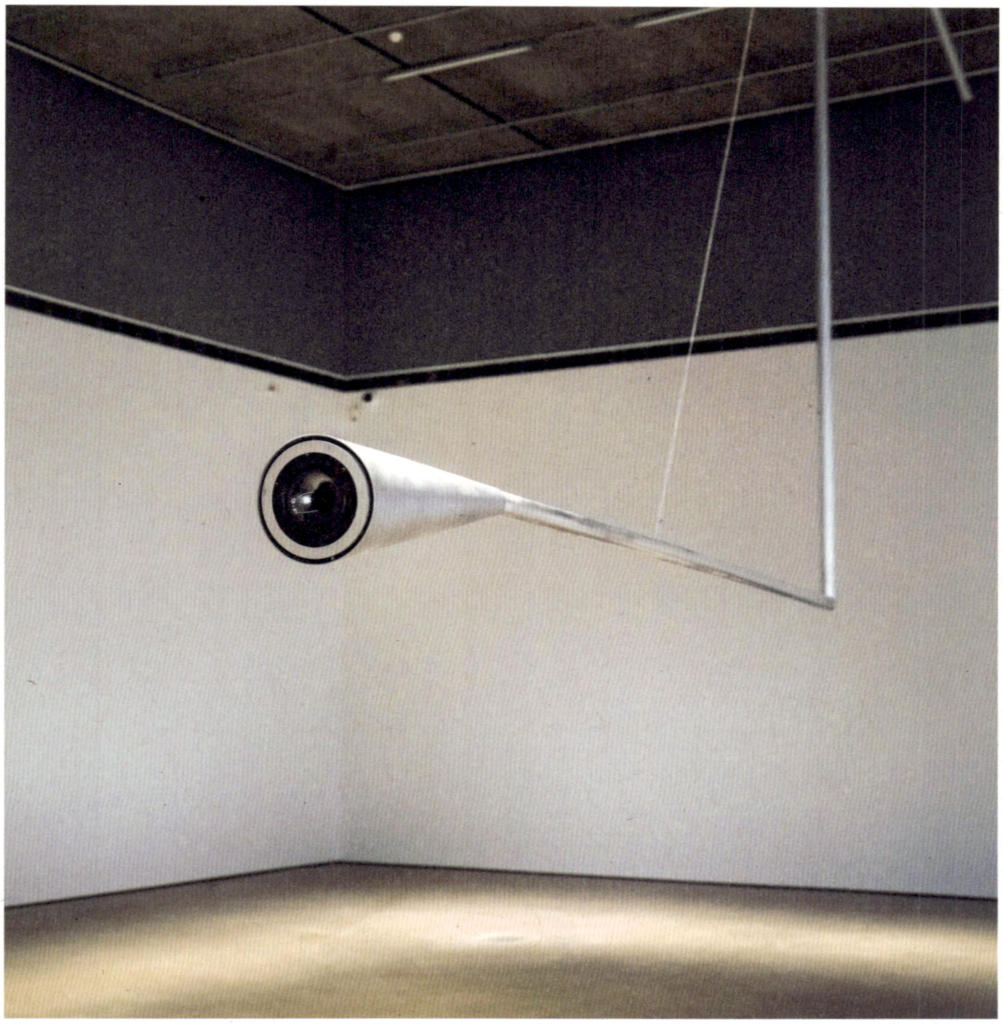

Alimentar es entrar en un bucle. «Salmon: Feed Chains», capítulo final de la trilogía «When [Salmon Salmon [Salmon]]», traza los paisajes globales consumidos por la acuicultura industrial: de las costas agotadas de anchoveta en Perú y Senegal, a los polos exhaustos de kril y las plantaciones de soja arrancadas de la Amazonia. Diseñada como un alimentador automático, la instalación imita el mecanismo que obliga a los salmones de cultivo a nadar en círculos, arrastrando al público a una órbita similar alrededor de un altavoz giratorio. El pienso no es solo alimento, sino nutrientes desplazados, especies extruidas, espacios exhaustos. El coro repite: «alimentar peces es alimentar paisajes de peces, con mares de pellets de pienso, transportados en palés de carga, para satisfacer al paladar humano, a través de los quince tonos de la paleta de color del salmón».
«Salmon: Feed Chains». Trilogía «When [Salmon Salmon [Salmon]]», parte III. Cooking Sections, 2022. Vista de la instalación, Bonniers Konsthall, Estocolmo.

To feed is to enter a loop. *Salmon: Feed Chains*, the final chapter of the trilogy *When [Salmon Salmon [Salmon]]*, traces the global landscapes consumed by industrial aquaculture, from anchovy-depleted coasts in Peru and Senegal, to the krill-exhausted Poles and soy plantations carved from the Amazon. Staged as an automated feeder, the installation mimics the mechanism that compels farmed salmon to swim in endless circles, pulling audiences into a similar orbit around a revolving speaker. Feed is not just nourishment but displaced nutrients, extruded species, exhausted spaces. The chorus repeats: 'to feed fish is to feed fish landscapes, with seas of feed pellets, carried on shipping pallets, to meet the human palate, through the fifteen shades of the salmon colour palette'.
Salmon: Feed Chains. When [Salmon Salmon [Salmon]] trilogy, part III. Cooking Sections, 2022. Installation view, Bonniers Konsthall, Stockholm.

Un desafío a escala nacional para reimaginar el pan de un futuro que alimente a personas, suelo y mar: *Maaleipä* (de *maa*, «suelo», y *leipä*, «pan», en finés) invitó a panaderos, cocineros y colectivos de base a crear recetas que sostuvieran suelos olvidados más allá de la monocultura y la escorrentía agroquímica. En Finlandia, buena parte del cereal cosechado alimenta ganado industrializado, agotando los suelos y drenando los sistemas de agua, mientras el excedente de los fertilizantes se filtra a ríos y al Báltico, alimentando floraciones de algas y zonas muertas. Redactadas con agricultores, panaderos, guardianes de semillas y científicos, las bases del reto pedían cereales diversos, tubérculos, frutos secos, hongos, plantas de bosque y humedal y demás variedades en peligro. Las recetas abordaron los temas del desperdicio alimentario, la salud intestinal y las ecologías tierra-mar, fermentadas en hogazas de bellota, tortas de recolecta y bollos «invasores» servidos en el banquete *Maaleipä*.
«Maaleipä». Cooking Sections, 2024. Finalistas del reto con sus panes. IHME Helsinki.

A country-wide challenge to reimagine bread for the future nourishing of people, soil, and sea: *Maaleipä* (from Finnish *maa*, soil, and *leipä*, bread) invited bakers, cooks, and grassroots groups to create recipes that support neglected soils beyond monoculture and agrochemical runoff. In Finland, much of the grain harvest feeds industrialised cattle, depleting soils and draining water systems, while excess fertilisers leach into rivers and the Baltic Sea, fuelling algae blooms and dead zones. Co-written with farmers, bakers, seed keepers, and scientists, the challenge guidelines called for diverse grains, roots, nuts, mushrooms, forest and wetland plants, and endangered cultivars. The bread recipes addressed waste, gut health, and land-sea ecologies, leavened into acorn loaves, foraged flatbreads, and 'invasive' buns that were served at the *Maaleipä Feast*.
Maaleipä. Cooking Sections, 2024. Finalists of the challenge with their breads. IHME Helsinki.

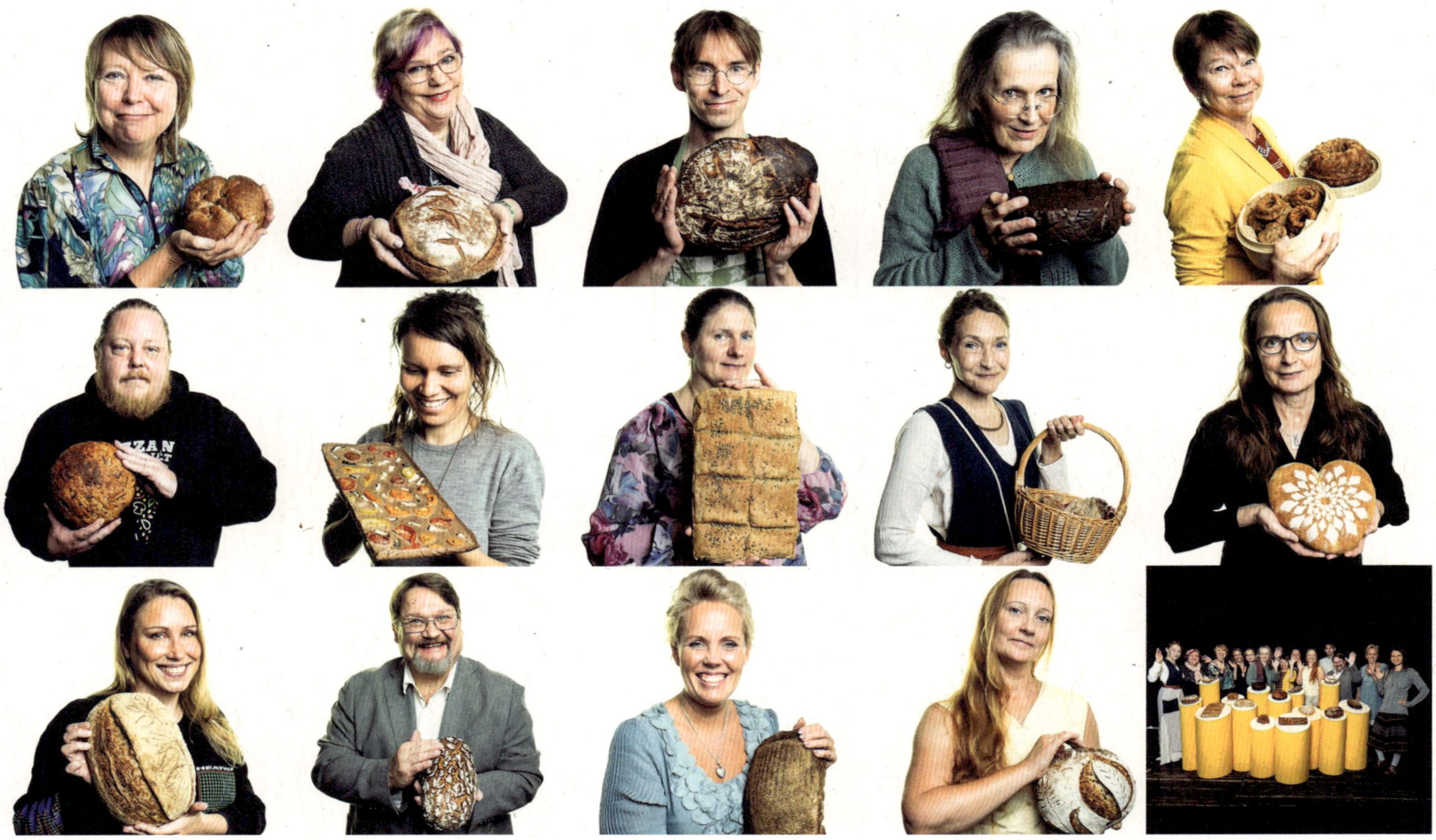

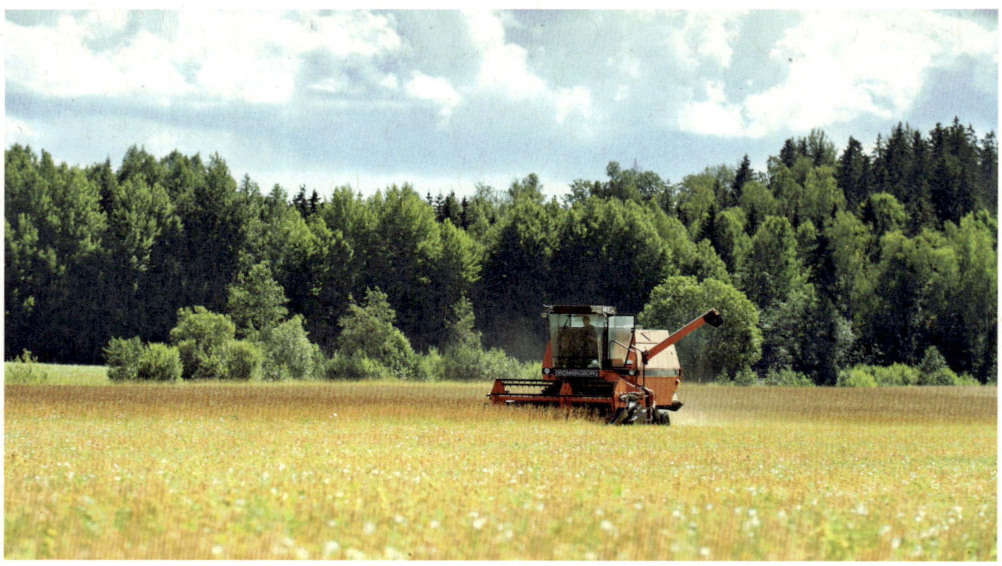

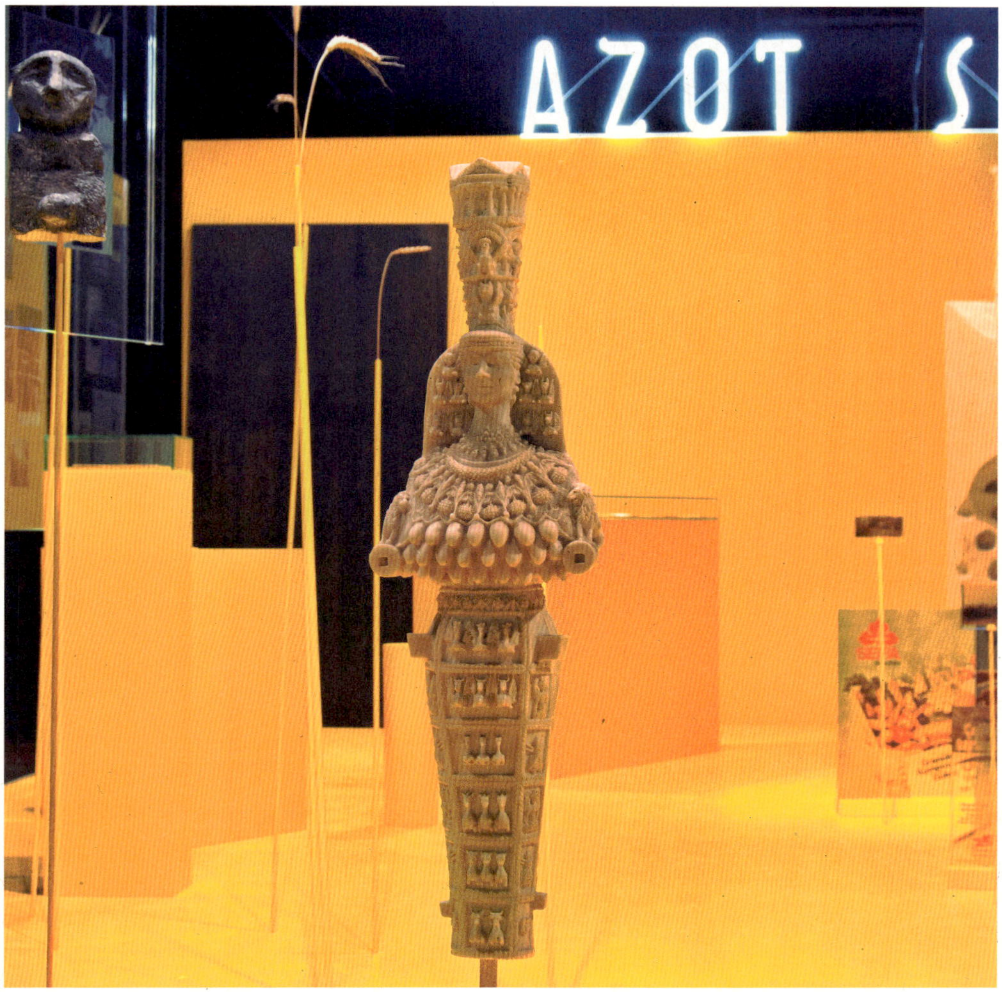

«Exhausted» exploró los enredos entre el suelo y la infertilidad humana, generando conexiones desde el Neolítico y el llamado Creciente Fértil hasta la proliferación de clínicas de FIV de Estambul para el turismo de reproducción. Un ensamblaje no exhaustivo de artefactos, dispuesto de forma anacrónica, trenzaba contranarrativas sobre cuerpos (in)fértiles y suelos exhaustos: figurillas mal interpretadas, registros de reproducción controlada, cereales de diseño hiperfértiles, visiones estatales de planificación familiar, fertilizantes sintéticos, pesticidas, herbicidas, y la domesticación de cuerpos, tierras y vida. A lo largo de la exposición, la escenografía sirvió también como un escenario para conferencias invitadas y punto de partida para ensayos comisionados, generando relatos divergentes sobre la extenuación del suelo y de los humanos, y ampliando debates contemporáneos sobre la (in)fertilidad.
«Exhausted». Cooking Sections, 2021. Vista de la instalación, Salt, Estambul.

Exhausted explored the entanglements between soil and human infertility, tracing connections from the Neolithic and the so-called Fertile Crescent to Istanbul's proliferation of IVF clinics for reproductive tourism. A non-comprehensive assemblage of artefacts, arranged in anachronic order, wove counter-narratives around (in)fertile bodies and exhausted soils: misread figurines, records of controlled reproduction, engineered hyper-fertile grains, state visions of family planning, synthetic fertilisers, pesticides, herbicides, and the domestication of bodies, land, and life. Throughout the exhibition, the scenography doubled as a stage for guest lectures and a departure point for commissioned essays, producing diverging narratives on exhaustion in soil and humans alike, and expanding contemporary debates on (in)fertility.
Exhausted. Cooking Sections, 2021. Installation view, Salt, Istanbul.

La tierra y el mar

Sria Chatterjee

Estáis aquí para escuchar a una ostra, una criatura que encarna tanto las entrañas como el pellejo del mundo.
Lo que guarda en la concha lleva la huella de su pasado — y también del vuestro.

«Oyster Readings», Cooking Sections, 2021

Las ostras rezuman historia

Las ostras son criaturas porosas. Aspiran el océano a su interior para luego expulsarlo. Crecen con sus entornos. Sus mantos secretan proteínas y minerales. Estos, mezclados con los depósitos de carbonato de calcio del agua marina, generan sus conchas externas. Sus conchas crecen capa a capa, y cimentan los flujos y reflujos de capital, violencia, extracción y daño que recorren la tierra y sus mares. Sus estrías hacen visible lo que a menudo permanece oculto.

«Pero no estáis aquí solo para aprender sobre el pasado de la ostra; estáis aquí para aprender sobre vuestro presente-futuro», insiste la quiromante de ostras.

¿Pueden las conchas de ostra predecir vuestro futuro? ¿Pueden ayudaros a mirar en lo más hondo de vuestro ser y de vuestro pasado?

En «Oyster Readings» de Cooking Sections, presentado por primera vez en 2021 en Luisiana, las conchas de ostra se convierten en vehículos de adivinación. La ostra oriental ha vivido y se ha reproducido en las aguas de Luisiana durante milenios. Aunque el vertido de BP en el Golfo de México que empezó en 2010 diezmó las poblaciones locales de ostras, la cuenca del río Sabine en Luisiana sigue albergando los mayores arrecifes de ostras intactos del Golfo y posiblemente del mundo.[1] Los artistas describen a las ostras como palimpsestos vivientes, que ofrecen un atisbo de las historias de tormentas, huracanes, sequías, vertidos de petróleo, fugas de gas y dragados, así como de estructuras de convivialidad musical y alegría a través de la cultura ostrícola que

1 Jaimie A. Nevins, Jennifer Beseres Pollack y Gregory W. Stunz, «Characterizing Nekton use of the Largest Unfished Oyster Reef in the United States Compared with Adjacent Estuarine Habitats», *Journal of Shellfish Research*, 33(1) (2014): pp. 227–238.

The Soil and the Sea

Sria Chatterjee

You are here to listen to an oyster, a creature that embodies both the insides and the outsides of the world.
What lies in their shells carries the imprint of their past—and yours too.

Oyster Readings, Cooking Sections, 2021

Oysters Seep History

Oysters are porous creatures. They draw the ocean into and out of themselves. They grow with their environments. Their mantles secrete proteins and minerals. These, mixed in with the calcium carbonate deposits from seawater, generate their outer shells. Their shells grow layer by layer, cementing the ebbs and flows of capital, violence, extraction, and damage that course through the earth and its seas. Their ridges make visible what is often unseen.

'But you are not just here to learn about the oyster's past; you are here to learn about your future-present', the oyster reader insists.

Can oyster shells tell your future? Can they help you look deep into yourself and your past?

In Cooking Sections' *Oyster Readings*, first performed in 2021 in Louisiana, oyster shells become vehicles for divination. The eastern oyster has lived and bred in these waters for millennia. Though the BP oil spill in the

permea Bulbancha/Nueva Orleans. En ellas se acumulan historias ambientales, sociales y económicas.

Si la adivinación es el arte de prever acontecimientos futuros o descubrir conocimientos ocultos al interpretar signos y presagios, Cooking Sections usan las conchas de ostra para visibilizar los continuos legados del colonialismo, los flujos de capital y los porosos espacios del extractivismo que «terraforman» nuestras tierras y nuestros mares.

Las lecturas de ostras de Cooking Sections son investigaciones minuciosas. Se basan en la comprensión de los distintos tipos de ostras y de cómo su entorno moldea físicamente su cuerpo. Se construyen específicamente a partir de entrevistas con científicos, abridores de ostras, ambientalistas, pescadores, activistas y colectivos vecinales. Sacan a la luz la ambigüedad del extractivismo, transformando las ostras en narradoras, abriendo relatos que permiten al visitante escuchar los susurros del océano en sus cuerpos, comprender nuestra existencia compartida, frágil y porosa.

> *La quiromante de ostras te abre la concha, y narra la conexión entre la minería submarina y el calentamiento del mar. Pruebas la ostra, dejando que su frescura salada y carnosa se disuelva sobre la lengua. Metabolizas el océano. Y con él, sus múltiples historias.*

Cadenas metabólicas

El metabolismo describe la totalidad de las reacciones que ocurren dentro de un organismo para mantener la vida. Una serie de reacciones o vías conducen a cambios químicos en una célula, cada una controlada por una enzima específica. Si salimos de nosotras mismas como organismos y concebimos el metabolismo de la Tierra como una gran cadena de reacciones químicas entre organismos conectados, podemos entendernos en un continuo, como una extensión de nuestros entornos.

Gulf of Mexico, beginning in 2010, has decimated local oyster populations, Louisiana's Sabine River Basin remains home to the largest intact oyster reefs in the Gulf and possibly the world.[1] The artists describe oysters as living palimpsests, offering a glimpse into the histories of storms, hurricanes, droughts, oil spills, gas leaks and dredging, as well as convivial structures of music and joy via the oyster culture that permeates Bulbancha/New Orleans. Environmental, social, and economic histories accrue within them.

If divination is the art of foreseeing future events or discovering hidden knowledge by interpreting signs and omens, Cooking Sections use oyster shells to make visible the ongoing legacies of colonialism, flows of capital, and leaky spaces of extractivism that terraform our soil and seas.

Cooking Sections' oyster readings are thoroughly researched. They are built on an understanding of different types of oysters and how they are physically shaped by their environment. More concretely, they are built on interviews with scientists, oyster shuckers, environmentalists, fishers, activists, and resident groups. They bring the blurriness of extractivism to the surface, turning oysters into storytellers, opening up narratives that allow the visitor to hear the whispers of the ocean in their bodies, to understand our shared, shaky, and porous existence.

> *The oyster reader shucks the shell for you, narrating the connection between deep-sea mining and the warming sea. You taste the oyster, letting its fresh saline meatiness dissolve on your tongue. You metabolise the ocean. And with it, its many histories.*

Metabolic Chains

Metabolism describes the totality of reactions that occur within an organism to maintain life. A series of reactions or pathways lead to

1 Jaimie A. Nevins, Jennifer Beseres Pollack and Gregory W. Stunz, 'Characterizing Nekton use of the Largest Unfished Oyster Reef in the United States Compared with Adjacent Estuarine Habitats', *Journal of Shellfish Research*, 33(1) (2014): pp. 227–238.

Sria Chatterjee: The Soil and the Sea

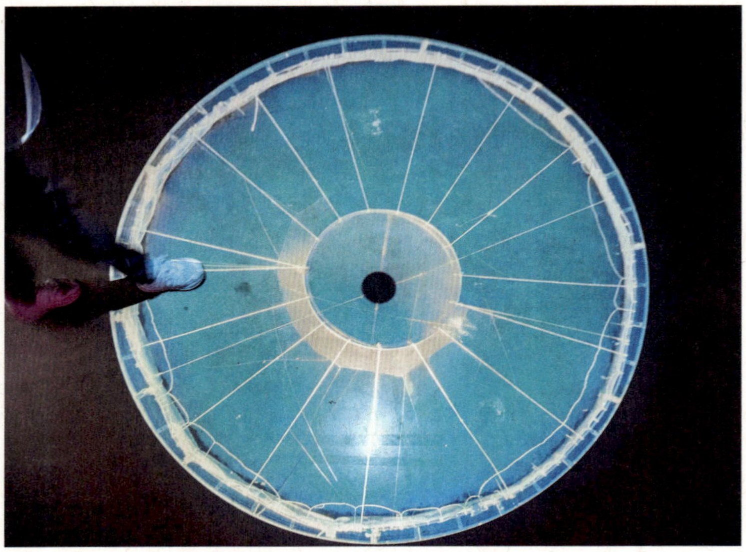

«Salmon: Traces of Escapees». Trilogía «When [Salmon Salmon [Salmon]]», parte II. 1. Vista de la instalación, Bonniers Konsthall, Estocolmo.

Salmon: Traces of Escapees. When [Salmon Salmon [Salmon]] trilogy, part II. Cooking Sections, 2021. Installation view, Bonniers Konsthall, Stockholm.

chemical changes in a cell, each controlled by a specific enzyme. If we step outside of ourselves as organisms and envision the metabolism of the earth as one big chain of chemical reactions among connected organisms, we can understand ourselves in a continuum, as an extension of our environments.

The idea of metabolism as mediating between our bodies and the Earth has been around since the nineteenth century.[2] In *Das Kapital* (1867), Karl Marx denounced the disruption of natural cycles of growth and decay caused by global agrarian capital, citing the guano trade, which shipped nitrogen-rich bird manure from its place of origin in Peru to Europe, to enrich nutrient-depleted soils. John Bellamy Foster describes this as Marx's theory of 'metabolic rift'.[3] Jason Moore builds on this to argue that the world since Marx has seen a 'metabolic shift', where humans do not simply cause a rift in nature, they remake it entirely (through capitalism).[4] The metabolic chains in which we participate are ensnared at every step with the structures of industrial capital—ingested, excreted, and mutating.

You are what you eat. This is true in its most literal sense that our bodies are made of and function using the food we ingest. But, as scientists have recently begun to point out, this also holds true at a microbial level. Microbes or microorganisms are the tiny living things that are found all around us. Invisible to the naked eye, they live in water, soil, in the air, and inside our bodies. Every human body hosts millions of microbes. Animals, plants, and fungi all have their own unique microbiota—collections of minuscule beings with which they live. As we eat plants and other animals, our microbiota changes with them.

As Hannah Landecker writes, 'food is being reconceived as a currency of communication between the different cells—bacterial and human—that make up the body of the eater. This chemical chatter between food, microbes, intestines, brains, and nerves constitutes a different picture of what it is to know what you

2 Greta Marchesi, 'Justus von Liebig Makes the World: Soil Properties and Social Change in the Nineteenth Century', *Environmental Humanities* 12, 1 (2020): pp. 205–226.

3 John Bellamy Foster, *Marx's Ecology: Materialism and Nature* (Monthly Review Press, New York, 2000).

4 Jason W. Moore, *Capitalism in the Web of Life: Ecology and the Accumulation of Capital* (Verso, London, 2015).

La idea del metabolismo como mediador entre nuestros cuerpos y la Tierra existe desde el siglo XIX.[2] En *Das Kapital* (1867), Karl Marx denunció la disrupción de los ciclos naturales de crecimiento y descomposición causada por el capital agrario global, citando el comercio del guano, que enviaba el estiércol rico en nitrógeno de las aves desde su lugar de origen en Perú a Europa, para enriquecer suelos agotados de nutrientes. John Bellamy Foster describe esto como la teoría marxista de la «fractura metabólica».[3] Jason Moore la amplía para argumentar que el mundo desde Marx ha experimentado un «cambio metabólico», donde los humanos no solo provocan una ruptura en la naturaleza, sino que la rehacen por completo (a través del capitalismo).[4] Las cadenas metabólicas en las que participamos están atrapadas en cada paso en las estructuras del capital industrial: ingeridas, excretadas y mutantes.

Somos lo que comemos. Es cierto en el sentido más literal: nuestros cuerpos están hechos y funcionan a partir de los alimentos que ingerimos. Pero, como han empezado a señalar las científicas, también es cierto a nivel microbiano. Los microbios o microorganismos son los diminutos seres vivos que se encuentran por todo nuestro alrededor. Invisibles al ojo humano, viven en el agua, la tierra, el aire y dentro de nuestros cuerpos. Cada cuerpo humano alberga millones de microbios. Cada animal, planta y hongo tiene su propia microbiota: colecciones de diminutos seres con los que conviven. A medida que comemos plantas y otros animales, nuestra microbiota cambia con ellos.

Como escribe Hannah Landecker, «se están reconceptualizando los alimentos como una divisa comunicativa entre las diferentes células —bacterianas y humanas— que conforman el cuerpo del comensal. Este parloteo químico entre alimentos, microbios, intestinos, cerebros y nervios constituye una imagen distinta de lo que significa saber lo que se está comiendo. También plantea la cuestión de quién está implicado en la conversación, ya que, nos guste o no, estos sistemas exquisitamente complejos, afinados evolutivamente para la comunicación entre reinos, están ahora incrustados en los mundos alimentarios industrializados».[5]

2 Greta Marchesi, 'Justus von Liebig Makes the World: Soil Properties and Social Change in the Nineteenth Century', *Environmental Humanities* 12, 1 (2020): pp. 205–226.

3 «*Metabolic rift*»; John Bellamy Foster, *Marx's Ecology: Materialism and Nature* (Monthly Review Press, Nueva York, 2000).

4 «*Metabolic shift*»; Jason W. Moore, *Capitalism in the Web of Life: Ecology and the Accumulation of Capital* (Verso Press, Londres, 2015).

5 Hannah Landecker, «Eating as Dialogue, Food as Technology», *Noema*, 18 de junio de 2020.

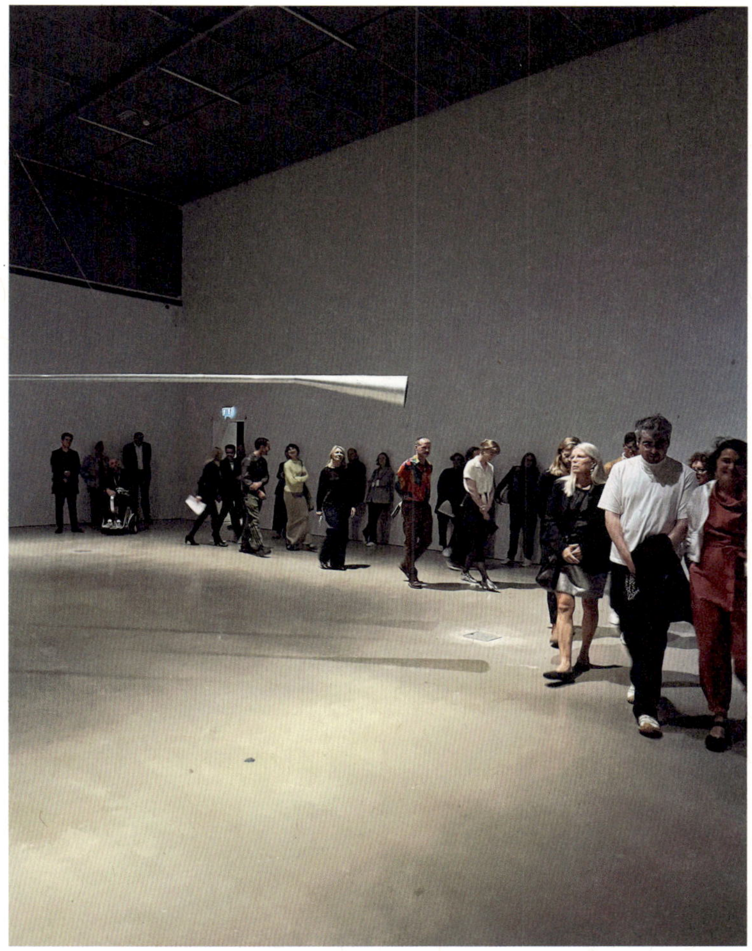

«Salmon: Feed Chains». Trilogía «When [Salmon Salmon [Salmon]]», parte III. Cooking Sections, 2022. Vista de la instalación, Bonniers Konsthall, Estocolmo.

Salmon: Feed Chains. When [Salmon Salmon [Salmon]] trilogy, part III. Cooking Sections, 2022. Installation view, Bonniers Konsthall, Stockholm.

Lo que nos alimenta depende de lo que la industria cárnica y agrícola da de comer a sus animales. El pienso medicado se refiere a las «pequeñas cantidades de suplementos añadidos al forraje a granel, ya sean vitaminas, minerales, enzimas, aminoácidos, medicamentos, promotores del crecimiento o potenciadores de olor o sabor, o lo que es más probable, una combinación compleja de todo ello», que se da a los animales criados de manera industrial.[6] Todo ello no solo determina la nutrición, el crecimiento y la salud de los animales de consumo, sino también la de otros animales, criaturas y humanos, al entrar en nuestros cuerpos porosos a través del pescado y la carne de cría que ingerimos, así como a través de los suelos y mares.

En «Salmon: Feed Chains» (2022), Cooking Sections trazan los paisajes globales que se consumen para sostener las piscifactorías de salmón. Aunque algunas estén físicamente situadas en Escocia, están implicadas en flujos globales que abarcan las aguas agotadas de anchoveta en Perú, India y Senegal, cada una con sus propias historias y realidades complejas de agricultura industrial. «Salmon: Feed Chains» forma parte de una trilogía más amplia que explora cómo la salmonicultura da forma a los entornos marinos, terrestres y atmosféricos tanto a nivel local como global. En esta instalación, un brazo de acero giratorio desciende desde el techo para mover en círculos de manera hipnótica al visitante como reflejo del mecanismo de alimentación automática empleado en las piscifactorías de salmón.

Un paisaje sonoro se filtra por el espacio expositivo, llenándolo con el retumbar de flujos globales que emergen de las profundidades de las jaulas de salmón.

Restos transformados en harina y aceite de pescado,
concentran materia global
en grumos paletizables.
Conglomerar. Un conglomerado.

Fábricas flotantes
comprimen kril capturado en bloques.
Los salmones se hartan de sardinas aceitosas
que antaño andaban por las costas de Kerala, Maharashtra y Guyarat,
entre zonas de pesca de arrastre frente a costas urbanizadas
de Tailandia a Filipinas y Vietnam.

6 Hannah Landecker, «The Food of Our Food: Medicated Feed and the Industrialization of Metabolism», en Heather Paxson (ed), *Eating beside Ourselves: Thresholds of Foods and Bodies* (Duke University Press, Durham NC, 2023): p. 56.

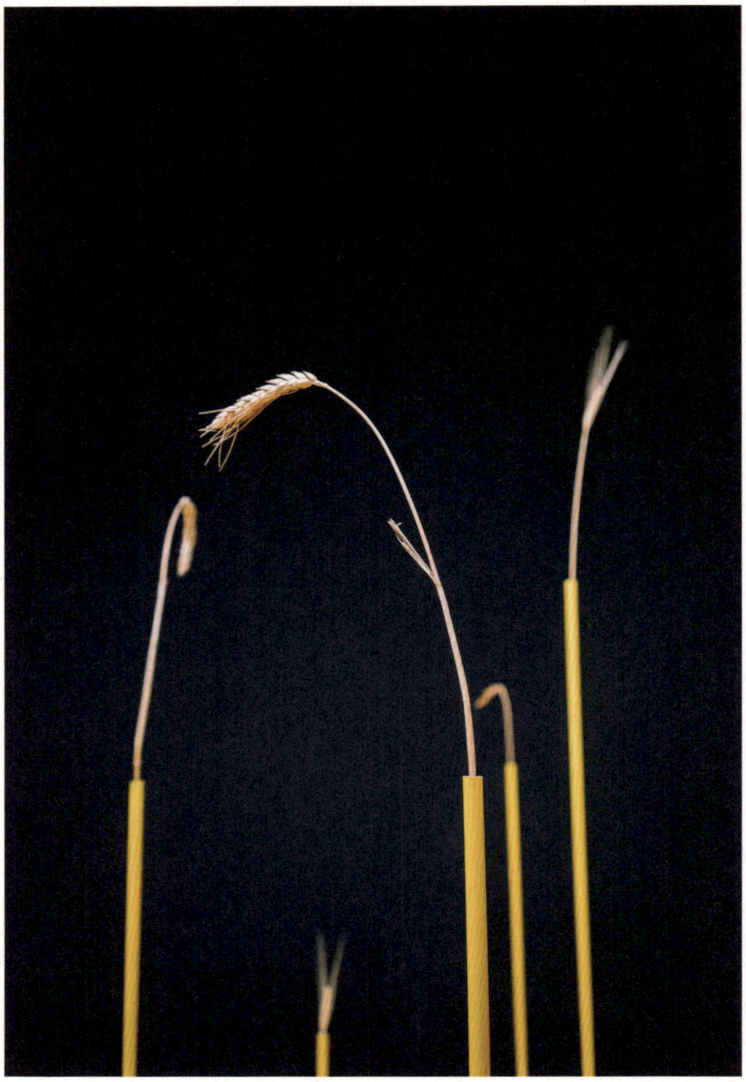

«Exhausted». Cooking Sections, 2021. Vista de la instalación, Salt, Estambul.

Exhausted. Cooking Sections, 2021. Installation view, Salt, Istanbul.

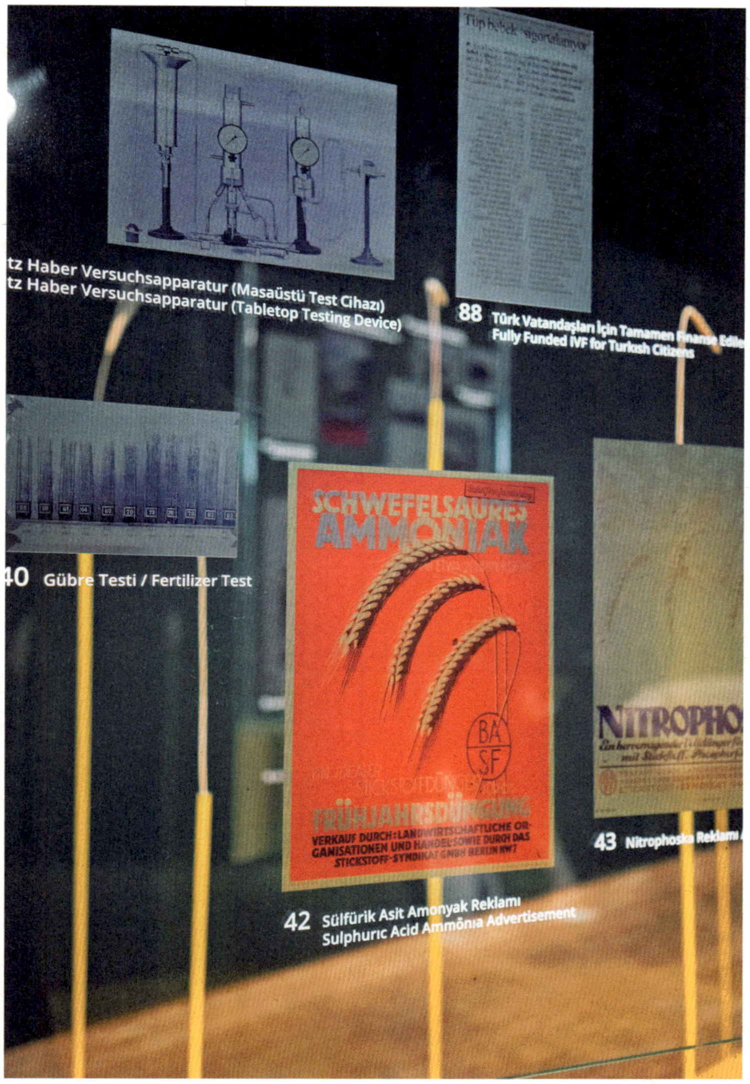

«Exhausted». Cooking Sections, 2021. Vista de la instalación, Salt, Estambul.

Exhausted. Cooking Sections, 2021. Installation view, Salt, Istanbul.

are eating. It also raises the question of who is involved in the conversation, since, whether we like it or not, these exquisitely complicated evolutionarily honed systems of cross-kingdom communication are now embedded in the industrialised food worlds'.[5]

What we feed ourselves depends on what the meat and agricultural industry feeds its animals. Medicated feed refers to the 'small amounts of supplement added to a bulk amount of fodder, whether that be vitamins, minerals, enzymes, amino acids, medicines, growth promoters, or a smell or flavour enhancer—or more likely a complex combination of these', fed to industrially farmed animals.[6] It determines the nutrition, growth, and health not only of food animals but of all animals, critters, and humans, entering our porous bodies through the farmed fish and meat we ingest, as well as via our soils and seas.

In *Salmon: Feed Chains* (2022) Cooking Sections trace the global landscapes that are consumed to sustain salmon farms. While some salmon farms may be physically situated in Scotland, they are implicated in global flows spanning the anchovy-depleted waters of Peru, India, and Senegal, each with their own complex histories and realities of industrial agriculture. *Salmon: Feed Chains* is part of a longer trilogy that explores how salmon farming shapes marine, terrestrial, and atmospheric environments both locally and globally. In this installation, a rotating steel arm drops down from the ceiling, hypnotically moving the visitor in circles in a way that mirrors the automatic feeding mechanism used in salmon farms.

An audio piece permeates the exhibition space, filling it with the rumbling of global flows that float up from the depths of the salmon pen.

> *Scraps rendered into fish meal and fish oil,*
> *concentrate global matter*
> *into palletable lumps.*
> *To conglomerate. A conglomerate.*
>
> *Floating factories*
> *compress captured krill into slabs.*

5 Hannah Landecker, 'Eating as Dialogue, Food as Technology', *Noema*, June 18, 2020.

6 Hannah Landecker, 'The Food of Our Food: Medicated Feed and the Industrialization of Metabolism', in Heather Paxson (ed), *Eating beside Ourselves: Thresholds of Foods and Bodies* (Duke University Press, Durham NC, 2023): p. 56.

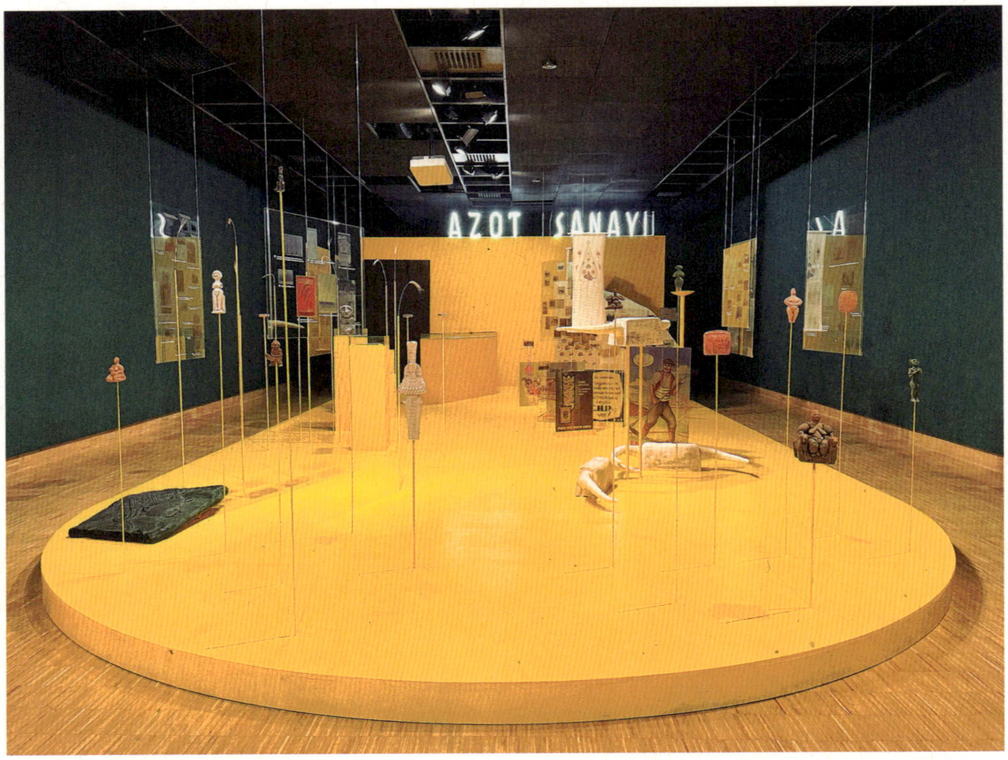

«Exhausted». Cooking Sections, 2021. Vista de la instalación, Salt, Estambul.

Exhausted. Cooking Sections, 2021. Installation view, Salt, Istanbul.

Está bien, decís. Dejaremos de comer salmón. Uno de los componentes de la trilogía del salmón de Cooking Sections consistió en trabajar con todos los museos e instituciones donde se mostró la obra para retirar el salmón de los menús de sus cafeterías. Sin embargo, el cuerpo industrializado del salmón de cría —los tintes sintéticos que le dan su color, los pesticidas utilizados para mantener a raya los piojos de mar que infestan su piel, los aditivos del pienso— ya circula en nuestros ríos, mares, cuerpos e intestinos. Es parte de lo que M. Murphy denomina nuestra «infraestructura química».

En palabras de Murphy, las infraestructuras químicas son «las distribuciones espaciales y temporales de los químicos producidos de manera industrial a medida que se manufacturan y consumen, y a medida que se vuelven móviles en la atmósfera, se depositan en los paisajes, viajan por las vías fluviales, se desprenden de los productos, son regulados (o no) por los Estados, monitorizados por expertos, diseñados por las industrias, absorbidos por los cuerpos, metabolizados fisiológicamente y, a medida que se bioacumulan en las cadenas alimentarias, se descomponen o persisten en el tiempo».[7] Nuestras cadenas metabólicas están impregnadas y sostenidas por nuestras infraestructuras químicas.

El salmón de cría, al igual que los pollos, las vacas, los cerdos y otros animales criados de manera industrial, es alimentado con antibióticos de forma regular. Los residuos de estos antibióticos procedentes de la agricultura y la acuicultura entran en el medio ambiente como desechos y contribuyen al problema generalizado de la resistencia antibiótica.[8] Sabemos que las emisiones químicas reaccionan entre sí y con las sustancias presentes en nuestro agua, aire y suelos. Estas reacciones producen desechos tóxicos, llamados contaminantes secundarios, que actúan como mutantes, contaminantes sorpresa. Por ejemplo, los metales pesados que entran en suelos y mares a través de la escorrentía agrícola, los vertidos industriales, la ingeniería costera y la deposición atmosférica actúan como co-contaminantes junto con los antibióticos, contribuyendo a la selección y propagación de resistencias antibióticas.[9]

7 Michelle Murphy, «Distributed Reproduction, Chemical Violence, and Latency», *The Scholar and Feminist Online* 13, 3 (2017).

8 La resistencia a los antibióticos, también conocida como resistencia antimicrobiana, se produce por el uso indebido o el abuso de antibióticos en humanos, animales y plantas, que son los principales motores del desarrollo de patógenos resistentes a los medicamentos. Según la Organización Mundial de la Salud, la resistencia a los antimicrobianos es una de las principales amenazas para la salud pública y el desarrollo a escala global.

9 Claudia Seiler y Thomas U. Berendonk, «Heavy Metal Driven Co-Selection of Antibiotic Resistance in Soil and Water Bodies Impacted by Agriculture and Aquaculture», *Frontiers in Microbiology*, vol. 3 (2012), artículo 399.

Salmon are fed up with oil sardines
that once crashed off the coasts of Kerala, Maharashtra, and Gujarat,
mixed with trawling hotspots off urbanising coasts
from Thailand to Vietnam and the Philippines.

Fine, you say. I'll stop eating salmon. One component of Cooking Sections' salmon trilogy involved working with every museum and institution in which the work was shown to remove salmon from their café menus. Yet the industrialised body of farmed salmon—the synthetic dyes that give it its colour, the pesticides used to keep at bay the sea lice that infest its skin, the additives in its feed—is already circulating within our rivers, seas, bodies, and guts. It is part of what M. Murphy calls our 'chemical infrastructure'.

In Murphy's words, chemical infrastructures are 'the spatial and temporal distributions of industrially produced chemicals as they are made and consumed, and as they become mobile in the atmosphere, settle into landscapes, travel in water ways, leach from commodities, are regulated (or not) by states, monitored by experts, engineered by industries, absorbed by bodies, metabolised physiologically, and as they bioaccumulate in food chains, break down over time, or persist'.[7] Our metabolic chains are infused with and undergirded by our chemical infrastructures.

Farmed salmon, like farmed chicken, cows, pigs, and other animals are regularly fed antibiotics. The residues of these antibiotics from agriculture and aquaculture enter the environment as waste and contribute to the pervasive problem of antibiotic resistance.[8] We know that chemical emissions react with each other and with substances that are in our water, air, and soils. These reactions produce toxic waste, called secondary pollutants, that act as mutant, surprise contaminants. For example, heavy metals that enter soils and seas through agricultural runoff, industrial discharge, coastal engineering, and atmospheric deposition act as

7 Michelle Murphy, 'Distributed Reproduction, Chemical Violence, and Latency', *The Scholar and Feminist Online* 13, 3 (2017).

8 Antibiotic resistance, also known as antimicrobial resistance, occurs from the misuse or overuse of antibiotics in humans, animals and plants, which are the main drivers in the development of drug-resistant pathogens. According to the World Health Organization, antimicrobial resistance is one of the top global public health and development threats.

Y la cadena ilimitada no acaba con nosotros. Nuestras células migran entre generaciones. Las células de una madre atraviesan la placenta hacia su criatura y viceversa. Como afirma Eula Biss: «Si aún no sabemos exactamente qué significa para el futuro de la salud de nuestros hijos la presencia de una amplia gama de químicos en la sangre del cordón umbilical y en la leche materna, sí sabemos al menos que no estamos más limpios, ni siquiera al nacer, que nuestro medio ambiente en general. Todas estamos ya contaminadas. Tenemos más microorganismos en nuestro intestino que células en el cuerpo: estamos cubiertos de bacterias, y llenos de químicos. En otras palabras, formamos un continuo con todo lo que existe aquí en la Tierra. Incluidos, y especialmente, los unos con los otros».[10]

Orificios

Nuestra piel —como la de las ostras, como la superficie de la tierra— es porosa. Estamos llenas de orificios. Lo absorbemos todo. Los orificios permiten que nosotros y nuestra piel respiremos; son lo que nos mantiene vivos. Son esenciales para la vida de (y en) nuestros suelos y mares.

En «Salmon: Traces of Escapees» (2021), Cooking Sections se centran en la acuicultura de salmón de red abierta y en las jaulas marinas de engorde. Son estructuras hechas de agujeros. Creada como una instalación audiovisual de ocho canales, la obra narra la historia de la salmonicultura industrial moderna. El modelo, desarrollado por primera vez en Noruega, se ha multiplicado desde entonces en aguas de Australia, Chile, Canadá y Escocia. Todos estos lugares tienen regulaciones ambientales distintas. Mientras los peces son alimentados, engordados y sacrificados, los desechos industriales asociados se multiplican, sin límites. Luego son absorbidos por los alimentos que comemos, el agua que bebemos y nuestra piel. Los vídeos nos hablan y nos cuentan.

Los agujeros son ventanas, recor datorios de un exterior.
El salmón libre debería remontar el río, pero los fugitivos se desvían, claro,
sin la memoria para migrar hacia su río ancestral ni la precisión para encontrarlo.
Incapaces de convertirse en los que vuelven, los fugitivos pronto descubren que ya no hay adónde regresar.
Y así, vagan.

10 Eula Biss, *On Immunity: An Inoculation* (Graywolf Press, Mineápolis MN, 2014): p. 76.

co-contaminants with antibiotics, contributing to the selection and spread of antibiotic resistance.[9]

And it does not end with us. Our cells migrate across generations. A mother's cells infiltrate across the placenta into the child and vice versa. As Eula Biss puts it: 'If we do not yet know exactly what the presence of a vast range of chemicals in umbilical cord blood and breast milk might mean for the future of our children's health, we do at least know that we are no cleaner, even at birth, than our environment at large. We are all already polluted. We have more microorganisms in our guts than we have cells in our bodies—we are crawling with bacteria, and we are full of chemicals. We are, in other words, continuous with everything here on earth. Including, and especially, each other'.[10]

Holes

Our skins—like oysters, like the surface of the earth—are porous. We are full of holes. We absorb everything. Holes allow us and our skins to breathe; they are what keeps us alive. They are essential to the life of (and in) our soil and seas.

In *Salmon: Traces of Escapees* (2021), Cooking Sections zoom in on open-net salmon farms and underwater feedlots. These are structures made of holes. Constructed as an eight-channel film installation, the work tells the story of modern industrial salmon aquaculture. First developed in Norway, the model has since proliferated in waters from Australia to Chile, Canada, and Scotland. All of these places have different environmental regulations. As the fish are fed, fattened, and slaughtered, their industrial wastes proliferate, unbound. They are then absorbed by the food we eat, the water we drink, and our skins. The films speak to us.

Holes are windows, reminders of an outside.
Free salmon should return upstream, but

9 Claudia Seiler and Thomas U. Berendonk, 'Heavy Metal Driven Co-Selection of Antibiotic Resistance in Soil and Water Bodies Impacted by Agriculture and Aquaculture', *Frontiers in Microbiology*, vol. 3 (2012), article 399.

10 Eula Biss, *On Immunity: An Inoculation* (Graywolf Press, Minneapolis MN, 2014): p. 76.

Las piscifactorías de salmón son
redes abiertas de lucro.
Están hechas de muchos agujeros:
las estructuras vacías, el cebadero
bajo el agua.
Los agujeros permiten el libre
intercambio entre un adentro y un
afuera—
Lo bastante pequeños para contener
todo el cuerpo del salmón,
pero lo bastante grandes para que se
escapen las heces, los virus, los
piojos y los químicos.
Los antibióticos no metabolizados,
los pesticidas y otras drogas se
escapan,
pero los salmones permanecen
captivos.
La resistencia aumenta dentro y
fuera de la red.

A medida que las escorrentías de la agricultura y la acuicultura se filtran por la tierra, llenan sus huecos, asfixiándola hasta la muerte. El propio suelo es una estructura biológica, en la que los microbios crean poros y caminos por donde circulan agua, oxígeno y nutrientes. Esta complejidad estructural hace que el suelo sea resistente a la erosión y, al mismo tiempo, lo convierte en un ecosistema vivo que respira. Cuando los contaminantes químicos se infiltran, matan a los organismos vivos del suelo, interrumpiendo la producción natural de nutrientes. Los agujeros colapsan, lo que lleva a la erosión y al agotamiento de la tierra.

Los lagos, mares y océanos del mundo respiran. Cuando uno se para en la orilla y mira hacia un mar ondulante, está observando cómo se agita y mueve, cómo respira. Así como los humanos expandimos el diafragma, llenando los pulmones del aire que inunda la sangre con oxígeno, las olas permiten que las aguas superficiales se mezclen con las profundidades menos oxigenadas. El oleaje crea turbulencias que permiten que el oxígeno atmosférico se disuelva en el agua, lo que es vital para la vida de los cuerpos de agua mismos y la de los micro y macroorganismos que habitan en ellos. Cuando la concentración de oxígeno disuelto cae por debajo de dos mililitros por litro de agua, se produce hipoxia: el agua se muere por asfixia. La mayoría de los peces dependen del oxígeno para obtener energía de los nutrientes y necesitan al menos un treinta por ciento de saturación de oxígeno para la subsistencia. En los casos en los que logran sobrevivir en aguas hipóxicas, dejan de reproducirse. La hipoxia provoca una disrupción endocrina que afecta la reproducción. Es el menguar de la vida como la bajada de la marea.

escapees deviate, of course,
with neither the memory to migrate to their
ancestral river nor the accuracy to find it.
Unable to become returnees, escapees quickly
realise that there's nowhere to go back to.
And so, they drift.
Salmon farms are open-net-profit.
They are made of many holes:
the void structures, the underwater feedlot.
Holes allow the free exchange between an
inside and an outside—
Small enough to contain whole salmon bodies,
but big enough for faeces, viruses, lice, and
chemicals to slip through.
Unmetabolised antibiotics, pesticides, and other
drugs escape,
but salmon remain captive.
Resistance increases inside and outside the net.

As agriculture and aquaculture runoff trickle into the soil, they fill its holes, choking it dead. Soil itself is a biological structure, in which microbes create pores and pathways through which water, oxygen, and nutrients pass. This structural complexity makes soil resistant to erosion as well as making it a living, breathing ecosystem. As chemical contaminants seep in, they kill off the soil's living organisms, disrupting the natural production of nutrients. Holes collapse, leading to erosion and exhaustion.

The world's lakes and oceans breathe. As you stand on the shore, looking out at an undulating sea, you watch it ripple and move, breathing. Just as we humans expand our diaphragms, filling our lungs with air that floods our blood with oxygen, waves enable surface waters to mix with the less oxygen-rich depths. Ripples and waves create turbulence, allowing oxygen from the atmosphere to dissolve into the water. This is critical to the life of waterbodies and the micro and macro-organisms that dwell in them. When dissolved oxygen concentration falls below two millilitres per litre of water, it leads to hypoxia: the water chokes to death. Most fish rely on oxygen to derive energy from their nutrients and need at least thirty percent oxygen saturation to survive. When fish do survive in hypoxic waters, they stop reproducing. Hypoxia leads to endocrine disruption, impairing reproduction. It is the ebbing away of life.

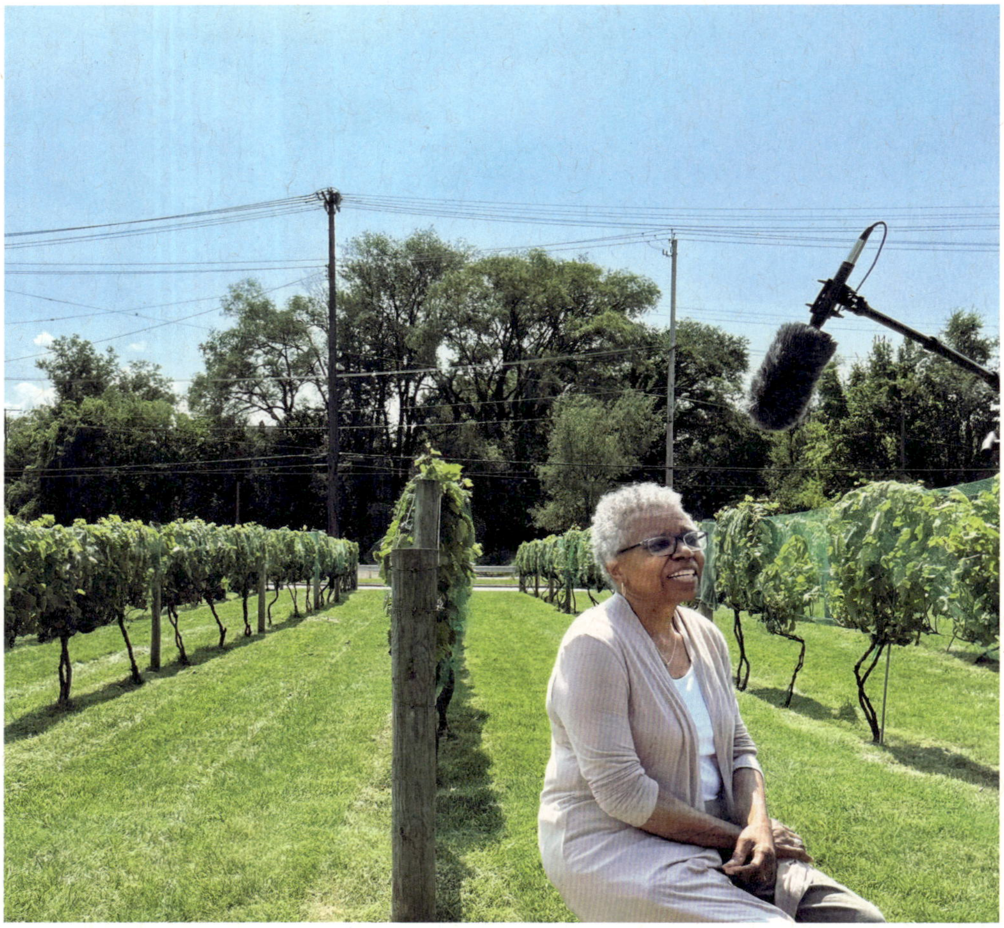

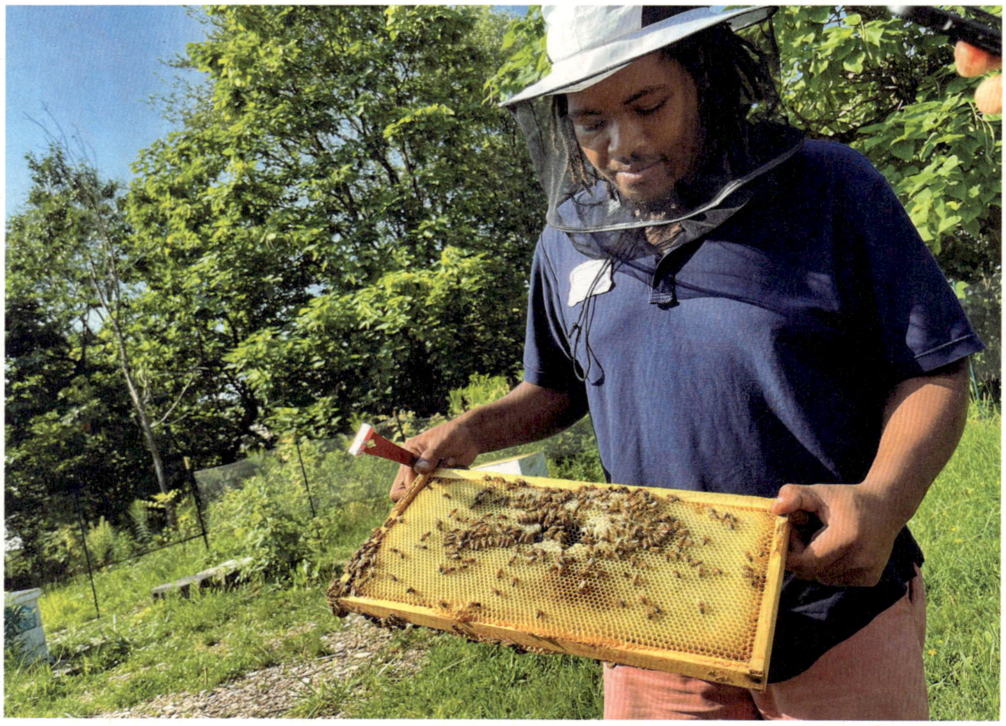

«To Those Who Nourish — Ground Working Group». Cooking Sections, 2022–2025. Chateau Hough (arriba) and Hood Honey (abajo). SPACES, Cleveland.

To Those Who Nourish — Ground Working Group. Cooking Sections, 2022–2025. Chateau Hough (top) and Hood Honey (bottom). SPACES, Cleveland.

Hipoxia

«Los químicos son animales burocráticos, más fáciles de cuantificar que de domesticar».[11] Y aún más difíciles de ver. Se hunden en nuestros cuerpos y flotan en el aire compartido que respiramos. Apenas estamos empezando a comprender el alcance de sus consecuencias a medida que se sedimentan en la tierra y en nuestros cuerpos. ¿Cómo visualizar la violencia lenta de los químicos que destruyen la integridad estructural de nuestros suelos o asfixian nuestros mares?

¿Cómo se visualiza la hipoxia? En su obra «To Those Who Nourish» (2022), Cooking Sections contemplan la condición metabólica del lago Erie, situado en la frontera internacional entre Canadá y los EE. UU. Uno de los Grandes Lagos, su orilla norte es la península de Ontario en Canadá, mientras que en sus orillas occidental, meridional y oriental tocan los estados estadounidenses de Míchigan, Ohio, Pensilvania y Nueva York. Cleveland es la ciudad más grande del lago. Para la Trienal de Cleveland de 2022, Cooking Sections crearon una fuente en las aguas del lago. Durante décadas, el lago Erie ha estado luchando contra la hipoxia causada por la contaminación de nutrientes, principalmente procedente de la escorrentía agrícola que causa un crecimiento excesivo de algas. Cuando las algas mueren y se descomponen, consumen grandes cantidades de oxígeno, creando zonas hipóxicas que amenazan la salud de todo el ecosistema acuático.

Compuesta por dos surtidores hidráulicos, la fuente en medio del lago lanzaba chorros de agua que se elevaban en el aire, se deshacían en gotas y caían de nuevo sobre la superficie del lago. Al moverse el agua, se oxigenaba. Una fotografía de la obra muestra las fuentes contra el telón de fondo del SS William G. Mather, un carguero retirado. Símbolo impasible de los flujos de capital a través de las aguas y ciudades de los Grandes Lagos, el barco transportó cargamentos de mineral, carbón, piedra y grano durante buena parte del siglo xx, alimentando las industrias cuyas historias químicas son ahora sedimentos en las orillas del lago Erie.

11 Soraya Boudia, Angela N. H. Creager, Scott Frickel, Emmanuel Henry, Nathalie Jas, Carsten Reinhardt y Jody A. Roberts, *Residues: Thinking Through Chemical Environments* (Rutgers University Press, New Brunswick NJ, 2022): p. 1.

Hypoxia

'Chemicals are bureaucratic animals, easier to quantify than to tame'.[11] They are even harder to see. They sink into our bodies and waft in the shared air we breathe. We are only beginning to understand the full extent of their consequences as they sediment into the earth and our bodies. How do you visualise the slow violence of chemicals that break down the structured integrity of our soils or asphyxiate our seas?

How do you visualise hypoxia? In their work *To Those Who Nourish* (2022), Cooking Sections consider the metabolic condition of Lake Erie, located on the International Boundary between Canada and the United States. A sprawling Great Lake, Erie's northern shore is the Ontario Peninsula in Canada, while on its western, southern, and eastern shores, it touches the US states of Michigan, Ohio, Pennsylvania, and New York. Cleveland is the largest city on the lake. For the 2022 Cleveland Triennial, Cooking Sections created a fountain in Erie's waters. For decades, the lake has been struggling with hypoxia caused by nutrient pollution, largely from agricultural runoff which leads to excessive algae growth. When the algae die and decompose, they consume large amounts of oxygen, creating hypoxic zones that threaten the health of the entire aquatic ecosystem.

Consisting of two hydraulic spouts, the fountain in the middle of the lake threw up arches of water that soared through the air, splintered into droplets and landed back on the surface of the lake. As the water moved, it aerated the body of water. One photograph of the work captures the fountains against the backdrop of the SS *William G. Mather*, a retired bulk freighter. A stolid symbol of the flows of capital through the waters and cities of the Great Lakes, the ship transported cargo such as ore, coal, stone, and grain for most of the twentieth century, feeding the industries whose chemical histories are now sedimented in Erie's shore.

11 Soraya Boudia, Angela N. H. Creager, Scott Frickel, Emmanuel Henry, Nathalie Jas, Carsten Reinhardt and Jody A. Roberts, *Residues: Thinking Through Chemical Environments* (Rutgers University Press, New Brunswick NJ, 2022): p. 1.

«To Those Who Nourish» no terminó con la fuente, sino más bien comenzó allí. Como parte del mismo proyecto, Cooking Sections pusieron en marcha el Ground Working Group, una iniciativa social de varios años en Cleveland para visibilizar y colaborar con agricultores locales que trabajan para reducir la dependencia de fertilizantes químicos. A través de la regeneración del suelo, la rotación de cultivos, los policultivos y las zonas de amortiguamiento ecológicas, estos agricultores están dando pasos para mejorar la calidad de la cuenca del lago Erie. La fuente fue tanto una celebración como una conmemoración de estos héroes improbables. Paseando por cualquier ciudad, es difícil encontrar monumentos dedicados a personas que no hayan acumulado riqueza a través de industrias extractivas. Así funcionan la mayoría de los monumentos: solidifican y celebran los flujos de capital colonial. Como monumento a la reparación, «To Those Who Nourish» simboliza, en cambio, el impacto de quienes trabajan para sostener la salud del ecosistema regional.

Justicia agraria

Quién realiza el trabajo agrícola es una cuestión crucial. La agricultura industrial crea y participa en infraestructuras químicas, alterando el crecimiento humano y animal, así como la salud de nuestros suelos y mares. Sin embargo, las formas en que esta infraestructura de daño nos afecta son relativas. Los contextos políticos y socioeconómicos de las crisis agrarias con las que trabaja Cooking Sections —desde Escocia, a España, o los EE. UU.— son variados. Sin embargo, ninguna crisis agraria puede considerarse aislada. Siempre forma parte de una conversación global que involucra cultivos genéticamente modificados, la corporativización de la agricultura, el papel del cambio climático, las políticas agrarias en las zonas rurales y las largas historias de la «revolución verde» liderada por los EE. UU. en otras partes del mundo, en particular en Asia y América Latina.

To Those Who Nourish did not end with the fountain, but rather began there. As a part of the same project, Cooking Sections started the Ground Working Group—a multi-year social initiative in Cleveland to highlight the work of and to collaborate with local farmers who are working to reduce dependency on chemical fertilisers. Through soil regeneration, crop rotation, polycultures, and ecological buffer zones, these farmers are taking steps to improve the quality of the Lake Erie watershed. The fountain was both a celebration and commemoration of these unlikely heroes. Walking around any given city, you would be hard pressed to find monuments to people who have not accumulated wealth through extractive industries. That is how most monuments work: they solidify and celebrate flows of colonial capital. As a monument to repair, *To Those Who Nourish* instead symbolises the impact of those working to support the health of the regional ecosystem.

Agrarian Justice

Who carries out agricultural work is a crucial question here. Industrial agriculture creates and participates in chemical infrastructures, altering human and animal growth, and the health of our soil and seas. However, the ways in which this infrastructure of harm affects us are relative. The political and socio-economic contexts of the agrarian crises that Cooking Sections engages with—from Scotland, to Spain, to the United States—are varied. However, no agrarian crisis can be seen as an isolated one. They are always a part of a global conversation involving genetically modified crops, the corporatisation of agriculture, the role of climate change, agrarian policy in rural regions, and the long histories of the US-led Green Revolution in other parts of the world, particularly Asia and Latin America.

If Cooking Sections have shown us how to read shells, waves, and sediments as metabolic imprints of global extraction, how might these methods resonate with movements working to repair soils? In my own research across agrarian regions in India, landowning farmers,

Si Cooking Sections nos han mostrado cómo leer conchas, olas y sedimentos como huellas metabólicas de la extracción global, ¿cómo pueden tener resonancia estos métodos con los movimientos que trabajan para reparar los suelos? En mi propia investigación a través de regiones agrarias de India, agricultores con tierras, jornaleros sin tierras, artistas y activistas metabolizan la violencia estructural del capital en sus cuerpos, deudas y campos. En India, las tasas de suicidio en las comunidades agrarias de todo el país se han disparado desde finales de la década de 1990. En abril de 2017, agricultores del estado de Tamil Nadu, en el sur de India, organizaron una serie de protestas, acampando en el observatorio al aire libre de Jantar Mantar, en la capital, Nueva Delhi. Realizaron funerales simbólicos y llevaron calaveras colgadas al cuello, algunas de las cuales pertenecían a agricultores que se habían suicidado en sus pueblos, en zonas de Tamil Nadu afectadas por la sequía, uno de los estados más desarrollados del país. Las protestas duraron alrededor de cuarenta días y, con el paso del tiempo, los actos simbólicos de los agricultores se volvieron cada vez más extremos, llegando algunos incluso a cortarse las muñecas para dejar que corriese «sangre de protesta» por sus manos.[12]

Mientras las infraestructuras químicas saturan nuestros cuerpos, suelos y mares, las políticas de países concretos alimentan la descomposición de los recursos necesarios para mantener a flote a las comunidades agrarias. Los mercados de India se han abierto a la economía mundial durante las últimas cuatro décadas y, en ese mismo periodo, la inversión en agricultura y en áreas rurales ha sido particularmente descuidada, con los subsidios gubernamentales y las vías de crédito barato en declive. Los agricultores quedan atrapados en un bucle de deudas. A medida que las semillas transgénicas han inundado el mercado, los campesinos se han visto obligados a adoptar nuevos modos de producción; pero estas semillas son caras, controladas por corporaciones y requieren fertilizantes y pesticidas costosos. A pesar de las promesas de estas semillas, supuestamente resistentes a plagas y otros problemas, el fracaso de las cosechas es generalizado. Los suelos están exhaustos y los costos de producción agrícola aumentan sin cesar. Aunque las historias varían ligeramente entre las distintas regiones del país, el suicidio inducido por la deuda es algo que asegura y subyace a toda la agricultura india desde principios de los 2000.

12 Soutik Biswas, «Why are Farmers in India Protesting with Mice and Human Skulls?», *BBC News*, 21 de abril de 2017.

landless labourers, artists, and activists metabolise the structural violence of capital in their bodies, debts, fields. In India, rates of suicide within agrarian communities across the country have escalated since the late 1990s. In April 2017, farmers from the state of Tamil Nadu in southern India held a series of protests, camping out at the open-air observatory of Jantar Mantar in the capital city of New Delhi. They held mock funerals and wore skulls around their necks, some of which belonged to farmers who had committed suicide back home in drought-affected areas of Tamil Nadu, in fact one of India's most developed states. The protests lasted for about forty days and, as time went on, the symbolic acts of the farmers became increasingly acute, with some even slashing their wrists to ooze 'protest blood' down their hands.[12]

While chemical infrastructures saturate our bodies, soils, and seas, policy in specific countries feeds the breakdown of resources needed to keep agrarian communities afloat. India's markets have opened to the world economy over the past four decades while, over the same period, investment in agriculture and rural areas has been particularly neglected, with government subsidies and avenues for cheap credit ebbing away. Farmers are trapped in a loop of debt. As genetically modified seeds have flooded the market, farmers have been forced to switch to new modes of production, but GM seeds are expensive, controlled by corporations and require expensive fertilisers and pesticides. Despite the promises of such seeds being impervious to pests and other problems, crop failure is rampant. Soils are exhausted and the costs of agricultural production are mounting. Although the stories differ slightly in different regions of the country, debt-driven suicide has underwritten the story of Indian agriculture since the early 2000s.

The Farmers Movement in India gathered real momentum in the past years. In June 2020 while the COVID-19 pandemic raged across the world, the Bharatiya Janata Party (BJP) government announced a set of new farm laws.[13] The laws, which came into effect in September

12 Soutik Biswas, 'Why are Farmers in India Protesting with Mice and Human Skulls?', *BBC News*, 21 April 2017.

13 The three proposed laws were: Farmers' Produce Trade and Commerce (Promotion and Facilitation) Act, 2020; Farmers (Empowerment and Protection) Agreement of Price Assurance, Farm Services Act, 2020; and Essential Commodities (Amendment) Act, 2020.

El Movimiento de Agricultores en India ganó un gran impulso en los últimos años. En junio de 2020, mientras la pandemia de COVID-19 asolaba el mundo, el gobierno del Bharatiya Janata Party (BJP) anunció un conjunto de nuevas leyes agrícolas.[13] Estas leyes, que entraron en vigor en septiembre de 2020, constituyeron algunos de los cambios más extensos en la agricultura india desde los años noventa: prometían desregular el sistema establecido de mercados mayoristas administrados por el Estado, o *mandis*, y permitir en su lugar que los agricultores vendieran directamente a compradores corporativos en el mercado. Aunque las protestas de 2020–21 comenzaron como respuesta directa a estas leyes, se convirtieron en un punto de confluencia de décadas de agitación agraria en todo el país, con cuestiones que iban desde la seguridad alimentaria, la degradación del suelo y el retroceso de los acuíferos, hasta los temores de desposesión de tierras y las demandas históricas de reforma agraria y de justicia social y ambiental frente a la agricultura corporativa.[14] De manera poco habitual, el movimiento forjó una evidente solidaridad entre castas y clases sociales habitualmente divididas. Bajo el lema «*Kisan-Mazdoor Ekta Zindabaad*» (¡Viva la unidad de campesinos y trabajadores!), las protestas se convirtieron, con el paso de los meses, en un espacio de mucha cabida que también incluyó a trabajadores y trabajadoras industriales y voces de activistas y sindicalistas dalits.[15]

Como la tierra, también el mar está bajo ataque en India. En el suroeste del país, por ejemplo, el desarrollo del puerto de aguas profundas de Vizhinjam, a cargo del Grupo Adani, ha supuesto un dragado y una erosión de los paisajes costeros a gran escala, además de la pérdida de medios de vida para comunidades pesqueras. Adani es ampliamente conocido en India como uno de los principales beneficiarios de las leyes agrícolas del gobierno. En enero de 2021, junto a la marcha de tractores en tierra, manifestantes en pequeñas embarcaciones organizaron un mitin marítimo en la playa de Kovalam Grove. Aunque la policía intervino de manera repetida, en la playa, los recolectores de mejillones intentaron ocupar el borde del agua en catamaranes o *kattumarams* (pequeñas embarcaciones hechas uniendo dos troncos de madera). A medida que el capitalismo global satura nuestros suelos y mares ya debilitados, la pregunta sobre quién lucha por nosotros y nuestros entornos sigue siendo más que pertinente.

13 Las tres leyes propuestas fueron: Ley de Comercio y Comercio de los Productos Agrícolas de los Agricultores (Promoción y Facilitación), 2020; Ley de Acuerdo sobre la Garantía de Precios y Servicios Agrícolas para el Empoderamiento y Protección de los Agricultores, 2020; y Ley de Enmienda de Productos Esenciales, 2020.

14 Amandeep Sandhu, «Left, Khaps, Gender, Caste: The Solidarities Propping up the Farmers' Protest», *The Caravan*, 13 de enero de 2021; Shreya Sinha, «The Agrarian Crisis in Punjab and the Making of the Anti-Farm Law Protests», *The India Forum*, 27 de noviembre de 2020.

15 Activistas dalit como Nodeep Kaur y Shiv Kumar destacaron la importancia de hacer campaña juntos. Véase Ravinder Kaur, «The Protest Has Opened New Space for Workers, Farmers to Forge Solidarity in Their Struggle», *Indian Express*, 7 de marzo de 2021.

2020, were some of the most extensive changes made to agriculture in India since the 1990s, promising to deregulate the established system of government-run wholesale markets, or *mandis*, and instead allow farmers to sell directly on the market to corporate buyers. Although the 2020–21 protests began as a direct response to the farm laws, they became a gathering point for decades of agrarian foment across the country, with issues ranging from food security, soil degradation, receding groundwater, fears of land dispossession, and long-term demands for land reform and social and environmental justice in the face of corporate agriculture.[14] Unusually, the movement forged visible solidarity across usually disunited caste formations and class interests. With the slogan 'Kisan-Mazdoor Ekta Zindabaad' (Long live farmer–worker unity!), the protests became, over the months, a capacious space that also included industrial workers and the voices of Dalit labour activists.[15]

Like the soil, the sea too is under attack in India. In the south-west of the country, for example, the Adani Group's Vizhinjam deep-sea port development has meant large-scale dredging and erosion of coastal landscapes and the loss of livelihoods for fishing communities. Adani is well-known in India as one of the main beneficiaries of the government's farm laws. In January 2021, alongside the tractor rally on land, protestors on small boats organised a sea rally on Kovalam Beach. Although the police continually intervened, at the beach, mussel collectors hoped to take over the edge of the water on *kattumarams* (small boats made by tying two logs of wood together). As global capitalism saturates our struggling soils and seas, the question of who fights for us and our environments remains a live one.

While local political contexts remain specific (whether across regions in India or across the world), the global reach and interconnected harms of agroindustry make it imperative that we understand the local in relation to the global. Cooking Sections' project in Italy, *Monoculture Meltdown,* developed as part of CLIMAVORE × Jameel at RCA, speaks directly

14 Amandeep Sandhu, 'Left, Khaps, Gender, Caste: The Solidarities Propping up the Farmers' Protest', *The Caravan*, 13 January 2021; Shreya Sinha, 'The Agrarian Crisis in Punjab and the Making of the Anti-Farm Law Protests', *The India Forum*, 27 November 2020.

15 Dalit activists such as Nodeep Kaur and Shiv Kumar highlighted the importance of campaigning together. See Ravinder Kaur, 'The Protest Has Opened New Space for Workers, Farmers to Forge Solidarity in Their Struggle', Indian Express, 7 March 2021.

Si bien los contextos políticos locales siguen siendo específicos (ya sea en regiones de India o en otras partes del mundo), el alcance global y los daños interconectados de la agroindustria hacen imprescindible que comprendamos lo local en relación con lo global. El proyecto de Cooking Sections en Italia, «Monoculture Meltdown», desarrollado como parte de CLIMAVORE × Jameel at RCA, confronta sin rodeos los debates sobre semillas genéticamente modificadas en India. Es un proyecto colaborativo con diversos cultivadores y cooperativas del sur de Italia y expone cómo las leyes restrictivas, junto con las dependencias del mercado y las patentes de cultivos «resilientes al clima», en su mayoría propiedad de corporaciones semilleras, han desplazado las prácticas tradicionales de intercambio de semillas. Trabajando con juristas para intentar reclasificar las semillas como patrimonio cultural, «Monoculture Meltdown» promueve nuevos paradigmas legales para cultivar los derechos *de* y *a* las semillas campesinas: semillas adaptadas a los entornos locales, producidas, mantenidas y renovadas por agricultores, en lugar de estar ligadas a derechos de propiedad o sistemas industriales. Busca abrir caminos para que los cultivos no registrados puedan cruzarse libremente, con el fin de liberar las prácticas de cuidado del suelo de las presiones del calor, el agua y el mercado.[16]

Desde las profundidades hipóxicas del lago Erie hasta las costas erosionadas de Vizhinjam, las luchas por la justicia agraria y medioambiental se entrecruzan entre tierras, aguas y geografías. Encontrar un terreno común y construir solidaridades en un mundo profundamente desigual es complejo. Sin embargo, es a través de colaboraciones, conversaciones y el compromiso con visibilizar las luchas de los demás como puede empezar el cambio.

16 Cooking Sections y Enrico Milazzo, «Seed Margins», en Riccardo Badano, Tomas Percival, y Susan Schuppli (eds), *Common Sensing* (Spector Books and CRA Press, Leipzig, 2025).

to the conversations on genetically modified seeds in India. A collaborative project with various cultivators and cooperatives across southern Italy, it exposes how restrictive laws along with market dependencies and patents on 'climate-resilient' crops, primarily owned by seed corporations, have pushed out traditional seed-sharing practices. Working with legal scholars in an attempt to re-class seeds as cultural heritage, *Monoculture Meltdown* advances new legal paradigms to cultivate the rights *of* and *to* peasant seeds—locally adapted seeds that are produced, maintained, and renewed by farmers rather than being tied to proprietary rights or industrial systems. It seeks ways for unregistered crops to freely cross-pollinate, ultimately freeing soil care practices from the pressures of heat, water, and market stress.[16]

From the hypoxic depths of Lake Erie to the eroded shorelines of Vizhinjam, struggles for agrarian and environmental justice criss-cross land, water, and geographies. Finding common ground and building solidarities in a highly unequal world is complicated. However, it is through collaborations, conversations and the commitment to making other people's struggles visible that change can start.

16 Cooking Sections and Enrico Milazzo, 'Seed Margins' in Riccardo Badano, Tomas Percival, and Susan Schuppli (eds), *Common Sensing* (Spector Books and CRA Press, Leipzig, 2025).

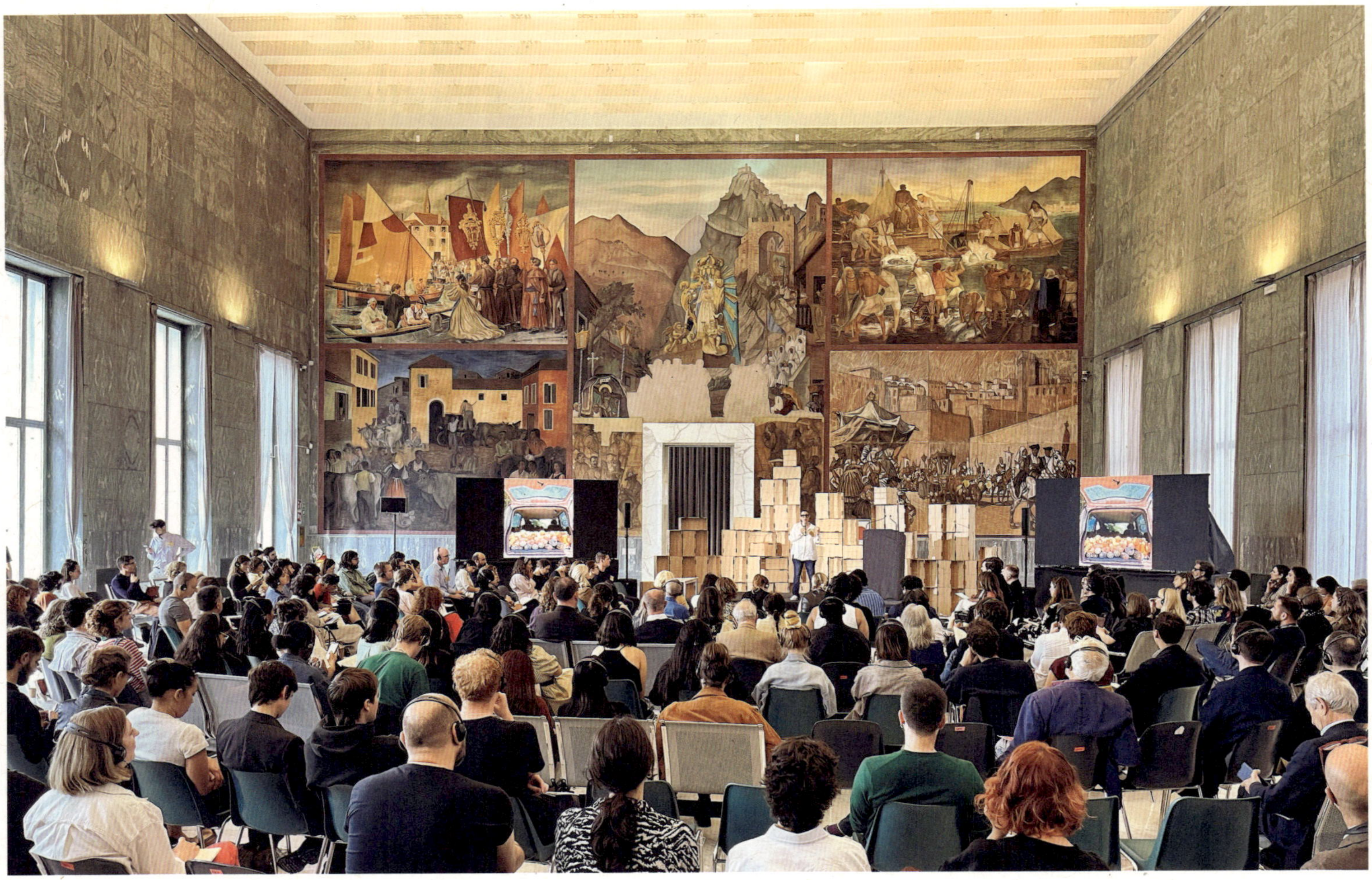

La Asamblea CLIMAVORE tuvo lugar en Roma del 27 al 29 de octubre de 2023, reuniendo a más de 250 participantes: agricultores, guardianes de semillas, cooperativas, instituciones culturales, responsables políticos, chefs, educadores, comisarias, activistas, ambientalistas… El encuentro reimaginó el papel de la cultura como agente de transformación ante la crisis climática, apoyando luchas por la tierra, resistencias al desplazamiento, producción de alimentos y cuidados ecológicos. Al reconectar programas artísticos con infraestructuras alimentarias locales, la asamblea exploró tácticas para la acción y las políticas guiadas por criterios ecológicos, a la vez que tejía redes de confianza y solidaridad. Con sede en el Museo delle Civiltà y el Capitolio (senado de la ciudad), el programa combinó debates, conferencias, casos de estudio y comidas performativas, y culminó con una noche de baile («No Shoes, No Machos») organizada por Merende en Angelo Mai. Las personas dedicadas a la agricultura llamaron a las instituciones a usar sus recursos —departamentos comisariales, plataformas educativas, programas públicos, redes mediáticas— para amplificar la agrobiodiversidad, el acceso a la tierra y la defensa de las semillas campesinas. Otras propusieron que los museos ayuden a crear un estado de excepción legal para agricultores, eludiendo la ley en beneficio público. La asamblea subrayó que los museos han contribuido durante mucho tiempo a la ocupación de tierras y al borrado cultural, recordándonos que cuando se borra la cultura, también se borran pueblos y ecologías. Nuevas alianzas entre agricultores, artistas e instituciones culturales deben repensar qué pueden ofrecer los museos para reparar un planeta en ruinas, incluido el apoyo a la adaptación a la sequía o la resistencia al cercamiento de semillas. Y, sin embargo, las asambleas no dependen de grandes instituciones para existir. En granjas, calles, salones, bares y camas, la gente sigue conspirando y haciendo mundos mejores.
«CLIMAVORE Assembly». Cooking Sections, 2023. La investigación del proyecto se desarrolló como parte de «Monoculture Meltdown», CLIMAVORE × Jameel at RCA. Sedes: Museo delle Civiltà, Campidoglio, y Angelo Mai, Roma.

The CLIMAVORE Assembly took place in Rome, 27–29 October 2023, bringing together over 250 participants: farmers, seed keepers, cooperatives, cultural institutions, policymakers, chefs, educators, curators, activists, environmentalists... The gathering reimagined the role of culture as an agent of transformation in the climate crisis, supporting land struggles, resistance to displacement, food production, and ecological care. By reconnecting artistic programmes with local food infrastructures, the Assembly explored tactics for ecologically driven action and policy-making, while building networks of trust and solidarity. Hosted at Museo delle Civiltà and Campidoglio, the city's senate, the programme combined debates, lectures, case studies, and performative meals, and culminated with a dance night (*No Shoes, No Machos*) hosted by Merende at Angelo Mai. Farmers called on institutions to use their resources—curatorial departments, education platforms, public programmes, media networks—to amplify agrobiodiversity, land access, and the defence of peasant seeds. Others advocated for museums to help farmers create a state of legal exception, circumventing law to benefit the public. The Assembly emphasised that museums have long contributed to land occupation and cultural erasure, reminding us that when culture is erased, so too are peoples and ecologies. New alliances between farmers, artists, and cultural institutions must rethink what museums can offer to repair a planet in ruins, including support for drought adaptation or resistance to seed enclosures. Yet assemblies do not depend on large institutions to exist. In farms, streets, living rooms, bars, and beds, people continue to conspire and make better worlds.

CLIMAVORE *Assembly*. Cooking Sections, 2023. Research for the project was developed within *Monoculture Meltdown*, CLIMAVORE × Jameel at RCA. Hosted at: Museo delle Civiltà, Campidoglio, and Angelo Mai, Rome.

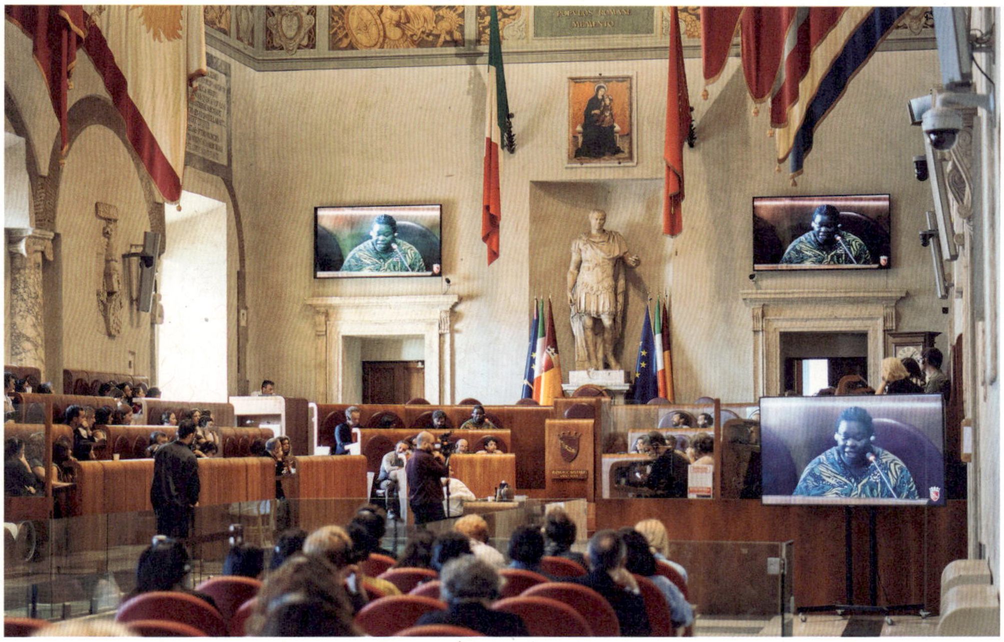

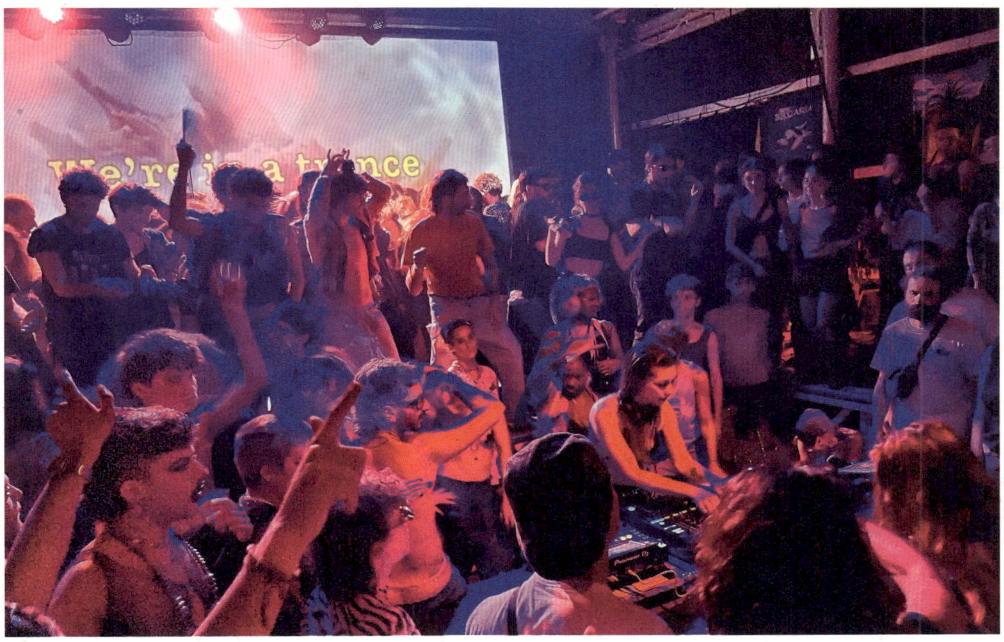

Cooking Sections

investigates the entangled systems that shape the world through industrialised foods, tracing the spatial legacies of extractivism. Founded in London in 2013 by Daniel Fernández Pascual (he/him) and Alon Schwabe (he/him), their practice moves across art, architecture, and ecology. In 2015 they launched CLIMAVORE, a long-term project on how to metabolise climate breakdown. Alon and Daniel are Readers in Architecture and Spatial Practice at the Royal College of Art, London, where they lead CLIMAVORE × Jameel at RCA; and Fellows at the Canadian Institute for Advanced Research. Their books include: *The Empire Remains Shop* (2018), *Salmon: A Red Herring* (2020), and *Offsetted* (2022).

Cooking Sections investiga el enredo de sistemas que conforman el mundo a través de la industria alimentaria, rastreando los legados espaciales del extractivismo. Fundado en Londres en 2013 por Daniel Fernández Pascual (él) y Alon Schwabe (él), su práctica se mueve entre el arte, la arquitectura y la ecología. En 2015 lanzaron CLIMAVORE, un proyecto a largo plazo sobre cómo metabolizar el colapso climático. Alon y Daniel son profesores titulares en Arquitectura y Práctica Espacial en el Royal College of Art de Londres, donde dirigen CLIMAVORE × Jameel at RCA, y son Fellows del Canadian Institute for Advanced Research. Entre sus libros se encuentran: *The Empire Remains Shop* (2018), *Salmon: A Red Herring* (2020) y *Offsetted* (2022).

Nerea Calvillo

(she/her/they/them) is an architect-scholar, based at the research Centre for Interdisciplinary Methodologies (University of Warwick, UK), director of spatial design office *C+ arquitectas* and founder of *In the Air*, an ongoing collaborative project to sense air pollution. She works at the intersection of spatial design, feminist technoscience, queer, and environmental studies, and her current research is on toxic politics, green bias and queer urban political ecologies. Her work has been exhibited at the Venice Architecture Biennale, the Royal Academy of Arts, the Canadian Centre for Architecture and the Shanghai Biennale; and published in interdisciplinary journals like *Social Studies of Science*, *Journal of Extreme Events*, and *Public Culture*. She is author of *Aeropolis: Queering Air in Toxicpolluted Worlds* (2023).

Nerea Calvillo (ella/elle) es arquitecta e investigadora, con un puesto en el Centre for Interdisciplinary Methodologies (University of Warwick, Reino Unido). Es directora del estudio de diseño espacial C+ arquitectas y fundadora de «In the Air», un proyecto colaborativo continuado para percibir la contaminación atmosférica. Su trabajo se sitúa en la intersección entre el diseño espacial, la tecnociencia feminista y los estudios *queer* y medioambientales. Su investigación actual aborda la política de la toxicidad, el sesgo verde y las ecologías políticas urbanas *queer*. Su obra se ha expuesto en la Bienal de Arquitectura de Venecia, la Royal Academy of Arts, el Canadian Centre for Architecture o la Bienal de Shanghái, y se ha publicado en revistas interdisciplinares como *Social Studies of Science*, *Journal of Extreme Events* y *Public Culture*. Es autora de *Aeropolis: Queering Air in Toxicpolluted Worlds* (2023).

Sria Chatterjee

(she/her) is an environmental humanities scholar and art historian. She is the Head of Research Initiatives at the Paul Mellon Centre for British Art in London, where she specialises in the political ecologies of art and design from the colonial to the contemporary and leads the multi-year research project, *Climate & Colonialism*. In 2020, she founded and led the award-winning digital project, *Visualizing the Virus*, which investigates the diverse ways in which pandemics are visualised and the inequalities they make visible. She received her PhD from Princeton University and publishes widely in both academic and public-facing outlets.

Sria Chatterjee (ella) es especialista en humanidades medioambientales e historiadora del arte. Es responsable de iniciativas de investigación en el Paul Mellon Centre for British Art en Londres, donde se especializa en las ecologías políticas del arte y el diseño desde el periodo colonial hasta la contemporaneidad, y dirige el proyecto de investigación plurianual *Climate & Colonialism*. En 2020 fundó y dirigió el proyecto digital premiado *Visualizing the Virus*, que investiga las diversas maneras en que se visualizan las pandemias y las desigualdades que hacen visibles. Obtuvo su doctorado en Princeton University y publica ampliamente tanto en medios académicos como de divulgación.

Ros Gray

(she/her) is Co-Director of the Centre for Art and Ecology and Director of the MA Art & Ecology at Goldsmiths, University of London. Her research, writing and pedagogical practice often involves collaborations with artists, scientists, and activists, and seeks to develop creative, reparative ways to address ecological emergency with an emphasis on climate justice, cultivation practices, and rewilding. Coming to ecology from a background researching militant filmmaking, she is interested in decolonial, eco-feminist, and queer approaches to ecological stewardship, multi-species solidarity, and planetary healing.

Ros Gray (ella) es codirectora del Centre for Art and Ecology y directora del máster en Art & Ecology en Goldsmiths, University of London. Su investigación, escritura y práctica pedagógica a menudo implican colaboraciones con artistas, científicos y activistas, y su trabajo busca desarrollar formas creativas y reparadoras de responder a la

emergencia ecológica, con un énfasis en la justicia climática, las prácticas de cultivo y la resilvestración. Proveniente de una trayectoria de investigación sobre la producción de cine militante, le interesan los enfoques decoloniales, ecofeministas y *queer* en el cuidado ecológico, la solidaridad multiespecies y la sanación planetaria.

Yayo Herrero

(she/her) is a consultant, researcher, and professor in the fields of political ecology, ecofeminism, and education for sustainability. She holds a PhD from the Universidad del País Vasco (Doctorate in Society, Politics and Culture), a degree in Social and Cultural Anthropology, a diploma in Social Education, and a technical engineering degree in Agriculture, as well as an advanced studies diploma in Theory of Education and Social Pedagogy. She is currently a member of the Garúa Sociedad Cooperativa and teaches at various universities in Spain, serving as an associate professor at the University of Cantabria. She is also spokesperson for the Foro de Transiciones. Herrero is author and co-author of more than thirty books and contributes regularly to various media outlets.

Yayo Herrero (ella) es consultora, investigadora y profesora en los ámbitos de la ecología política, los ecofeminismos y la educación para la sostenibilidad. Es Doctora por la Universidad del País Vasco, Doctorado en Sociedad, Política y Cultura, Licenciada en Antropología Social y Cultural, Diplomada en Educación Social e Ingeniera Técnica Agrícola, cuenta con un Diploma de Estudios Avanzados en Teoría de la Educación y Pedagogía Social. En la actualidad es socia de Garúa Sociedad Cooperativa y docente en diversas universidades españolas, siendo profesora asociada en la Universidad de Cantabria. Portavoz del Foro de Transiciones. Es autora o coautora de más de una treintena de libros y colabora habitualmente con diversos medios de comunicación.

Theodossis Issaias

(he/him) is an architect and educator. He serves as Curator of the Heinz Architectural Center at the Carnegie Museum of Art and Special Faculty at the Carnegie Mellon University School of Architecture. Theo is co-founder of FATURA Collaborative, a research and design practice established in 2009. FATURA practices in a non-hierarchical and collaborative way with geographers, law experts, political scientists, nonprofit housing advocacy groups, and activists to conduct research and develop projects at the intersection of ecology and the domestic. Theo holds a Master of Science in Architecture and Urbanism from MIT and a PhD from Yale University. He is co-author of *after school* (2025).

Theodossis (Theo) Issaias (él) es arquitecto y docente. Es comisario del Heinz Architectural Center en el Carnegie Museum of Art y profesor especial en la School of Architecture de Carnegie Mellon University. Theo es cofundador de FATURA Collaborative, una práctica de investigación y diseño establecida en 2009. FATURA trabaja de forma no jerárquica y colaborativa con geógrafos, juristas, politólogos, colectivos de vivienda sin ánimo de lucro y activistas para investigar y desarrollar proyectos en la intersección entre la ecología y lo doméstico. Theo tiene un máster en Arquitectura y Urbanismo por el MIT y un doctorado por Yale University. Es coautor de *after school* (2025).

Mari Margil

(she/her) is Executive Director of the Center for Democratic and Environmental Rights. She has worked on the world's first rights of nature laws, including consulting on Ecuador's national constitution. Margil received her Master's degree from Harvard's JFK School of Government. She is co-author of *The Bottom Line or Public Health* (2010), *Exploring Wild Law: The Philosophy of Earth Jurisprudence* (2011), and *Bearing Witness: The Human Rights Case Against Fracking and Climate Change* (2021). Her writing has also appeared in *The Guardian*, *Democracy Journal*, and *World Policy Journal*, and her work has been featured in the *New York Times*, *The New Yorker*, among others.

Mari Margil (ella) es directora ejecutiva del Center for Democratic and Environmental Rights. Trabajó en las primeras leyes sobre los derechos de la naturaleza en el mundo, incluida su labor como asesora en la constitución nacional de Ecuador. Margil obtuvo un máster en la Kennedy School of Government de Harvard. Es coautora de *The Bottom Line or Public Health* (2010), *Exploring Wild Law: The Philosophy of Earth Jurisprudence* (2011) así como *Bearing Witness: The Human Rights Case Against Fracking and Climate Change* (2021). También ha publicado artículos en *The Guardian*, *Democracy Journal* y *World Policy Journal*, y su trabajo ha sido reseñado en el *New York Times*, *The New Yorker* y otros medios.

Works featured in the book in chronological order:

Obras incluidas en el libro por orden cronológico:

Empire Remains Christmas Pudding
Performance and Recipe. *The Politics of Food*, Delfina Foundation, London, 2013.
Curated by: Aaron Cezar, Dani Burrows

«Empire Remains Christmas Pudding»
Performance y receta. The Politics of Food, Delfina Foundation, Londres, 2013.
Comisariada por: Aaron Cezar, Dani Burrows

When Agua de Murcia Lost its Virginity
Lecture Performance. SOS 4.8 Festival, Murcia, 2014.
Curated by: Iván López Munuera

«Cuando el agua de Murcia perdió la virginidad»
Conferencia performativa. SOS 4.8 Festival, Murcia, 2014.
Comisariada por: Iván López Munuera

Devaluing Property Real Estate Agency
Installation, Performance. The Empire Remains Shop, London, 2016.

«Devaluing Property Real Estate Agency»
Instalación, performance. The Empire Remains Shop, Londres, 2016.

The Forest Does Not Employ Me Any More
Cooking Sections & Forager Collective. Installation. The Empire Remains Shop, London, 2016.

«The Forest Does Not Employ Me Any More»
Cooking Sections y Forager Collective. Instalación. The Empire Remains Shop, Londres, 2016.

CLIMAVORE: On Tidal Zones
Installation, Performance, Menu. ATLAS Arts, Skye, 2017–2021.
Curated by: Emma Nicolson

«CLIMAVORE: On Tidal Zones»
Instalación, performance, menú. ATLAS Arts, Skye, 2017–2021.
Comisariada por: Emma Nicolson

What Is Above Is What Is Below
Installation, Performance, Menu. Manifesta 12, Palermo, 2018.
Curated by: Bregtje van der Haak, Andrés Jaque, Ippolito Pestellini Laparelli, Mirjam Varadinis

«What Is Above Is What Is Below»
Instalación, performance, menú. Manifesta 12, Palermo, 2018.
Comisariada por: Bregtje van der Haak, Andrés Jaque, Ippolito Pestellini Laparelli, Mirjam Varadinis

---

Becoming Xerophile
Installation, Performance, Menu. Sharjah Architecture Triennale, 2019.
Curated by: Adrian Lahoud

«Becoming Xerophile»
Instalación, performance, menú. Trienal de Arquitectura de Sharjah, 2019.
Comisariada por: Adrian Lahoud

Offsetted
Installation. Arthur Ross Architecture Gallery, New York, 2019; Carnegie Museum of Art, Pittsburgh, 2023.
Curated by: Irene Sunwoo (ARAG); Theodossis Issaias, Ala Tannir (CMoA)
Legal: Mari Margil

«Offsetted»
Instalación. Arthur Ross Architecture Gallery, Nueva York, 2019; Carnegie Museum of Art, Pittsburgh, 2023.
Comisariada por: Irene Sunwoo (ARAG); Theodossis Issaias, Ala Tannir (CMoA)
Legal: Mari Margil

Mussel Beach
Mural, Performance, Menu. CURRENT LA, Los Angeles, 2019.
Curated by: Asuka Hisa, Jamillah James
Sound: Dublab. Voice: Liz Warner

«Mussel Beach»
Mural, performance, menú. CURRENT LA, Los Ángeles, 2019.
Comisariada por: Asuka Hisa, Jamillah James Sonido: Dublab. Voz: Liz Warner

---

Oyster Readings
Installation, Performance. Prospect.5 New Orleans, 2019; Royal Botanic Garden Edinburgh, 2022.
Curated by: Naima Keith, Diana Nawi (P.5); Emma Nicolson (RBGE)
Oyster readers Bulbancha/New Orleans: Paris Cyan, Isabelle Guzman
Oyster readers Edinburgh: Miriam Donaghey, Hector Dyer, Kirsty Law

«Oyster Readings»
Instalación, performance. Prospect.5 Nueva Orleans, 2019; Real Jardín Botánico de Edimburgo, 2022.
Comisariada por: Naima Keith, Diana Nawi (P.5); Emma Nicolson (RBGE)
Intérpretes de ostras Bulbancha/ Nueva Orleans: Paris Cyan, Isabelle Guzman
Intérpretes de ostras Edimburgo: Miriam Donaghey, Hector Dyer, Kirsty Law

---

Oystering Room
Installation, Performance. 12th Taipei Biennial, 2020.
Curated by: Bruno Latour, Martin Guinard

«Oystering Room»
Instalación, performance. 12ª Bienal de Taipéi, 2020.
Comisariada por: Bruno Latour, Martin Guinard

Salmon: A Red Herring
Installation, Menu. Part I of the trilogy *When [Salmon Salmon [Salmon]]*. Tate Britain, London, 2020.
Curated by: Nathan Ladd
Sound: Richy Carey. Voice: Mairi Maclennan. Lights: Rob Prouse, Steve Wald

«Salmon: A Red Herring»
Instalación, menú. Parte I de la trilogía «When [Salmon Salmon [Salmon]]». Tate Britain, Londres, 2020.
Comisariada por: Nathan Ladd
Sonido: Richy Carey. Voz: Mairi Maclennan. Iluminación: Rob Prouse, Steve Wald

---

Salmon: A Red Herring
Lecture Performance. LAB Biennial, Fisher Center at Bard, New York, 2022.
Curated by: Tania El Khoury, Gideon Lester

«Salmon: A Red Herring»
Conferencia performativa. Bienal LAB, Fisher Center en Bard, Nueva York, 2022.
Comisariada por: Tania El Khoury, Gideon Lester

Salmon: Traces of Escapees
Installation, Menu. Part II of the trilogy *When [Salmon Salmon [Salmon]]*. Turner Prize Exhibition, Herbert Art Gallery and Museum, Coventry, 2021.
Curated by: Hammad Nasar
Sound: Richy Carey. Voice: Gemma Brockis. Film: Antonia Luxem

«Salmon: Traces of Escapees»
Instalación, menú. Parte II de la trilogía «When [Salmon Salmon [Salmon]]». Exposición del Premio Turner, Herbert Art Gallery and Museum, Coventry, 2021.
Comisariada por: Hammad Nasar
Sonido: Richy Carey. Voz: Gemma Brockis. Audiovisual: Antonia Luxem

---

Becoming CLIMAVORE
Menus. Back to Earth, Serpentine, London, 2021; Turner Prize Exhibition, Herbert Art Gallery and Museum, Coventry, 2021.
Curated by: Hans Ulrich Obrist, Rebecca Lewin, Lucia Pietroiusti, Kostas Stasinopolulos (Serpentine); Hammad Nasar (HAGM)

«Becoming CLIMAVORE»
Menús. «Back to Earth», Serpentine, Londres, 2021; Exposición del Premio Turner, Herbert Art Gallery and Museum, Coventry, 2021.
Comisariada por: Hans Ulrich Obrist, Rebecca Lewin, Lucia Pietroiusti, Kostas Stasinopolulos (Serpentine); Hammad Nasar (HAGM)

Exhausted
Installation, Performance. *Seasons Made to Drift*, Salt, Istanbul, 2021.
Curated by: Meriç Öner

«Exhausted»
Instalación, performance. «Seasons Made to Drift», Salt, Estambul, 2021.
Comisariada por: Meriç Öner

The Lasting Pond
Installation, Menu. *Seasons Made to Drift*, Salt, Istanbul, 2021.
Curated by: Meriç Öner

«The Lasting Pond»
Instalación, menú. «Seasons Made to Drift», Salt, Istanbul, 2021.
Comisariada por: Meriç Öner

Salmon: Feed Chains
Installation, Menu. Part III of the trilogy *When [Salmon Salmon [Salmon]]*. *Undamming Rivers*, Bonniers Konsthall, Stockholm, 2022; LAB Biennial, Fisher Center at Bard, New York, 2022.
Curated by: Theodor Ringborg (BK); Tania El Khoury, Gideon Lester (FC)
Sound: Richy Carey. Voices: Gemma Brockis, Jonathan Livingstone, Mairi Maclennan

«Salmon: Feed Chains»
Instalación, menú. Parte III de la trilogía «When [Salmon Salmon [Salmon]]». «Undamming Rivers», Bonniers Konsthall, Estocolmo, 2022; Bienal LAB, Fisher Center en Bard, Nueva York, 2022.
Comisariada por: Theodor Ringborg (BK); Tania El Khoury, Gideon Lester (FC)
Sonido: Richy Carey. Voces: Gemma Brockis, Jonathan Livingstone, Mairi Maclennan

---

Salmon-Breeding Forest
Installation. *In the Eddy of the Stream*, Royal Botanic Garden Edinburgh, 2022.
Curated by: Emma Nicolson

«Salmon-Breeding Forest»
Instalación. «In the Eddy of the Stream», Real Jardín Botánico de Edimburgo, 2022.
Comisariada por: Emma Nicolson

Undamming Rivers
Installation. *Undamming Rivers*, Bonniers Konsthall, 2022.
Curated by: Theodor Ringborg
Photography: Petter Cohen

«Undamming Rivers»
Instalación. «Undamming Rivers», Bonniers Konsthall, 2022.
Comisariada por: Theodor Ringborg
Fotografía: Petter Cohen

Wallowland / Çamuralem
Installation. 17th Istanbul Art Biennale, 2022. Reinstalled at Ek Biç Ye Iç, Istanbul, 2023–2024.
Curated by: Ute Meta Bauer, Amar Kanwar, David Teh

«Wallowland / Çamuralem»
Instalación. 17ª Bienal de Estambul, 2022. Reinstalado en Ek Biç Ye Iç, Estambul, 2023–2024.
Comisariada por: Ute Meta Bauer, Amar Kanwar, David Teh

To Those Who Nourish
Installation, Ground Working Group. FRONT International + SPACES, Cleveland, 2022–2025.
Curated by: Prem Krishnamurthy (Front); Tizziana Baldenebro (SPACES).
Local coordinator: Imani Badillo
Farms 2022–2025: Chateau Hough, City Fresh, Crown Point Ecology Center, Hickory's Legacy Farm, Hood Honey, Living City Farms, Ohio City Farm, Spice Acres, Trapp Family Farm, Vel's Purple Oasis, Yellow House

«To Those Who Nourish»
Instalación, Ground Working Group. FRONT International + SPACES, Cleveland, 2022–2025.
Comisariada por: Prem Krishnamurthy (Front); Tizziana Baldenebro (SPACES).
Coordinación local: Imani Badillo
Granjas 2022–2025: Chateau Hough, City Fresh, Crown Point Ecology Center, Hickory's Legacy Farm, Hood Honey, Living City Farms, Ohio City Farm, Spice Acres, Trapp Family Farm, Vel's Purple Oasis, Yellow House

---

CLIMAVORE Assembly
Conference. Museo delle Civiltà, Campidoglio, and Angelo Mai, Rome, 2023.
Co-organised with: CLIMAVORE × Jameel at RCA, Visible

«CLIMAVORE Assembly»
Conferencia. Museo delle Civiltà, Campidoglio, y Angelo Mai, Roma, 2023.
Coorganizada con: CLIMAVORE × Jameel at RCA, Visible

Maaleipä
Performance. IHME Helsinki, 2024.
Curated by: Paula Toppila
Bakers: Jella Bertell, Satu Engström, Malin Furu, Kirsi Hakonen, Anu Horttanainen, Aila Kiiskinen, Anne Kiuru, Seppo Lindén, Anna Luttinen, Rami Oksanen, Jani Anders Purhonen, Merja Teräsvuori, Suvi Tiihonen, Jutta Varis

«Maaleipä»
Performance. IHME Helsinki, 2024.
Comisariada por: Paula Toppila
Panadería: Jella Bertell, Satu Engström, Malin Furu, Kirsi Hakonen, Anu Horttanainen, Aila Kiiskinen, Anne Kiuru, Seppo Lindén, Anna Luttinen, Rami Oksanen, Jani Anders Purhonen, Merja Teräsvuori, Suvi Tiihonen, Jutta Varis

---

Water Buffalo Commons
Research, Mixed Media. CLIMAVORE x Jameel at RCA, Istanbul, 2023–2026.
Cooking Sections (PIs), Dani Burrows (Project Manager), Merve Anil (Research Associate), Kubilay Ercelep (Coordinator)

«Water Buffalo Commons»
Investigación, técnicas mixtas. CLIMAVORE x Jameel at RCA, Estambul, 2023–2026.
Cooking Sections (investigadores principales), Dani Burrows (coordinador de proyecto), Merve Anil (asistente de investigación), Kubilay Ercelep (coordinador)

Monoculture Meltdown
Research, Mixed Media. CLIMAVORE x Jameel at RCA, Sicily and Puglia, 2023–2026.
Cooking Sections (PIs), Dani Burrows (Project Manager), Enrico Milazzo (Research Associate), Gabriella Patera, and Davide Palmeri (Coordinators)

«Monoculture Meltdown»
Investigación, técnicas mixtas. CLIMAVORE x Jameel at RCA, Sicilia y Puglia, 2023–2026.
Cooking Sections (investigadores principales), Dani Burrows (coordinadora de proyecto), Enrico Milazzo (asistente de investigación), Gabriella Patera y Davide Palmeri (coordinadores)

Bivalve Murals
Sculpture, Cooking Sections, CLIMAVORE Station in Skye and Raasay, 2024–2025.
CLIMAVORE team: Dani Burrows, Shona Cameron, Rosa Whiteley
Waste seashells: Edinbane Lodge, Loch Bay Restaurant, The Dunvegan, The Oyster Shed, The Stein Inn
Fabricated with: Joel Franklyn, Malcolm Mackenzie

«Bivalve Murals»
Escultura, Cooking Sections, Estación CLIMAVORE en Skye y Raasay, 2024–2025.
Equipo CLIMAVORE: Dani Burrows, Shona Cameron, Rosa Whiteley
Conchas de desecho: Edinbane Lodge, Loch Bay Restaurant, The Dunvegan, The Oyster Shed, The Stein Inn
Fabricada con: Joel Franklyn, Malcolm Mackenzie

Rights to Seeds, Rights of Seeds
Installation, Performance. Museo delle Civiltà, Rome, 2025.
Research supported by *Monoculture Meltdown*, CLIMAVORE x Jameel at RCA
Curated by: Rosa Anna Di Lella, Gaia Delpino, Matteo Lucchetti
Legal: LUMEN, Studio Legale Giuseppe Parisi, Crocevia, Mari Margil

«Rights to Seeds, Rights of Seeds»
Instalación, performance. Museo delle Civiltà, Roma, 2025.
Investigación con el apoyo de «Monoculture Meltdown», CLIMAVORE x Jameel at RCA
Comisariada por: Rosa Anna Di Lella, Gaia Delpino, Matteo Lucchetti
Legal: LUMEN, Studio Legale Giuseppe Parisi, Crocevia, Mari Margil

---

Ministry of Sewers
Installation, Performance. Folkestone Triennial, 2025.
Curated by: Sorcha Carey
Sewers Ministers: Nicola Hayden, Kirsty Hogben, Gordon Jessop, Liv Pennington, Patricia Rolfe, Michele Shonfield, Joy Thomas
Legal: Jemima Lovatt

«Ministry of Sewers»
Instalación, performance. Trienal de Folkestone, 2025.
Comisariada por: Sorcha Carey
Ministras: Nicola Hayden, Kirsty Hogben, Gordon Jessop, Liv Pennington, Patricia Rolfe, Michele Shonfield, Joy Thomas
Legal: Jemima Lovatt

Waves Lost at Sea
Installation, Performance. Centro Botín, Santander, 2025.
Curated by: Bárbara Rodríguez Muñoz
Music: Duval Timothy
Performers: Maider G. Etxegibel, Rebeca García Celdrán, Lucía López Madrazo, Léa Misseri, Laura Ramirez Ashbaugh, Julia Zac, Zhenxiang Zhao

«Waves Lost at Sea»
Instalación, performance. Centro Botín, Santander, 2025.
Comisariada por: Bárbara Rodríguez Muñoz
Música: Duval Timothy
Intérpretes: Maider G. Etxegibel, Rebeca García Celdrán, Lucía López Madrazo, Léa Misseri, Laura Ramirez Ashbaugh, Julia Zac, Zhenxiang Zhao

---

For a full list of herders, farmers, seed propagators, buffalo yogurt producers, botanists, chefs, engineers, fabricators, and other local collaborators, see corresponding project websites, climavore.org or cooking-sections.com.

Para ver la lista completa de las personas dedicadas al pastoreo, a la agricultura, a la propagación de semillas, a la producción de yogur de búfala, a la botánica, a la cocina, a la ingeniería, a la fabricación y demás colaboradoras locales, consulta los sitios web correspondientes de cada proyecto, climavore.org o cooking-sections.com.

We remain in awe, and eternally grateful to all the communities and fellow travellers fighting the legacies of extractivism. None of this work would be possible without ongoing conversations with allies, colleagues, families, and chosen families. To Dani Burrows, who for more than a decade has guided us and those around us with care amid doubts, anxieties, dreams, and unruly desires. To the CLIMAVORE family—Shona Cameron, Merve Anil, Kubilay Ercelep, Enrico Milazzo, Gabriella Patera, and Davide Palmieri—for your foresight and dedication. To Kelly Tsipni-Kolaza for pushing us to expand our practice, speak to trees, and perform lost waves. To Judith Wielander for appearing when clarity was most needed. To Tuur van Balen and Revital Cohen for sustaining a space for imagining futures. To Hannah Landecker for consuming us with the passion for how making food makes us. To studio collaborators over the years—many of whom studied with us at the RCA—Max Cooper-Clark, Rosa Whiteley, Matthew Darmour-Paul alongside Remi Kuforiji, Charlotte Grace, Alisha Raman, Sofía Yáñez Perteagudo, Tonderai Maboreke, Blanca Pujals, Harry Keene, and Tanya Kramer. To An Endless Supply for a decade of making ideas graphically digestible. We are grateful to CIFAR Future Flourishing Programme, Delfina Foundation's Politics of Food, Gaia Art Foundation, Community Jameel, Visible, Fiorucci Art Foundation, and Fundación Daniel y Nina Carasso for their transformative support. To the Centre for Research Architecture at Goldsmiths for dismantling what we thought we knew. Nothing in these pages would exist without the farmers, researchers, activists, producers, lawyers, scholars, and chefs who lent their hands, lands, soil, craft, kitchens, and passion to our work. And to Theo, for always being there, in an ocean where we can live as trivalves, steady in every curve and swell.

Seguimos maravillados y eternamente agradecidos a todas las comunidades y compañeros de viaje que luchan contra el legado del extractivismo. Nada de este trabajo sería posible sin las conversaciones constantes con aliados, colegas, familias y familias elegidas. A Dani Burrows, quien durante más de una década nos ha guiado a nosotros y a quienes nos rodean con esmero en medio de dudas, ansiedades, sueños y deseos indómitos. A la familia CLIMAVORE: Shona Cameron, Merve Anil, Kubilay Ercelep, Enrico Milazzo, Gabriella Patera, y Davide Palmieri, por su visión y dedicación. A Kelly Tsipni-Kolaza por impulsarnos a expandir nuestra práctica, a conectar con los árboles y a realizar olas perdidas. A Judith Wielander por estar presente cuando más se necesitaba claridad. A Tuur van Balen y Revital Cohen por mantener un espacio para imaginar futuros. A Hannah Landecker por contagiarnos con su pasión por cómo la creación de alimentos nos transforma. A nuestros colaboradores del estudio a lo largo de los años —muchos de los cuales estudiaron con nosotros en el RCA— Max Cooper-Clark, Rosa Whiteley, Matthew Darmour-Paul, junto con Remi Kuforiji, Charlotte Grace, Alisha Raman, Sofía Yáñez Perteagudo, Tonderai Maboreke, Blanca Pujals, Harry Keene y Tanya Kramer. A An Endless Supply por una década de hacer que las ideas sean gráficamente accesibles. Agradecemos a CIFAR Future Flourishing Programme, Delfina Foundation's Politics of Food, Gaia Art Foundation, Community Jameel, Visible, Fiorucci Art Foundation, y Fundación Daniel y Nina Carasso por su apoyo transformador. Al Centre for Research Architecture at Goldsmiths por desmontar lo que creíamos saber. Nada de lo que se encuentra en estas páginas existiría sin los agricultores, investigadores, activistas, productores, abogados, académicos y chefs que prestaron sus manos, tierras, suelo, oficio, cocinas y pasión a nuestro trabajo. Y a Theo, por estar siempre presente, en un océano donde podemos vivir como trivalvos, firmes en cada curva y oleaje.

Fundación Botín
Pedrueca, 1
39003 Santander
Tel. +34 942 22 60 72
e-mail: fmbotin@fundacionbotin.org
www.centrobotin.org

EXPOSICIÓN / EXHIBITION
COOKING SECTIONS:
LAS OLAS PERDIDAS / WAVES LOST AT SEA

Centro Botín, Santander
Del 18 de octubre de 2025 al 1 de marzo de 2026 /
From 18 October 2025 to 1 March 2026

Organiza y produce / Organisation and production
Fundación Botín

Comisaria / Curator
Bárbara Rodríguez Muñoz

Coordinación / Coordination
Eva Alonso Mínguez
Manuel Diego Sánchez
Begoña Guerrica-Echevarría

PUBLICACIÓN / PUBLICATION

Edición / Publisher
Fundación Botín — Spector Books

Coordinación / Coordination
Eva Alonso Mínguez
Manuel Diego Sánchez
Anne König

Textos / Texts
Nerea Calvillo
Sria Chatterjee
Ros Gray
Yayo Herrero
Theodossis Issaias
Mari Margil
Bárbara Rodríguez Muñoz
Cooking Sections

Edición de textos / Text editing
Amy Sherlock

Diseño gráfico / Graphic Design
Malin Gewinner

Traducción / Translations
Daniel Lacasta Fitzsimmons

Corrección de textos / Proofreading
Daniel Lacasta Fitzsimmons

Producción / Production
Jan Wenzel

Preimpresión / Pre-press
ScanColor Leipzig

Impresión / Printing
Gutenberg Beuys Feindruckerei GmbH

Las tipografías utilizadas en este libro son /
The typefaces used in this book are:
Nimbus Roman, Rima Book (Omnitype),
SB Artikulate (Sascha Bente).

Imagen de cubierta / Cover image
Malin Gewinner

Imagen de contracubierta / Back-cover image
Malin Gewinner

ISBN
Fundación Botín: 979-13-990110-1-2

ISBN
Spector Books: 978-3-95905-910-7
First edition, 2025

Depósito legal / Legal Deposit
SA250-2025

Publicado por / Published by

Spector Books Verlagsgesellschaft mbH
Harkortstraße 10
04107 Leipzig
www.spectorbooks.com

Este libro se ha impreso en Alemania /
Printed in Germany

Distribución / Distribution
Alemania, Austria / Germany, Austria: GVA, Gemeinsame Verlagsauslieferung Göttingen GmbH&Co. KG, www.gva-verlage.de
Suiza / Switzerland: AVA Verlagsauslieferung AG, www.ava.ch
Francia, Bélgica / France, Belgium: Interart Paris, www.interart.fr
Reino Unido / UK: Central Books Ltd, www.centralbooks.com
Estados Unidos, Canadá, América Central y del Sur, África / USA, Canada, Central and South America, Africa: ARTBOOK/ D.A.P., www.artbook.com
Japón / Japan: twelvebooks, www.twelve-books.com
Corea del Sur / South Korea: The Book Society, www.thebooksociety.org
Australia, Nueva Zelanda / Australia, New Zealand: Perimeter Distribution, www.perimeterdistribution.com

Créditos de las imágenes / Image credits

Jean-Baptiste Béranger. Courtesy Bonniers Konsthall: 120, 131, 135, 140
Tim Bowditch. Courtesy The Empire Remains Shop: 134
Lourdes Cabrera. Courtesy Centro Botín: 22, 23, 24, 25, 26, 27, 28, 29, 41, 42, 43, 44, 45, 46, 47, 48
Frank Cancian. Courtesy MAVI: 111
Eleonora Carrozza. Courtesy CLIMAVORE × Jameel at RCA: 106
Ruth Clark. Courtesy ATLAS Arts: 58 (bottom)
Cooking Sections: 10, 12, 15, 21, 52, 54, 58 (top), 60, 61, 65, 66, 79, 84, 87, 88, 89, 92, 99, 101, 104, 105, 112, 117, 118, 119, 121, 129, 133, 141, 148, 155 (bottom)
Ci Demi. Courtesy CLIMAVORE × Jameel at RCA: 17, 97, 98
James Ewing. Courtesy Arthur Ross Architecture Gallery: 107
GeoOcean, Universidad de Cantabria: 30–40
Colin Hattersley. Courtesy ATLAS Arts: 70 (bottom)
Imagen Subliminal: 130
Theodossis Issaias: 90
Chris Kayden. Courtesy Fisher Center at Bard: 124, 128
Mohamed Keita. Courtesy CLIMAVORE × Jameel at RCA: 154
Samy Kramer. Courtesy IHME Helsinki: 136 (bottom)
David Levene. Courtesy Istanbul Biennial: 63 (bottom), 64
Nick Middleton: 13
Ekin Ozbicer. Courtesy Salt: 63 (top), 137, 142, 143, 144
Deniz Sabuncu. Courtesy CLIMAVORE × Jameel at RCA: 62, 76, 80, 86
Sharjah Architecture Triennial: 67
Sharjah Art Foundation: 68
Furkan Şimşek. Courtesy CLIMAVORE × Jameel at RCA: 83
Veikko Somerpuro. Courtesy IHME Helsinki: 136 (top)
Shannon Tofts. Courtesy Royal Botanic Garden Edinburgh: 9
Giulia Valentini. Courtesy CLIMAVORE × Jameel at RCA: 155 (top)
Jordan Young. Courtesy CLIMAVORE Station Skye & Raasay: 59, 70 (top), 73, 74

Agradecimientos / Acknowledgments

La Fundación Botín quiere agradecer la colaboración y compromiso para la elaboración de la exposición y el catálogo a Cooking Sections y a su estudio (Max Cooper-Clark, Rosa Whiteley, Sofía Yáñez Perteagudo) y, junto a los artistas, la hacemos extensiva a todos aquellos sin los que no hubiese sido posible realizar este proyecto:

Fundación Botín would like to thank Cooking Sections and their team (Max Cooper-Clark, Rosa Whiteley, Sofía Yáñez Perteagudo) for their collaboration and commitment in the preparation of the exhibition and catalogue, and alongside the artists, we would like to extend it to all those without whom this project would not have been possible:

Fundación Daniel & Nina Carasso
GeoOcean, Universidad de Cantabria (Fernando Javier Méndez Incera, Jared Ortiz-Angulo Cantos, Gabriel Bellido Prieto, Laura Cagigal Gil)
Maider G. Etxegibel
Rebeca García Celdrán
Lucía López Madrazo
Léa Misseri
Laura Ramirez Ashbaugh
Duval Timothy
Manja van de Worp
Julia Zac
Zhenxiang Zhao